LEGIONÄRERNA

LEGIONÄRERNA
PER OLOV ENQUIST

NORSTEDTS

ISBN 978-91-1-306468-0
© Per Olov Enquist 1968, 1990
Norstedts, Stockholm
Pocketutgåva 2014
Omslag: Håkan Liljemärker
Omslagsfoto: TT Nyhetsbyrån
Tryckt hos Scandbook AB, Falun 2014
www.norstedts.se

Norstedts ingår i Norstedts Förlagsgrupp AB,
grundad 1823

FÖRORD

Detta är en roman om baltutlämningen, men om beteckningen "roman" förefaller någon stötande, kan den ersättas med "reportage" eller "bok". Jag har försökt att ända in i små och betydelselösa detaljer hålla mig exakt till verkligheten: har jag misslyckats beror det mer på oförmåga än på intention. De händelser som beskrivs har inträffat, de personer som förekommer existerar eller har existerat, även om jag i många fall tvingats skydda dem eller andra genom att använda fiktiva initialer.

Jag har valt att inte, sida för sida, redovisa källor och belägg. Men till grund för denna roman ligger ändå ett mycket omfattande källmaterial. Förutom allt som redan tryckts och skrivits om denna utlämning bygger jag också på ett omfattande otryckt material: dokument, dagböcker, brev och hemligstämplade redogörelser. Till grund för denna bok ligger dock framför allt den långa rad intervjuer med berörda personer jag åren 1966 till 1968 gjort i Sverige, Danmark, England och Sovjetlettland.

Jag tackar alla dem som hjälpt mig i mitt arbete, som försett mig med förut okänt material, som lämnat viktiga uppgifter. Många av dem kommer att bli besvikna på den helhetssyn som framgår av denna undersökning, och på mig. Min avsikt var att ge en helt objektiv och exakt bild av denna i svensk samtidshistoria helt unika politiska affär. Jag har, som kommer att framgå, misslyckats med att ge en objektiv bild. Jag tror inte denna objektiva bild är möjlig att ge.

Min avsikt har inte i första hand varit att upprätta ett monument över en baltisk tragedi. Jag har i stället, så noggrant som möjligt är, velat beskriva ett svenskt dilemma.

Per Olov Enquist

I. SOMMAREN

"Båda parter vägrar att se historien sådan den verkligen är – som en trasslig och oordnad process, där besluten ingalunda fattas i enlighet med noga uppgjorda planer utan i förvirring och dunkel och där okunnighet, tillfälligheter, slump och dumhet spelar en större roll än machiavelliska beräkningar."

Arthur M Schlesinger Jr

1

Historien i kort sammandrag låter så här.

Under de två första veckorna i maj 1945, i samband med krigsslutet, kom ett stort antal tyska militärer till Sverige. De kom framför allt från öster, eftersom de under inga omständigheter var villiga att ge sig som krigsfångar åt ryssarna. De kom från de baltiska staterna, främst från Kurlandfickan i Lettland, men de kom också från Danzig. De var ungefär 3 000 till antalet, och de internerades omedelbart. Bland dem befann sig ett mindre antal balter som dels hade tagit frivillig värvning i tyska armén, dels tvångsmobiliserats.

De baltiska legionärerna kom två vägar. De kom från Kurland till Gotlands östkust och från Danzig över Bornholm till Ystad. En enda av dem kom med flyg. Han landade i Malmötrakten och begick åtta månader senare självmord på kajen i Trelleborg. De var tillsammans 167 man, varav 7 ester, 11 litauer och 149 letter. De bar alla tysk uniform.

De som kom till Gotland internerades i ett läger strax intill Havdhem, sändes i början av oktober via Rinkaby till ett uppsamlingsläger i Ränneslätt vid Eksjö. Ystadkontingenten fördes till Bökeberg och efter två veckor till Ränneslätt. I november meddelade regeringen att alla skulle utlämnas till ryssarna. Internerna protesterade då genom hungerstrejker och självmord, vilket fördröjde utlämnandet till i januari 1946. Den 25 januari 1946 utlämnades dessa baltiska legionärer till Sovjetunionen. Gruppen hade då krympt till 146 man. Fartyget som förde dem bort hette "Beloostrov". De 21 man som inte utlämnades var antingen döda, svårt skadade, sjuka eller alltför kraftlösa för att kunna transporteras; några hade frigetts också av andra skäl.

Tiden i Sverige omfattar totalt åtta månader. Detta är hela historien i kort sammandrag.

Situationen, som preliminärt kan kallas "baltutlämningen", uppstår dock inte i maj 1945, utan långt tidigare. Situationen tillväxer emellertid snabbt under hösten 1945, får en skenbar kulmen i november 1945 och ytterligare en i januari 1946. Den upphör givetvis inte där, eftersom den så sent som 1968 fortfarande lever och förändras. Situationen kan inte beskrivas i sin helhet, den kan inte behandlas objektivt, möjligtvis sakligt, och den förändras oupphörligt, beroende på hur man vill använda den. Den här boken handlar om ett utsnitt av baltutlämningen, tidsperioden 1945–1968.

Till Gotland kom de första den 5 maj, men de flesta kom några dagar senare. Till Katthammarsvik kom de natten till den 9 maj, båten var en halvt havererad fiskebåt på sex meter, man hade lyckats söka sig in till den lilla hamnen samtidigt som en annan lettisk båt landade en kilometer söder om samhället. De två kom nästan samtidigt, det var sent på kvällen och hamnen var tom på folk. Man slog av motorn, och båten gled stilla in mot kaj. En glödlampa var den enda belysning som fanns i hamnen, den belyste en del av området och i ljuset från den såg männen på båten skuggor av hus och här och var upplysta fönster. Tjugo år efteråt är deras minnesbilder vaga och diffusa, kvar finns otydliga intryck."Vi var trötta.""Det var en sorts hamn, eller ett samhälle.""Det var sent på kvällen, det kom svenska soldater."

Den andra synvinkeln, den svenska, är något tydligare. Båten låg nu stilla, intill bryggan. På däck syntes mörka gestalter, de bar uniformer. Det var tyska uniformer. Inga vapen var synliga. På kajen stod nu några människor, någon av dem ropade ut mot båten, på tyska. Det kom svar.

Båten låg lågt, den tycktes illa medfaren. Efter en kvarts väntan kom de svenska soldaterna. Den förste som kom lade ifrån sig cykeln, gick fram till kajen, tittade på fiskebåten, såg männen med uniformerna, tvekade en sekund och ropade sedan, med hög och klar röst: "Halt!" Bakom sig hörde han ett svagt fnitter, vände då obeslutsamt om och såg de andra komma.

Man började föra iland flyktingarna.

Männen ombord var orakade, men inte totalt utmattade. De flesta av dem påstod sig vara tyskar. Tre påstod sig vara letter. Någon registrering fanns det inte tid med. Soldaten som ropat "Halt!" var från Sigtuna, han har i övrigt inga speciella minnen av händelsen. Fiskebåten fördes redan nästa dag till annan plats.

Den lettiske överstelöjtnanten Karlis Gailitis kom i en båt till Slite och erbjöds av den där stationerade landsfiskalen att bli behandlad som civil flykting. Gailitis insisterade dock bestämt på att bli registrerad som militär och bli behandlad efter sin grad. Han sändes då till interneringslägret i Havdhem, registrerad som militär.

Det blåste hela dagen den 9 maj på Gotlands östkust, vindstyrka 3 enligt Beauforts vindskala, det var soligt och klart, på kvällen mulnade det till från öster och vinden ökade. Sent på kvällen noterade man styv bris, det var nordlig vind. Klockan 23.15 såg besättningen på Faluddens fyr ett nödbloss ute från Faluddens rev, det var natten till den 10 maj och det hade varit fred i snart två dygn. Blosset var svagt men envist, en liten ljuspunkt i blåsten och mörkret, det var inte svårt att förstå att något hade hänt.

Man tog en båt och gick ut.

Sjön var grov, det var besvärligt att komma ut, men man hade inte sett fel. I skenet från ficklamporna såg man att två båtar stod på revet. Den ena båten tycktes vara en bogserbåt, den var oerhört skamfilad, omålad, och tydligen skadad. Men längst fram kunde man läsa ett namn: "Gulbis". Den andra båten var en motordriven pråm. Den var om möjligt än värre skadad, den låg mycket djupt, dessutom med långsidan mot revet, men den stod inte på. Den hackade våldsamt och på pråmens däck kunde man se en rad av skuggor som krampaktigt höll i sig i varandra och i en halvt sönderbruten reling.

Blosset kom från bogserbåtens för. Och bogserbåten tycktes plötsligt krylla av människor, den var inte stor, men där måste ha funnits över hundra man. De var alla klädda i uniformer. De talade tyska, de ville i land, de sa att de hade många sårade med sig.

De pekade mot pråmen: några av skuggorna där låg på däcket, sårade, döende eller döda. Ingen tycktes ta notis om dem. Alla klumpade sig fast vid relingarna och såg huttrande på hur lotsbåten försökte ta sig fram. Temperatur: + 3.0 grader. Hård nordostlig vind.

De fick över en tross till pråmen. Den förste som hoppade över var en tysk officer, som omedelbart satte sig i lotsbåtens akter och vägrade flytta på sig. Han tycktes frysa.

Lotsbåten gick ut klockan 23.20, fick ombord den förste klockan 00.20, kom iland med den första turen exakt klockan 1.30. Pråmen hackade under morgontimmarna allt våldsammare mot revet, det var tydligt att man måste koncentrera sig på den innan den gick under. Manskapet på bogserbåten fick vänta. Vinden svängde under morgontimmarna plötsligt mot syd, sjön blev mycket krabb, och klockan 4.00 på morgonen vattenfylldes pråmen för gott och sjönk. En stor del av utrustningen följde med, men ingen människa omkom. Klockan 5 på morgonen var alla i land, då var gryningen redan där, det blåste fortfarande hårt, det var molnigt och gryningsljuset var kallt. Alla frös fruktansvärt, det låg ett grått kallt dis över hela kusten.

Man hade kallat på hjälp, och hjälp hade kommit. Nu fanns det husrum, några tält, de fick sova, de fick mat. Bogserbåten ute vid revet tycktes nu mycket liten, nästan dold av skummet, den var liten, svart och obetydlig. Den skulle sitta på revet ytterligare några veckor, eftersom ingen hade tid med den.

De hade hittat bogserbåten i Ventspils för två dygn sedan, och nu hade den spelat ut sin roll för alltid.

När man räknade soldaterna från vraket kom man till siffran 150, exakt. Ursprungligen hade man varit flera; en av officerarna uppgav att man lämpat 33 döda överbord föregående dag. "Det är möjligt att bland dem fanns ett antal sårade också."

På fråga varför så hade skett uppgav han att vinden var mycket hård, att pråmen låg lågt, att vågorna oupphörligt slog över båtarna och att man tvingades att gå med vågorna rakt i sida.

Vindstyrkan på Gotlands östkust pendlade den 9 maj 1945 mellan 3 och 5, enligt Beauforts vindskala. Vinden var nordlig till nordostlig.

Åtta av soldaterna förklarade sig vara lettiska medborgare. Fyra av dem var officerare, fyra var unga pojkar, sexton till sjutton år gamla.

De unga pojkarnas historia är den lättaste att relatera.

De tvångskommenderades i augusti 1944 till tyska armén. De slapp fronttjänstgöring, eftersom de bara var sexton år och inte var utbildade och knappast kunde hantera ett vapen. De fick tjänstgöra bakom fronten, vid Luftwaffe.

I mars 1945 kom de till Ventspils, vid kusten. Då var allting ett kaos, Kurlandficban klämdes samman allt hårdare, alla reträttvägar till lands mot väster var sedan månader avskurna, alla hamnar fulla med fiskebåtar, bråte, sjunkna fartyg, bagage, flyende. Många letter hade goda skäl att fly, också de civila, eftersom de samarbetat mycket intimt med tyskarna under ockupationen. Många saknade skäl, men flydde ändå, alla var rädda för ryssarna. Av dem som hade uniform försökte de flesta fly. Några lyckades också.

För dem som var sexton år och hade tvångskommenderats till tyska armén fanns det flera alternativ. För ett par av dem föreföll skogarna vara det rimligaste. Den tyska propagandaapparaten hade in i det sista fungerat mycket effektivt, den var mycket förtroendeingivande, och den hade sagt att reträtten bara var temporär. Tyskarna skulle komma tillbaka.

Mitt på dagen, den 8 maj, fick de veta att tyskarna hade kapitulerat. Det var en chock, tyskarnas återkomst hade ändå förefallit reell. Nu försvann den i ett töcken, och vände de sig om kunde de se ett annat töcken materialisera sig: ryssarna var bara på några timmars avstånd.

De gick ner till hamnen. Den var nu nästan tom, där låg bara ett enda fartyg kvar. Det var en bogserbåt som en gång tydligen varit en fiskebåt men byggts om. Den hette "Gulbis". Det rök svagt från skorstenen, hamnbassängen var full med bråte, ett sänkt fartyg stack upp till hälften, där flöt bräder, oljedunkar, döda fåglar, en man låg i vattnet med ansiktet nedåt: det fanns en frid över alltsammans som föreföll overklig.

"Gulbis" låg intill en till hälften sönderskjuten kaj. Tyska soldater gick ombord, till synes utan all brådska. Det fanns inte längre något val. De ställde sig sist i raden, de kom ombord, de var de sista, de hade tyska uniformer och vapen, två timmar senare lämnade båten Ventspils.

Avfärden skedde klockan 20.00 den 8 maj 1945. När de kommit ut på fritt vatten såg de att de inte var ensamma. De var de sista, men de var inte ensamma. Framför dem, på väg mot sydväst och Tyskland, låg en lång rad fartyg och båtar, de flesta mycket små, men också en mycket stor passagerarångare. Det måste ha varit femtio fartyg, kanske mer. De satt på däck och såg båtarnas silhuetter bli allt otydligare, medan skymningen kom från Lettlands fastland som de snart inte kunde se mera. Sedan föll mörkret snabbt, de styrde in i dimma, de hörde inga ljud utifrån. På natten uppstod fel på en motor, men de lyckades laga den.

När morgonen kom såg de inte längre de andra fartygen. Vid 9-tiden hörde de plötsligt våldsamma detonationer i söder, såg rök och eldsken. En timma senare såg de ett ryskt örlogsfartyg vid horisonten, med nordlig kurs. Det tycktes vara en motortorpedbåt, man stoppade motorerna och låg stilla. Motortorpedbåten försvann utan att ta notis om dem. Klockan 3 på eftermiddagen såg de nästa fartyg.

Det var en stor pråm, den låg stilla, den hade tydligen maskinhaveri och vågorna bröt gång på gång in över den. Ombord fanns tyska soldater, det kan ha varit femtio man. Dessutom fanns ytterligare ett antal skadade. De hade anfallits av ryska örlogsmän, hade fått svåra träffar, många hade dödats, men ryssarna hade satt efter de andra och inte brytt sig om dem mera.

De kastade över en tross till pråmen och tog den på släp. Och nu ändrade de kurs: mot Gotland. Pråmens babordsmotor fungerade ännu, om än otillfredsställande, och fortsatte att gå ända till en timma innan de siktade den svenska kusten. Efterhand blev sjögången häftigare, läget på pråmen, som var tungt lastad och låg lågt, blev allt värre. Från bogserbåten såg man hur pråmens manskap med jämna mellanrum bar kroppar fram till relingen och vräkte dem i havet.

Klockan 20.00 siktade man svenska kusten. Man såg en fyr och styrde mot den. Man var framme vid 23-tiden. Bogserbåten sattes på grund. Det var sen kväll, det stormade, vågorna slog in över dem, de frös svårt, man satte bogserbåten på grund och blossade.

De som kom till Gotland var inte de första som kom från öster. De civila var de första.

Om strömmen av civila baltiska flyktingar till Gotland det sista krigsåret finns många utmärkta och sanna historier: om små flottor av småbåtar, finansierade från svenskt håll, om "kyrkans lilla rederiverksamhet", om lappar med dataangivelser och positionsuppgifter lämnade av anonyma och hemlighetsfulla män, om hur flottans depåfartyg låg utanför Gotland och tankade småbåtar, om hur 30 000 flyktingar togs över. Några var nazister, några var mycket konservativa, några hade samarbetat med tyskarna, många var bara rädda för ryssarna, några hade mycket att vara rädda för, andra hade inte så mycket att vara rädda för, många var intellektuella, de flesta var vanliga arbetare, för några var flykten den enda möjligheten, de flesta flydde ändå. Den bästa av alla historierna, den är också sann, handlar om hur Svenska Kyrkan och Svenska Flottan, i gott samarbete, hösten 1944 plockade över 700 balter på fjorton dagar. Den fick undersökaren under tysthetslöfte, och den kan inte relateras.

I alla fall: de kom över. De ingår i spelet på det sättet att det år 1945 fanns drygt 30 000 balter i Sverige, att de levde i frihet, att de kunde spela en roll. När den sista lilla rännilen av flyktingar kom i maj 1945, militärbalterna, var de inte de första.

De kom längs hela Gotlands östkust, i småbåtar. De flesta av dem var tyskar. Klockan 8 på morgonen den 11 maj 1945 hade 542 tyska militärer tagits om hand på Gotland. Bland dem fanns "ett mindre antal" av baltisk nationalitet.

De fördes alla till interneringslägret vid Havdhem, på Gotland. Bemötandet var mycket gott. "De svenska officerarna var mycket vänliga, några kunde tala tyska, de förplägade oss och lovade att snart skicka oss till den brittiska zonen." Man "underhöll sig angenämt" med de svenska officerarna. Officerarna kördes i bilar, manskapet i bussar. Stämningen var god.

Söndagen den 13 maj började strömmen tunna ut. På kvällen den 13 kom fjorton tyska militärer till Gotland, de strandade vid Storsudret, de hade rott i en trasig livbåt ända från Kurlandfickan och de var mycket utmattade. De togs om hand och hämtade sig snabbt. De sändes till Havdhem. Tre av dem var balter.

Tisdagen den 15 maj kom den allra sista gruppen. De kom i en gummibåt och landade vid Grynge i Gammelgarn. I båten fanns sju man. De hade paddlat ända från Lettland, de var alla militärer. De sändes först till Lärbro sjukhus för undersökning.

En av männen var i trettiofemårsåldern. Han hade ljust, tillbakastruket hår, klara, djupt liggande ögon, han talade utmärkt tyska men påstod sig vara lett. Han följde registreringsproceduren mycket uppmärksamt, kom i samtal med flera av de svenska läkarna, var mycket artig, på ett trevligt och diskret sätt, och log ofta.

Han sade sig heta Elmars Eichfuss-Atvars.

Han hade inga skador, hämtade sig mycket snabbt eftersom hans fysik var utmärkt. Han påstod sig vara läkare. Han sändes efter ett par dagar till lägret i Havdhem, han registrerades sist av de sju, han var den siste av dem som kom över havet, det var den 15 maj 1945, vid Grynge, Gammelgarn, på Gotland.

2

Från Kurlandfickan kom ungefär 160 estniska, lettiska och litauiska soldater till Gotland. Många av dem blev, under den första tidens totala förvirring, förklarade för civila, sändes till civilläger och blev snart frisläppta. Man kan säga: de som verkligen ansträngde sig hårt att förklaras civila, de lyckades, eller skulle förmodligen ha lyckats om de försökt. Av de drygt 150 baltiska militärer som kom till Gotland blev endast 41 internerade som soldater.

167 minus 41 blir 126. De 126 övriga kom till Sydsverige, och Ystad.

De hörde till den 15 lettiska divisionen. Det var ett förband organiserat av delvis frivilliga, delvis tvångskommenderade; i några beskrivningar benämns det som ett "SS-förband", i andra inte. Benämningen är i detta fall betydelselös: det rörde sig i vilket fall inte om ett konventionellt SS-förband. Det var dåligt utbildat, hade delvis dålig utrustning. Synen på baltutlämningen hänger till en liten del samman med synen på dessa lettiska SS-legionärer.

Historien om de lettiska SS-förbanden är lång och komplicerad. I Lettland hade upprättats ett formellt "självstyre" under ledning av lettiska samarbetsmän; den lettiska fascismen under 30-talet hade aldrig, trots Ulmanistiden, varit särskilt stark, men året under ryskt herravälde hade svängt opinionen, många såg tyskarna som räddare, och trots det traditionella lettiska tyskhatet (framförallt riktat mot landets tyskbalter) var det ingen svårighet att hitta villiga samarbetsmän. På våren 1943, efter Stalingrad, upprättade man, under en flod av publicitet, värvningscentraler i Riga för den "Lettiska SS-Legionen". Den lettiska tidningen Tevija blev det viktigaste propagandainstrumentet, och där kunde lettiska samarbetsmän fritt propagera för "denna möjlighet", denna "de baltiska folkens plikt att hjälpa de tyska soldaterna vinna kampen för ett Nytt Europa".

Men värvningskampanjen misslyckades i praktiken, och på hösten såg sig den lettisk-tyska administrationen nödsakad att använda kraftigare metoder. Den 24 november 1943 kom den första mobiliseringsordern. Den skulle följas av flera. Totalt kom 21 årsklasser att beröras, och hela antalet letter i tysk krigstjänst blev 146 610 män. Man beräknar att ungefär 30 % av dessa senare sårades, dödades eller rapporterades saknade.

Graden av frivillighet?

Det är här svårare än någonsin att generalisera. Bland dessa letter i tysk krigstjänst fanns vissa grupper som tjänstgjorde i polisförband bakom fronten. De sysslade med uprensningar och utrensningar, och deras historia är inte vacker; de flesta var frivilliga. Vad beträffar dem som kom i fronttjänst ligger saken helt annorlunda till. De allra flesta av officerarna var frivilliga, en absolut majoritet av manskapet var tvångsmobiliserad. Det kanske är möjligt att göra en liknande ideologisk beskrivning: också lettiska historieböcker utgivna i väst gör vissa sådana distinktioner. "En del av officerarna var profascister, som ända in i det sista trodde på den tyska segern, men flertalet av trupperna var antinazistiskt inställda."

Valet för de soldater som inkallades stod mellan enrollering i de lettiska SS-legionerna och arbetsläger. Efterhand skärptes tonen, den sista krigsvintern företogs vissa avrättningar för att statuera exempel för de ovilliga. De var dock relativt ovanliga.

Man bör tillägga: till den psykologiska bilden hör att det i huvudsak var letter som administrerade mobiliseringarna. I inget annat land i Europa lyckades tyskarna så väl med en mobilisering i ett ockuperat land, och bakom detta faktum stod inte bara det tryck tyskarna utövade, utan också de tyskvänliga letter som många senare flydde till väst.

Än en gång: de som kom till Sverige var inte alla samarbetsmän. Bland dem fanns samarbetsmän. Det är omöjligt att fastställa grad av frivillighet för de lettiska legionärerna. Det är omöjligt att göra en generell politisk bedömning av de civila som kom.

De lettiska legionärer som kom till Sverige från Bornholm och Danzig hörde alla till den 15 lettiska SS-divisionen.

Hösten 1944 var den 15 lettiska SS-divisionen i det närmaste stridsoduglig: den var sönderslagen och behövde reorganiseras. Den drogs då tillbaka till Tyskland. Den 25 september 1944 lämnade man Lettland per båt och den 28 ankom man till Danzig.

Efter detta är divisionens historia förbryllande och motsägelsefull. Den tycks långsamt falla sönder i allt mindre enheter och fraktioner. Några av dem sattes in vid fronten, andra tycktes mest syssla med planerings- och organisationsarbeten eller befästningsarbeten. Det är lätt att i dagböckerna följa de nyckfulla och förvirrade förflyttningarna. September: Konitz. Oktober: Sophienwald. Mitten av oktober: en grupp officerare till Prag, på en fortbildningskurs, mestadels i Josefstadt. November och december: stationering i Sophienwald. Januari: Trembor. Februari: små förflyttningar, allt närmare kusten: Nackel. Slutet av februari: en del av förbandet inringat i Thorn.

Den lettiske löjtnanten P., som den 13 januari 1945 i Trembor hade utvalt åt sig en fin arabisk häst, red ofta under de följande veckorna i den lätt snötäckta terrängen. Den 25 januari ser han ett rådjur, den 26 januari tillbringar han hela förmiddagen jagande från hästryggen, men utan framgång. "Tre vackra rådjur sprang dock förbi på avstånd." På kvällen antecknar han: "Åter oroliga tankar." Dagen efter rider han ut igen, tar på eftermiddagen avsked från sin hustru (han är gift sedan ett halvt år tillbaka) och antecknar att avskedet denna gång varit lugnt; kvinnan är gravid och avser att söka en tillfällig tillflyktsort i närheten av Berlin. På morgonen efteråt jagar han, och arbetar sedan med en organisationsplan för förbandet. "Väldigt ledsen till sinnet." Han antecknar vidare: "Latar mig hela dagen. Vi lyssnar på frontnyheterna. Stora förluster för vår lettiska division. Ett av våra batterier går åter ut till fronten."

I mitten av februari tycks läget bli alltmer förtvivlat. "Upprörande nyheter. Ryssarna redan i Koniza." På kvällen den 11 februari antecknar han "en bra middag och ett glas öl", men efteråt kommer dråpslaget. Enligt order uppifrån skall hans batteri överlämna alla sina kanoner till ett annat förband. Den 12 februari: "På morgonen blev kanonerna överlämnade. Vad ska vi nu göra?" Samma kväll anordnar de en fest, alla de lettiska officerarna är med. "Kapten Abolins skjuter i luften i fyllan. Det är svårt att få de berusade till ordning."

Den arabiska häst som han utvalt åt sig finns dock ännu kvar. Han rider ofta på den, genom det nordpolska landskapet, medan ryssarna drar åt kniptången kring dem och kring Danzig och till sist fullbordar inringningen. I dagboken talar han ofta om ett "tungt sinne". Ridturerna är dock välkomna. På kvällen den 17 februari rider han ut till eldpunktsställe Raduna, det är mörker, men landskapet är vitt och han ser vägen. På hemvägen är det snöstorm, han beskriver snön, stormen, den piskande torra snön, hästen. "En storartad ritt i snöstormen."

Det är sista gången han rider.

De sista dagarna i februari befann sig ryssarna bara några kilometer från Sophienwald, det var uppenbart att man snart måste retirera. Den 3 mars fick de order att lämna Trembor, fortsatte detta skulle de snart vara ute ur Polen. De retirerar under ständiga flyganfall. Den 19 mars sker den lettiska SS-divisionens slutliga upplösning; förbanden sprids ut, uppgår i tyska förband, allt medan ryssarna med våldsam kraft pressar sig allt längre västerut.

Den 25 mars tågade en spillra av 15 divisionen rakt igenom Danzig.

Staden var svårt bombad, det rök överallt, husen var raserade eller nedbrunna, och i dagböckerna finns ideliga anteckningar om hopplöshet, förtvivlan, rädsla. Här och var fanns små oskadade områden, men annars var allting förött. Det var vår, träden hade inte slagit ut ännu, men luften var ljum och mild. Överallt låg döda, nu hade man inte längre tid att begrava dem. På väggarna fanns sentenser klottrade, med stora bokstäver: SIEG ODER TOD.

De gick rakt genom staden, där fanns ingenting att göra, och det ryska flyget anföll ständigt. Från gatlyktorna hängde människor som svajande dekorationer, det var alltid soldater. Runt halsen hängde textade skyltar, de var desertörer, skjutna och upphängda eller bara hängda. Det gick inte undvika att se dem.

De slog läger vid en by som heter Heubude (andra stavningar anger Henbuda). På kvällen den 26 mars satt de alla nere vid havet, alldeles vid stranden av Östersjön. Ryskt flyg anföll oavbrutet Danzig, explosionerna tycktes täcka hela horisonten mot söder.

De försökte beskriva sina känslor.

"Alla kanter dundrar och brinner. Jag skriver detta vid midnatt, vi sitter med oroliga sinnen vid havsstranden och vet ingen utväg."

Danzig var Polens största hamn mot Östersjön. Den var den sista, och viktigaste, flyktvägen för de civila och militärer som blivit avskurna av den ryska offensiven. Närmare en miljon människor trängdes nu i Danzig. Tyska högkvarteret deklarerade att "varje kvadratmeter av området Danzig–Gotenhafen måste försvaras till slutet". En tung bombmatta låg över staden.

Efter detta finns flera versioner av förloppet. Det exakta skeendet är inte oviktigt, eftersom det senare skulle sägas att balterna var desertörer från tyska armén.

En av versionerna är enkel, och relativt okomplicerad. Den låter så här.

På morgonen den 27 mars 1945 begav sig det lettiska SS-förbandet till Weichsels mynning. Under natten hade en av deras officerare på omvägar kommit i kontakt med befälhavarna på tre lettiska fartyg, som låg förankrade på redden efter att ha transporterat tyska trupper från den likaledes inneslutna Kurlandfickan: det hade skett flera veckor tidigare, de hade legat kvar och befann sig nu i en annan ficka. Fartygen hette "Alnis", "Augusts" och "Potrimbs", de var gamla och nästan utrangerade flodångare, men de kunde fortfarande göra tjänst. Efter några timmars förhandlingar gick man med på att den lettiska truppen inskeppades, och samma dag, den 27 mars vid 12-tiden på dagen, lättade fartygen ankar och gick tillsammans med en tysk konvoj västerut, eventuellt med kurs på Flensburg.

Förloppet är här relativt okomplicerat, tyskarna gör inga svårigheter, det rör sig inte om en desertering utan om ett legitimt försök att rädda så många som möjligt ur en inringningsficka.

Det är möjligt att denna version är den korrekta. Det stöds av det faktum att Danzig intogs av ryssarna den 27 mars, alltså samma dag som avfärden ägde rum. De trängde in i staden natten mot den 27 mars, under natten och morgontimmarna rasade strider, under dagen fick de karaktären av rensningsaktioner. På eftermiddagen hade de ryska trupperna kontroll över staden.

Balterna bör ha varit de absolut sista som lyckades rädda sig ut ur Danzigfickan.

Den andra versionen ser ut så här.

Vid det lettiska förbandet fanns en läkare som hette Janis Slaidins. Han hade kommit till förbandet den 8 januari, efter att tidigare ha varit kommenderad i Kurland. Han var fältläkare, en man med långt, kraftfullt ansikte. Efter det att det lettiska förbandet (som nu var en spillra på 185 man) hade slagit läger vid flodens mynning upprättade han sin läkarcentral i en halvt sönderskjuten ambulans. Sent på natten till den 26 mars knackade det på dörren till ambulansen, och förbandets chef kom in. Han var, som de andra, lettisk medborgare, han hette Ernests Kessels och han var kapten. Han var, enligt de flesta vittnesmål, "en energisk man". Nu hade han också stor användning för sin energi, eftersom de var inringade, eftersom ryssarna var nära och eftersom de inte hade tillstånd att lämna området.

– Alla vapenföra män är förbjudna att lämna Danzigfickan, berättade han den natten. Alla vapenföra i tysk uniform måste stanna, och de enda som får lämna fickan är de sjuka, de sårade eller kvinnor och barn. De andra måste stanna. Vi ska tydligen slåss in i det sista.

Slaidins minns kvällen mycket väl: mot norr havet, ett mörkt lugn, mot söder ständigt uppflammande ljus långt borta, i väster dova ekon av explosioner. Oavbrutna detonationer, och små kluckande ljud från vattnet. Det är den enda situationsbild han undslipper sig, det sker motvilligt och mycket reserverat. Han framstår knappast som en poetisk man.

De diskuterade länge den natten, på trappan till ambulansen, i mörkret.

– Det finns en möjlighet, sade Kessels till slut. Och det är den att ni som läkare sjukskriver hela förbandet och att vi får tag på transportmedel. Det är hundrafyrtio man ungefär, det kan gå. Transportmedlen blir värre.

De talade en stund om riskerna. Nyss hade de gått genom en stad. Där fanns hängda desertörer, markanta inslag i stadsbilden. De hängde med gapande munnar, vita gapande ansikten.

– Det är en risk, förklarade Kessels, men vi måste ta den. Vi måste förena oss med den övriga armén. Annars är vi ryska fångar inom två veckor.

Tidigt nästa morgon siktade man tre lettiska fartyg i Weichsels mynning. De var alla tre flodbåtar, de var illa medfarna, de hade använts att transportera tyska trupper från Kurlandsfickan, de låg nu stilla och den lettiska besättningen fanns kvar. Man sände ut en man att förhandla. Där fanns en möjlighet.

Den dagen skrev Janis Slaidins, lettisk nyutexaminerad läkare i tysk krigstjänst, ut hundrafyrtio sjukintyg till lika många lettiska meniga och officerare. Man lindade någras armar med gasbindor, några fick linka, andra fick se allmänt sjuka ut. Båtarna lade till vid en kaj, utklareringen skedde via en tysk hamnofficer. Kessels placerade bunten av sjukintyg på hans bord, och de började gå igenom papperen. Efter bara några minuter blev de avbrutna av ett ryskt flygangrepp. Då tog formaliteterna ett snabbt slut, man vräkte manskapet ombord på de tre båtarna, fick igång maskinerna och lämnade flodmynningen i panik.

Ingen av båtarna blev träffade. Papperen blev kvar, för alltid.

Historien om sjukskrivningen bekräftas knappast av de dagböcker som finns; några av legionärerna tycker sig i efterhand vagt kunna konfirmera den, andra ställer sig helt oförstående. Senare samma höst skulle man ofta i svensk pressdebatt framställa de baltiska legionärerna som "desertörer", vilket eventuellt skulle ge dem en annan folkrättslig ställning. Det är möjligt att avfärden från Danzig kan betecknas som en desertering. Men det är uppenbart att deserteringen upphörde bara efter några timmar. Den var en lyckad kupp som upphävdes i och med att den lyckades.

De lämnade flodmynningen vid 13-tiden den 27 mars. De hade ingen kompass, inget sjökort, det fanns inget kol utom för de första timmarnas resa. De försökte navigera med hjälp av fickkompasser, men dessa påverkades av båtens metaller. På morgonen den 28 var de ute på havet, och inget land syntes längre. Det var lugnt. Det minsta fartyget, "Augusts", hade fått maskinhaveri redan efter fem timmar, man plockade över passagerarna på de två andra fartygen och fortsatte.

Man eldade med inredningen, som var av trä, eldade med allting som man fick loss.

Vittnesmålen från färden är suddiga och oklara. Bara officerarna tilläts vara på däck, manskapet var inlåst under däck. Det är möjligt att den ursprungliga destinationen var Flensburg. Mitt på dagen den 29 mars siktade man en kust i väster. Det var inte Tyskland, inte Sverige. Det var Svaneke fiskehamn på Bornholm.

Där stannade man i fyra dygn, anmälde sig för den tyske befälhavaren, fick order att segla till Rönne. Den 4 april går de ut på kvällen och tittar på stan. Åsynen av deras SS-emblem tycks inte ha fyllt danskarna med entusiasm. "Danskarnas uppträdande mot oss är inte sympatiskt." De bor på värdshus, två i varje rum. Allt är utmärkt. "Vi äter dansk vispgrädde och underbara kakor."

De skulle komma att stanna på Bornholm i över en månad.

Tiden på Bornholm skulle innebära att bedömningen av de baltiska legionärernas status komplicerades; senare, hösten 1945, skulle många hävda att de inte alls kom från östfronten, utan från västfronten. De tyska trupper som flydde till Sverige återsändes ju enligt enkla och lättfattliga principer: de som kom från östfronten sändes tillbaka till öster och ryssarna, de som kom från västfronten sändes till väst.

Och de som kom från Bornholm?

Bornholm hörde till Danmark. Danmark befriades av de brittiska trupperna, och tyskarna i Danmark kapitulerade den 5 maj. Men Bornholm befriades av ryska trupper, och tyskarna på ön gjorde motstånd långt efter den 5 maj. Bornholm betecknades som "hörande till den ryska intressesfären".

De kom från östfronten till Bornholm, och sedan till Sverige. Problemet löstes med ett enkelt snitt av de svenska myndigheterna. De betecknades som flyktingar från östfronten.

Tiden på Bornholm var lugn och intresselös. Dagböckerna uppfylldes av ovidkommande detaljer. "Åter en vacker vårmorgon. Tvättade mig noga i badkaret. Vi äter ånyo dansk vispgrädde." "Dagen tillbringar jag mestadels liggande." En tjugoårig menig lettisk soldat beskriver ingående några snidesarbeten som han gjort, och tillägger: "Att sälja det här på ön går nog inte, eftersom ingen vill ha med oss att göra. Det är uniformerna som gör detta." Den 20 april "medverkar vi i kommendantens firande av ledarens födelsedag". I mitten av månaden sänds kapten Kessels till Köpenhamn för order, samtidigt åker löjtnant Raiskums till Tyskland för orientering. Man är nu mycket osäker om vad de fortsatta operativa uppgifterna ska bli, och krigets slut rycker allt närmare. Raiskums och Kessels återkommer, båda med direktiv att truppen ska stanna på Bornholm och avvakta. På kvällen den 4 maj cirkulerar "allvarliga rykten om fred". På morgonen den 5 maj vaknar de och upptäcker plötsligt att hela ön är flaggprydd. Tyskland har kapitulerat.

På kvällen den 6 maj skriver löjtnanten P. i sin dagbok: "Vi sitter på fartygen och väntar på engelsmännen. Det cirkulerar en rad olika rykten. På kvällen går vi i eldställning."

Den 7 maj bombades Rönne av ryssarna. Natten mot den 8 maj avseglade man mot norr, de flesta uppgifter antyder att man lämnade Bornholm på morgonsidan vid 4- eller 5-tiden. Dagen innan hade fem lettiska soldater dödats av ryskt bombardemang.

Klockan 10.00 den 8 maj kom de två fartygen till Ystads hamn. Minnesbilderna från Bornholm är i de flesta fall vaga och intresselösa. I Rönne hände ingenting särskilt. Danskarna tyckte inte om de tyska uniformerna, men de höll sig lugna trots sitt förakt. De sa ingenting och var lugna. Balterna bodde på hotell och promenerade mest omkring på dagarna. Ofta såg de att danskarna *såg* på dem, men annars var allt bra.

En av dem minns ett biobesök. Han kom in när filmen redan hade börjat, såg en tom plats mitt inne i en bänkrad, gick in och satte sig. Runt omkring sig hade han danskar. När filmen var slut såg han att det hade uppstått en tom ring omkring honom.

Av filmen minns han ingenting. De var väl rädda, säger han. Eller också tyckte de inte om uniformen. Eller också visste de inte att vi var letter. För övrigt sket vi i vad de tyckte. De var hyggliga mot oss, i den mån man kan tala om hygglighet i april 1945.

I vilket fall minns han tomrummet omkring sig mycket tydligt.

Hos några andra framskymtar glimtar av intermezzon på Bornholm. En grupp danskar som uppträder fientligt vill arrestera truppen tills engelsmän eller ryssar landstigit. En av beskrivarna är en lettisk officer, han är kortfattad och otydlig. I beskrivningarna betecknas hela tiden de danska motståndsmännen som "kommunistiskt inspirerade danska frihetsmän", eller som "danska kommunister".

I övrigt tycks tiden på Bornholm ha varit intresselös och lugn, och de efterlämnade få minnen, knappast ens någon motvilja. I Svaneke minns många att de kom, men ingen vad de gjorde eller tyckte eller kände. "De ankrade vid kajen där. De var mest letter, de hade uniform. Nej, de gjorde väl ingenting. Försvann efter några dar." I Rönne bodde de på hotell Phönix, som då var ett jättelikt förstaklasshotell, men nu har förfallit och skräpats ner och bytt ägare många gånger och nu heter Hotell Bornholm: ingen minns dem, i minnet uppslukades de av de tusentals tyskarna och alla de andra flyktingarna. "Det var så många militärer som drog omkring i tyska uniformer de där dagarna och såg villrådiga ut. Flera tusen. Tyskar, holländare, balter, nej, letterna minns vi inte."

De sista dagarna på ön fick de lämna hotellet, några tog sin tillflykt till skogarna omkring Galløkken och några bodde på båtarna eller på själva stranden. Man sov i badhytter eller byggde hyddor av grenar, staden var full av tyska soldater och flyktingar från Helahalvön och Kurland och Nordtyskland. På kvällen den 5 maj fick de officiellt veta att tyskarna i Danmark kapitulerat. De led svår brist på proviant, men lyckades byta till sig mat från civilbefolkningen. Den tyska garnisonen på ön visade inga tecken på att vilja ge upp, i varje fall inte till ryssarna.

Den 7 maj, vid 10-tiden på förmiddagen, besköts två ryska flygplan utanför Nexö, och ett träffades. Klockan 12.15 anfölls Rönne av en våg av ryskt bombflyg, 12.50 kom den andra vågen, 18.30 den tredje. Staden brann nu, och var svårt skadad, den tyske kommendanten vägrade ännu att kapitulera. Vid den första bombvågen hade fem man i den lettiska avdelningen dödats, det fanns uppenbarligen skäl att dra sig bort från ön. Klockan 2.30 natten mot den 8 maj kom order att Rönne stad skulle helt evakueras. Strax efter gick de baltiska soldaterna ombord på "Potrimbs" och "Alnis", där fanns inte längre någon civil besättning, men de lyckades starta motorerna.

De satte kurs mot norr, mot Sverige. De gav sig i väg före gryningen. På de två fartygen fanns tillsammans 156 man, varav 12 var tyskar och 7 civila.

Strax innan de kom fram till Ystads hamn såg de bakom sig hur Rönne än en gång blev bombat: klockan var då 9.45 på morgonen den 8 maj. Klockan 10.00 gled de två fartygen in i Ystads hamnbassäng. De gick rakt in i hamnen, och ankrade inne i den centrala hamnen. En tullbåt hade mött dem en bit utanför kusten, den låg nu långsides de två fartygen som inte tillåts gå in till kaj.

Många kom ner till hamnen och tittade på. De stod på kajen och tittade. Det fanns ingenting särskilt att titta på. Flyktingarna förklarade att de flytt från Rönne av rädsla för ryssarna. De gjorde alla ett lugnt och sansat intryck. "Flyktingarna voro i de mest skilda åldrar, och alla sågo välmående och välklädda ut", konstaterade Ystads Allehanda, som dock ägnade händelsen obetydlig uppmärksamhet.

De fick stanna ombord på båtarna till eftermiddagen. Då fördes de över till varmbadhuset för avlusning, eller sanitetsbehandling som det också kallades. Humöret i truppen var utmärkt. Svensk trupp förde nu befälet. "Det sades att vi inte skulle utlämnas till ryssarna." Efteråt vidtog registrering.

Historien om registreringen i Ystad är en del av berättelsen om hur en absurt olösbar situation växer fram. Den kan berättas på flera sätt.

Soldaterna i den lettiska truppen var i klar majoritet. När de såg den svenska kusten närma sig sände de en delegation till sina officerare med en bön. Bönen var mycket enkel: de ville slänga sina uniformer och utge sig för att vara civila. De ansåg att detta skulle vara fördelaktigt, att det skulle göra förhållandet till de svenska myndigheterna mindre komplicerat.

Delegationen framförde denna anhållan direkt till truppens chef. Han sammankallade sina officerare och överlade. Efter en stund, det kan ha tagit fem minuter, lät de meddela att alla skulle behålla sina uniformer på, att inga gradbeteckningar fick avlägsnas. Ingen motivering lämnades för beslutet.

Långt senare under krisveckorna i lägret vid Ränneslätt diskuterade man ofta detta moment. Så nära friheten man varit utan att kunna sträcka fram handen och ta den. Hur lätt allt blivit om de bara slängt uniformerna och kallat sig civila. Hur enfaldiga deras officerare ändå varit.

Och motivet? Varför hade man sagt nej?

Det är inte svårt att förstå. Tjugotre år senare framförs det av en av legionärerna, han var tjugotvå år gammal 1945 och menig soldat, men nu är det 1967, en badstrand utanför Riga. Han berättar om det med ett stänk av resignation eller ironi.

– För dem var det mycket enkelt. Enligt konventionen i Haag hade soldater i krigsfångenskap rätt att uppbära full lön, också i fångenskap i ett neutralt land. Svenska staten betalade full kaptenslön till en fången lettisk kapten. En soldat fick soldatlön. En soldatlön är inte stor, en kaptenslön är avsevärt mycket större. De ville inte gå miste om den inkomsten. Kessels ville det inte. Inte de andra officerarna heller. Och så sa de nej. Och så kunde historien fortsätta.

När de kom till Ystad var allting en svår förvirring. Det hade kommit flyktingar från många håll, med båtar över havet, svenskarna var dåligt förberedda, registreringen gick ofta på en slump.

Det fanns för letterna två listor, en för civila och en för militärer. Men man höll ihop. Hade man hållit ihop hittills kunde man fortsätta ännu några veckor. Slaidins, som var läkare, tvekade länge. Men sina vänner hade han bland legionärerna, och allting gjorde ju ändå detsamma. Han tog den militära listan och skrev sitt namn. De fick ange från vilket frontavsnitt de kom, och de skrev östfronten. Det var den 8 maj, kriget var slut, de var i Sverige.

Någonstans fanns säkert regler, direktiv, principer. Någonstans fanns en myndighet som senare skulle bestämma att tyska militärer från östfronten en gång skulle skickas tillbaka till öster, och de från västfronten till väster. Någon visste säkert redan att distinktionen mellan militär och civil var viktig, inte någonting man lottade om.

Efteråt trodde de att de skulle ha kunnat handla riktigt, om de bara vetat. Om detta kaos inte varit så lättsinnigt och okomplicerat. I kaosets tecken sändes tvåhundra rikstyska soldater, som kämpat på östfronten och flytt med båt till Ystad, till Västtyskland med tåg. De åkte genom Danmark. Det var mycket enkelt: de tog ordinarie tåg från Ystad till Malmö, "för vidare befordran till sitt land".

Ingen betraktade detta som exceptionellt. De förplägades, avlusades, registrerades, förplägades igen, sov en natt och reste på morgonen den 10 maj till Västtyskland. "De steg på de fyra sista vagnarna på Malmötåget."

Den 10 maj kom balterna till Bökeberg. De sov två nätter i Ystad och transporterades i bussar. De kom i bussar genom bokskogen, den var alldeles ljus, de svängde upp på planen framför en herrgård, lastade ur, och tittade. Det var i maj, nedanför slottet eller herrgården – de visste inte vad de skulle kalla byggnaden – låg en äng. Den var grön. Herrgårdens fönster var hela. På kvällen fanns där ljus. De slog upp sina tält på ängen, mellan två jättelika ekar. Efter två dagar fick de barackliknande hyddor, det var bättre.

Ibland talade de om vad som skulle ske. De frågade ofta de svenska officerarna vart de skulle och vad som skulle ske med dem, men till deras förvåning visste de svenska officerarna ingenting. Förhållandet mellan letter och tyskar var godtagbart, men en av de tyska officerarna framförde med ogillande till den svenska lägerledningen att letterna, trots att de tillhört av tyskarna uppsatta SS-förband, "i samband med ankomsten till Sverige låtit avlägsna SS-emblemen".

Ingen fann detta problem värt att diskuteras.

På dagarna badade de i viken: där fanns vass, en båt, en brygga. De minns att de åt mycket. De minns gärna denna första tid i Sverige: en motpunkt till det som hände sen, en motbild. Nätterna var ljumma, de satt utanför tälten och rökte och såg hur ljuset silade in mellan bokstammarna och ekarna och hur skymningen smög sig in över sjön, hur himlen blev mörkblå. I maj 1945 var bokskogarna i Bökeberg ljusa och luftiga, vattnet var kallt men de badade ändå. De sov mycket, på dagarna låg de och solade på ängen. Inga kontroverser förekom. Lägerledningen minns inga episoder. De solade, sov, badade. De tyckte allt var vackert. Sverige började så för dem: en vit byggnad, en äng som sluttade ner mot sjön, en vik, en brygga av trä. Luft och stillhet.

De stannade i fjorton dagar.

I dag finns ängen kvar, herrgårdsbyggnaden, ekarna, bokarna. Ingen, utom lägerchefen själv, minns att här en gång låg ett läger. Sjön finns kvar. Här badade de. Bryggan finns kvar, halvt nedruttnad, omgiven av vass, med en halvt sjunken eka intill.

Bryggan pekar alla på. Här är bryggan, säger de. Här är ekan. Här dog Hjalmar Gullberg. Just här fann man honom. I viken, vid bryggan, i Bökeberg.

Efter fjorton dagar transporterades de lettiska legionärerna till ett läger utanför Eksjö. Det hette Ränneslätt.

3

Till varje undersökning finns en utgångspunkt. Varje undersökning har en undersökare. Varje undersökare har värderingar, startpunkter, dolda förbehåll, hemliga förutsättningar.

Det är nödvändigt att åtminstone redovisa en av undersökningens startpunkter. Den ligger mycket nära i tiden: juni 1966.

I juni 1966, en vecka efter det att han lämnat New York, befann han sig i Oak Ridge, Tennessee. Det han senare skulle minnas bäst var den egendomligt spröda hetta som alltid tycktes omge honom dessa dagar. Han kunde aldrig vänja sig, luften var torr, en skör och bräcklig känsla av utmattning tycktes ständigt smyga sig på honom. Hettan låg alldeles stilla, han hade fel kläder och fel matvanor och felaktiga rörelser och vanor, och allting tycktes göra honom spröd, ömtålig, nästan hysteriskt medveten om hettan.

Hit kom han två gånger. Först en gång på kvällen, han sov en natt och reste söderut nästa morgon. Fem dagar senare kom han tillbaka, i samma hetta, och kunde se samhället i dagsljus, som det var.

Man sa till honom att samhället hade krympt efter kriget. En gång hade det varit ett centrum för atomforskning och kärnfysik, och ännu sa man att atombombens vagga stod här, fast det tvivlade han starkt på. Då hade här bott sjuttiotusen människor, eller mer; nu hade många av teknikerna flyttat, och bara specialisterna var kvar, teoretikerna, och nu bodde här kanske tjugotusen människor. Den andra gången han kom dit såg han med ens hur fruktansvärt fult samhället var: längst ner i den flacka dalen ett stort jättetorg med röd sand och små baracker omkring som var låga och såg moderna ut men mycket snart skulle förvandlas till modernistisk arkitektslum: snabbköp och affärer och kontor och telefonstolpar och sol och hetta och bilar, alltsammans mycket sakligt och fritt kringkastat utan minsta skugga av medvetenhet. Banken hade en atombombsexplosion som firmamärke, man var stolt över sin plats i historien. Ingenstans antyddes ens skymten av stadsplanering, där fanns den totala frihet som uppstår när man får bygga ett hus var man vill och en affär hur man vill. Centrum saknades: en samling hus, som om en jätte med ett lekfullt kast slängt ut moderna villor, sand, enstaka träd, bilar och plåtskjul över sin axel utan att se sig om.

Detta var en av samhällets verkligheter. Längre upp, efter åsen, i skuggorna från träden, låg lyxvillorna eller de villor som försökte imitera lyxvillorna. Det var hus med glest gröna eller halmgula gräsmattor, trädgårdar med vattensprinklers vispande runt i luften som tunna hysteriska vattenväggar till skydd mot hettan, sandiga gula vägar och betongplattor, sandig gul luft som ständigt tycktes stå stilla som gulfärgat vatten runt villor och människor nedsänkta i stora akvarier, hus som tycktes döda på dagarna och sedan, när mörkret kom med cikadornas sång, tycktes leva upp med en ny och absurd vitalitet.

Första gången kom han hit en kväll, allting var fint, han kände sig stark och snabb och outtröttlig, han for nästa morgon och när han kom tillbaka var han mycket trött. Senare tänkte han: allting berodde på min trötthet. Det är inte landskapet, inte samhället. Det är tröttheten, och hettan.

Sedan satt han i det stora vardagsrummet i den konstgjorda svalkan och strök med handen över glaset som kändes immigt och liknade de glas han sett på whiskyannonserna, och han visste att det gällde att dricka sig berusad så snabbt som möjligt, och sedan sova.

Det var exakt som förra gången han var här. Då hade de suttit där och talat om Asien och mannen framför honom hade lett mot honom och sagt:

– Världens samvete. Jag vet, jag har bott i Sverige. Svenskarna har världens enda transportabla samveten, de åker runt som professionella moralister. De talar aldrig om de situationer när de själva ställts inför moraliska konflikter. Transiteringarna. Baltutlämningen. Vad vet du egentligen om baltutlämningen?

Han hade omedelbart kunnat replikera med fem slagkraftiga och direkt dödande argument, men vad tjänade det till? Här satt han, en före detta liberal, sedan fyra år frälst socialist, och kunde inte ens för sig själv förklara den egendomliga känsla av avstånd och trötthet han kände. Han kände sig vidöppen för angrepp, det enda han hade att skydda sig med var ett abstrakt "engagemang" som kunde saboteras med så enkla angrepp. Hur många gånger hade han varit med om detta? Man hade talat om Venezuela, och omedelbart hade Tibet fallit fram, som i en spelautomat. Han visste inget om Tibet, och blev tyst. Varför hade han inte åkt till Tibet? Var han intresserad av sitt eget engagemang bara, eller av fakta?

De hade talat om rassituationen i sydstaterna. Ett tåg gick från Memphis till Jackson. En man hade blivit skjuten, det var en "marsch mot fruktan". De talade om rasförtrycket, och han försökte formulera sin egen politiska utveckling, som varit en oavbruten rörelse åt vänster, men det var ett samtal i dimma, långt från centrum, och när han talade var det med en otydlig känsla av skam, som om han exploaterade en politisk situation i stället för att påverka den. Det var helt irrationellt av honom, onödigt, han borde inte känna så. Han visste: det fanns formuleringar som bevisade detta, han hade gått i en hård retorisk skola. Men var fanns han själv i allt detta?

Han hade i hela sitt liv avskytt den upprördhet som bara är en sentimental gest, och hans upprördhet hade samtidigt, under hela denna tid, i den mån den förekom varit sentimental. Han kunde bara inte finna en form som var direkt, utan känslosamhet, och allting han bevittnade tycktes förstärka hans pessimism.

Allt detta har på ett mycket direkt och konkret sätt med undersökningen att göra.

Han kom till Jackson, Mississippi, tidigt en fredagmorgon. Han åkte buss. På vägen söderut passerade bussen demonstrationståget; hundra, hundrafemtio man som gick i en lång rad längs vägen. De var både färgade och vita. De hade startat i Memphis, och de skulle gå till Jackson, det var den sista sommaren för idealistiska medborgartåg, för ickevåld, för klarögda och vackra nordstatsidealister som reste ner till den fruktansvärda södern för att demonstrera sin medkänsla, det var sommaren 1966 och man sjöng ännu "We shall overcome" utan att cynismen var möjlig att upptäcka. Han tryckte ansiktet mot bussens ruta och försökte fånga deras ansikten, men bussens fart var för hög och han såg dem bara som suddiga vita fläckar, fläckar som inte sa honom någonting alls. Det måste ha varit fruktansvärt varmt: vägen gick över en stor, flat slätt utan träd och med kilometrar mellan de små fallfärdiga skjulen av korrugerad plåt. En lång hård jävla väg, svett och skoskav. Han vände sig om och såg in i ett leende ansikte tätt intill sig: en man som stigit på under natten, medan han sov. Han såg trevlig ut, han hade ett varmt, humoristiskt ansikte.

– The heroes, sa det varma, humoristiska ansiktet. Titta inte på dem, skit i dem. De vill att vi ska titta, eller kasta sten. Då blir de martyrer och då mår de fint. Ge fan i dem bara.

Han svarade inte, satt stilla medan bussen dånade vidare. Han hade tänkt be bussen stanna, men han gjorde det inte. Den kan säkert inte stanna här, tänkte han. Det finns hållplatser eller stationer. Jag kan åka in till stan och ta en bil ut. Det är lika bra. De är många nog ändå. Det skulle se jävligt konstigt ut om jag stannade här, mitt ute på slätten. Jag väntar.

Det kom en dalgång med mörkt gröna, egendomligt fuktiga färger. Träden var överväxta av klängväxter, vildvin eller klättrande blad, det fanns inga namn. Han kunde fråga om klängväxter. Det blev ett samtal. Det blev trevligt. Det är ett helvete att gå genom de där skogarna, sa mannen. Det finns orm. Klockan 10.00 var de i Jackson, Mississippi.

Det tog längre tid än han väntat. Han fann inget hotellrum. Han gick runt och staden var ren och modern men utan lediga hotellrum. Framemot 5-tiden på eftermiddagen var allt ordnat, han tog en buss norrut igen eftersom han inte ville eller vågade åka taxi. När han kom fram var det för sent, dagsetappen var slut, han kände en egendomlig lättnad, nästan uppsluppenhet. Man hade försökt slå läger men hade saknat tillstånd, och så kom polisen med batonger och tårgas och rev upp tälten: det var lätt, en lätt seger, detta var den sista sommaren med ickevåld. Nu var det lugnt. De slog upp tälten på ett annat ställe, där fick de. Han stod i utkanten av lägret och talade med någon som var gammal och hade fått tårgas på huden. Det brände och han vågade inte raka sig. Han var kväkare och kände till Sverige. I morgon går vi igen, sa han, då kan du vara med från början, du är väl inte rädd? Nej, sa han, nej. Nej, tänkte han, nej det är jag faktiskt inte, jag är inte rädd, men när jag kom för sent kände jag ingen skam och jag blev lycklig. Jag är ju bara här för att genomlysa mitt engagemang. Han kände fortfarande en mjuk, långsam och stilla lycka, han var med men deltog inte, det kändes fint.

I morgon klockan 9, sa de.

De liftade tillsammans in till stan. Det tog två timmar, han gick raka vägen upp till hotellrummet, rakade sig och badade, tog på sig en ren och sval pyjamas och lade sig på sängen. Efter en stund reste han sig och slog på TV:n. Först kom en reklamfilm för Tiger, en soldatdocka med fullständig utrustning och k-pist som liknade GI Joe, en annan soldatdocka som han sett reklam på tidigare. Filmen om Tiger var mycket snyggt och dramatiskt gjord, med skickliga stridsscener. Sedan kom nyhetssändning och så mer reklam.

Mitt i alltihop kom en nyhetssändning från marschen. Han såg inte mycket, bara en massa rök och soldater med gasmasker och några som skrek och flydde med händerna pressade mot ansiktet. Canon hette stället, det visste han. Sedan kom en reklamfilm om Millers öl. Han hade druckit det och såg intresserat på. Efter en stund var det slut och så kom en såpopera, han låg på sängen och såg programmen vandra förbi, och så kom ett nyhetsprogram på en annan kanal som han vridit in. Det var en kort filmstump från marschen. Han såg inte mycket, bara en massa rök och soldater med gasmasker för sina ansikten och några som skrek och flydde, och en intervju från de tält han sett. Han låg alldeles stilla på sängen och tänkte att det här var ändå bättre än i Sverige, det gav en snabbare och mer direkt upplevelse, dessutom kunde man byta kanal. Det gjorde ingenting att han missat Canon, han kunde se det på TV i stället. Det var inte samma upplevelse kanske, men en likartad, och man fick bättre överblick och större distans. Man blev på det klara med skeendet. Det var ju bättre än i Sverige, snabbare, direktare.

Millers öl. Ballentines öl. Han sökte på kanal efter kanal, det verkade hopplöst, kanske var det slut nu. Så kom röken, soldaterna och den skrikande kvinnan fram för tredje gången, och sedan låg han alldeles stilla på sängen och slöt ögonen och tänkte att nu somnar jag. Men det kunde han inte.

Då gick han upp och badade och torkade sig omsorgsfullt över hela kroppen och tog på sig jeans och skjorta och gick ut, men där var det tomt på alla gator. Nu sover de där borta, tänkte han, det går bra att sova i tält. Han tänkte på tårgasen en stund, och tänkte att det var för jävligt hur de blev behandlade, men det blev så abstrakt så han slutade. Här går jag, tänkte han, en tredje klassens f. d. ungliberal som är en tredje klassens socialist på väg att bli en tredje klassens kommunist, med en första klassens likgiltighet för allting som sker, och söker efter en medvetenhet som inte är sentimental eller bara en gest som lättar mitt dåliga samvete, här går jag och där ligger de. Han gick hem till hotellet igen men brydde sig inte om att klä av sig, utan låg på sängen med öppna ögon och stirrade i taket tills allt blev ett dis. Han gick genom dimma och han ropade och det fanns inget eko, och hans belägenhet var fruktansvärd och det gjorde honom lugn och glad. Samtidigt var han rädd, det var över sin förlorade förmåga att känna skräck. Då han vaknade var klockan 9 och han slet sig upp med ett ryck. Automatiskt knäppte han på TV:n och kom rakt in i Millers öl. Det gjorde honom trygg, och han kunde åter tänka klart.

Han tog taxi ut. Chauffören sa inte ett ord och måste ha tagit dubbel taxa, men det spelade ingen roll. Sedan stod han vid vägkanten och väntade in tåget, och gick sedan längst bak men ingenting hände. Det var som att läsa en bok. På kvällen eller eftermiddagen kom de till ett ställe som hette Toogaloo. Där slog de läger, det gick fort, han tittade mest på. Det var många som pratade men han hade inte något särskilt att prata om. På kvällen var där en stor scenshow i en jättelik naturlig amfiteater, en jordgryta med hundra meters diameter, det kom tiotusen människor och de satt i vida sammanhängande flak och lyssnade på de skarpa hårda ljuden från högtalarna som en gång hade varit perfekta men inte längre var det. Det gick långsamma åskor genom massan, det var första gången han hörde Stokely Carmichael och han såg sig försiktigt omkring. Det liknade midsommar i Sikfors, fast alla var nyktra här. Alla i närheten satt på marken, de var lugna och log ofta, det fanns en avspändhet hos dem som liknade de drömmar han en gång haft om dem. Ett ögonblick kände han sig hemma och lugn, och han kunde titta upp på scenen igen. Det här är mitt problem, tänkte han, jag har rätt till deras problem, det är mitt problem mitt problem mitt problem. Det är vårt problem. Tätt intill honom låg två akademiker från New York som han talat med på morgonen, de låg på rygg med slutna ögon och såg ut som de sov. Deras ansikten var lugna och avspända, de hade ingen rädsla, de var hemma. Han satt länge och såg på deras ansikten, och det var som om de sov i ett stort lugnt mörkt vatten som vaggade dem fram och tillbaka, som i ett fostervatten, hemtamt och fint och lugnt, och han tänkte att så måste den rätta upprördheten och den största vreden se ut: som att vila i ett fostervatten som inneslöt alla. Jag finns alldeles intill, tänkte han. Jag behöver bara genombryta en vägg, en liten tunn vägg, och då är jag igenom. Och då vilar jag i fostervattnet, och behöver inte längre iaktta mig själv och mina utgångspunkter, och behöver inget avstånd och inget tvivel, och kan handla. Då hör jag till dem, och ligger tätt intill dem, och det finns inget avstånd.

Där framme var scenen en gigantisk lysande fläck, och Sammy Davies Jr stod där plötsligt och sjöng utan något ackompanjemang och alla började klappa i händerna, rytmiskt, i takt. Det måste vara tjugotusen här, tänkte han. Det är tjugotusen här i ormgropen, tjugotusen, de klappar händerna, i takt. De satt på marken och på trädstammar och på stolar och uppklättrade i träden, och i fonden stod en hög ställning med TV-kameror och framför var scenen, och bara den var upplyst. De klappade händerna, i takt. Han sjöng och de klappade. Det var perfekt i rytm, alldeles rätt, och han där framme sjöng hårt och hest och det var den bästa orkester han någonsin hört. I takt. Han började klappa med. Det rörde sig, han kände hur allting blev en flod, han fördes med en bit, stannade, sköljdes med, det sved i handflatorna och han slog hårdare och hårdare, rytmiska åskor kom och gick, alla vaggade och han kände hur han försökte vagga med utan att göra sig löjlig, det gick, mannen där framme sjöng och nu var han snart en av dem. Man såg rakt fram mot den bländande scenen med ögon som värkte av ansträngning. De slog och slog och snart kunde de sjunga, den tunna väggen var genombruten och han fördes med i fostervattnet, han slog och sjöng till sist, och när mannen där framme till slut tystnade kände han besvikelsen välla över sig som en lavin. Han kikade rakt upp, för att inte visa det.

Där uppe fanns det stjärnor, två strålkastare och en helikopter. Han iakttog stjärnorna noga. Mellan ljuspunkterna var natten mörk och varm, mörk som en säck. Det skulle snart vara slut. Det han hade kvar var resterna av en känsla som skulle kunna bli en formulering. Det var tills vidare allt.

När det var slut var det slut, och han visste bara att han borde ta sig tillbaka in till stan. De gick alla längs en smal skogsväg fram till huvudvägen, det tog dem en halvtimme att komma fram. Det måste ha varit tusentals människor som silades fram längs denna smala väg, de flesta färgade. Han tyckte plötsligt att detta var det första ögonblick den senaste månaden han inte varit rädd, fysiskt rädd, och så var det nog. Han vågade aldrig tala med dem, och visste inte vad han skulle säga, han tycktes oupphörligt vara i färd med att falla ner i en inverterad rasromantik, men ett faktum var alldeles uppenbart: han kände för första gången på flera veckor ingen rädsla i detta märkliga land. Mörkret här var mörkare än någonsin, träden skuggade som kompakta väggar från sidorna, han såg ingen himmel, inga stjärnor. De gick långsamt, nynnande och trevande fram, som skuggor, och plötsligt hörde han cikadorna. Han hade hört dem förut, läst om dem i böcker, men aldrig hört dem så som nu. Det var som en öronbedövande orkester, en mjuk, varm, skärande och öronbedövande orkester. Han gick i det varma mörkret, anade kroppar intill sig, kände deras rörelser och hörde ljuden från cikadorna blandas med deras nynnande: allting hängde ihop. Jag rör mig med dem, tänkte han. Jag går i det varma mörkret. Jag behöver inte säga något, men jag kan nynna. Det är fantastiskt, tänkte han: så många tusen, och inte ett ord, och så de som nynnar.

Han gick länge och tänkte på ingenting och hörde på ljuden. När han kom fram till vägen funderade han ett ögonblick på att gå tillbaka och göra om alltsammans igen, men det skulle nog inte gå, eftersom han inte kunde gå mot strömmen. Det gick aldrig att upprepa en känsla på det sättet.

Han ställde sig vid vägkanten och försökte få en lift, det fick han. Han satte sig i baksätet och talade oavbrutet i tio minuters tid om sina intryck av Jackson och Mississippi, och han där framme, som var en välvårdad medelklassneger, lyssnade noga och allvarsamt och släppte ut honom i centrum. Han gick raka spåret upp till hotellet. Det kostade åtta dollar per dygn. Han slog inte på TV:n utan lade sig på sängen och sov genast. I drömmen steg genast hans barndoms gamla härskare fram, mannen med fågelhuvudet, men nu hade han inget budskap och grät inte över honom och gjorde inga tecken, utan gled bara förbi, som i dimma, som i drömmen. När han vaknade var det midnatt och mörkt och han låg länge vaken och försökte få fatt i känslan från kvällen före, och han tänkte att så är det alltid: en oavbruten jakt på korta sekunder eller stunder eller känslor, ett hysteriskt kvarhållande. Det gick inte. Han slog på TV:n och där var reklam för ett diskmedel och sedan en film om vampyrernas invasion. Ögonen värkte, men han kunde inte somna. Han visste att han var mycket nära en betydelsefull insikt. Han skulle nå den bara han inte försökte fixera den. I morgon var marschens sista dag. Den kanske fanns där, i morgon. I väntan på den uppriktighet och den sakliga hängivelse som skulle försona allt släckte han ljusen i rummet, skruvade av TV:ns ljud, fäste blicken mot den vita flimrande rutan och somnade.

Till varje undersökning finns en utgångspunkt. Detta är ett försök att beskriva en av utgångspunkterna: en punkt som är en känsla, eller en känslas vridpunkt. Känslan finns just här. Vridpunkten finns strax intill.

Klockan 10 på morgonen visste han ännu inte var marschen befann sig. Den skulle vara på väg in i Jackson, men gatorna var många och krokiga i de norra förstäderna, täten måste ha vikit av, och ingen han frågade visste besked. Han hittade ett gäng som tycktes vara på väg ut, de stod stilla vid en busskur intill slätten med ett gigantiskt sjukhus bakom ryggen, och ingenting hände. Då och då singlade en helikopter över dem, det var de stora TV-bolagen som täckte skeendet uppifrån: själv täckte han det från sidan. Han försökte räkna ut var marschen befann sig genom att iaktta helikoptrarnas flygkurs och svängningar, men det gick dåligt. Han väntade, det gick en timma, det var 102 grader Fahrenheit i luften. Så kom tre bilar förbi och stannade. En av dem var en buss från 20-talet, den var gråmålad och totalt fallfärdig, och på dess sida var ett rött kors målat. Det var som i spanska inbördeskriget. Han gick fram och frågade. Ambulansen hörde till marschen, den skulle tillbaka till huvudtruppen. Han fick gärna följa med.

Han satte sig bakom föraren, han svettades våldsamt nu, han visste inga exakta mätetal mellan Celsius och Fahrenheit men det var varmt. Efter en stund kom en medicinstuderande från Washington och satte sig bredvid honom. Det var inga vackra saker han berättade, men han tycktes mycket saklig, vilket fick allt han berättade att anta egendomligt triviala former. Sedan körde de – nej kanske inte triviala former, men osentimentala – sen körde de. Chauffören var en ung neger i tjugoårsåldern, han körde snabbt och impulsivt, men det var inte första gången han höll i en ratt. In i förstäderna, låga hus och mer människor, och framför allt mer poliser, mer vita poliser. De stod med allt tätare mellanrum, de kom till ett gathörn, de blev stoppade. Nu befann de sig i marschvägen, det var uppenbart, fast före marschen. Polisen som stoppade dem stod mitt i körbanan. Avstängt! skrek han, stick åt helvete! Vänd och försvinn! Under några förvirrade sekunder stack chauffören ut huvudet genom en sidoruta och försökte förklara att han hade tillstånd att följa marschen med ambulansen, men polisen sa kortfattat men mycket tydligt att han gav fan i hans tillstånd, om han så hade tillstånd av jultomten själv. Det var bara att vända, och vända kvickt. Runt omkring bussen fanns nu hundratals människor, de flesta vita, de lyssnade till diskussionen som om den varit en tuppfäktning inför betalande, när den lysande liknelsen om jultomten fördes in i debatten brast mängden lös i skratt och applåder. Här skulle de uppenbarligen bli fast länge om de inte lyckades vända.

Polisen såg sig lugnt leende omkring. Han var bland vänner.

Det är möjligt att ambulansen en gång, kanske på 20-talet, hade haft en snabb och korrekt fungerande backväxel, men inte nu. Det skorrade och skrek i växellådan, så tycktes chauffören plötsligt ha fått in rätt växel, han släppte försiktigt kopplingen och bussen ryckte spasmodiskt ett stycke framåt, kanske en halv meter, och stannade med en knyck. Polisen handlade blixtsnabbt: han hoppade upp på kylaren, drog pistolen, satte den mot rutan och skrek hårt och tydligt:

– Bakåt, din jävla apa! Bakåt, sa jag!

Skrattorkanen där ute växte. Och han där inne i bussen, han som i går befunnit sig i ett fostervatten och varit delaktig, han befann sig än en gång på andra sidan den tunna väggen. Det tycktes betyda något, han visste bara inte exakt vad. Han tyckte att alla tittade på honom, de såg på honom, alla de vita, som vore han en förrädare mot deras ras. De såg att han var ensam vit i bussen, och de visste vad det innebar och han visste vad de tyckte, och hade de vetat att han var svensk skulle det ha varit ännu värre. Då skulle de säkert ha vetat att han var på andra sidan väggen. Han satt alldeles stilla och såg på en halv meters håll hur chauffören svettades så att små floder rann ner för hans nacke, och framför chauffören såg han pistolen, men den var han inte rädd för, bara skrattet.

Det måste finnas ett annat sätt, tänkte han, här kastas jag hit och dit av två slags känslosamhet. Det måste finnas ett annat sätt, ett sakligare. Det måste finnas.

Sedan fick chauffören in backen, just när han sagt att de alla måste gå ut och skjuta den bakåt, han fick in backen, och han kände en snabb lättnad som nästan fick honom att gråta. Bussen rullade bakåt, de kom loss. De kom in på en sidogata, de svängde, de var på väg igen.

– Det var en jävel att dra snabbt, sa chauffören tankfullt, som till sig själv.

Två kvarter därifrån mötte de marschen, på mitten av den långa ormen. Det som en gång varit hundrafemtio, tvåhundra människor var nu femtusen. Inom de närmaste fem timmarna skulle det bli närmare fyrtiotusen. Nu stod allting stilla för några minuter, täten hade kört fast. Så rörde de sig, sakta, och gick.

Klockan var nu tolv, solen stod rakt upp, hettan låg som en järnhand över staden, han gick med dem. När tåget långsamt kom igång, fot för fot och steg för steg, kändes det som en enorm lättnad. De gick fem och fem i bredd. Längst fram körde en lastbil som han först trodde var marschledningens högkvarter, men som visade sig vara journalistbilen. De hade nu fem kilometer kvar, sedan skulle marschen vara slut. Den hade hållit på i en månad, hade inletts med att Meredith sköts, och nu skulle den vara slut. Detta var den fredliga samexistensens sista heroiska sommar, ännu kom liberalerna från norr och författare från Europa hit för att markera sin solidaritet, det här var Black power-rörelsens första egentliga sommar, här och var i tåget såg man dem, instänkta och utdroppade bland de fredliga och milda, små ursinniga klickar som skrek sitt "Black power!" utan att bry sig om blickarna. Han hade bara läst om dem i de svenska tidningarna förut och ansåg alltså att de var galna och farliga, och försökte undvika att se åt deras håll.

Jag deltar i en fredlig frihetsmarsch, tänkte han. Marschen mot rädslan. De där galningarna borde inte få gå där. Han strök handen gång på gång över pannan.

Och så gick de. Det var som en dröm, tyckte han, en flimrande hallucination. Han snarare kände än såg hur tåget bara växte och växte och små bäckar av människor rann till från sidogatorna och trottoarerna och husen. Till slut gick de tio i bredd, hårt klämda intill varandra, i en alltmer obönhörlig ström, som om trycket nu var så stort att inga hinder längre fanns och en avstanning var omöjlig. En flod, ett vatten. Han sökte sig allt längre fram, till täten av tåget, gick vid sidan av, in igen, som om han oroligt sökte efter en position som var hans, ett ställe där han kunde gå och fick gå. Han kände hur stämningen växte och svällde i tåget, hur agitatorerna blev fler, ropen växte, dispyterna blev snabbare och hårdare, hur ropen på Black power blev fler, hur det gungade och rörde sig i massan, hur den växte och dominerade och hur de vita vid trottoarens kant blev färre och färre och till sist nästan försvann. Då blev dispyterna allt mer sällsynta, stämningen lugnare, allt motstånd tycktes fösas undan.

Jag kan känna mig alldeles trygg, tänkte han. I dag är allt lugnt. De har inte en chans i dag.

De sjöng. Han hade hört allt detta förut, på skiva i sitt eget vardagsrum, eller i svensk TV, men inte sjunget så här. Det var inte så trosvisst och inte så rent, det var hackigt och aggressivt och sången avbröts ständigt av ropen på Black power, Black power! Han hade föreställt sig det hela som en slags hymn, där de alla tågade fram med tårar i ögonen, sjungande sin hymn till friheten, men så lät det inte. Inte mjukt och inte trosvisst, men aggressivt, besviket, hånfullt, desperat.

– Kom med, skrek de utåt sidorna, kom med för helvete, ni behöver för fan inte vara rädda! Kom nu era jävla fega svin, stå inte där och glo, ni får behålla era jobb fast ni kommer med! Och de kom, fler och fler, tusen och åter tusen, det sista han såg av den stora höga lastbilen med TV-kameror och press var att den stannat i en korsning och inte kom fram och aldrig skulle komma fram. Men hundra meter längre fram korsade marschrouten ett järnvägsspår, och när täten var hundra meter förbi korsningen kom ett ensamt lok långsamt glidande, och alla stannade plötsligt, som om de trott att loket skulle fortsätta rakt fram över dem, och köra över dem, och som om de längtat efter en konflikt eftersom allt hittills gått alltför lugnt tillväga. Trettio sekunder senare var loket övertäckt av en krälande massa människor som plötsligt tycktes ha kastat sig över en potentiell fiende, trots att loket stannat i tid och inte längre var en fara. De var som myror, han stod stilla och såg hur konflikten uppkom och växte och avtog och upplöstes, såg på med ett slags intresserad häpnad: vad är det för mekanism i en konflikt? Var börjar den? Fem minuter tog det, sedan var loket avlusat på människor, och alla kunde fortsätta.

Och de gick. När de kom in till centrum var de redan så många att alla överslag redan var meningslösa. Det kunde vara fyrtiotusen eller hundrafemtiotusen. Han hade aldrig sett något liknande, det var som en dröm, en dröm om frihet, delaktighet, om makt och rättvisa. Som en stor svällande febrig dröm: han gick och gick och svetten rann våldsamt över hans ansikte, solen stod rakt upp, hur många är vi? tänkte han, gång på gång, hur många är vi?

Vad gör jag här?

Plötsligt kunde han finna att han stod på trottoaren och såg på, medan tåget gick förbi. Plötsligt gick han inte i tåget, utan bredvid, som en observatör. Plötsligt såg han att han sprang vid sidan, som om han varit journalist eller reporter eller bara radioman. Gatorna räckte inte till, man pressades upp på trottoaren, och när tåget erövrade trottoaren inkräktade det plötsligt på hans mark, på observatörsmarken. Det var en bred svart hänsynslös vital levande flod av människor som inkräktade på hans mark, de gick kanske tjugo i bredd, de vällde fram på trottoarer, sidogator, överallt, en syndaflod i den vita rena staden Jackson.

Till sist stod han stilla. Det var inte hettan eller utmattningen, inte törsten heller, eftersom det längs gatorna hade funnits depåer med vatten och mat, och händer hade räckts fram för att ge. Det var bara det att han kommit utanför floden, till sist. Känslan från i går kväll var borta, för alltid, verkade det, och han registrerade det med en blandning av torr förtvivlan och klar lättnad. Han gick liknöjt och långsamt upp till slutmålet, Capitolium i Jackson, med stora gräsplaner och träd och i förväg uppmonterade TV-läktare. Han satte sig på gräset i utkanten och såg på. Tätt intill honom stod en klunga vita häcklare, de skrek och vrålade hela tiden tåget vällde in, snart hörde han dem inte längre, fast han hörde dem. Runt hela platsen stod militärpoliser. De måste ha varit upp mot tusen man, de hade gevär i händerna och hjälm på huvudet, och de stod med en meters lucka runt om hela platsen. Man hade påstått att de skulle skydda deltagarna från provokationer, men de stod med bajonetterna inåt, mot cirkelns centrum. De verkade lugna, eftersom de var många och var beväpnade. Här fanns, inne bland de kanske sextiotusen sammanpressade demonstranterna i cirkelns mitt, en fruktansvärd sammanpressad vrede, och hade ett enda gevär avfyrats skulle alltsammans ha exploderat, på en gång: det var inte svårt att förstå. Men så gick det inte.

Han försökte tänka efter vad som hade tagit slut för honom, men han visste det inte säkert. Det måste slutgiltigt ha skett där nere, under solen som vräkte rakt ner, måste ha varit medan han stod stilla och för första gången blivit helt klar över att han egentligen hela tiden hade stått stilla och tittat på. Innerst inne hade han vetat det hela tiden: hans moralism var känslosam och han valde alltid den lättaste vägen, gesten i stället för handlingen, känslan i stället för fakta. Han hade i hela sitt politiskt vuxna liv drömt om en stor delaktighet, en självklar och betydelsefull handling. Och hela sitt politiskt vuxna liv hade han sökt sig till de gester som kunde tjänstgöra som alibi, ge honom lugn och befria honom.

Detta var en utmärkt demonstration. Den skulle ge honom lugn i minst två år framåt.

Under tiden talade de. Han satt kvar där hela tiden, satt utan att röra sig, såg hur mötet tog slut och hur massan upplöstes och hur planen blev tom och hur soldaterna kommenderades samman och förflyttades och försvann. TV-kamerorna var de sista som försvann. De monterades ner och bars till bilarna, och sladdarna rullades ihop och bilarna försvann och någon började montera ner ställningarna där mikrofonerna suttit. Detta med TV är intressant, tänkte han.

Hur redovisar de materialet, hur kommenteras demonstrationen, vilka argument används? Hur uppstår en demonstration? Hur organiseras den? Hur ordnas förplägningen? Hur ser mekaniken bakom en politisk handling ut?

Att samtidigt kunna vila i fostervattnet och se mekaniken, tänkte han. Att vara delaktig och uppmärksam på fakta. Att reducera inte sin känsla, men sin okunnighet.

Då var det redan kväll, han såg inte solen längre, och snart skulle det vara mörkt. Han gick över gatorna, de var nästan tomma, människorna hade försvunnit som genom ett trollslag. Överallt såg han de små anslagen: "Gör Jackson till en *ren* stad", och så små papperskorgar överallt. Det liknade Sverige. Han gick hem till hotellet, packade, betalade och gick ut. Han visste inte vad han skulle göra. Han satte sig på trottoaren intill en husvägg och satt där tills en polisbil stannade till och frågade vad fan han satt där för. Då reste han sig och gick vidare. Då och då kom öppna sportbilar susande förbi, överlastade med vita ungdomar, de höll federationsflaggan, sydstatsflaggan, i händerna och skrek triumferande när de såg en färgad. I morgon var det deras dag igen, de skulle veta att ta hämnd. I dag hade de vänt ryggen till, medan känslorna rasat. Nu hade känslorna rasat ut, negrerna krypit till sina hålor och liberalerna åkt tillbaka till drömstaterna i norr. I morgon var världen deras igen. Mörkret var ljumt och skönt, han rörde sig i en tyst stad, det var en tystnad som efter en katastrof, han hade aldrig hört något liknande. Han försökte tänka klart, eller åtminstone tänka något, men det gick dåligt. Till sist rörde han sig mot busstationen, det var det enda som återstod. Han skulle tillbaka. Tennessee, sedan New York, sedan hem.

Han satt på en bänk utanför busstationen och såg bilarna glida förbi och han var alldeles tom i huvudet. Jag är kanske trött, tänkte han trögt. Men det är inte besvikelsen. Jag har inte svikit någon. Jag är precis som jag var förut. Jag är bara trött. Jag har gått långt. Det var varmt.

När han druckit tre glas av den rena mjuka vätska som kallades whisky blev figurerna framför honom tydligare och deras ansikten stringentare och mer fattbara. De hade slutat diskutera marschen, han hade inga synpunkter, och allt det han sa tycktes förvandlas till ett mästrande moraliserande. Och det var inte så han ville framställa det. Han mindes en annan demonstration han bevittnat, det var i New York, för en dryg vecka sedan. Det var fyra killar som varje dag vid 5-tiden kom ner till centrum av Greenwich Village, packade upp sina prylar och stod där på trottoaren i tre timmar. Det var ett litet stånd med små brända dockor, översättningar av Mao och Ho Chi Minh, dokument om kriget och ett par plakat. De kom varje dag i tre veckors tid, efter några minuter ställde sig folk i en cirkel och den obligatoriska diskussionen uppstod. Han bevittnade det hela ett otal gånger, och rutinen var densamma. Först diskussion, sedan lätta små bråk, de fyra grabbarna blev hotade med stryk, en gång blev en av dem nerslagen, så kom polisen, diskussion, intyg, distribution av stenciler, diskussion, polisen iväg, framemot 8-tiden packade de ihop och åkte hem.

Han stod ofta och såg på, och han tänkte att egentligen har jag aldrig beundrat några människor så mycket som de här. De måste ha fått sin känslosamhet bortnött redan de första tre fyra veckorna, och nu återstår bara en saklighet som är ofattbar. De ställer sig här och blir kallade sinnessjuka röda svin och man spottar på dem och slår dem på käften, och sedan går de hem och räknar hur många stenciler de fick ut.

Fast egentligen; hur kunde han vara helt säker på att de var mer intresserade av fakta än av sitt engagemang? Jo, ändå.

Och nu skulle de äta här i Oak Ridge och sedan diskutera annat och så skulle han åka hem: till vad? Vilka problem? Var skulle han börja? Var skulle han börja nysta? Ingrid kom ut från köket med tallrikar på en bricka, hon såg fortfarande mycket svensk ut på ett slags hjälplöst sätt som han inte visste vad han skulle göra av: herregud, tänkte han, jag måste se likadan ut, lika hjälplös, fast med en tunn hinna av lite större duktighet och tydligare moralism. Men var skulle han skära? I vilka bölder? Han hade ju skurit i sina egna privata bölder så länge att smärtan försvunnit och njutningen kommit. Och nu?

De skulle äta på balkongen. Han gick fram till balustraden och såg ut genom träden, ut i mörkret. Denna förbannade hetta, tänkte han. Den gör mig trubbig och osäker och jag säger fel saker. Han stod stilla och såg rakt ut i det surrande mörkret. Bakom honom flammade en liten eld upp, han hörde det fräsande ljudet av kött som stektes, snart skulle det vara klart. De skulle äta och vara vänliga och så småningom, allt eftersom dagarna gick, skulle han glömma allting, och inga ärr skulle finnas kvar och han skulle få sin säkerhet och sin tillförsikt tillbaka. Han skulle komma att anse sin vilsenhet mer intressant än skrämmande, och gång på gång skulle han reducera dess betydelse genom att formulera den. Han hade redan börjat. "Det finns en insikt som bara är en form av självömkan och apati", tänkte han, det var en fin formulering, mycket bra. "En apati som börjar i en alltför privat reaktion av rädsla och utanförstående" – det var ändå bättre, fast "utanförstående" var alltför tungt.

Ändå visste han att formuleringarna aldrig helt skulle kunna förinta den häftiga och otydliga insikt som låg längst ner på botten av det han upplevt, och som kanske skulle förändra honom som politisk varelse. Elden bakom honom fladdrade och lekte, tystnaden var djup och surrande, någon som var en människa kom mot honom bakifrån och ställde sig intill honom och balustraden och såg ut över mörkret.

Han stod stilla, utan att formulera sig längre, och höll tyst och hårt känslan knuten kring det som aldrig helt skulle överge honom mera.

Tio dagar senare var han hemma. Han började på ett bibliotek, plöjde sig igenom ytskiktet av historien, och så var han fast. Varje undersökning har en startpunkt; det här är en av dem. Ett slags början för en undersökning av baltutlämningen.

4

Den 24 maj 1945 kom den första orienteringen om flyktingproblemet från officiellt håll; den utsändes av chefen för försvarsstaben, publicerades av praktiskt taget alla svenska tidningar, ofta som en förstasidesnyhet. Där framgår för första gången utanför lokaltidningarnas krets att baltiska soldater ingår bland de internerade tyska militärerna. Orienteringen är detaljerad, ger en översikt av flyktingproblemets utveckling och berättar att det totala antalet internerade nu uppgår till 3 200 man, alla utplacerade i interneringsläger runt om i Sverige.

Enligt rapporten går allting planenligt och friktionsfritt, med vissa små undantag. "En del smärre intermezzon ha dock inträffat, bestående i meningsskiljaktigheter i politiskt avseende mellan rikstyskar och österrikare, sudettyskar, polacker, ester, m. fl. Det är givetvis ett önskemål, att de internerade snarast återföras till sitt land, och härvid ankommer det närmast på UD att med de allierade överenskomma om tidpunkt och sätt för transporten. Sannolikt kan klarhet därom icke nås, förrän en interallierad kommission blivit tillsatt och fått avgöra frågan."

Inga försök görs självfallet av försvarsstaben att definiera uttrycken "återföras till sitt land", eller "interallierad kommission".

5

> *"Hemse den 2.6 1945. Härmed förbinder jag*
> *mig att icke till offentligt påseende eller till pu-*
> *blikation i tidningar eller dylikt utlämna några*
> *som helst bilder från filmrullar som inlämnats*
> *för framkallning från lägret i Havdhem, vilka*
> *bilder sakna intresse för varje ärlig svensk.*
>   *Hemse som ovan*
>   *(namn)*
>   *Fotograf*
>   *Svensk högerman och patriot"*

Bilderna från Havdhem är alla numrerade, antalet bilder är 122, ett flertal av dem visar likartade motiv och saknar alltså intresse. De är tagna under hela lägertiden, alltså från den 10 maj 1945 till den 2 oktober samma år. Fotograf: okänd.

Bild nr tre visar en lägergudstjänst. Datum är den 13 maj, alltså några dagar efter stilleståndsdagen och omedelbart efter lägrets upprättande. Detta är den första bilden från själva lägerområdet. På en äng sitter ett stort antal män – ungefär ett hundratal. Till vänster på bilden tycks en man stå upp, som om han talade till de övriga. Kortet är dock, liksom de flesta andra i denna Havdhemkollektion, taget på alltför långt avstånd, figurerna är små och uttryckslösa, de flesta vänder ryggen till så att gestalterna smälter samman med varandra i en diffus grå massa, ansikten och ansiktsdrag är omöjliga att urskilja, bildtonen grå och utslätad. Kameran är dessutom felinriktad, så att en stor del av den tomma gräsmattan eller ängen fram till gruppen av män kommit att dominera bilden helt. I bakgrunden: ett lågt buskage.

Bild tolv är en bild av lägeringången och domineras av en vaktpost som står uppställd till höger om ingången. Till vänster syns stängslet runt om lägret mycket tydligt. Stolparna förefaller vara ungefär 1,50 meter höga. Mellan dem är först en enkel taggtråd dragen på ungefär 1 meters höjd och över den en annan tråd längst upp. Man bör kunna gå under den undre tråden om man hukar kraftigt.

Bild trettiosex: över bilden står ordet "språkundervisning". Bilden tycks vara tagen på 25 à 30 meters avstånd. På en barackvägg är uppspänt ett stort vitt papper av ungefär 3 X 1,5 meters storlek. Framför står ett långbord av trä. Omkring bordet sitter elva män, klädda i uniform. Den tolfte står vid det vita papperet, pekar på något som är omöjligt att urskilja på detta avstånd. På marken finns gräs. Figurerna är små, kortet i litet format, skärpan dålig. Kortet kan sammanfattningsvis sägas beskriva språkundervisning bedriven vid interneringslägret i Havdhem någon gång under sommaren 1945.

Bild trettiosju: en perspektivbild av den amfiteater som internerna i Havdhem skapade under sommaren 1945. Scenen är tom, läktarna, som sluttar brant uppåt och är halvcirkelformade, är likaså tomma, frånsett en man som går över bänkarna och höjer armen lätt, som om han vinkade mot oss.

Bild trettioåtta: samma amfiteater, fast kväll. En föreställning pågår uppenbarligen. På scenen finns nu målade kulisser föreställande alplandskap, framför står ett slags värdshus. Ett lustspel tycks uppföras. Sju män syns på scenen, två står i förgrunden. Kortet är taget rakt framifrån, från parkett.

Bild sjuttiotvå är en bild från lägersjukhuset. Tre män syns på bilden, två med bar överkropp, den tredje, i mitten, tycks vara en sjukvårdare. Han står med nedböjt huvud, håller något i handen, närmar det till den vänstre mannens hand eller fingrar. Denne ler rakt mot kameran. I bakgrunden ett fönster, ljus faller in, det måste vara sol ute. Mannen i mitten har blont tunt bakåtstruket hår, och skägg. Han tycks applicera ett förband eller ett plåster. Inga detaljer av intresse finns f. ö. på bilden.

Bild sjuttiosex: från utspisningen. En rad glada ansikten, händer som vinkar. De står på ett led.

Bild etthundrasex: en fotbollsmatch. En tilltrasslad situation framför mål, läktare av jord, ett hundratal åskådare.

Bild etthundrasju: nakna män springer ut i vattnet, vattnet stänker, bilden ger ett intryck av livsglädje, höga rop, sol. På stranden klär ännu några grupper av sig. Bilden är tagen utifrån vattnet, förmodligen från en båt, med kameran riktad rakt mot land.

Bild etthundratjugotvå: "Avmarsch för Burgsvik". På bilden en stor plan, i bakgrunden baracker och några tält, på planen står grupper av interner, med armbågs lucka. De bär på bagage. Till vänster syns bakre delen av en buss. Kvalitén på kortet är den sämsta i hela samlingen, det är uppenbarligen tidig morgon, dis eller regn, och bilden tycks överdragen av en grå slöja.

Allt finns kvar i lägerchefens arkiv; där finns också, bland mycket annat, en rektangulär papperslapp, vars längsta sida är ungefär 15 centimeter, och med märken efter häftstift eller knappnålar i samtliga fyra hörn. Lappen kan ha plockats ner från en anslagstavla. Texten är på tyska, den lyder i översättning:

"Kamrater!!! Bered icke den mot oss vänligt sinnade svenska befolkningen några svårigheter av politisk art. Tag därför bort alla tyska höghets- och rangtecken." ("Hochheits und Rangabzeichen".)

Lappen är skriven för hand med bläck, stilen är upprättstående, kraftig och mycket karaktäristisk, och lappen saknar underskrift. Det är inte svårt att i efterhand identifiera skrivaren: doktor Elmars Eichfuss-Atvars.

Bakgrunden är den här.

Den första tiden i Sverige måste ha överraskat dem med sina pastorala färger, med sin småborgerliga lägeratmosfär, med tillgången på mat och bevakningspersonalens attityder. "Regimen var mild", skrev de i sina brev efteråt, och regimen var mild. De kunde göra utflykter, plocka svamp, promenera med endast obetydlig bevakning: allt detta var ju endast ett uppehållsläger, en paus i väntan på de tekniska möjligheterna för transporten till Västtyskland eller att man blev helt fria. Det var en vacker sommar på Gotland, de spelade fotboll och byggde en amfiteater, de arbetade på en idrottsplats och så gick början på sommaren, utan att någon ville fly trots att det var mycket lätt att fly.

Men nästan genast de kom till lägret, den allra första veckan, började irritationen inom lägret att visa sig. Det fanns många anledningar. Några tyskar hade flytt alltför tidigt från östfronten: de hade kommit till Gotland den 4 och 5 maj sedan de hade deserterat från den tyska armén, och när den stora vågen flyktingar vällde in i lägret mellan den 9 och 14 maj blev konflikterna omedelbara. Desertörerna ställdes genast inför en improviserad lägerkrigsrätt och dömdes snabbt till döden: men den svenska lägerledningen lyckades ingripa innan de hängdes. Så upprättades det första speciallägret i lägret: desertörernas läger. De betecknades senare i lägerrullorna med ett D, de fick mat på särskilda tider, kom aldrig i närheten av de övriga och levde i en värld för sig. Sedan kom de andra konflikterna: mellan tyskar och österrikare, tyskar och polacker, tyskar och balter. Mellan officerare och meniga; ibland också, fast det var ovanligt och så uppseendeväckande att det förvånade alla, konflikter av ideologisk art. Än så länge var den ideologiska strukturen i stort intakt, det var elittrupper som kommit, många hörde till SS, och någon reell eller betydande opposition mot nazismen tilläts sällan sticka upp.

Ofta frågade de svenskarna vad det skulle bli av dem. Redan i slutet av maj sände de skriftliga förfrågningar till försvarsstaben: förfrågningar om vilken rättsställning de hade. Den 20 juli ankom skriftligt svar från försvarsstaben, vilket meddelades förtroendemannen för internernas orientering. Beskedet är i dag dolt bakom hemligstämpel. Reaktionen då var dock klar."Detta hade verkat lugnande på stämningen i lägret."

Eichfuss blev omedelbart och utan diskussion balternas ledare. Han talade utmärkt tyska, på några timmar fick han den svenska lägerledningens förtroende, han bodde tillsammans med balterna men rörde sig med en märklig frihet. Av den tyske förtroendemannen utsågs han till medarbetare i lägertidningen, och fastän balternas del av lägret snart förvandlades till en avskild avdelning, med speciellt stängsel och speciella vaktposter, rörde sig Eichfuss obesvärat överallt. I början av juni stod han i spetsen för en aktion där internerna klagade på maten och framför allt på det alltför söta brödet: han kom ut från den svenske lägerchefens expedition som en segrare och med en ny auktoritet.

På alla bilder sticker han av på ett markant sätt från de övriga.

De kläder han bär har inte uniformsprägel. Han bär en skjorta med slips och ovanpå detta en kraftigare skjorta som är nedstucken i byxorna. Han har ett brett skärp. Han gör ett civilt intryck. Han bär skägg och är alltid barhuvad.

Den 2 juli 1945 sändes huvuddelen av den baltiska kontingenten till Martebo myr för att under sommaren arbeta på ett torvtag. Tre dagar senare återvände hela kontingenten.

De kom till Martebo på kvällen den 2 juli, de var klädda i tyska uniformer och de transporterades "genom ett förbiseende" raka vägen till de svenska arbetarnas förläggning. Bussarna körde upp framför barackerna, svenskarna stod i fönstren och utanför dörrarna och såg på medan urlastningen skedde. Stämningen bland internerna var god. Vid 7-tiden samma kväll sammanträdde de svenska arbetarna, de låste in sig i en utspisningslokal och kom ut en timme senare med en resolution. De förklarade där att de internerade var nazister, att de inte hade lust att arbeta tillsammans med nazister och att de omedelbart skulle säga upp sig om inte internerna genast avlägsnade sig.

Resolutionen överlämnades till en av ingenjörerna vid A/B Slite Cement, Walter Wredenfors. Han läste igenom papperet och samlade följande morgon representanter för alla parter till ett möte. Närvarande var två tyska officerare, en svensk, tio svenska arbetare, den svenske ingenjören samt Elmars Eichfuss-Atvars.

Eichfuss höll ett tal. Det översattes direkt. Han talade om internerna som lettiska patrioter och om deras antinazism. Talet varade i femton minuter, alla satt under tiden stilla och tittade på honom. Han stod ledig och lugn och talade till dem med de klara, ljusblå ögonen riktade mot dem, och efter hans tal hade ingen av de svenska arbetarna något direkt att tillägga. De var beredda att acceptera.

Sammanträdet var slut vid 9-tiden. Samma morgon kom en order från militärbefälhavaren på Gotland att kontingenten skulle återgå till Havdhem: man hade redan rapporterat intermezzot till honom.

Eichfuss stod vid sidan av bussen och såg lugnt på medan ilastningen skedde. Han var på bra humör och talade vänligt med den svenske officer som ledde återtåget.

– Det var ett utmärkt tal, påpekade officeren. Det gjorde stor effekt, det svängde ju hela församlingen på en gång.

– Det var mycket lätt, svarade Eichfuss allvarligt. Jag talade bara sanning, som jag alltid brukar. Att svänga en motsträvig församling är annars en svår konst. Vissa har behärskat den konsten. Revolutionsåret 1848 arresterades Marx en gång, anklagad för uppvigling till uppror. Jag tror det var i Köln. När han talade inför domstolen tog han chansen att i ett långt tal i detalj belysa den ekonomiska och sociala situationen i Tyskland, och i utlandet. Juryns ordförande tackade honom inför sittande rätt för en intressant och instruktiv föreläsning, som varit dem till stor nytta. Ett ganska oväntat resultat, eller hur?

– Jaha, sa officeren.

– Dessutom blev han självfallet frikänd, tillade Eichfuss.

– Om det där, sa den svenska officeren stelt, vet jag ingenting. Eichfuss var redan på väg in i bussen. De anlände till Havdhem samma kväll.

Lägret hade en anslagstavla för interna meddelanden. Dit gick Eichfuss nästa morgon med en lapp, ett meddelande skrivet med bläck och med hans karaktäristiska spretiga handstil, men utan namn under.

De läste hans uppmaning samma dag. På kvällen samlades de till debatt. Han hade de yngre med sig, de ville gärna sprätta bort sina gradbeteckningar. Officerarna däremot ställde sig helt oförstående.

Detta var en sommar med mycket värme, sol, frisk luft. Det var dessutom fred i världen. Allt detta hör med i bilden av hur små incidenter växer och växer, och slutligen präglar en situation som är något större och till sist stor. Till detta kommer också något annat. De som satt där i lägret måste ha känt det komma smygande, långsamt och omärkligt, som en sval vind, en omärklig sjukdom, en pest som drabbade dem oförtjänt. De kände plötsligt att deras popularitet utanför lägret inte var stor, och att den tycktes minska. De kände det som en sval vind, och senare skulle de ofta tala om dessa samtal de haft med svenska officerare. Deras försök att förklara att de i den svenska opinionens ögon kanske hade en känslig ställning. Det var de upptäckta koncentrationslägrens vår och sommar, den sommar när bilder av gaskammare och likhögar vräktes över Europa. Det var en varm, torr och lugn sommar, med många bilder i tidningarna. Allt detta hörde till.

Eichfuss höll ännu ett av sina tal. Han talade om detta: om vikten av att balterna inte beredde sig själva några svårigheter av politisk art. Och när han talat ville de flesta som han.

De sprättade bort gradbeteckningar, SS-tecken och emblem, och nästa dag såg den svenska lägerledningen vad som hade hänt.

Av det fortsatta förloppet finns många versioner. Det följande är tvärsnittet av dem alla.

Den svenska lägerchefen hette vid den tiden Lindeborg. Han beordrade balterna att omedelbart sätta på gradbeteckningarna igen; han fick inte fullt en tredjedel med sig. Resten förklarade att de tappat bort dem, och de stöddes hela tiden av Eichfuss, som agiterade hårt bland dem och förklarade att den svenske lägerchefen inte hade laglig rätt att utdela sådana order.

Den 10 juni kallade Lindeborg in Eichfuss på sin expedition. Samtalet varade en timma, sedan kom båda ut, och Lindeborg beordrade uppställning av hela den baltiska avdelningen. Det var en vacker dag, inte ett moln och hård sol, man ställde upp avdelningen utanför balternas tält i lägrets "Sonderabteilung", där fanns inte längre gräs utan marken var sandig och det dammade svårt. Det var mitt på dagen och mycket hett. Det tal som lägerchefen höll var mycket kort, han konstaterade att doktor Elmars Eichfuss-Atvars hade brutit mot gällande disciplinregler genom att agitera mot den svenska lägerledningen, och att han alltså omedelbart kunde betraktas som avsatt som balternas talesman inför lägerledningen. Han frågade om Eichfuss uppfattat detta tydligt och klart. Eichfuss, som stod ganska långt bak i ledet, svarade genast ja. De flesta i truppen vände sig om och såg på honom. Lindeborg förklarade sedan att överstelöjtnant Gailitis i fortsättningen skulle vara balternas förtroendeman, och att alltså ledarskapet hade övergått till denne. Han kommenderade sedan höger och vänster om marsch.

Alltsammans kan ha tagit fem minuter.

Det var mitt på dagen och långt kvar till mat. Eichfuss gick rakt in i sitt tält utan att tala med någon. När de andra kom in satt han redan på sin bädd, drog av sig skorna, och sedan lade han sig raklång på sängen och stack pipan i munnen, men tände inte. Han låg stilla och tittade rakt upp i tältduken. De talade inte med honom, men blinkade menande åt varandra och gick sedan ut. "Han var inte en man som tyckte om att förlora, så vi sa ingenting."

Bara en stannade, han var i tjugoårsåldern. Eichfuss brukade ofta tala med honom eftersom han hellre talade med de yngre soldaterna än de äldre officerare, som antingen inte tålde honom eller hade vänner som hatade honom. Han satte sig mitt emot Eichfuss, tände en cigarrett och sa:

– Jo du, så går det. Där blev du nertryckt i skorna. Nu blir det slut med att springa omkring fritt. Du, nu är det färdigt med att springa omkring.

Eichfuss sa ingenting, och rörde sig inte, han tände inte pipan men tittade rakt upp i tältduken med sina klara, ljusblå, djupt liggande ögon.

– Nu har du ingenting att säga, sa den andre.

Och så minns han hur Eichfuss började le, allt bredare och mer roat, och sa:

– Du är för otålig. Än är det bara juni.

Den 15 juli kom ställföreträdande lägerchefen in i lägerexpeditionen, slog sig ner vid skrivmaskinen och sa:

– Denne Eichfuss förstår jag mig inte på. När jag talar med tyskarna och han hör på, då vill han gärna framträda som en tysk officer, och ingen opponerar sig. Annars är han en lettisk frihetskämpe. Han citerar otaliga gånger Marx och Lenin, men i dag kom han med ett märkligt citat från "Mein Kampf". Det hade något att göra med människors mottaglighet för propaganda: Hitler skulle ha sagt att det var olämpligt att försöka påverka människor på förmiddagen, men däremot klokt att arrangera möten på kvällen. Då skulle människan vara "mottaglig för en starkare vilja", som han sa. Kan detta vara sant?

– Fråga inte en enkel sergeant, svarade sergeanten.

Löjtnanten bläddrade tankfullt igenom kortregistret.

– De var inte särskilt talföra när de registrerade sig, sa han. Elmars Eichfuss-Atvars. Född i Riga. Adress Widzemes 22511. Frun heter Leontine. Bor i Pommern. Pommern? Varför i helvete bor hon i Pommern? Tjänstgjort som "Gefreiter in Stabsabteilung". Läkare. Vad betyder "Gefreiter"?

– Korpral, sa sergeanten. Eller sergeant. Jag vet inte riktigt.

– De är lakoniska när de kommer, fortsatte löjtnanten. Inte vet vi mycket om dem. Hör här. Peteris Ziemelis. Tjänstgjort som löjtnant i SS i Ventspils. Ventspils? Ligger det inte vid havet? Vad gjorde en SS-löjtnant vid havet? Skulle inte han vara vid fronten?

– Det fanns väl problem bakom fronten också.

Lägerdokumenten är fyllda av anteckningar, slarvigt nedkastade antydningar, fakta, orsaksförklaringar, order, namn, data. Om tiden före ankomsten, om krigsåren och om personliga biografier finns dock nästan ingenting. Alla, utan undantag, undvek att tala om den tiden, de uppgifter som lämnats är lakoniska eller undvikande, ibland uppenbart felaktiga eller absurda. Detta gäller både tyskar och balter.

I namnlistorna görs ibland små försök att karaktärisera de internerade; det är någon eller några i den svenska ledningen som har fört pennan. Ibland inskränker anteckningarna sig till ett enkelt D för desertör; den ende balten bland dem är Johannes Indress. Ibland blir karaktäriseringarna tydligare, personligare. "Trevlig prick", eller "sadist", eller "är duktig mekaniker". Om överstelöjtnant Gailitis, balternas nye ledare, står det bara: "Tjänstgjorde vid Stutthof", och under, inom en förklarande parentes, "(konc. lä.)".

Eichfuss däremot har begåvats med en kraftfull anteckning, understruket med ett tjockt ilsket streck. Där står, efter hans namn: "Genuin lymmel, falsk intrigant".

6

*"Man finge icke glömma att andan tidigare
varit en annan."*

Antalet flyktingar i Sverige den 1 april 1945 var 104 682, varav 36 154 var balter. Till bakgrunden för baltutlämningen hör till en del den attityd som tidigare visats flyktingar. De var alltså 104 682, ett betydande antal. I maj 1945 uppgick totala antalet utlänningar (alltså inte enbart flyktingar) till 195 000.

Praxis, flyktingpolitik. Bakgrunder. Mycket beror på vilken bakgrund man väljer.

Det fanns många bakgrunder att välja. Efter ett tag tycktes undersökaren sitta med ett slags kortsystem, med utbytbara bakgrunder, små kulisser att sätta dit eller ta bort, beroende på sinnesstämning, humör, politisk färg, grad av irritation, och för varje utbyte han gjorde, för varje försök att se ett sammanhang, tyckte han sig skjuta ännu ett skott i exakthetens skuta. Framför honom växte ett berg av papperslappar, antydningar, fakta, motsägelser och bilder, och bilderna rann förbi och det fanns ingen helhet, hela affären var kaotisk och nyckfull, det var meningslöst att se mönster, helheter. Men samtidigt visste han ju att det bara var hans lättja som talade, hans okunnighet, bristande intelligens, bristande översikt, erfarenhet, uthållighet. Det är de lata och okunniga som upplever världen som ett kaos, sa han till sig själv. Och han försäkrade ständigt för sig själv att pusslet var möjligt att lägga, kanske inte av en människa i hans livstid, men av många, en bit i taget, en sektor i taget. Då skulle mönstret till sist bli synligt och klart och fast, en plattform att stå på för någon som kom efteråt. Det försäkrade han sig själv varje dag, men på natten kunde han ligga i sovrummets halva mörker och se mot fönstret där skuggorna dansade och ljusen kom och gick, och veta att egentligen var det inte resultatet han var intresserad av, bara arbetet, vägen fram, arbetsmodellen. Jo, kanske ändå: han förändrades långsamt, där fanns också något annat: inte ett resultat bara, inte en arbetsmodell bara, men en *närhet*. Han kunde aldrig översätta det ordet i begripliga termer, därför använde han det, eftersom det skyddade en känsla och en insikt som ännu var för ömtålig.

En tid läste han några av dessa storartade och sakliga tidsromaner som kallades "Statens offentliga utredningar"; det var särskilt en av dem som han ofta återvände till. Det var ett betänkande angående flyktingars behandling under krigsåren. Utredningen hade tillsatts i januari 1945 och resultatet blev klart 1946, en lunta på exakt 500 sidor.

Inga balter, varken militärbalterna eller civilbalterna, fanns med i detta, de berördes inte. Men en bit av pusslet fanns här ändå, eller snarare: en möjlig bakgrund.

Det var en undersökning om hur Sverige behandlat flyktingar under kriget. Det var de felaktigt behandlade som upptog volymen, detta var den orättvisa betraktelsen, den gav ingen bild av den generositet som ofta förekommit, handlade bara om de orättvist och olagligt behandlade, de godtyckligt avvisade eller utvisade.

Det var bitvis en nästan hallucinatorisk läsning, eftersom han ju visste att detta utspelades i ett vacuum, i total tystnad, utan opinionsstormar eller protester.

Först var det judarna.

År 1937 hade de sakkunniga till utlänningslagen konstaterat att man inte som politiska flyktingar kunde räkna dem som "på grund av ras eller eljest inskränkts i sina försörjningsmöjligheter eller där känna vantrevnad". Det var två år efter Nürnberglagarna, vars innebörd var klar för alla. 1938 skärptes viseringsbestämmelserna ytterligare. Tyska judar hade sedan den 5 oktober 1938 fått ett rött J instämplat i passet. Den 27 oktober 1938 meddelade UD i ett cirkulär att personer med J-pass i princip icke skulle medgivas inresa "förrän i den mån vederbörande svenska myndigheter efter prövning finna skäligt mottaga vederbörande". Och man fortsatte: "Så snart någon tvekan föreligger, må gränsrekommendation icke utställas utan utrikesdepartementets bemyndigande." Hösten 1941 lättade restriktionerna något, det var inte längre någon risk eftersom judarna inom det tyska riket numera var förhindrade att lämna landet. Undersökningskommissionen kunde bara konstatera att "omsvängningen i den svenska flyktingpolitiken måste tyvärr sägas ha kommit för sent".

Men även den hösten var siffrorna egendomligt talande. En höstmånad 1941 kom 170 ansökningar om inresevisum för judar. 52 beviljades. Avslagen var fullt lagliga.

Det är först de enskilda fallen som blir tydliga, upplysande och distinkta. En polsk jude sökte inresetillstånd till Sverige i november 1939. Hans situation var hårt pressad, hans ende son hade några veckor tidigare blivit deporterad till ett koncentrationsläger. Nu var han rädd, ville komma till Sverige. Han hade en dotter här. Ansökan avstyrktes av socialstyrelsen och avslogs av UD. Han deporterades mycket riktigt något senare till ett koncentrationsläger och förintades: hans fall var löst. En kvinnlig judisk läkare från Berlin ansökte i september 1939 om tillstånd att få komma till Sverige, hon skulle inte stanna här utan bara fortsätta till ett annat land. Det blev nej. Hon ansökte igen i januari 1940. Socialstyrelsen avstyrkte och UD avslog. Hon deporterades senare till ett koncentrationsläger och avlivades. En tolvårig flicka från Nürnberg sökte i november 1939 inresetillstånd till Sverige. Ärendet fick vila. Den 3 april 1941 försökte hon igen; socialstyrelsen tillstyrkte men "i utrikesdepartementet lades emellertid enligt tjänsteanteckning den 2 juli 1941 av legationsrådet Hellstedt ansökningen 'ad acta'". UD avslog sedan definitivt ansökningen den 6 augusti 1941. Flickan deporterades och avlivades. En kvinna av judisk börd hade sin ende bror i Sverige, han var svensk medborgare och ansökte för henne om inresetillstånd till Sverige. Han gjorde det i oktober 1939, men fick avslag: hon tillläts inte komma. Han gjorde det i november 1939, med avslag. Han gjorde det i februari 1940, och talade om det deportationshot som nu hängde hotfullt över henne. Socialstyrelsen avstyrkte, och UD avslog i maj. I juni 1940 ansökte han igen: UD handlade nu snabbare och mer beslutsamt och avslog två dagar senare, utan remiss till socialstyrelsen. Han ansökte i november 1940, och talade i brevet om hur judarna bortfördes från stora partier av Tyskland och sattes i koncentrationsläger. UD avslog fyra dagar senare. Han ansökte i mars 1941, nu blir ansökningshandlingarna allt fylligare och mer detaljerade, han beskriver hur judarna i Baden, Stettin och Wien deporterades. UD avslog snabbt. I september 1941 kom den sista ansökan. Nu kunde han berätta att hans syster sedan tre månader tillbaka redan satt i koncentrationsläger, men ännu fanns kanske en liten möjlighet att få henne levande ur det. I oktober biföll UD till sist, men det var självfallet redan för sent. Systern avled den 1 juni 1942 i koncentrationslägret i Ravensbrück. Dödsorsaken var "lunginflammation".

Fallen tycktes oändliga.

Två judiska makar från Berlin, med en dotter i Sverige, sökte i december 1940 inresetillstånd. En son till dem hade 1938 blivit insatt i ett koncentrationsläger men lyckats fly. Pengar fanns för uppehållet i Sverige. Socialstyrelsen avstyrkte och UD avslog. I juni 1941 kom en ny ansökan. UD avslog. En tredje ansökan i september 1941 tillstyrktes till slut. Då var det för sent: de två makarna kom inte ut ur Tyskland. "Mannen G:s motståndskraft bröts ner och han avled i oktober 1942. I januari 1943 deporterades fru G österut. Någon förhoppning, att hon är i livet, har dottern inte längre." Dottern anser vidare, tydligen i ett obefogat anfall av misstro mot de svenska myndigheternas goda vilja, att det till sist beviljade inresetillståndet icke var allvarligt menat: "vid denna tid visste de svenska myndigheterna mycket väl att judar inte längre tilläts utresa ur Tyskland."

Två judiska makar ansökte i mars 1940 om inresetillstånd. Avslag. De försökte i oktober 1941, och kunde då visa att deportationen var omedelbart förestående. Det blev då ja till sist, detta i oktober 1941, under förbehåll att de förband sig att resa "till annat land". Men det var för sent, de fick inte längre utresetillstånd från Tyskland. De deporterades till koncentrationslägret i Theresienstadt, och sedan har ingen hört av dem.

I rapporterna var alla anonyma, de var fall, betecknade med bokstäver. Det fanns några undantag. Ett var Ernst Neisser, professor i medicin, och jude. Hans hustru var svårt nervsjuk och han ville inte lämna henne, han reste från ort till ort i Tyskland för att hon "så litet som möjligt skulle få kännedom om allt ont omkring dem". I oktober 1941 tog hon sitt eget liv. Några veckor senare ansökte svenska vänner om inresetillstånd för honom, och fick nej. De försökte igen i februari 1942, och hade då en imponerande rad referenser från svenska forskare. Man bad om snabbast möjliga behandling. Men ansökan lades "enligt tjänsteanteckning av legationsrådet Hellstedt den 5 maj 1942 'ad acta'". Hellstedt antecknade också med blyerts: "Närmaste släkting en kusin (flykting) i Sverige. Intet nytt förebragt, varför ny remiss socialstyrelsen onödig. Det förefaller högst osannolikt, att deportationshot svävar över honom. Att avslås i sinom tid." I september ingavs ny ansökan. UD svarade då ja. Men det var för sent, han fick inte längre utresetillstånd från Tyskland. Han begick självmord, natten till den 4 oktober 1942. Legationsrådet Hellstedt uppgav för kommissionen att ärendet föredragits för utrikesminister Günther. Ingen vet om detta hände i oktober 1941 eller februari 1942.

Efter varje fall droppar undersökningskommissionens lakoniska kommentarer ned: tjänstemäns vänligt diskreta sätt att ge andra tjänstemän reprimander för små beklagliga misstag. "Anser det anmärkningsvärt att". "Anser det anmärkningsvärt att". Renate J. föddes 1922 i Breslau, judinna, gift med den "ariske" skriftställaren Jochen Klepper. I oktober 1941, sedan situationen för judarna i Tyskland blivit olidlig, ansökte de två om inresetillstånd till Sverige. Anställning och pengar fanns redan klara. Socialstyrelsen avstyrkte och UD avslog. Den 26 november 1941 försökte man igen. Man hade från högre tysk ort antytt att utresetillstånd från Tyskland skulle ordnas om de svenska myndigheterna sa ja. UD avslog dock genast, utan remiss till socialstyrelsen. Deras svenska vänner översände en sista ansökan den 10 december 1941. Innan ärendet avgjordes meddelades dock att makarna Klepper natten till den 11 december hade berövat sig livet. Ärendet var nu alltså inaktuellt.

Det syntes kommissionen "anmärkningsvärt att", osv.

Listorna tycktes plågsamt långa. När det gällde avvisningar vid gränsen hade socialstyrelsen den 27 oktober utfärdat ett hemligt cirkulär till alla passkontroller, där man konstaterade att alla tyska eller österrikiska pass som "äro märkta förmedelst anbringandet av bokstaven J å passets första sida, äro emigranter. Innehavare av pass av något av de båda angivna slagen bör därför avvisas med mindre han innehar uppehållstillstånd eller gränsrekommendation." Men de fall som togs upp och redovisades av undersökningskommissionen var i flesta fall bara de som anmälts till dem, och hur många andra fanns det? Hur många hade 1945 en rättskänsla eller ett hat starkt nog att anmäla den myndighet som en gång satte den slutgiltiga stämpeln på deras anhörigas liv?

Sexton judiska flyktingar kom den 27 augusti 1939 till Utö; några av dem hade de senaste åren befunnit sig på ständig flykt, från land till land, utan att någon velat ta hand om dem: de var socialdemokrater och flydde från tyskarna, några av dem hade haft direkta kontroverser med Gestapo. De svenska myndigheterna förhörde dem snabbt och skickade dem tillbaka till Riga, där de flesta fängslades: de satt i fängelset en kortare tid, utvisades sedan, gruppen spreds och några försvann åt okänt håll, några försökte återigen fly till Sverige, nu gömda i kolboxen på ett fartyg. De häktades av de svenska myndigheterna och skickades tillbaka till Lettland. Detta var under de baltiska staternas fria tid, för Lettlands del alltså under den fascistiska Ulmanisdiktaturens tid. Två letter, en läkare och en docent, uppgav för kommissionen följande: "Enligt år 1939 i Lettland gällande bestämmelser hade polisen på administrativ väg kunnat i sex månaders fängsligt förvar kvarhålla personer, som uppehöll sig illegalt i landet eller saknade legitimationshandlingar. Däremot hade vid denna tid icke funnits koncentrationsläger i landet: F och G skulle efter återkomst till Lettland troligen ha fått någon, knappast längre, fängelsevistelse, samt därefter utvisats. Så hade nämligen ofta förfarits med judiska och med socialistiska emigranter."

Så förfors tydligen också i princip i Sverige. Judar och kommunister hade att vänta en hård och saklig behandling, utan känslosamhet. Judar och kommunister antingen avvisades, utvisades, eller, om inresetillstånd gavs, hölls under kontroll – kommunisterna i särskilda läger. Det fanns undantag, i alla riktningar, och attityden förändrades långsamt allt eftersom krigslyckan svängde. Mot slutet av kriget kunde den svenska ämbetsmannaattityden betecknas som klart saklig och objektiv.

Ibland tycktes ärenden handläggas med stöd av lagen, ibland bara med utgångspunkt i diffusa och personliga nycker. Detta särskilt vid fall som eventuellt kunde betecknas som tveksamma. Efter tyskarnas ockupation av Danmark kom två tyska flyktingfamiljer till Hälsingborg från Danmark. De var sammanlagt sex personer, därav två barn, ett som var tre år. Den ene av de två männen var tysk kommunist, han hade flytt från Tyskland och arbetat flera år på ett danskt varv. När tyskarna kom sökte de efter honom, men han hade med sin familj gått under jorden. Den andre mannen, en akademiker med doktorsgrad, var också kommunist, han hade flytt undan Gestapo och visste att han nu befann sig i riskzonen. Alla sex flydde i en liten motorbåt över sundet. Poliskammaren i Hälsingborg, som handlade ärendet, anförde till socialstyrelsen i ett mycket distinkt och sakligt yttrande att "för den händelse utlänningarna icke inom den närmaste tiden komma att återföras till Danmark, torde med största sannolikhet utlänningarna under oöverskådlig tid framåt komma att ligga vårt samhälle till last och måhända även bliva till skada för rikets säkerhet". Männen var fyrtioett respektive fyrtioåtta år gamla. Den 12 juli 1940 meddelade poliskammaren i Hälsingborg de två familjerna avvisningsbeslutet. Samma kväll överfördes de med färja till Helsingör och de tyska myndigheterna. Efteråt försökte man forska i deras öden, utan resultat. Ingen har från den stunden hört någonting från dem.

Ofta greps han under de veckor han läste dossiéerna av ett slags yrsel, en hjälplös häpnad, som om han vandrat in i ett landskap som inte kunde eller fick vara verkligt. Det han läste här vid forskarborden på Carolina Rediviva i Uppsala nådens höst 1966 var sagor, korrekta torra sagor från en drömd värld, i varje fall inte en svensk värld. Det han läste var det officiella och tryckta materialet, den offentliga statliga utredningen, men han visste ju att en del av det material som kommit fram hade hemligstämplats, det var för fruktansvärt, det fick man inte läsa. Han stod ofta i pauserna på bibliotekstrappan och såg ut över Uppsala och tänkte att den tiden blåste fan i mig inga folkstormar, hur många som än avlivades, och under några dagar tycktes detta kasta ett nytt ljus över frågan om baltutlämningen: som om ett folks eller en opinions eller en press likgiltighet inför dessa administrativa mord skulle ställa opinionen inför baltutlämningen i ett helt nytt och avgörande läge. Men så var det ju inte, även om han länge förvånades över att flyktingar med vänstersympatier så konsekvent behandlades hårdare än flyktingar från det andra lägret, att humaniteten alltid tycktes följa ideologiska lagar. Men förvåningen släppte snart, och han kunde tänka klarare.

Det var som om byråkraternas värld hade öppnat sig för honom, nu på ett konkretare sätt än tidigare. Det var en värld skyddad av sekretessbestämmelser, diffusa utsagor om säkerhetsrisker och nationella säkerheter, och i skydd av detta och rädslan för de "opålitliga kommunisterna" kunde nu än en gång ämbetsmännens värld blomma upp. Makten kunde brukas, aggressioner vädras, hämnder tas, politiker och politiska beslut skjutas åt sidan, ideologiska motiv utnyttjas och ändå döljas.

Till slut kunde han automatiskt hoppa över de inledande beskrivningarna av fallen, och enbart ägna sig åt slutraderna: resultat, avvisningsdatum, skäl för utvisning, tid för deportation, datum för avlivning. "Sonen avled i februari 1942, och några månader senare deporterades makarna C av de tyska ockupationsmyndigheterna till Polen. Deras vidare öden är okända för undersökningskommissionen." "Om makarnas vidare öden är intet med bestämdhet känt. Enligt uppgift skall emellertid mannen E:s mor senare brevledes ha meddelat att sonen 'hastigt avlidit'." "Enligt vad fästmön vidare uppgivit frigavs F icke efter avtjänat straff och dog i augusti 1942 i koncentrationsläger." Också kommissionens lakoniska kommentarer: "anmärkningsvärt", "måste betecknas som anmärkningsvärt".

Det var inte bara de stora dramatiska utlämningarna eller avvisningarna, de som oftast tycktes sluta i en gaskammare, som var märkliga. Där fanns också hela raden av små misstag eller provokationer, av små "uppgifter" som läckte ut till de tyska myndigheterna på märkliga ämbetsmannavägar, av allt för långa frihetsberövanden, av små trakasserier, små skärpningar i myndigheternas hållning mot "kommunisterna", mot de internerade i lägren runtom i Sverige under krigsåren. Små lappar instuckna i dossiéerna. "Nu är det dags att dra in på permissionerna!" "Obs! Inget klemande!" Och de förlängda interneringstiderna, den ogenomträngliga dimridån runt alla beslut, omöjligheten att få insyn, att få skäl, att få veta.

Han hade själv ofta tyckt sig iaktta detta märkliga: hur en byråkrati uppstår, konsolideras, växer till och skyddar sig själv. Han hade sett det i mikroform, i Uppsala i kårliv och inom nationsbyråkratin, hur ämbetsmännen skapade sin värld och skyddade den, hur en administration skyddar sig själv och blir osårbar. Men detta, under 40-talet, var administrationens förlovade tid, och här lämnades inte många blottor.

Fallen var många, men inte ett av dem redovisar ett övergrepp på en nazistsympatisör. Det fanns dock förmodligen inga sådana i Sverige.

Inslagen av komik och fars kom till sist att dominera, eller också förändrades hans egen syn på fallen. En trettioårig tysk syndikalist kom på 30-talet till Sverige på flykt undan nazismen. Den 13 januari 1938 skulle två andra tyska kommunister utlämnas till Danmark för vidare befordran. På centralen i Stockholm kom det till ett uppträde, den ene av dem försökte begå självmord, och trettioåringen, som stod och såg på, kunde inte hålla tyst. Enligt polismännens vittnesmål skulle han ha ropat om poliserna: "Dom är inte människor, dom är banditer!" och: "Och detta skall kallas en demokrati!" Han arresterades, och socialstyrelsen beslöt att han skulle omhändertas i förläggning. Han fördes till lägret i Långmora. Vid den tiden ansåg nämligen socialstyrelsen att "i princip säkerhetsåtgärder borde vidtagas mot medlemmar av gruppen anarco-syndikalister, vilken grupp C uppgivit sig tillhöra".

Alla flyktingar internerades inte; men många av de interneringar som företogs bland dem som lyckats komma in i Sverige, och fått stanna, de företogs uppenbart för att lösa rykten gjort gällande att en flykting var extremt politiskt orienterad (alltså vänsterorienterad, aldrig höger-) eller att han bedrev politisk propaganda. Definitionen på "kommunism" blev i ämbetsmannavärlden ofta flytande: ofta togs antinazism bland flyktingar som tecken på kommunistisk partitillhörighet, och så satt man där. På Långmoralägret t. ex. var uppmärksamheten skarp mot varje form av politisk agitation. Den 12 oktober 1942 anmälde en s. k. tjallare i lägret att några interner bedrev politisk (kommunistisk) propaganda bland medfångarna. Socialstyrelsen, under ledning av byråinspektör Robert Paulsson, slog till hårt. Efter en grundlig förberedelse ryckte man den 13 november 1942 in i lägret med 34 polismän och arresterade 26 internen. "Matsalen underkastades en noggrann undersökning, som var avslutad 10.15. Därefter vidtogs kroppsvisitation. Fyra visitationsgrupper anordnades inomhus och visitationen var avslutad kl. 11.15. Det noterades att temperaturen utomhus under den tid kroppsvisitationen pågick var lägst + 10 grader Celsius, att vädret var lugnt och klart."

Internerna framförde efter razzian en rad klagomål mot polisen för brutalitet och bryskhet, en enbent flykting hade t. ex. enligt egen uppgift tvingats stå i givakt alltför länge. Klagomålen bemöttes och tillbakavisades bestämt från polisens sida.

Resultatet av razzian, frånsett det faktum att de arresterade internerna fördes till Långholmen, blev dock tyvärr begränsat. Ryktena om den politiska propagandan kunde aldrig bekräftas, trots ingående förhör under lång tid. Vilka misstänkta föremål som f. ö. påträffades framgår av kommissionens undersökningsrapport. "Bland annat påträffades skisser över vapen, en handbok angående moderna handvapen, en schematisk bild över en 75 mm granat i genomskärning, en chifferliknande tabell, ett antal blyertsskisser över maskindelar samt två flaskor med en vätska, som misstänktes vara användbar för framställning av hemlig skrift. Kartorna och kartskissen synas hava varit utan intresse för utredningen. Av blyertsskisserna över maskindelar befunnos en del vara ritningar till delar av en enkel svarv. De övriga blyertsskisserna kunde icke tydas, dock att det vid verkställd undersökning kunde fastslås att de icke gällde vapen eller ammunitionsteknik. Förenämnda vätska befanns vid undersökningen å statens kriminaltekniska anstalt innehålla kaliumpermanganat, som plägade användas till gurgelvatten men icke kunde brukas för framställning av osynlig skrift."

Nästa vår kom Långmorarazzian upp i riksdagen. "Det har väckt bitterhet bland de tyska kommunisterna att de i åratal hållits internerade i förläggningar eller satts i fängelse på grund av antifascistiska tänkesätt, samtidigt som hela folk kämpat mot det nazistiska barbariet." "Hysande av kommunistisk åsikt har varit tillräckligt för att vederbörande skulle hållas bakom lås och bom." De åsikter som framkom i riksdagen är självfallet subjektiva. De flesta av de tjugosex arresterade hade dock suttit fängslade i över två år. Undersökningskommissionen fann i princip hela aktionen förvirrad och dåligt underbyggd, liksom så många andra ingripanden i samma stil. "Försvarsbesluten ha grundats på *antaganden* att internernas förehavanden *sannolikt* omfattat förberedelser till handlingar, vilka skulle komma till utförande *under förutsättning* att visst utrikespolitiskt läge inträffade." Beslutsmönstret kom dock aldrig att gälla för politiska rörelser på den motsatta kanten.

De som släpptes in var dock lyckliga: de var politiska flyktingar, alltså personer som flytt på grund av tidigare politisk verksamhet eller ställning eller eljest av politiska orsaker, som formuleringen löd. Men i en strängt förtrolig promemoria konstaterades: "Till politiska flyktingar kunna knappast räknas utlänningar, vilka av allenast vantrevnad med de politiska förhållanden i hemlandet eller det senaste uppehållslandet eller liknande skäl begivit sig till vårt land."

Inga försök gjordes emellertid att exakt definiera uttrycket "allenast vantrevnad".

Praktiska konsekvenser: exemplet A, född 1924, norrman.

A kom till Sverige som flykting den 1 november 1941. Han betecknade sig som motståndsman, han hade motarbetat nyordningen i Norge genom att utdela illegala skrifter. Han förvägrades av de svenska myndigheterna nödfallsvisering och sändes tillbaka till Norge. Två veckor senare flydde han åter till Sverige och fick då tillstånd att stanna här tills kriget var slut.

Han var en av de många som fick stanna, och historiens poäng ligger inte hos honom utan i hans periferi.

När han första gången hade kommit till Sverige, den gång han hade blivit utvisad, hade han förts till en svensk militärförläggning, där han enligt egen uppgift "blivit ovänligt bemött av en officer". I samma förläggning fanns vid den tiden åtta andra norska flyktingar. På kvällen samma dag han anlänt hade en landsfiskal meddelat honom att han nästa dag skulle sändas tillbaka till Norge. A protesterade häftigt, men då hade landsfiskalen sagt till honom att han var en alltför liten fisk för att få stanna. "Sverige kunde inte ta emot 99 % av den norska befolkningen."

Han var, kort uttryckt, ett fall av "endast vantrevnad". Samma var fallet med hans åtta kamrater.

Man placerade ett papper framför honom. Det var en förklaring att A frivilligt återvände till Norge på grund av att han saknade legitimationspapper. Landsfiskalen hade dessutom sagt att om han vägrade underteckna papperet skulle han överlämnas till de tyska vaktposterna vid gränsen, men om han undertecknade papperet skulle han släppas vid gränsen och själv få ta sig in i Norge. Han hade full valfrihet. Han satte då sitt namn under papperet.

Några av de andra hade blivit lovade uppehållstillstånd om de lämnade vissa uppgifter, t. ex. på vilka personer de samarbetade med i Norge, vem som hjälpt dem att fly över gränsen, uppgifter som de norska motståndsmännen med hänsyn till de svenska polismyndigheternas påstått utmärkta tyska förbindelser vägrade svara på. De blev då alla utvisade.

Nästa dag hade alla nio förts till gränsen. De påstod själva att de inte hade fått någon mat, att det var ljust. Vid gränsen hade norrmännen delat sig i två grupper, och A hade för sin del lyckats ta sig förbi de tyska vaktposterna. Två av de motståndsmän som tillsammans med honom blev utvisade hade sedan anhållits i Oslo och fängslats av tyskarna. Om de andra vet han ingenting.

Utlämningen av de nio norska motståndsmännen belystes senare i vittnesmål av de berörda svenska myndigheterna. Landsfiskal Hiertner ansåg att det var vanskligt att bedöma om en person var politisk flykting eller inte, och efter 1942 hade praktiskt taget alla flyktingar från Norge tillåtits passera in i landet: efter slaget vid Stalingrad, kan man tillägga. Angående sakfallet "borde dessa åtgärder bedömas med hänsynstagande till nu relaterade direktiv från högre ort, och ej till nuläget. Det hade ej varit blott i förevarande fall utan även i åtskilliga andra fall som återförvisning skett inom Järeskogs landsfiskalsdistrikt. *Förhållandena hade säkert varit likartade inom andra gränsdistrikt."*

Vad gäller A:s uppgifter om behandlingen i lägret uttalar samtliga svenska myndighetspersoner ett starkt tvivel på hans uppgifter. Löjtnant Söderberg framhåller t. ex. att "extra förplägning ordnades i form av varm dryck, smörgås, soppa eller dylikt, så att de klarade sig, tills den vanliga utdelningen ägde rum. *Jag vill med fullt fog framhålla, att ingen behövt lämna förläggningen utan föda, vare sig de återförts till gränsen eller transporterats vidare inåt landet."*

Utrikesdepartementet framhåller vidare att "det varit känt för vederbörande tjänsteman vid departementsexpeditionen för utländska passärenden" att det inte varit någon risk för norrmännen att upptäckas av den tyska gränsbevakningen vid gränspasseringen till Norge.

Uppgift saknas dock om vem denne tjänsteman är, hans ålder, erfarenhet, politiska åskådning, hans informationskällor och hans grad av inflytande.

Men efterhand som undersökaren gick igenom listorna upptäckte han att något förändrades: inte i listorna, men i hans egen attityd. De första dagarnas upprördhet, som åtminstone till vissa delar måste ha varit uppriktig och inte spelad, ersattes med något annat: ett slags uppmärksamhet, eller ett slags belåtenhet. Han förde snabbt blicken till slutraderna i varje fall och kände en snabb lycka i de fall han upptäckte som slutat med katastrof: arkebusering eller avlivning på annat sätt. Icke avlivning: gå vidare. Avlivning: ett utmärkt fall, citerbart, utmärkt upprörande. Den fyrtioårige norske mekanikern som slagits mot tyskarna i Nordnorge och sedan flytt till Sverige och utlämnats i december 1940, tagits om hand av tysk polis, lyckats fly till Sverige igen, infångats av svenska myndigheter på nytt. Socialstyrelsen beslöt ånyo att utlämna honom. "Den 14 mars 1941 överlämnades han av dessa polismän till den tyska gränspolisen i Kornsjö."Tyskarna sände honom i september 1941 till ett koncentrationsläger i Tyskland och avlivade honom: ett utmärkt fall. En lärarinna hade tjänstgjort som lotta vid norska armén i Nordnorge och sedan flytt till Sverige där hon anmält sig som politisk flykting. Men så kom hon i konflikt med norska legationen i Stockholm, hennes understöd drogs in, och för säkerhets skull utvisades hon också av svenskarna. Utvisningen ansågs vara riskfri, eftersom hon inte skulle komma att bli utsatt för några förföljelser av tyskarna. Den 25 juli 1941 överlämnades hon till tysk gränspolis.

Hon påträffades sommaren 1945 i koncentrationslägret i Ravensbrück, i ytterst medtaget tillstånd, men vid liv. Hon överlevde. Ett mindre tillfredsställande fall: alltför komplicerat.

Bakom varje beslut en människa. Administrationen: inte en apparat utan en samling människor. De som fattade besluten. Den stora adminstrativa maskin som bestod av hjärnor, politiska åskådningar, åsikter, fördomar, vidsyntheter, namnteckningar. Vilka var de? Under hela kriget utlämnade svensk polis systematiskt uppgifter om flyktingar till tyska myndigheter och tysk polis. Uppgifter om bakgrunder och antecendentia, om uppehållsort och politisk färg, hemliga uppgifter som i flera fall uppenbarligen kom att skada flyktingarnas anhöriga i Tyskland på ett katastrofalt sätt. Det framgick "att man inom säkerhetspolisens ledning ansett samarbetet med tyska polisen betingat ej blott av polisiära hänsyn, utan jämväl av det politiska läget". Och det var uppenbart att den svenska säkerhetspolisens intima samarbete med Gestapo kom att drabba flyktingarna. Detta var en del av den "tidigare andan". Men vem stod bakom besluten? Vilka ämbetsmän? Vilka individer?

Människorna i maskinen visade sig nästan aldrig: skymtade ibland, i förbigående. Han fick aldrig veta vilka de var, vem som stod bakom besluten, vilka som var beredande och vilka som satte på den stämpel som sedan styrde en annan och fick den tredje att effektuera.

Bara i ett fall blev en människa synlig. Det är historien om Robert Paulsson. Han satt i en central ställning, avgjorde tusentals flyktingärenden under kriget. Han skulle ha förblivit anonym om han inte begått ett helt onödigt misstag, som avskilde honom från maskinen och gjorde honom synlig.

Han var född 1886 i Hälsingborg, han var vitgardist under inbördeskriget i Finland och han knöts 1920 till den polisbyrå som hade till uppgift att utöva tillsyn över utlänningar i Sverige, föra register över dem och uppspåra spionage. 1933 blev Paulsson chef för polisbyrån. 1938 blev han byråinspektör vid socialstyrelsen. Han behövde aldrig söka den befattningen, fick den ändå. Intyg kunde han visa, från en rad håll: statspolisintendenter och avdelningschefer vid försvarsstaben. Intygen tycktes visa att han "vore synnerligen väl meriterad och lämplig för befattningen samt att man för honom måste hysa det största förtroende".

Paulsson blev en mäktig man: spindeln i många nät, föredragande i tveksamma ärenden, den som ofta fällde det definitiva avgörandet. Han var en man med rutin. Hans kontakter med UD, säkerhetstjänsten, försvarsstaben och passkontrollerna var utmärkta. Han var en man att lita på. Den 4 januari 1945 häktades han, anklagad för att ha lämnat upplysningar till en tysk agent. Och då började allting rullas upp.

Paulsson fick i början av 1942 i uppgift att utreda om en man vid namn Lönnegren var tysk spion i Sverige; det måste ha varit en svår och intrikat uppgift för Paulsson, eftersom Lönnegren var kontaktman mellan Paulsson och tyskarna. Det drog också ut på tiden: först den 6 december 1944 kom utredningen in i ett avgörande skede. Ett samtal mellan Paulsson och Lönnegren avlyssnades då av två poliser och togs upp på band. Man hade nu fått tillräckliga bevis, och Lönnegren blev fälld. Paulsson blev inte ens åtalad. Dock blev kontrollören efter detta kontrollerad. Bevisen mot Paulsson kunde inte användas, ansåg man, då avlyssningen den 6 december "avsetts som ett spaningsmedel som bort reserveras för fall, då ett ytterst kritiskt läge förelåge, samt att röjande därav kunde förstöra dess effekt i ett sådant läge". Tre veckor senare häktades han ändå.

Det var många som tyckte sig få sina misstankar bekräftade: misstankar om läckor, om socialstyrelsens tyskvänlighet, om summariska och godtyckliga avvisningar och utlämningar, om antisemitism och annat. I rättegången slogs det fast att Paulsson lämnat en lång rad uppgifter till den tyska underrättelsetjänsten: uppgifter om politiska flyktingar i Sverige. Han dömdes till straffarbete i ett år och tio månader; han överklagade dock, och i januari 1946, när militärbalterna utlämnades, var han försatt på fri fot. Dem hade han ingenting att göra med. Hans verksamhet riktar sig mot andra kategorier av flyktingar. Det intressanta i affären Paulsson är den blotta som här visar sig i administrationen, det korta och oväntade ögonblick när en människa visar sig bakom beslutet, bakom namnteckningen.

Man undersökte Paulssons inställning till de flyktingar han hade överinseende över. Själv förklarade han sig vara "antikommunist och antinazist". Han var inte någon judehatare, ansåg han, "ehuru han icke heller vore någon judevän". En major på försvarsstaben, som kände honom väl, förklarade att Paulsson "i politiskt avseende alltid visat sig vara svensksinnad och haft starka sympatier för Finland". Han hade dessutom visat "en klart antibolsjevikisk inställning". Ett kvinnligt biträde, som tjänstgjort under honom, ansåg däremot att han ej visat någon partiskhet gentemot vissa flyktingkategorier. Paulssons antikommunism var det trots allt ingen som bestred: den var väl dokumenterad och dessutom "känslomässigt färgad".

Om Paulssons attityd mot judar fanns det många bud. De mildaste ansåg att Paulsson "ej varit glad" åt judarna. Andra påstod mera direkt att han varit antisemit; det var i så fall en inte oviktig upplysning om en man som sedan 1938 befunnit sig på en ledande post i socialstyrelsen och kunnat med sin auktoritet och ställning bestämma över eller styra tusentals flyktingärenden. Det vittnesmål som en av hans underlydande lämnade kan betraktas som instruktivt, och något mindre försiktigt än många andras.

Paulsson hade varit antisemit och flyktingsfientlig eller rättare sagt främlingsfientlig. Dock hade han varit positivt inställd till finnarna. Han hade ansett att judarna tillhörde en ras som stode lägre än "vanliga människor" och att det var mycket olämpligt att judar komme in i Sverige och finge stanna här i landet. Om behandlingen av judarna i Tyskland hade Paulsson icke uttalat sig, men han hade uttryckt en önskan att det i varje fall inte borde finnas några judar i Sverige. Ej heller svenska judar hade han tyckt om. Att Paulsson skötte fastighetsförvaltningen åt en judisk dam hade tjänstemannen någon gång hört Paulsson "liksom ursäkta sig för". Sin åsikt beträffande judar hade Paulsson visat genom sitt uppträdande, som gärna varit litet bryskt. Han hade exempelvis gått mycket i väntrummet hos vaktmästarna och mönstrat flyktingarna. Han hade frågat varför de suttit där och begärt att få se deras pass och sedan uppmanat dem, om de kommit sent på dagen, att komma igen följande dag; därvid han tillsagt dem att "lära sig att stiga upp på morgnarna". Det vore troligt att Paulssons "allmänna plumphet" och hans sätt att reagera mot judar och flyktingar varit känd bland hans överordnade. Det vore likaså rimligt att antaga att det varit allmänt känt att Paulsson varit antisemit och det därför icke varit "någon idé att springa och skvallra om detta", som även de överordnade borde ha känt till. Alla Paulssons uttalanden beträffande judar hade gjort att den ifrågavarande tjänstemannen icke önskat ha någon särskilt stor kontakt med Paulsson. Den omständigheten att Paulssons antisemitiska inställning icke tillräckligt uppmärksammats av omgivningen borde ses i samband med den allmänna inställningen hos folk och pressens hållning under de tidigare krigsåren. Man finge icke glömma att andan tidigare varit en annan.

Enligt de flesta var det mer eller mindre klart att han varit antisemit och att han också bedrivit "klappjakt på kommunister". Några av vittnesmålen är dock motstridande, delvis förvirrande. Det gäller t. ex. det som gavs av ett kvinnligt biträde i utlänningskommissionen. Hon påstod att "Paulsson icke haft någon särskild sympati för judar men att han å andra sidan icke lagt i dagen någon anmärkningsvärd motvilja mot judar". Detta enligt rättens protokoll; men när protokollet upplästes blev formuleringen ifrågasatt av många, och man påstod att den hade förvanskats. Hon skulle inte ha sagt så, däremot att "Paulsson icke lagt i dagen någon större motvilja mot judar än de flesta av oss andra befattningshavare inom kommissionen".

Förvirringen i rätten blev då stor, vittnet inkallades på nytt och hördes igen. Man kom slutligen fram till att hennes yttrande varit eller bort vara: "Några sympatier för judarna tror jag inte han hade, och antipatier inte mer än andra", eller alternativt: "och antipatier inte mer än de flesta".

Ordningen återställdes då, och rättegången kunde fortsätta.

Fallet Paulsson är inget som helst bevis för att antisemitism och antikommunism varit allmän inom den svenska administrationen under kriget. Det är knappast heller upprörande, eftersom de flesta som drabbades av hans motvilja mycket snabbt kom att dö och alltså inte längre är i stånd att anklaga och uppröra oss. Möjligtvis är allt detta, fragmentet av en svensk flyktingpolitik, det icke representativa urvalet, en detalj i ett pussel. Och, när andra utlämningar diskuteras, en antydan till bakgrund. "Man finge icke glömma att andan tidigare varit en annan."

Poängen är den här: huvuddragen i den svenska flyktingpolitiken, och de svenska myndigheternas attityd mot vissa flyktingar, de var kända av inte bara den svenska regeringen utan också den sovjetiska. De måste ha känt till nästan allt detta. De kände dessutom till transiteringarna av tyska trupper genom Sverige, de kände till de malmtransporter och kullagertransporter som gjorde kriget möjligt för tyskarna, de kände till att svenska kommunister arresterades och sattes i bevakade läger medan alla nazister fick gå fria, de kände till den svenska officerskårens tyskvänlighet, de kände till det utmärkta svenska försvaret vid gränsen mot Finland och det obefintliga svenska försvaret mot söder och Tyskland, de kände till förslagen om att förbjuda kommunistpartiet, de kände till administrationens tyskvänlighet, de kände till alla försök som gjordes av Finlandsaktivisterna, de kände till det gamla rysshatet, de kände till hur obetydlig Sveriges faktiska neutralitet var och hur stark tyskvänligheten var. De kunde kanske iaktta en förändring efter slaget vid Stalingrad, men då var redan deras illusioner krossade, om de haft några.

De visste, och den svenska regeringen visste att de visste. Och när spelet började, i juni 1945, då var vetskapen en spelbricka, och den var inte betydelselös, inte för någon part.

Den våren, 1945, var Tyskland slaget och Sverige åter neutralt. I den ryska pressen återkommer denna vår, med jämna mellanrum, angrepp på Sverige och Sveriges tyskvänlighet.

Några exempel.

Ett är hämtat från tidningen Kriget och arbetarklassen, januari 1945. Artikeln inleds med en analys av hur svenskarna hjälpte till att transportera de baltiska flyktingarna över Östersjön, hur de tillät "sovjetfientliga element" bland balterna att stanna i Sverige och bedriva "sovjetfientlig propaganda", hur de hindrade sovjetrepresentanter att besöka de civila baltlägren, trots att detta var tillåtet för representanter för västmakterna.

Exempel på rysk argumentation och retorik. "Bland dessa civila baltiska flyktingar, som hålls i särskilda läger, bedriver man en sovjetfientlig förtalskampanj. Vissa officiella personer har t. o. m. deltagit i denna kampanj, och sålunda missbrukat sin tjänsteställning. Vid lägret i Söderköping brukar 'lägerchefen' Ljungberg hålla sovjetfientliga anföranden. Han har valt ut en grupp sovjetfientliga agitatorer och spioner bland Hitleragenterna. Han har vidare kategoriskt förbjudit flyktingarna att tala ryska eller föra samtal om livet i Sovjetunionen.

Flyktingarnas brev vittnar om att det råder upprörande förhållanden i lägren. Dessa förhållanden har kommit till stånd med de svenska myndigheternas vetskap och gillande. Lägerportarna hålls öppna för Balodis, Rei och andra Hitleragenter. Deras skyddslingar har fått tillstånd att slå sig ner i Stockholm eller dess omgivningar. Sådant tillstånd beviljas eljest endast i undantagsfall. Polisen har t. o. m. rekommenderat en del av dem att byta namn, för att undgå offentlighet. Sovjetmedborgare, som har förblivit sitt fosterland trogna, skickas å andra sidan till särskilda läger, belägna i glest befolkade och avlägsna trakter. Det är betecknande, att ledande svenska tidningar med slående enhällighet publicerar upprop och brev från tyska agenter. *Man måste fråga sig, om inte denna musik ledes av någons dirigentstav.*

De bankruttmässiga anhängarna av svenskt samarbete med Hitlertyskland och bärarna av det i svenska reaktionära kretsar traditionella 'rysshatet' vill inte ge upp. I strid mot fakta, i strid mot allt sunt förnuft, följer de den gamla linjen. Denna linje kan vålla Sveriges nationella intressen allvarlig och oersättlig skada."

Andra exempel. I en artikel den 27 maj angriper man enligt TASS svenskarnas behandling av en grupp på tjugo tyska officerare under befäl av en överstelöjtnant. Svenskarna brydde sig inte ens om att undersöka deras bagage, utan eskorterade omedelbart tyskarna till en officersmäss, där de bjöds på en utmärkt måltid. Då svenskarna tyckte att tyskarna verkade trötta uppsköts förhöret tills de vilat ut.

Detta kontrasteras med den behandling svenskarna gav de ryska officerare som kommit från Norge. De inhystes i ett fallfärdigt hus och "fingo ingen mat förrän sent på kvällen". De fick inte äta i officersmässen.

Ryssarna bevakades strängt, tyskarna rörde sig fritt. Enligt TASS har det inträffade väckt "stor och pinsam uppmärksamhet i ryska kretsar".

Två dagar senare kommer ännu ett angrepp på Sveriges "antisovjetiska" hållning. "Det är välbekant att Sverige systematiskt överträtt sin neutralitet för Tysklands skull. De sovjetfientliga tjuten i de svenska tidningarna dränker de ord av visdom och ära som också hörs där. Den svenska pressen fortsätter i samma provokativa antisovjetiska stil som under kriget."

Vissa formuleringar är intressanta. Satsen "musiken som ledes av någons dirigentstav" tyckte han sig ha läst någonstans: han fann den till sist. Den är hämtad ur ett av Lenins mest berömda tal, från mars 1921. Lenins tal var ett våldsamt angrepp på de "reaktionära emigrantkretsar" som försökte förinta revolutionens resultat, och som under inbördeskriget varit nära att lyckas. "Dylika orkestrar dirigeras visserligen inte av en man, men följer ett bestämt partitur. Där dirigerar det internationella kapitalet med medel, som är mindre iögonfallande än en dirigents taktpinne. Men att det är en samfälld orkester borde ni se klart av varje citat." Och skribenten 1945 måste ha haft detta i bakhuvudet, hela denna situation, och tyckt sig se de första krisårens kaos och tryck utifrån översatt i hans egen situation, nu i mindre skala, men nästan identisk.

De ryska beskyllningarna är uppenbarligen i flera fall byggda på felaktiga informationer. På flera andra punkter är de helt korrekta. Ett faktum är kristallklart: att ryssarna verkligen hade just denna känsla av svensk partiskhet och svensk ryssfientlighet. Om känslan är överdriven, paranoid eller saklig beror på utsiktspunkten. Men den politiska situation som växer fram är omöjlig att förstå om man inte förstår den känsla som ligger till grund för den ryska reaktionen. Och det svenska dåliga samvetets trauma.

7

> *"Skulle 'experterna' oföränderligt fatta de 'bästa' besluten, även om vi antar att de besitter de kunskaper och grundsatser som krävs för att göra det? Och, en logiskt sett föregående fråga: är 'expertis' över huvud taget tillämplig – dvs. finns det någon teoribyggnad, någon form av relevant*

> *information utanför allmänhetens kännedom, som
> kan appliceras på analysen av utrikespolitiken
> eller som bevisar det riktiga i de åtgärder man nu
> företar på något sätt som psykologer, matematiker,
> kemister och filosofer är oförmögna att fatta?"*
> Noam Chomsky

> *"I händelse av krig eller där sådant för rikets
> försvar eller eljest på grund av särskilda omstän-
> digheter prövas erforderligt, äger Konungen, med
> avseende å utlänningars rätt att inkomma eller
> uppehålla sig i riket eller att vistas å ort i riket el-
> ler att här i riket antaga eller innehava arbetsan-
> ställning, meddela de särskilda bestämmelser som
> må finnas nödiga."*
> Utlänningslagen § 59

Bakom de politiska händelserna i juni 1945 finns en bakgrund som är oklar och svår att komma åt: alla papper är hemligstämplade, och kommer att förbli hemligstämplade i ytterligare trettio år. Många förutsåg den situation som skulle uppstå: att tyska trupper skulle söka skydd i Sverige, att ockupationstrupperna i Norge skulle gå över gränsen, att de i söder skulle komma över Östersjön, att de i Danmark skulle fly hit. När de till sist kom var de förbluffande få, och nästan inga kom från väster.

I bakgrunden finns eventuellt några samtal mellan utrikesminister Günther och madame Kollontaj hösten 1944; i bakgrunden finns i varje fall bestämmelserna i stilleståndsavtalet mellan Tyskland och de allierade. Där beordrades alla tyska trupper att "upphöra med aktiva operationer klockan 23.01 mellaneuropeisk tid, att stanna i de då besatta ställningarna och att fullständigt lägga ner vapnen samt att överlämna vapnen och utrustningen till de lokala allierade befälhavarna".

Den 2 juni 1945 gjorde Sovjetunionens legation i Stockholm en förfrågan hos den svenska utrikesministern om hur Sverige skulle förfara med de internerade tyskarna och dem som stått under tysk kontroll och nu internerats i Sverige. Frågan gällde om de internerade skulle, enligt de allierades intentioner, sändas tillbaka dit där de var då stilleståndsavtalet ingicks.

Principen var alltså den att de från östfronten skulle sändas till öst och de från västfronten till väst.

Man kan i fortsättningen följa det politiska skeendet steg för steg.

På UD började man bereda ärendet; efter några samtal och undersökningar skrevs två alternativa svar.

Det ena svaret innebar ett nej till ryssarna. Man förklarade att Sverige inte kunde acceptera en unilateral överenskommelse, att man måste avvakta, att Sverige inte hade förbundit sig att efterfölja stilleståndsvillkoren, och att man måste svara nej.

Det andra svaret var ett ja, med kortfattad motivering.

Efter diskussion med departementschefen sändes en av UD:s kabinettssekreterare upp till Per Albin Hansson med de två alternativen. Låt oss kalla tjänstemannen S. Han kom in till Per Albin på dennes tjänsterum, lade fram de två papperen på bordet framför statsministern, berättade att ryssarna sänt en not med förfrågan om de tyska militärinternerade som nu fanns i Sverige, och att det fanns en överenskommelse mellan de allierade inbördes om att de allierade myndigheter, som ockuperat visst område, skulle omhänderta de där vid vapenstilleståndet befintliga tyska militärpersonerna. Han teg sedan.

Per Albin tog först papperet med det positiva svaret och läste igenom det. Han tvekade en stund, såg sedan upp på S och sa:

– Jaha, det ser ju förnuftigt ut det här.

Sedan såg han på det andra papperet och frågade:

– Och vad är det där?

– Det är det negativa, svarade S snabbt.

Per Albin tittade igenom det, grymtade och lade papperet åt sidan.

– Det första blir nog bra, sa han.

S tog då de båda papperen, bugade, gick ut ur rummet och gick tillbaka till UD.

– Han tyckte bra om den positiva varianten, sa han till de andra.
– Och vad tyckte han om nejsvaret?
– Det fäste han sig mindre vid.
– Men informerade du honom verkligen om hela problemet? Du skulle ju dra allting för honom? Gjorde du det?
– Han läste igenom båda varianterna, svarade S stelt. Eftersom de såg att han blev sårad frågade de honom inte mer. Efter två veckor hade de glömt hela affären.

Episoden förefaller förbryllande men är helt autentisk. Den är eventuellt viktig: det första av många vägskäl ärendet hade att passera. Att föredragningen gjordes inför Per Albin Hansson, och inte för Christian Günther, har en enkel förklaring: Günther befann sig helt enkelt på semester, på sitt ställe i Dalarna, Spelmanstorpet, och Per Albin Hansson fungerade även som utrikesminister. Günther skulle återkomma först några dagar senare. Det är omöjligt att i dag fastställa vilken tjänsteman på UD som skrev de två alternativa texterna: det kan ha varit samma person. Att föredragningen inför Per Albin Hansson var ytterst bristfällig är helt klart, men han var dock den förste i regeringen som kom i kontakt med ärendet: det skulle till en del komma att prägla hans fortsatta agerande. Han hade tagit del, hade gjort ett val, nästan utan att veta det, och nu fortsatte ärendets behandling.

Vad byggde de två varianterna på? Det är möjligt att den positiva, och till sist segrande, varianten kan föras tillbaka på en framställning från de militära myndigheterna. "Säkert ägde successivt nära samråd rum mellan dessa och UD", som en av dem som bevittnade skeendet inom UD senare skulle konstatera i ett brev. De militära myndigheternas hållning var ju klar redan den 24 maj.

Så var det: ingen ägnade ärendet närmare uppmärksamhet. Det inkom, och fördes rutinmässigt vidare. Ärendet kom som en sista besynnerlig skärva från kriget, föll ner på UD en junidag 1945, och kom av en händelse att falla mitt mellan en vikarierande utrikesminister och en semestrande. Där låg ärendet, inte farligt och inte kontroversiellt, inte en stor politisk fråga och inte en fråga som skulle avgöra många människors liv, en sista liten skärva från en stor explosion, inte ens värd en omsorgsfull beredning och föredragning och behandling. Och så bearbetades den positiva varianten, Günthers semester upphörde och han kom tillbaka, och ärendet kunde vandra vidare genom beslutsprocessen.

UD hade gjort sitt.

Ansvarigt för ärendets beredning var utrikesdepartementet. Ansvarig departementschef var utrikesminister Günther. Nästa station ärendet hade att passera var utrikesnämnden. Där behandlades utlämningen den 11 juni 1945.

En gång hade utrikesnämnden varit menad att vara ett kontaktorgan mellan regering och riksdag, ett krisorgan där svåra och känsliga utrikesfrågor skulle få en djupare belysning, diskuteras på ett friare sätt och under absolut sekretess. Öppet, inom låsta dörrar. Men en gång hade någon kallat den "en förgylld råttfälla", och många tycktes instämma. Var förgyllningen kom ifrån var inte svårt att se. Det var i allmänhet partihierarkiernas toppmän som placerades på de sexton platserna, partiledare, gruppledare, före detta statsråd och andra. Utrikesnämnden blev "utan all jämförelse den förnämsta delegation som riksdagen kunde uppvisa". En följdföreteelse blev att genomsnittsåldern i nämnden var utomordentligt hög: under kriget var den 54,75 år. Rickard Sandler konstaterade långt senare att "partivärdighets- och ancinnitetssynpunkter" spelat en något för stor roll vid val till utrikesnämnden; ingen motsade honom.

Några kommunister har aldrig suttit i nämnden. 1947 var det ytterst nära att partiet fått en suppleantplats, men det svåra hotet avvärjdes.

Tystnadsplikt gäller för nämndens ledamöter. Den kan upphävas, efter nyckfulla regler eller under omständigheternas tryck. I detta fall kom tystnaden att hävas punktvis men ganska snabbt: redan i en riksdagsdebatt den 23 november 1945 diskuterades vad som där hänt, först av Ivar Andersson i första kammaren, sedan av Per Albin Hansson. Diskussionen blev aldrig särskilt upplysande, men sekretessen var ändå hävd, eller naggad i kanten.

Utrikesnämnden var alltså ett av dessa hemlighetsfulla organ där informationerna kunde tänkas vara mer initierade, analyserna djupare, översikten över Det Stora Spelet bättre. Utrikesnämnden fattade inga beslut, var bara rådgivande, men glansen och det hemlighetsfulla kring nämnden gjorde den ändå till något speciellt.

Dock inte alltid i politikernas ögon.

"De komma måhända till ett rikligt dukat bord, men hinna nätt och jämnt smaka på rätterna, förrän tiden är inne att bryta upp från gästabudet, vilket kanske inte heller ogärna ses av värdarna." Det var Brusewitz ord från 30-talet, men allt detta gällde uppenbarligen också 1945. Kritiken, som ofta var häftig och framfördes med en bitterhet som var överraskande, kom nästan alltid från oppositionshåll: Domö, Herlitz, Hammar under slutet av 40-talet, och även senare. Det var alltid bristen på information och förhandsorientering som angreps, ibland också oklarheter, förvirring, dimridåer runt viktiga beslut. "Man är i utrikesnämnden, för att använda ett något vulgärt uttryckssätt, ofta ganska bakom flötet. Man kommer till ett sammanträde, dit man kallats, och man har ofta inte en aning om vad det är för saker, som skola behandlas. Man får en föredragning, och så helt plötsligt ställes man inför tvånget att uttala sin mening och kanske ett helt partis mening."

Att ge råd, att erhålla informationer, att kontrollera: nämndens uppgifter verkar en aning diffusa. Särskilt flitig var den inte heller. 1945 sammanträdde den åtta gånger, 1946 sex gånger. Det blev information teskedsvis, med långa mellanrum. Och de som kritiserade nämnden hade bara ett alltför lätt arbete: de högg ner på alltför låg arbetstakt, långa uppehåll, alltför korta sammanträden, otillräcklig information, dåligt förberedda deltagare.

"Den förgyllda råttfällan" – en råttfälla för oppositionen? Några av dem uppfattade det så. Där föredrogs ärenden från regeringen, diskussion följde, och så var alla parter och partier nöjda och alla händer bakbundna. "En åt fienden – dvs. regeringen – utlämnad gisslan, utsatt för allsköns onda ingivelser och påverkningar." Situationen i juni 1945 komplicerades av att samlingsregeringen omfattade alla partier utom kommunisterna och att kommunisterna inte satt i utrikesnämnden. Motsättningen regering-opposition var alltså här upphävd. Möjligtvis fanns det en annan: motsättningen mellan ansvarigt departement, utrikesdepartementet, och de övriga. UD hade alla informationer, föredrog. Alla andra spelade med ovetande klumpighet rollen av opposition.

Sommaren 1966 hade för undersökaren inneburit den andra Vietnamsommaren: han hade sin egen tideräkning. Nästa sommar var den tredje, nästa den fjärde. Hela tiden undersökningen varade fördes ett resonemang omkring honom, det rörde amatörens roll i politiken. Det tycktes ständigt finnas röster som sa att politiken är ett spel med många dolda trådar, att där finns hemliga sammanhang och förbehåll, att spelet var ett Spel och alltså förbehållet dem som kände till spelets regler: politikerna. Och lika ständigt frågade han sig om det verkligen fanns sådana människor, människor som inte bara hade tid att ägna sig åt inrikespolitik och författningsreformer, inte bara åt lokaliseringspolitik och partitaktik, utan också hade tid och kraft att sätta sig in i en rad utrikespolitiska specialfrågor, läsa igenom allt, ta ställning. Själv hade han läst nästan allt han kom över på ett par smala och begränsade områden, det hade tagit lång tid, och han förstod inte hur en politiker skulle få över all denna tid.

Det fanns bara ett svar på den frågan, det var självklart och ingen ifrågasatte detta: utrikespolitiken var ett hus med många boningar, och en svensk politiker kunde inte bo i dem alla, knappast i någon. De blev överlämnade till de andra: karriärdiplomaterna, sådana de nu var och sådana deras värderingar nu var, och forskarna, om de ville. Och sedan de andra.

Han hade levat sitt liv med en halv misstro mot politikerna, och en halv fruktan. Båda delarna försvann gradvis, inte för att han trodde sig se Det Stora Spelet, men för att han ibland trodde sig se människan inne i ett spel. Både rädslan och föraktet bottnade i känslan av att stå utanför, och han fortsatte hela tiden att stå utanför, eftersom politisk amatörism inte är något som upphävs med punktkunskaper. Men långsamt upptäckte han att också dem han föraktat eller känt rädsla för hade stått utanför. De rörde sig ständigt på ytan, styrda av halva värderingar, halva informationer, de försökte ständigt få överblick över Det Stora Spelet, och misslyckades lika ständigt, eftersom fjälltopparna var få, himlen molnig, molnen stora och lågtflygande, dalarna disiga och sikten kort. Han delade sin okunnighet med många, också med de folkvalda, och när han förstod det kom det som en besvikelse, och en lättnad.

Det hade ingenting att göra med en nämnds effektivitet, eller brist på effektivitet, hade inte ens att göra med utlämningen. Det var bara det att allting tycktes reduceras till punktkunskaper. Några hade en till synes oöverskådlig rad av punktkunskaper och stabiliserade dem med en ideologisk medvetenhet. Andra hade ett mindre antal. Men kunskaperna hade ingenting direkt att göra med det han tyckte var det viktiga: att politik visserligen är både moral, ideologi och fakta, men att politik aldrig kunde *förbehållas* någon.

Samtalet omkring honom fortsatte, sommaren, hösten, vintern, året runt: samtalet om människan som ett politiskt djur. Efterhand insåg han det som var så självklart att han kände sig generad att klämma fram det: att de alla var politiska djur och hade rätt att delta.

Det berättades honom att utrikesnämnden blev något bättre senare: inte mycket, men något. Det gavs små skriftliga orienteringar, serier om särskilda frågor, små stencilerade undersökningar att distribuera i tystnadspliktens hägn. Men han skulle ändå alltid fråga sig: vem startade dessa undersökningar? Vem genomförde dem? Vilken tjänsteman, vilken bakgrund, vilka värderingar, vilken familj, vilken uppfostran?

"Ett skolexempel", läste han om en helt annan fråga hösten 1966, *"ett skolexempel på ouppmärksamhetens triumf. Vårt nuvarande engagemang där är inte en följd av en väl och omsorgsfullt övervägd politik,*

utan av en massa småbeslut. Så här efteråt finner man hur varje nytt steg bara obevekligt ledde vidare till nästa, intill dess ..."

Han slutade läsa i lagom tid för att kunna använda citaten till det han ville. Var det så? En rad små slumper, småbeslut? Eller var detta den ideologiske idiotens försök att rationalisera sin okunnighet? Citatet kanske var användbarare 1945 än 1966. Och det kunde aldrig hindra honom att anse att politiken i princip var *åtkomlig*. Att politiken egentligen inte hade några hemligheter. Att den inte var förbehållen någon.

Fem månader senare, i november 1945, skulle Ivar Anderson i riksdagen påstå att utrikesnämnden inte alls var informerad, att "saken då icke förelåg i den form, vari den nu har framställts. Därför kom också överläggningen i utrikesnämnden icke att röra sig om den utlämning, som nu är förestående, utan frågan gällde överlämnandet av ifrågavarande militärpersonal – huvudsakligen tyskar – till en interallierad kommission." Och Per Albin Hansson kunde, med lika stor rätt, konstatera att "regeringen icke hållit utrikesnämnden i okunnighet om att man måste gå den väg som valdes. Vi diskuterade visserligen även den andra möjligheten, men när inte den stod till buds, var det fullt klart, att den nu valda utvägen måste anlitas."

De stora linjerna i den debatt som börjar här i juni tycks klar: tesen om allas delaktighet och ansvar. Utlämningsbeslutet hade fattats av en samlingsregering. Den stödde sig delvis på utrikesnämnden. Där hade frågan för första gången diskuterats och grundlinjerna blivit uppdragna. Det fortsatta politiska förloppet skulle bestämmas av denna tes.

Utrikesnämndens sammanträde den 11 juni 1945 är alltså ett viktigt sammanträde.

Situationen tillspetsas av att det i nämnden den dagen satt två utrikesministrar. Där satt Christian Günther, departementschef, utrikesminister i samlingsregeringen och ansvarig föredragande i ärendet. Det var hans sista utrikesnämndssammanträde (han avgick med samlingsregeringens avgång), och det skulle bli ödesdigert. I nämnden satt, som vanlig ledamot, också Östen Undén. Han var f. d. utrikesminister, förd åt sidan under kriget på grund av sin tyskfientlighet och sin ovilja till kompromisser åt höger, nu vanlig riksdagsman. Samma höst skulle han efterträda Günther som utrikesminister, nu i en rent socialdemokratisk ministär, och han skulle få uppdraget att effektuera det utlämningsbeslut som samlingsregeringen fattat. Han tillträdde sin post den 31 juli 1945, var beredd att "under de få år" som regeringen skulle sitta ägna sig åt politik. Han avgick 1962, av åldersskäl. Baltutlämningen kom att betraktas som "hans", en fläck på hans karriär.

Senare under hösten, när frågan om skuld och ansvar var som mest akut, påpekade Günther det faktum att båda varit närvarande, och gjorde det med en precis, polemisk klackspark. "Saken behandlades av regeringen, men det var inte något speciellt ärende för utrikesministern utan angick minst lika mycket de andra departementen. För övrigt behandlades frågan även av utrikesnämnden. Och medlem av denna var ju vår nuvarande utrikesminister. Om någon folkrättsexpert utanför nämnden tillfrågades, kan jag inte nu påminna mig." Intervju i Expressen den 22 november 1945. Där finns en bild av Günther också, med bildtext. "Christian Günther: – Hr Undén var själv med och beslöt om balterna." Orden "beslöt om balterna" återfinns dock inte i intervjun och är i sak orimliga eftersom utrikesnämnden inte kan besluta om något. Man får anta att bildtexten är tidningens.

Eftersom han har varit sjuk, eftersom han nu är mycket gammal, eftersom våningen är halvmörk rör han sig med mycket korta och försiktiga steg, som om han burit alla sina år med sig och nu gick på tunna äggskal som kunde brista vilket ögonblick som helst. Sedan sitter han som fick effektuera utlämningen av balterna, och nu är mycket gammal, mitt under den starka lampan och tittar med sina vänliga vakna ögon. I morse stannade hissen i det stora huset på Fyrverkarbacken, det var ett förfärligt besvär. Han försökte ringa för att berätta hur man tar sig upp ändå, men kom inte fram. Det gjorde nu ingenting. Han ser vänligt lättad på besökaren: hissen hade fungerat.

Efter en halvtimme kommer de fram till utrikesnämnden i juni.

– Regeringen informerade oss, säger han torrt. Det kom till diskussion.

– Var den häftig?

– Några hade olika meningar.

– Tillkallades någon folkrättsexpert utom nämnden?

– Nej, självfallet inte.

Och sedan, efter en tankfull tvekan:

– Jag har gått igenom mina anteckningar från sammanträdet. De visar att jag själv inte deltog i diskussionen, frånsett att jag fick besvara en fråga. Frågan gällde om det gjorts några undersökningar om det skulle vara möjligt att skicka de internerade åt annat håll. Jag kan av mina anteckningar se att jag inte deltog i den övriga debatten.

– Förresten, säger han efter en paus, det har ibland sagts att man *då* inte visste att det fanns balter bland de internerade. Det är fel. De, eller vi, visste mycket väl att balter fanns med. Det sades uttryckligen i den föredragning som gjordes inför utrikesnämnden. Det finns skriftligt på det.

– Men kom inte samlingsregeringens beslut om utlämningen till – ska vi säga – en aning snabbt? Var inte föredragningen i utrikesnämnden slarvig och oklar? Förstod man egentligen vilken kontroversiell fråga det var?

– Jag vet inte, säger han långsamt. I den regeringen satt jag ju inte. Och i utrikesnämnden ... ja. Det var nog inte så mycket att fundera på. Om man var inne på den linjen alltså.

Senare, i samma samtal, motiverade han utförligt sin ståndpunkt: det är en annan historia, ett annat skede, det återkommer. Men just vid avskedet, i den mörka tamburen innan frågaren skulle gå, började Undén på nytt tala om utrikesnämnd och anteckningar.

– Utrikesnämndens diskussioner sker ju utan protokoll, det är liksom själva förutsättningen för dem. Men många för personliga anteckningar och publicerar dem. Jag har aldrig tyckt om det. Det är som att föra subjektiva officiella protokoll. Ingen kan kontrollera

sanningshalten, men det verkar mycket korrekt och riktigt.
– Förde ni också protokoll, eller anteckningar?
– Ja, det gjorde jag. Och dem kan jag ju inte utlämna. Men vissa saker i dem skulle jag ibland önska att publicera, men jag vet inte. Jag vet inte om jag kan.
– Som vad då?
– Som anteckningarna från utrikesnämnden den 11 juni 1945. För att exakt belysa min insats och mitt ansvar. Det är inga utförliga anteckningar, men de är mycket klara.
– Kan jag inte få ta del av dem?
Han stod tyst och tankfull, och det tog nästan en minut innan han svarade.
– Jag skulle gärna vilja ha dem publicerade. Den där sidan är ett för mig mycket viktigt papper. Men jag vet inte. Jag vet inte.
Det papperet skulle aldrig komma.

Ivar Anderson satt i utrikesnämnden mellan åren 1935 och 1948, han var högerman, från 1940 samtidigt chef för Svenska Dagbladet. Han förde vid varje sammanträde anteckningar, ofta detaljerade. Han minns den 11 juni 1945 mycket väl.

Föredragningen av baltaffären kom vid slutet av ett sammanträde. Man hade hållit på i ungefär två timmar, och alla visste att sammanträdet snart måste vara slut eftersom gamle kungen satt ordförande. Han var nära nittio år, och man brukade ta automatiska hänsyn: han kunde inte pressas alltför hårt. Som alltid eller nästan alltid den tiden skedde sammanträdet uppe på Slottet, i drottning Sofias gemak, i en gammal matsal. De satt vid ett långt bord, kungen vid kortändan med statsministern och utrikesministern på var sin sida.

Man hade hållit på i två timmar. Det var en vacker försommardag, det var klart och soligt hela dagen, temperaturen klockan 13.00 var + 18,5° och det var sista sammanträdet för året. Man hade framför allt diskuterat aktuella problem i Norge och Danmark, och man var nästan färdiga.

Då begärde Günther ordet och sa:

– Jo, och så var det en sak till.

Sedan föredrog han ärendet. Det var, enligt Ivar Anderson, en mycket suddig redogörelse, "som vanligt när det gällde Günther". "Han hade ingen känsla för form. Han var mycket oprecis, talade fort, sluddrigt och tyst, och det var svårt att uppfatta för dem som satt långt nere vid bordet."

Günther förklarade att ryssarna hade begärt utlämning av de tyska militärer som flytt till Sverige, av dem som flytt till Sverige i tysk uniform. Han påpekade att de inte formellt var skyldiga att efterkomma ryssarna. Enligt Ivar Andersons minnesbild innebar föredragningen att utlämningen skulle ske till en interallierad kommission.

Günther talade utan fullständigt manuskript.

– Nämnde han att det fanns balter bland de internerade?

– Nej ... ja, kanske. Det kanske nämndes. Men det var väl ingen som förstod skillnaden, vi var ju så oförberedda.

– Förekom någon diskussion?

– Ja, tre stycken i utrikesnämnden opponerade sig, på olika sätt: Sandler, Undén och jag. Mina anteckningar visar att Undén bestämt opponerade sig. Själv gjorde jag det från en moralisk aspekt, och jag gjorde då ingen skillnad mellan tyskar och balter. Jag hade ingen känsla av att det fanns en skillnad. Det var först senare som den skillnaden gjordes klar; Undén t. ex. arbetade ju hela tiden efteråt för att slippa utlämna just balterna. Tyskarna hade han ingen som helst känsla för.

– Hur betraktade ni sammanträdet rent formellt?

– Det betraktades *då* som en orientering från regeringens sida; i varje fall kunde inte den orienteringen på något sätt innebära att utrikesnämnden sanktionerade samlingsregeringens utlämningsbeslut. Tre röster var mot, de andra teg, var villrådiga eller höll obestämt med. Det var ju en sådan slarvig föredragning, oklar och diffus.

– Visste ni att regeringen sedan skulle besluta om utlämning?

– Vi visste ingenting förrän i november.

Tre röster mot: två socialdemokrater och en högerman. De andra villrådiga, alla dåligt orienterade. Ingen medveten om att frågan var kontroversiell.

Det finns i Undéns och Ivar Andersons versioner klara motsägelser. De viktigaste gäller Undéns egen roll och frågan om utlämningen skulle ske till en interallierad kommission eller direkt till ryssarna. De två oklara punkterna sammanfaller delvis. Möjligtvis kan Ivar Anderson minnas fel: förblanda frågan om inte internerna i stället kunde sändas till en interallierad kommission, förblanda den med den ursprungliga frågeställningen: utlämning eller ej. Och förblanda Undéns negativa attityd till den "interallierade kommissionen" med hans attityd till utlämningen i stort.

I vilket fall: ingen insåg problemets räckvidd och komplikation. Hade någon av opponenterna med kraft och tydlighet pekat på den möjliga komplikation som fanns i frågan, skulle flera ha talat. Det är, trots allt, inte troligt att någon enda gjorde detta, inte ens någon av de tre som opponerade sig.

Så slutade det första sammanträdet över utlämningsfrågan: den 11 juni 1945.

Men det som i undersökarens minne längst skulle dröja sig kvar var den ironiska slutvinjetten till detta centrala, ödesdigra, sömniga och idylliska sammanträde i utrikesnämnden. Det var en början som var så oskyldig, där fanns den lilla ekivoka känslan av tillfällighet över allt detta, av slump, nyckfullhet, hasard. Han skulle länge se framför sig detta drottning Sofias gemak, guldornamenten och mattorna, de höga fönstren, det långa bordet mitt i rummet och de gröna dukarna, den tidiga sommarsolen in genom fönstret och den svala luften som kändes så lätt och ren när man kom in, och se framför sig hur de pratat länge och hur kungen satt där på kortändan och var nittio år snart och hade stått ut med dem i två timmar. Och den lilla känsla av skuldmedvetenhet de kände inför detta, eller möjligen rastlöshet, och så hur till sist, när alla trodde det var slut och de talat färdigt om Norge och Danmark och efterkrigsproblem och de skulle få gå till sin middag eller sina tåg eller sina familjer, hur till sist Günther på nytt begärde ordet och en ilning av olust och missnöje drog igenom dem alla, men bara omärkligt så ingen såg det, och någon prasslade med ett papper och salongen var sval och tyst och någon kämpade med sömnen och så kom alltihop över dem så plötsligt och lömskt att de aldrig blev medvetna om överfallet, att de aldrig hann vakna förrän i november. Och då var allting för sent.

Günther vände sig till kungen, fick en nick tillbaka, harklade sig, såg upp och fick så ordet.

– Jo, och så var det en sak till, sa Günther.

Två dagar senare var det statsrådsberedning. Regeringen satt i ett rum på Kanslihuset, alla var närvarande, och de talade mest hela tiden om flyktingproblem. Framför allt diskuterades de 36 000 civilbalter som nu fanns i Sverige. Alla visste att ryssarna inte var glada åt detta, och det var inte bara för att en väldig arbetskraftsreserv hade förlorats. Framför allt, och det hade framgått mycket klart vid underhandssamtal, kände sig ryssarna olustiga inför tanken att en ny antisovjetisk propagandacentral skulle upprättas i Stockholm. De hade under mellankrigsåren upplevt en på nära håll, i Riga, och de ville inte gärna nu ha en i Stockholm.

Det fanns andra skäl också: men detta var det viktigaste.

Man ägnade nästan hela stadsrådsberedningen åt detta. Alla tycktes eniga i att "stå på sig vad beträffar civilbalterna". *Om* en rysk hänvändelse kom, då skulle man säga nej. De flyktingar som fanns i Sverige hade rätt att stanna.

Diskussionen om detta tog nästan två timmar.

Till beskrivningen av denna diskussion hör en vag känsla av fasthet, bestämdhet, tolerans och generositet som ingen av de intervjuade är beredda att medge eller ändå mindre beskriva. Känslan bör ha utbrett sig allteftersom problemets konturer klarnade och Sveriges fasta hållning blev klarlagd. Det är möjligt att känslan aldrig existerat. Den kan eventuellt beskrivas som "moralisk mättnad", men alla försök att beskriva den, eller ens fastställa om den fanns, måste bli ytterst spekulativa.

Efter detta, och efter denna ingående diskussion, föredrog utrikesministern ett ärende som dels verkade diffust, dels självklart. Han föredrog för dem ärendet om de internerade militärflyktingarna. Ryssarna hade nu bett att de skulle utlämnas, och tidigare praxis pekade på att så borde ske. Man hade tidigare utlämnat tyska militärflyktingar som kommit till Sverige till andra allierade, t. ex. Frankrike, och de tyska militärer som nu satt i läger runtom i Sverige var många, ungefär 3 000. De flesta kom från östfronten, och man kunde ju inte ha dem kvar i evighet.

Problemet tycktes mycket enkelt, det var strax före lunchen, man skulle strax bryta upp och allt verkade mycket självklart. Den tyska armén som gjort så mycket ont skulle inte få undandra sig följderna av nederlaget. I Sovjet fanns mycket att bygga upp. De internerade skulle komma väl till pass.

Günther avslutade sin föredragning, som var på drygt fem minuter, med några preciseringar.

– Det finns bland tyskarna några andra grupper också, några som tagit värvning men som inte egentligen är tyskar. Det finns en grupp balter t. ex. Men det är väl svårt för oss att här sitta och göra distinktioner mellan dem. De ingår ju alla i den tyska armén och bör väl alla utlämnas.

Det uppstod ett svagt mummel. Några instämde tvekande, klockan var mycket, ingen förstod problemet eller orkade sätta sig in i det, och för de flesta framstod det som alldeles självklart. Man diskuterade några minuter möjligheten att före utlämningen förse internerna med intyg att de flytt före stilleståndsdagen, för att hjälpa dem från disciplinstraff, men diskussionen var kort och planlös, och ingenting blev beslutat. "Vi var ju vana vid att allt förbereddes så noga på departementen, det verkade självklart och man kunde ju inte sitta där och dra upp detaljer, många av oss hade väl knappast uppfattat vad det rörde sig om eller ens hört på ordentligt."

Diskussionen var slut innan den ens börjat, och så bröt alla upp.

I trappan ner till lunchrummet gick en socialdemokratisk minister, låt oss kalla honom A, vid sidan av en borgerlig, låt oss kalla honom Ewerlöf. A frågade:

– Du, vad var det egentligen han sa där på slutet? Fattade du det egentligen?

– Vad då? sa Ewerlöf.

– Jo, vi skulle utlämna några balter, det fanns visst balter bland de tyska militärerna. Sa han inte det?

Ewerlöf mumlade instämmande, men sa ingenting.

– Jo, så var det, fortsatte A. Du tror väl inte det sker ett misstag? Så vi gör ett misstag? Så vi får blod på händerna?

Men då var de redan nere vid lunchrummet, de gick in genom dörren och satte sig, A och Ewerlöf kom inte att sitta intill varandra och andra ämnen kom upp. De diskuterade aldrig saken mer. Det var i juni, baltutlämningen hade beslutats. De skulle inte komma ihåg händelsen förrän i mitten av hösten 1945, då hade samlingsregeringen avgått och där satt en rent socialdemokratisk ministär. De hade en lång sommar på sig att glömma.

Närvarande minister, citat. "Problemet för alla som satt i samlingsregeringen blev ju sedan att hjälpligt förklara hur detta kunnat ske. För socialdemokraterna var det kanske något lättare: de kunde ju helt enkelt säga, att beslutet var rätt och korrekt. De borgerliga hade det värre. De ansåg sig till en viss del låsta av junibeslutet, och den låsningen präglade hela den senare debatten, den var orsaken till att frågan inte blev rent partipolitisk, kanske rikspolitisk. Ett par av de borgerliga tycktes skämmas, och ville ligga lågt. Det är på sätt och vis lättare att säga att man tagit fel, att man begått ett omdömesfel: men att erkänna att man sovit sig förbi ett beslut, eller totalt missat poängen i en viktig fråga: det var kanske svårare ändå."

Beslutet klubbades definitivt i konselj den 15 juni 1945, och följande dag lämnade svenska regeringen svar på den sovjetryska noten. Svaret hade följande formulering:

"Med verbalnote den 2 juni 1945 har Socialistiska Sovjetrepublikernas Unions legation enligt uppdrag framfört förslag om utlämnande till Sovjetregeringen av alla tyska (och sådana som stått under tysk kontroll) soldater, officerare och annan militärpersonal, som flytt från den sovjet-tyska fronten till Sverige efter undertecknandet i Berlin den 8 maj 1945 av akten om Tysklands militära kapitulation.

Till svar härpå får Kungl. Utrikesdepartementet meddela, att svenska regeringen är beredd att låta de tyska eller under tysk kontroll stående militärpersoner, som flytt till Sverige, lämna vårt land och att Försvarsstaben fått i uppdrag att träda i förbindelse med legationen rörande modaliteterna för avresan och överlämnandet till Sovjetunionens militära myndigheter. Därvid må framhållas, att bland dessa personer också befinna sig sådana som anlänt till Sverige före undertecknandet av kapitulationsakten.

Detta meddelande innefattar givetvis också – varom i legationens note särskilt frågats – att svenska regeringen icke kommer att bereda fristad i Sverige åt dessa personer."

Man kan konstatera: den ryska noten innebar bara en förfrågan, inte en direkt begäran om utlämnande. I kapitulationsakten fanns en passus om att de tyska styrkorna skulle stanna i sina ställningar och låta sig avväpnas. Man hänvisade till denna passus. Noten innehöll alltså två förfrågningar. För det första om Sverige skulle tillämpa stilleståndsavtalet. För det andra om Sverige skulle handla som om det vore reglerat att de tyskar som lämnat sina ställningar skulle sändas tillbaka.

Det svenska svaret gick långt över och förbi vad ryssarna försiktigt frågat om. Begäran gällde de som flytt *från fronten efter undertecknandet den 8 maj 1945 av akten om Tysklands militära kapitulation*. Den akten *undertecknades* den 8 maj klockan 00.16 mellaneuropeisk tid. Huvuddelen av balterna kom till Ystad klockan 10 på morgonen den 8 maj, och hade lämnat "fronten", i detta fall Bornholm, fem till sju timmar tidigare. De var varken de första eller de sista, tåget av flyktingar var utspritt mellan den 4–5 maj och den 15 maj.

Det kom aldrig att spela någon roll: den svenska regeringen deklarerade direkt att de också tänkte utlämna dem som kommit *före* den 8 maj. Den 24 november preciserade de sig ytterligare och satte gränsen bakåt till den 1 maj.

Den 3 juli 1945 fick Sovjetunionens militärattaché uppgift på antalet som skulle utlämnas. Där befann sig alla som kommit till Sverige från Östfronten. Bland dem fanns 167 balter.

Efter beslutet hemligstämplades ärendet. Det politiska skeendet var över, nu fick administrationen sköta resten. Administrationen fick bl. a. tillse att inte beslutet kom ut, att det inte uppstod oro i lägren, att avståndet mellan beslut och utlämning blev så kort som möjligt: lägren kostade ju dessutom stora summor, som svenska staten fick betala.

Överstelöjtnant Nils Leuhusen beordrades den 2 maj 1945 att organisera en tillfällig interneringsavdelning, vars chef han skulle vara. Han hade förut tjänstgjort på försvarsstabens signaltjänstavdelning, och han var nu den som närmast hade att förhandla med ryssarna om utlämningens praktiska och tekniska detaljer: om modaliteterna, som det hade hetat i noten.

Den man som från rysk sida var avdelad att sköta förhandlingarna var marinattachén Slepenkov. Han kan inte komma till tals, och får beskrivas bara genom svenska militära ögon. Svenska militärer brukade sinsemellan uttala tvivel om att han var sjöofficer: hans kunskaper inom marina områden föreföll begränsade. Leuhusen själv tyckte inte alls om honom. "Han var ovanligt drullig. Gick upp på försvarsstaben utan att anmäla sig. Vi hade visserligen mindre bevakning då än nu, men i alla fall. Ovanligt otrevlig."

Från den dag de militära myndigheterna fick överta ansvaret för modaliteterna arbetade man från svensk sida hårt för att påskynda utlämningen. Man tyckte inte om bevakningsuppgifterna vid lägren och ville ha hela problemet undanstökat så kvickt som möjligt. Leuhusen var praktiskt taget varje dag uppe på den ryska legationen på Villagatan och försökte övertala Slepenkov att ordna transportmöjligheter, försökte få honom att övertala sina överordnade att sända en båt.

Men ryssarna verkade inte särskilt intresserade, snarast besvärade. De hade i en not ställt en hovsam förfrågan, genast fått ett svar, positivt i överkant, och blev nu snabbt överhopade med krav att skicka båtar för att plocka över nästan 3 000 tyska krigsfångar. I Norge fanns vid den tiden 20 000 tyskar som väntade på transport till Sovjet, men Slepenkov och hans överordnade lät sig till sist övertalas att ge prioritet åt den svenska gruppen. En båt sändes ut från Murmansk.

Mot slutet av sommaren cirkulerade bland vissa initierade politiker en uppgift om att utlämningen gått i stöpet. "Ryssarna ville visst inte ta emot internerna, eller hade inte möjlighet att ta emot dem." Det var bara delvis korrekt. Ryssarna lyckades till sist pressa fram transportmedel och gav Sverige prioritet, för att få lugn.

Från norska myndigheter hade svenskarna begärt att få uppgifter om båtens läge. Ryssarna själva visste inte var den befann sig, visste bara att den avgått och borde komma fram. Från norska kuststationer kom kontinuerliga meddelanden, båten gick söderut. När den kom in i Öresund skulle evakueringen av lägren påbörjas och genomföras, snabbt, som ett överfall.

Båten hette "Cuban".

Nils Leuhusen var bara en effektuerare, om den politiska bakgrunden vet han inget, bara hur oerhört besvärligt det var att få ryssarna att komma och ta hand om sina fångar. Han antyder en klar motsättning mellan UD och försvaret, framför allt tydlig under krisveckorna i november. "De bara slog ifrån sig, välte över ansvaret på militären." Han beskriver rummet där han konfererade med Slepenkov: det var uppe på ryska legationen, alltid samma samtal, samma frågor, samma tröghet, samma svar. I ett hörn av rummet stod ett skåp. På skåpet stod en flaska Madeira. Varje gång han kom togs den förbannade flaskan fram. Två glas ställdes fram, så började de dricka Madeira. Så kom ursäkterna, varför båten inte var avsänd, varför ryssarna dröjde. Bönerna att de skulle skynda sig. Försäkringarna.

Han minns än mycket tydligt hur han gick hem från dessa sammanträffanden. Han gick genom Humlegården mot Östermalm, det var sensommar, ofta vackert väder, sol och barnskrik, barn som lekte.

Han kände av vinet i huvudet, det var första fredssommaren, han gick hem från ryska ambassaden och gick genom Humlegården. Det är det han minns bäst: hur han gick genom Humlegården och hur skönt det var, och barnen som lekte och hur det sjöng svagt och dovt i hans huvud.

8

De sändes tillbaka till Martebo torvmosse i grupper om tio, nu hade de svenska uniformer och skulle så ha hela tiden de arbetade där. För några av dem hade vanan att ständigt ikläda sig nya uniformer blivit något av en hobby, och de registrerade med intresse denna nya fas i sin militära karriär. Tre av dem hade de sista sju åren varit iklädda fyra arméers uniformer. Först den lettiska. Sedan, hösten 1940, den ryska. Sedan den tyska. Sedan den svenska.

I vilket fall: nu fick de arbeta. De svenska arbetarna var tysta. Motsättningarna hölls under kontroll.

Juli var i övrigt intresselös. Den mesta tiden arbetade de, och på fritiden fanns inte mycket annat att göra än att sitta utanför barackerna och titta ut över den gotländska slätten och röka och jämföra med tillvaron i Havdhem, som varit bråkig men mer spännande. På kvällarna satt de och såg den dammiga gulröda solen gå ner över mossarna, de hade inte längre mycket att tala om. De kände sig till hälften förvisade, som om de placerats på ett straffarbete, och de förstod att tyskarna i Havdhem inte gärna ville ha dem tillbaka: då skulle konflikterna blossa upp igen. Ibland nådde dem rykten: tyskarna skulle ha sänt delegationer till lägerkommendanten och begärt att balterna skulle få bli kvar i Martebo. De tvivlade inte en sekund på ryktena, men några av dem kände sig sårade.

Den 13 augusti kom två fransmän till Martebo, för att söka reda på landsmän i exil. Där fanns inga, men i Havdhem hade de hittat två.

– Nu börjar de, konstaterade Eichfuss profetiskt. Här kommer fransmännen och plockar hem sina överlöpare och ställer dem inför krigsrätt. Sedan kommer alla de andra. Sist kommer ryssen. Och så plockar han med sig alla balter och ställer upp dem vid kajen i Riga och skjuter dem. Kommer en, så kommer de andra. Nu återstår bara att vänta.

Men när de kom till Havdhem var fransmännen kvar, de hade inte utlämnats. Det skulle dröja ända till den 8 september innan de utlämnades. De fördes till Stockholm, och sedan under bevakning med tåg till Frankrike.

Men det var långt senare. Den 21 augusti fick balterna återvända till Havdhem. De placerades genast i ett nu noggrant avskilt Sonderlager.

Resten av lägertiden avspeglas bara fragmentariskt i brev, dagböcker, journaler. Den 24 augusti: lägret besöktes klockan 9.30–17.00 av herr Hellman från Röda Korset. Klockan 10.45 höll han ett anförande för samtliga internerade officerare. Klockan 18.00 fotboll mellan internerna och ett lag ur vaktkompaniet. Internerna segrade med 7–0. Hellman hade orienterat om internernas rättsliga läge och deras framtidsutsikter. Han hade bl. a. citerat valda delar ur kapitulationsbestämmelserna, vilket "orsakade betydande oro hos några av internerna". Den 26.8 började rymningarna: i lägerdagboken står en lakonisk anteckning: "Hellmans inflytande". Den 27.8 ägnades dagen åt reparationer och förstärkning av stängslet. Internerna uträttade ett förtjänstfullt arbete. Den 30.8 har hindret runt lägret förstärkts betydligt. Rapport avlämnas till försvarsstaben, rapporten dock ej helt överensstämmande med arbetsböckerna, åtminstone vad gäller kronologiska samband. "Den 1.7 igångsattes omedelbart förstärkande av hindret med korsande trådar, varjämte korsningen mellan trådarna fästes med virad ståltråd. Grindarna voro, då ej in- och utpassering skedde, fastvirade med taggtråd. Fr. o. m. den 20.8 vidtog fullständig ombyggnad (rutformig) av staketet, vilken var avslutad den 26.8."

Bara ofullständigt, och i korta anteckningar, antyds psykiska tillstånd hos de internerade. "Talar ofta om förh. i Ryssl. Ångest f. anhöriga, obehag, ovisshet." "Vill till engelska armén."

Under mitten av sommaren gjorde abessinska ambassaden en framstöt för att värva baltiska officerare och soldater till Etiopien. Man behövde trehundra officerare, och under flera veckor diskuterades förslaget ingående av de internerade.

De fick dock aldrig möjlighet att själva avgöra. På direktiv från Stockholm avblåstes all diskussion. Kort anteckning: "Abessinienskrivelsen tillbaka. Vi behålla dem själva."

Porträtt av svampplockare. Namn: Vincas Lengvelis. Litauisk officer i tysk tjänst. Internerad i Havdhem.

I ett brev till den svenske lägerkommendanten kommer han med grava klagomål mot namngiven tysk soldat. "Den 10 september 1945 har den baltiska delen av lägret – med tillstånd från Eder – deltagit i svampplockning i trakterna av lägret. Jag blev då utsedd till 'äldste' och huvudansvarig. Korpral Otto Neujoks hade dock inte plockat någon svamp alls, utan hade redan från början som sitt mål att plocka äpplen i en närbelägen trädgård. Neujoks är österrikisk desertör och har placerats i 'Sonderlager'. Jag hade personligen förbjudit äppelplockandet. Neujoks lydde inte och kröp, trots att han såg mig, in i trädgården och plockade äpplen både från marken och träden. Jag anmälde genast gärningen för den svenske posten, och senare också för kompanichefen.

Sedan jag kommit hem, och då satt bredvid mitt tält, kom plötsligt soldat Ginther, en vän till N, fram till mig. Bredvid mig satt då andra officerare, och flera ur manskapet. Soldat Ginther skrek till mig, med hög röst, att jag var en bandit, och han tillade, med knytnäven hotfullt höjd, att han skulle hämnas när vi kom till Tyskland. Jag betonar, att jag hela tiden var iförd tysk officersuniform!

Jag känner mig förolämpad, eftersom jag av en soldat blivit kallad bandit, och detta i närvaro av andra. Jag ber att Ni, herr överstelöjtnant, strängt ville bestraffa soldaten Ginther."

Den 11 september tilldelades soldaten Ginther en varning.

Om Vincas Lengvelis finns en utförlig biografisk uppteckning, verkställd av "Högsta Kommittén för Litauens befrielse" med säte i Västtyskland, verkställd efter hans befrielse, daterad Reutlingen den 1 februari 1954. Han var en av de 146 som utlämnades i januari 1946.

Lengvelis föddes 1902 i Litauen. Två av hans systrar blev, enligt hans egen uppgift, deporterade österut. Hans titel är löjtnant, ibland benämns han "polis". Mellan åren 1924 och 1941 tjänstgjorde han dels vid litauiska regementen, dels som gränspolis vid den tyska och polska gränsen. I januari 1941 lämnade han Litauen, reste västerut och blev redan i augusti 1941 tysk medborgare.

Bakgrunden är bekant: den 22 mars 1939 hade tyskarna besatt Memel och tvingat den litauiska regeringen in på en sovjetvänlig kurs. Litauen var vid slutet av 30-talet en till hälften fascistisk diktatur, och i juni 1940 inleddes, trots detta, de underhandlingar som ledde till den motvilliga tvångsanslutningen till Sovjet. I augusti samma år blev Litauen en "Sovjetrepublik". I juni 1941 kom det tyska anfallet på Sovjet, och Litauen besattes snabbt av tyska trupper.

I augusti 1943 kom Vincas Lengvelis tillbaka till Litauen. Under ockupationen av de baltiska staterna hade där växt fram en antitysk och nationalistisk motståndsrörelse, små grupper av män som oavbrutet försökte sabotera tyskarnas förbindelselinjer till fronten. Lengvelis tog dock ingen kontakt med dessa av sina landsmän. Han gick in i den s. k. "Abteilung der 3 000" eller "Litauischer Ländes – Schutzverband", ett litauiskt polisförband.

Det slutliga målet för tyskarna vid angreppet österut var, enligt SS-chefen Himmler, att slippa folken i öster, ryssar, ester, letter, litauer, vitryssar, ukrainare och andra, att "fiska upp de rasligt värdefulla ur denna samling" och låta de övriga befolkningselementen tyna bort eller duka under. Himmler skrev: "Befolkningen i generalguvernementet kommer att efter ett tvångsmässigt och konsekvent genomförande av dessa åtgärder under de närmaste tio åren bestå av en för alltid mindervärdig folkstam. Denna befolkning kommer som ett arbetande folk utan ledare att stå till förfogande för Tyskland som årliga säsongarbetare." Man skulle införa en fyraårig folkskola för de mindervärdiga icke-ariska elementen, och lära dem lydnad mot tyskarna. "Att lära dem läsa anser jag inte nödvändigt", skrev Himmler.

För att uppnå total underkastelse och hög verkningsgrad var det dock nödvändigt att utrensa alla motståndselement, alla judar samt all intelligentia. Här kommer SS-trupperna att få spela sin viktiga och betydelsefulla roll. Man skapade s. k. "insatsgrupper", som bakom fronten tjänstgjorde som utrotningsgrupper. Och från Estland i norr till Polen i söder visade här SS-trupperna en utomordentlig effektivitet. Även mycket små insatsgrupper uppnådde höga siffror; redan hösten 1941 hade insatsgrupp A, som bestod av ett par hundra man, rapporterat 249 420 likvideringar. De andra grupperna nådde liknande goda resultat.

Tyvärr var det dock inte möjligt att iaktta den totala diskretion under utrensningarna som hade varit lämplig; sättet att likvidera de icke önskvärda elementen (och de var inte så få, enbart i Polen uppgick de likviderades antal till drygt 3,5 miljoner människor) lämnade också en del övrigt att önska. De reguljära tyska armétrupperna, som inte kunde undgå att se den slakt som utspelades bakom dem, upprördes över framför allt de metoder som användes att avliva kvinnor och barn. Folken själva, alltså framför allt de baltiska, polska och vitryska, greps också av skräck inför de ändlösa blodbaden, många flydde till skogarna, motståndsrörelser växte fram, oroligheter uppstod.

Vincas Lengvelis blev officer i ett av de polisförband som bakom fronten hade som uppgift att bekämpa och utrensa dessa motståndsgrupper. Hans uppgift blev att bekämpa de partisanförband som överföll tågen mellan Siauliai och Taurage, han blev chef för några av kontrollpunkterna. Motståndsmännen betecknar han som "folkliga och röda", men är i övrigt förtegen om den exakta innebörden av sina rensningsuppgifter. Man kan också invända att de litauiska motståndsgrupperna inte enbart var röda, utan innehöll en rad fraktioner av de mest skiftande politiska färger, bara förenade av sitt hat till tyskarna. Lengvelis, själv litauer, som bör ha haft god terrängkännedom, och med litauiskan som sitt modersmål, hade alla förutsättningar att lösa sin uppgift på ett effektivt sätt. Efter en kortare återhämtningstripp till Tyskland återvände han vintern 1944 till norra delen av Litauen och genomförde där, bakom fronten, en rad framgångsrika aktioner mot partisanerna. Inga detaljer från dessa aktioner finns anförda, vilket måste betecknas som beklagligt. Våren 1945 befordrades han av tyskarna till överlöjtnant, efter att en kortare tid ha tjänstgjort vid fronten.

Klockan 6 på morgonen den 9 maj flydde han i en lettisk fiskebåt från den lilla fiskehamnen Pavel. Man satte kursen på Gotland. Med i båten fanns en grupp baltiska officerare i tysk tjänst. De var: major Ambraziunas, löjtnant Jancys, överlöjtnant Plevokas, löjtnant Vosylius, fanjunkare Ingelevicius, underofficer Dranseika samt bataljonsläkaren Zenkevicius.

Överfärden tog sextio timmar och blev bitvis dramatisk eftersom de anfölls av ryskt flyg. På Gotland möttes de av en svensk officer. "Han talade vänligt till oss", står det i vittnesmålet.

Protokollet är långt, mycket detaljerat, och gör ett relativt sakligt intryck. Några psykologiska eller mer personliga drag ger det dock ej av Vincas Lengvelis. Försöken att teckna ett porträtt av honom måste därför uppges.

Lägerdagboken för den 10 september 1945 ger inte den minsta antydan om att episoden med svampplockningen skulle ha inträffat, och registrerar inte heller Lengvelis klagobrev, som dock finns bevarat i arkivet. Anteckningen för den dagen är mycket kortfattad.

Där står: "18.00. Hundarna uttagas. 18.30. Skymning. Den nya ytterbelysningen tändes. 21.00. Furir Hammarström har särskild övning med spårhunden NERO."

Redogörelse för kort romantisk episod.

Den 20 september inlämnade den lettiske löjtnanten A K, född 1912, en ansökan till den svenska lägerledningen att hans fru, med förnamn K, skulle medges tillstånd att besöka honom i lägret. Hon hade flytt från Lettland i augusti 1944, men eftersom han tjänstgjort i armén sedan våren 1943 hade de inte haft tillfälle att träffas sedan denna senare tidpunkt. Hon bodde nu på Gotland, de hade haft kontakt per brev, och båda önskade träffa varandra. Ansökan bifölls omedelbart.

Hon anlände i bil den 23 september klockan 11.30 och avreste, enligt vaktchefens anteckningar, klockan 16.00 samma dag. En svensk värnpliktig sergeant, som talade god tyska och hade fått i uppdrag att övervaka arrangemangen kring samtalet, mötte henne vid bilen, hjälpte henne ut och eskorterade henne till det rum i den svenska förläggningen där hennes man redan befann sig sedan någon timme. Hon var mörk, av medellängd, relativt välklädd, hon hade mjuka regelbundna ansiktsdrag och hon talade inget annat språk än lettiska. Hon var relativt mager, och hon var gravid. Det kan ha varit i sjätte eller sjunde månaden. Sergeanten förde henne genast till mötesplatsen.

Omedelbart kvinnan kom in i rummet omfamnade de båda häftigt varandra och stod så stilla en stund, utan att säga något, medan den svenske sergeanten ännu befann sig i rummet. Sedan lösgjorde kvinnan sig plötsligt, såg sig om i rummet med ett egendomligt, nästan desperat uttryck i ansiktet, gick fram mot en stol, satte sig och började gråta häftigt. Mannen stod kvar mitt på golvet och såg förbluffad på henne. Svensken intog snabbt enskild ställning, gjorde honnör och lämnade rummet.

Utanför fanns en stol, ett bord och en askkopp. Han satte sig och började vänta. Han erinrar sig episoden väl.

Efter ungefär tio minuter hördes häftiga röster inifrån rummet, båda tycktes skrika åt varandra med hög röst. Sergeanten satt obeslutsam några sekunder, gick sedan fram och öppnade dörren. Mannen stod vid fönstret och kvinnan satt på stolen. Det högljudda grälet hade omedelbart avbrutits när dörren öppnades, mannen vände sig snabbt och till synes demonstrativt om och såg ut över gårdsplanen med ryggen mot rummet, kvinnan stirrade tyst och fientligt på svensken.

Eftersom han inte kom på något att säga gick han ut igen och stängde dörren. Han hörde genast att samtalet återupptogs, men nu med lägre och mer försiktiga röster. Han satte sig och fortsatte att röka.

Klockan 13.00 fick han kaffe och två bullar. Han åt omsorgsfullt upp dem, gick sedan ut på trappan och skickade bud efter mer. En kvart senare kom en korg med en kaffekanna, två kaffekoppar och ett litet fat med bullar. Han tog korgen, knackade försiktigt på dörren och öppnade efter en stund, eftersom ingen svarade. De satt båda, tätt intill varandra, och båda tycktes ha gråtit. Han placerade korgen på bordet och tecknade åt dem att ta för sig. Mannen log då svagt och nickade. Ingen sa någonting under hela tiden han var inne.

En halvtimma senare gick han in igen, för att hämta korgen. Samtalet hade nu, att döma av de ljud han hörde ut genom dörren, nästan avstannat, och där förekom långa tysta pauser. Han tog korgen, kastade en snabb blick på de två och gick ut. Det syntes ingenting särskilt, de bara satt.

En stund senare började mannen tala, han talade tydligen oavbrutet, en ganska lång stund. Sedan blev ordväxlingen häftigare, men höll sig trots allt på en tolerabelt låg nivå.

Klockan 15.50 öppnades dörren och kvinnan kom ut. Hon tittade på svensken och sa ett enda ord: "Auto". Hennes ansiktsuttryck var svårt att beskriva. Sergeanten reste sig genast, öppnade ytterdörren, vinkade mot ordonnansen. Bilen kom nästan genast, hon skulle köras till Hemse. Dit var det inte långt. Under tiden stod hon på trappan och höll hårt med båda händerna om sin väska. Sergeanten öppnade dörren till bilen, hon steg in och böjde sig själv ut för att stänga dörren. Hon sa inte ett ord under hela tiden. Sergeanten intog enskild ställning och gjorde honnör, och så startade bilen och hon försvann. Tid: 16.00.

Sergeanten gick tillbaka in i rummet, ställde sig på golvet och såg på mannen. Han tycktes gråare i ansiktet, men annars som vanligt. Svensken frågade om besöket skulle upprepas senare, men mannen skakade snabbt på huvudet. Sedan gick han ut och ställde sig nedanför trappan. Det var svalt i luften, det hade regnat på dagen och nu var himlen mulen och det kändes att det snart var höst. Mannen ställde sig bredvid trappan och såg mot barackerna och tälten.

När sergeanten kom tillbaka en halvtimma senare stod han fortfarande kvar. Detta var inte tillåtet, eftersom mannen bara hade tilllåtelse att vistas utanför den baltiska delen av lägret under den tidsperiod som mötet med hustrun varade. Sergeanten gick alltså fram till honom och påpekade, på tyska:

– Ni måste nu återvända till Eder förläggning.

Mannen stod tyst och tycktes inte ha hört. Han tittade fortfarande envist bort mot tälten, barackerna, taggtråden och grinden. Skymningen var på väg och det föll ett lätt regn, sergeanten såg obeslutsamt på honom och visste inte vad han skulle göra. Sedan började mannen mumla något, men orden var på lettiska och omöjliga att förstå. "Han såg ganska dålig ut." Sedan började han plötsligt att gå, rakt mot förläggningen, utan att se sig om. Han gick rakt över sandplanen i duggregnet och såg sig aldrig om.

Den lettiske löjtnanten A K, vars hustru bodde på Gotland, är under den fortsatta delen av interneringstiden i Sverige helt osynlig. Han väcker aldrig någon uppmärksamhet, ingen minns honom. Han tycks helt anonym. Han hörde till dem som utlämnades.

Det inträffade kan katalogiseras som en av tre romantiska episoder under interneringstiden i Sverige. De övriga två inträffade i november respektive januari. Eftersom episoderna är så få har denna sin givna plats i framställningen.

De förundrade sig alltid över Gailitis: han var överstelöjtnant, han måste ha varit van att befalla, han hade blivit utsedd till ledare och förtroendeman för balterna i lägret. Men han gjorde alltid ett egendomligt undflyende intryck, som om han ständigt befann sig någon annanstans, eller som om han aldrig riktigt vågade lita på sin auktoritet, vågade pröva den.

Inga bilder finns av honom. Det mest påfallande hos honom var hans tänder. Han hade ett fantastiskt guldbett, alla hans tänder måste ha blivit utslagna någon gång och blivit ersatta med guldtänder. De få gånger han log eller skrattade blev resultatet fantastiskt: en grotesk skimrande rad av guld.

Det var flera i lägret som kände till hans bakgrund; det var nu inte så märkligt, eftersom många hade lärt känna honom i Lettland. En dag i augusti berättade en tysk officer historien om överstelöjtnant Karlis Gailitis för doktor Eichfuss. Eichfuss lyssnade mycket noga, ställde en rad frågor, funderade i ett par dagar och gick sedan till attack.

Historien om Gailitis är mycket enkel. Han var jurist och chef för det militära rättsväsendet i Lettland. När ryssarna kom 1940 gick han under jorden, för att åter dyka upp när tyskarna ockuperade landet. Han anslöt sig till tyskarna, och det fanns mycket arbete för en tyskvänlig lettisk jurist och domare vid den tiden.

Det är framför allt i en speciell episod han blir synlig. Under hösten 1944, när tyskarna pressades bakåt och fronten tycktes rulla upp, blev några av de lettiska förbanden i tysk tjänst alltmer lösgjorda. Ett par av dem stack sig undan i de lettiska skogarna, och under senhösten tycktes där uppstå en egen lettisk armé, lösgjord från tyskarna och utan stridsuppgift, väntande på freden, till hälften desertörer, kanske grundstommen till en nationell befrielsearmé. Många lyckades hålla sig undan ända till nästa sommar, de tog kontakt med lettiska motståndsmän, bildade partisangrupper, kallades "partisaner".

Men den tyska fronten stabiliserades, och den stora inringningsficka som skulle kallas "fästning Kurland" uppstod. Det blev tid för upprensningar. Jakten började på de lettiska friförbanden. Två kompanier tillfångatogs och dömdes. Det är här Karlis Gailitis kommer in i historien.

En morgon ställdes de två infångade lettiska kompanierna upp på planen till koncentrationslägret i Stutthof. Många ögon iakttog dem. Allt eftersom dagen gick fördes de, en efter en, in till förhör. Förhören var snabba och mycket klargörande. Domare var Karlis Gailitis. Han dömde alla de landsmän som fördes in till honom till att förvaras här i koncentrationslägret i Stutthof.

Nästa dag fördes de två kompanierna tillsammans med ett stort antal infångade judar och kommunister till barackerna. Om deras vidare öden vet man inte mycket. Avgångsprocenten vid Stutthof betecknas som exceptionellt hög, i barackerna rasade epidemier av dysenteri, maten var dålig eller obefintlig, omfattande utrensningar företogs. När ryssarna senare närmade sig förflyttades de återstående överlevande till fots västerut. De som inte orkade gå sköts ner, en bevakningstrupp som följde efter marschen sörjde för att ingen levande fick lämna tåget. Marschförlusterna blev på detta sätt mycket stora. Vilka som dog eller överlevde av de av Gailitis dömda lettiska soldaterna är omöjligt att nu fastställa.

I vilket fall: Gailitis var ingen truppofficer. Han var jurist, och alltså en bildad man. Han hade ingen vana vid ledarskap. Hans undfallenhet i lägret och bristande viljestyrka kan lätt förklaras.

En kväll i slutet av augusti anklagade doktor Elmars Eichfuss-Atvars plötsligt och överraskande Gailitis för att vara nazist, för att vara det lettiska folkets fiende och en lakej åt tyskarna. Det kom oerhört överrumplande, och sedan han talat blev tystnaden lång och pinsam.

Ingen av dem som var med skulle glömma händelsen. De satt som vanligt utanför tälten, och så ställde han sig där mitt framför dem, barhuvad som alltid och med det blonda skägget i en liten pip under det runda hjärtformade ansiktet, ställde sig där och anklagade Gailitis för att vara nazist, medlöpare och olämplig som ledare.

Det följde en diskussion. Efter en halvtimma blev den så högljudd att den svenska vakten grep in. Då stod Eichfuss redan för sig själv vid ingången till området, log brett och hjärtligt och betraktade den förvirrade scenen.

Ingen avslöjade för svenskarna vad som hade diskuterats. I dagboken står bara: "Bråk i baltlägret. Ett nytt tält uppsatt."

Allt blev lugnt, Gailitis förblev ledare för balterna, inga anklagelser togs tillbaka och inga motbevisades, men gruppen var för gott sprängd i två delar. I den ena delen befann sig Gailitis och alla lettiska officerare, i den andra Eichfuss, alla ester och halva den litauiska gruppen. Några av de yngre lettiska soldaterna hörde också till grupp två. Splittringen var ett faktum, och den idylliska tiden var förbi.

Beskrivningen av striden om ledarskapet hos balterna är en del av beskrivningen hur en orimlig och absurd situation skapas, eller skapar sig själv. Striden börjar på Gotland, men slutar inte där.

Den 22 september orienterades alla internerade officerare om att alla internerade skulle förflyttas till fastlandet. Motivet var att förläggningsmöjligheterna skulle bli bättre på fastlandet.

Vid orienteringen serverade man kaffe. Ingen protesterade mot beslutet om förflyttning.

9

Beskrivning av en lägerfest. Festen började klockan 18.00 och avslutades officiellt klockan 00.30. Den utspelades inom det inhägnade fritidsområdet i interneringslägret i Havdhem. Festdeltagare var det 2 tyska kompaniet.

När balterna hörde ljuden från festplatsen samlades de vid grinden i sin del av lägret. De samtalade en stund. Klockan 23.00 tillkallade de den svenske vaktpost som avpatrullerade området. De förklarade sig vara störda av oväsendet. En av de meniga lettiska soldaterna tillade att svenskarna tycktes favorisera den tyska delen av lägret. Vaktposten svarade inte, utan tillkallade en officer, som befallde balterna att gå och lägga sig. Så sent som klockan 24.00 kunde man dock se två av de lettiska officerarna stå utanför tälten och betrakta festplatsen. De var iklädda uniform.

På svenskt håll blev man knappast överraskad av balternas reaktion. Balterna var föga populära bland bevakningspersonalen, då de ansågs inbundna och med en viss fallenhet för kverulans. "De gnällde för allting. Ibland hade de anledning och ibland inte. Men gnällde gjorde de alltid."

Svensk menig, 21 år, bevakningspersonal. Ofta var det skönt att gå på vakt, han hade en fastställd stig runt avspärrningen, och på sommarkvällarna och nätterna kunde han gå där i den ljusa skymningen och halvdunklet och andas den lätta luften och egentligen glömma varför han var där. Han tyckte om Gotland, det hade varit en lätt och ren sommar, en lätt tjänst, och han tyckte om luften.

Den här kvällen började tyskarna sjunga och skråla någon gång före klockan 7, men eftersom de tycktes ha tillstånd brydde han sig inte om det. När han gick nästa vakt höll de fortfarande på, och då stod balterna där vid sin del av lägret och grymtade, de tyckte inte om oväsendet. Det var inte många balter där nu, eftersom en grupp fortfarande fanns ute vid Martebo, men grymta kunde de. Han hade aldrig förstått sig på dem, aldrig förstått deras funktion eller vilken roll de spelade. De äldre, officerarna, ville gärna framstå som segerrika officerare i den segerrika tyska armén. De yngre tycktes mest vara illa till mods. De avskydde tyskarna och drog knappast jämnt med officerarna, och de var villrådiga och gick mest och hängde med huvudet. Han förstod sig inte alls på balterna.

Klockan 22 borde festen ha slutat, så att fritidsområdet hade kunnat stängas och vakten kunnat gå den kortare sträckan innanför fritidsområdet. Men man höll på. Tapto blåstes men man sjöng bara högre. 22.30 kom vaktchefen och tog två man med sig och gick in till tyskarna. Han kom ut och konstaterade snopen att tyskarna hade utsträckt tid och att lägerkommendanten var där och att det inte var så mycket att göra. Just när han kom in hade den svenske lägerchefen hållit ett tal.

De stod en stund och diskuterade detta. En timma senare diskuterade de fortfarande, och sedan gick han av vakten. Dagen efteråt diskuterade han med några av sina kompisar det inträffade. Han tänkte på det i flera dagar, och en vecka senare hade han blivit riktigt förbannad. Han tyckte det var ett jävla sätt det där. Sedan muckade han, det var första veckan i september, men han var fortfarande förbannad. Då han kom hem till Värmland skrev han en insändare i ortstidningen. Den togs in på första sidan.

"Den svenske kommendanten", skrev han, "var med i festen. Han stod just och utbringade en skål samt höll ett tal, varvid ordet 'Kameraden' ofta återkom. Som kommendanten var högsta befälet med överstelöjtnants ställning tordes vaktchefen, som var furir, ej ingripa. Festen pågick som förut. Klockan 23.30 kom dagofficeren.'Nu går vi och kör bort dom, så folk får sova', sade han. Vi påpekade att kommendanten var där inne. 'Då kan vi ju inte göra något', blev svaret. Efter en stunds luftning av våra känslor tog passet slut. Våra kamrater som avlöste meddelade sedan att festen hållit på till omkring 1.30. Tilläggas bör att det fanns boningshus alldeles i närheten."

Han tyckte det var rättvist att insändaren kom in och blev så uppmärksammad. Annars har han bara angenäma minnen från Gotland. Men han anser att då vi nu inte kunde ingripa i kriget mot nazisterna, vilket vi borde ha gjort, var det åtminstone vår skyldighet att inte fraternisera med dem efteråt.

Bestämt genmäle. I en skrivelse till Militärbefälhavaren tillbakavisas de helt grundlösa beskyllningarna bestämt. Kamratfesten kan på intet sätt kritiseras. Förplägnaden utgjordes av kaffe, sparat från frukostmålet, och bröd, som inköpts i det tyska marketenteriet, samt dessutom svagdricka (klass 1), som likaledes inköpts i det tyska marketenteriet.

Redogörelse för underhållningen vid kamratfesten. Underhållningen bestod enbart av internerna själva. Den omfattade följande moment:

a) Musik av lägerkapellet.
b) Unison sång ("Heimatlieder").
c) Solosång ur operetter.
d) Ett tidigare vid lägret framfört teaterstycke.
e) Två svenska sånger ("Kom lilla flicka dansa med mig" samt "Uti vår hage").
f) Uppträdande av komiker som härmade djurläten.
g) Unison sång.

Klockan 23.00 talade den svenske lägerchefen och uttalade erkännsamma ord om arrangemanget. Hans anförande torde ha tagit ungefär en halv minut. Ordet "Kamerad" förekom endast i samband med förhållanden tyskarna emellan. Någon som helst skål utbringades ej.

Klockan 24.00 gjorde den tyske kompch framställan om utsträckt tid, enär en tillfällighetspoet ville framträda. Detta beviljades, då natten var vacker och vädret milt. Uppträdandet höll på rätt länge, och roade tyskarna oerhört. Därefter avtackades musikkapellet, och tyskarna hurrade.

Strax efter 00.30 skedde uppbrott, men det tog självfallet någon tid innan städning och släckning verkställts.

Teaterplatsen ligger på följande avstånd från civil bebyggelse. Tre torp – avstånd 300 meter. Fem bondgårdar – avstånd 500 till 1200 meter. Havdhems samhälle – avstånd 1,5 kilometer.

Beskyllningarna är alltså helt grundlösa.

Anteckning i lägerdagboken. "Kamratfest f. 2:a komp. Gefreiter Glass drack 6 liter (klass I)." Festen fick i övrigt inget eftermäle och kan sägas ha förlöpt normalt. Kamratfester förekom då och då inom det tyska lägret. Inom det baltiska lägret förekom det aldrig.

10

De lämnade lägret tidigt på morgonen den 2 oktober. Det var fortfarande mörkt när de ställde upp sig, det regnade lätt, strålkastarna var tända och regnet glimmade i ljuset. Klockan 5.50 upphörde regnet. Klockan 6.45 körde den första kamouflagemålade svenska militärbussen fram. De började genast ilastningen.

Två dagar tidigare hade lägret officiellt avslutats. Det var som en skolavslutning: man summerade, och tal hölls. Sammanlagda summan arbetstimmar visade sig vara 155 000. Man hade iordningställt en idrottsplats, en amfiteater, och mycket mer. På eftermiddagen hölls en nattvardsgudstjänst, sedan en sångstund på festplatsen. Man rensade upp efter sig, packade, gjorde klart. Sommaren var över.

De kom till Burgsvik strax före klockan 8, då var det redan ljust, och de såg genast fartyget. Det låg ute på Burgsviks redd, det hette "Regin". Det skulle rymma över sexhundra man, vilket kanske gick.

Ilastningen började klockan 9.00, en vedettbåt förde dem ut till fartyget, allting var klart vid 2-tiden.

Fartyget avgick, helt enligt planerna, klockan 14.15.

Strax innan de gick ombord på vedettbåten hade Eichfuss samlat några av letterna omkring sig. Han ställde sig på en stenpållare och höll med låg röst ett tal till dem, på lettiska.

– Nu går vi ombord på en båt, sa han. Den ligger där ute. De säger att vi ska till svenska fastlandet. Men tänk om de lurar oss? Tänk er om detta bara är en fälla, ett sätt att utlämna oss till ryssarna? Vad händer om båten plötsligt styr mot öster? Vad gör vi? Måste vi inte utarbeta en plan? En kuppberedskap?

Han talade lågt och mycket övertygande. Någon började skratta, och flera följde efter. De skrattade fortfarande medan de gick ombord på vedettbåten.

Eichfuss såg tyst på de skrattande, hoppade sedan ner från stenpållaren och stack händerna i fickorna. Efter ett tag började han le. Han log brett och gick ombord på båten i Burgsvik, med destination Åhus, Sverige, fastlandet, den 2 oktober 1945.

Från Burgsvik på Gotlands västkust gick de först rakt norrut, sedan västerut, sedan rakt söderut: man följde minrännan. Det var mulet, blåste ganska hårt, 4 enligt Beauforts vindskala, vinden var nordostlig, och några blev sjuka. Mot kvällen lugnade blåsten, och natten blev mycket fin.

Den tyske förtroendemannen kom på kvällen fram till en av de svenska officerarna och sa:

– Vi förstår varför vi omflyttas. Den svenska armén vill göra det något lättare för oss att fly. Att fly från en ö är svårt, men inte från fastlandet. Låt mig uttrycka de tyska internernas visserligen inofficiella men dock djupt kända tacksamhet.

Samma kväll framställde Eichfuss ett förslag till de yngre baltiska soldaterna. Det gick ut på att man med en kupp skulle överta befälet över båten, fängsla den svenska bevakningspersonalen och sätta kurs på England.

De lyssnade förstrött men roat på honom.

– Först trodde du att de ville göra en kupp mot oss, och nu ser du att du hade fel. Det var åt helvete det du sa. Nu vill du göra en kupp mot dem. Det är också åt helvete.

På natten sov de alla gott.

De vaknade tidigt på morgonen. På båda sidor om båten såg de land. De seglade genom Kalmar sund, de skulle snart vara framme. Stämningen blev snart upprymd, man plockade fram pilsner, några började sjunga. Det var en vacker morgon, lugnt väder, lätta dimmor som svepte bort, begynnande soluppgång. De hade bakom sig den första fasen i Sverige, tiden i Havdhem. Sommaren var över.

Där återfinns de sista anteckningarna i lägerdagboken. "Färden genom Kalmar sund mycket vacker. Blå och röda färger, dimmor, soluppgång. Stämningen god. Manskapet sjöng."

Balterna stannade en vecka i Rinkaby. Sedan fördes de till Ränneslätt. De baltiska legionärerna var nu alla samlade, och spelet kunde börja.

II. RÄNNESLÄTT

*"Ja, det var som sagt utan tvivel något av det
underligaste man varit med om, det underligaste
någon svensk varit med om på svensk mark."*
AT den 30.11 1945

1

Går man från Stora torget i Eksjö och går rakt norrut, förbi de gamla 1600-talskvarteren som ligger runt Norra Storgatan, börjar man vid torgets egendomligt kondottiär-liknande ryttarstaty och går norrut förbi Vaxblekargården, går förbi kyrkogården, går Stockholmsvägen och svänger till vänster och passerar villabebyggelsen och träkåkarna från 20-talet och trädgårdarna och går rakt mot nordväst, då är man framme vid Ränneslätt. Det ligger väster om Stockholmsvägen, det var under århundraden övningsplats för Smålands husarregemente och Smålands grenadjärkår, och där har tiden stått stilla och nästan ingenting förändrats. Slätten är vid, kanske två kilometer tvärs över, det finns skog på alla sidor och mot öster finns en sjö, simanläggningar, hopptorn, roddbåtar, små vikar. Barackerna ser ut som överallt på exercisfält i Sverige: de flesta är låga och i en våning, men där finns andra också, större och med lagerutrymmen. Tvärs över fältet går en väg och på höger sida står än i dag de gigantiska röda barackerna kvar, lagerutrymmen, och mellan dem trähusen som en gång var officerarnas förläggningsplats men som nu sällan används. Staden ligger strax intill, det är en och en halv kilometer till centrum, detta är Ränneslätt och det är en del av staden.

Dit kom den första gruppen av balter på kvällen den 31 maj 1945, de kom från Bökeberg, och de placerades tillsammans med de tyska interner som redan fanns i lägret. Lägret såg ut nästan exakt som i dag, skogen var något lägre, där fanns ett större antal baracker, men annars var allt sig likt. Balterna var 126 till antalet, de hade färdats från Lettland till Danzig till Bornholm till Ystad till Bökeberg och hit, och nu var de framme vid vändpunkten. Tyskarna var redan etablerade på platsen, de hade anlänt omkring den 12 maj, hade omedelbart upprättat en krigsdomstol inom lägret eftersom det bland tyskarna hade funnits fyra man som avvikit från östfronten redan den 3 maj, och alltså i teknisk mening var att betrakta som desertörer. Desertörerna togs omedelbart fast, låstes in i en barack och dömdes snabbt men ytterst formellt till döden. På kvällen den 13 maj började man arrangera snaror i träden, desertörerna fördes bakbundna fram till snarorna, en officer tjänstgjorde som fältpräst och läste en bön över de dömda, och den förste av dem hade redan förts fram till snaran när den svenska bevakningspersonalen hann fram och till allmän besvikelse avbröt avrättningen.

Den tyska gruppen var alltså på plats, organisationen var god, moralen utomordentlig och disciplinen fulländad. Balterna mottogs hövligt av tyskarna, men utan någon som helst entusiasm. Efterhand svalnade känslorna, balterna avskildes och placerades i ett särskilt läger. Det kallades baltlägret, låg i den södra delen av Ränneslätt, närmast staden. Där placerades de baltiska soldaterna i baracker till vänster om vägen och deras officerare till höger om vägen. Tysklägrets centrum låg på andra sidan av slätten, avståndet ungefär en kilometer. Runt om alltsammans löpte taggtråd, bevakningspersonalen var densamma för båda lägren.

Att tala om förhållandena i det baltiska lägret på Ränneslätt utan att beröra den tyska delen är omöjligt. De påverkar varandra, fast de är åtskilda.

Ränneslätt var alltså delat i två halvor: det stora tyska lägret och det lilla baltiska. Att beskriva klyftorna inom det baltiska lägret är svårare; efter det att Gotlandskontingenten anlänt till Ränneslätt i oktober blir uppgiften nästan omöjlig.

Det fanns, alltså, motsättningar.

Porträtt av kakelugnsmakare. När han var sexton år slutade han skolan och fick arbete som kakelugnsmakare. När han var sjutton blev han uttagen till tyska armén. Under några dagar tvekade han: han säger sig ha övervägt att söka anställning vid järnvägen, eftersom järnvägstjänstemän blev befriade från militärtjänst. Han valde armén. Orsak? "Jag fick order, och lydde."

Officerarna lärde han sig lyda, och undvika att tala med. "Det var den gamla ordningen." Några var bättre, andra sämre. "Några var väl lite grann nazister." Han räknar upp en handfull undantag, som han betecknar som goda lettiska patrioter. Det fanns dock de som var *tyska* officerare, trots att de var lettiska medborgare. Han försöker beskriva det avstånd som fanns mellan meniga och officerare, ett avstånd som blev allt mer påfallande allteftersom sommaren 1945 gick. Officerarna bodde i sin officersbarack. Dem talade man aldrig med. De bestämde, och vi lydde.

I lägret började man den sommaren diskutera politik. Det var de lettiska soldaterna som diskuterade, diskussionen spred sig aldrig till officerarna, eller, rättare sagt, diskussionerna fördes parallellt. Man diskuterade framför allt skillnaderna mellan en kommunistisk, nazistisk och demokratisk mentalitet.

Man uttryckte oro för framtiden.

Kakelugnsmakaren var då arton år. Hans båda föräldrar fanns kvar i Lettland. Några meddelanden fick han självfallet inte från dem, hypotetiskt utgick han från att de levde. Levnadsstandarden i Sverige var självfallet avsevärt mycket högre än den kunde tänkas vara i Lettland; mot detta stod att Lettland var hans fosterland. Sverige var demokratiskt, Lettland kommunistiskt. Under diskussionerna i början av sommaren uttryckte han, och många av hans kamrater, en tveksam villrådighet om hur de skulle handla. Efterhand blev deras tveksamhet mindre, upphörde så helt. Från många håll fick de veta vilket öde som väntade dem om de återvände. De fick besök i lägren av lettiska emigranter, som upplyste dem om riskerna. Ryssarna skulle säkert avrätta dem om de återvände. Ryssarna hade nu ockuperat Lettland och höll sin järnhand över landet.

Dock kunde man hoppas att kommunismen i fall av ett tredje världskrig skulle krossas och Lettland bli fritt.

Man diskuterade ofta politik i lägret. Kakelugnsmakaren, som då var arton år och hade båda sina föräldrar kvar i Lettland, såg med oro tiden an. Inget av de alternativ som stod till buds verkade tillfredsställande. I övrigt spelade han fotboll och deltog ibland i det frivilliga arbetet i lägret.

Ofta talade de om sina officerare. Däremot talade de aldrig till dem, i varje fall mycket sällan. Order kom, och de lydde. Det var den gamla ordningen som gällde.

De diskuterade ofta detta.

Den 9 augusti sände sex av de yngre soldaterna ett brev till den f. d. socialdemokratiske riksdagsmannen Bruno Kalnins, som suttit i Stutthof, befriats och nu befann sig i Sverige. De visste att han arbetade för att få dem fria, och de skrev ett brev.

"Ärade herr Kalnins", skrev de. *"Vi ber om ursäkt att vi är tvungna att störa Er. Vi vet att Ni har gjort mycket för att hjälpa oss, men vi tror att Ni inte känner till vissa saker om vårt läge här i lägret.*

Vår chef kapten E Kessels håller allt om oss i största hemlighetsfullhet, och vi menar t. o. m. att han hindrar att våra förhållanden ordnas. Han är inte en man med lettisk hållning. Han har sagt att Lettland uppstod av ett misstag, och att Lettlands parlament var ett torg. 'Vi skall gå under tillsammans med Tyskland', förklarade han för oss, många gånger.

Vi hoppas Ni förstår att vår misstro är grundad. Vi vänder oss till Er, som våra pojkar sätter alla förhoppningar till, för att Ni vet att detta är flertalets uppfattning här i lägret.

Vi har hittills tålt Kessels förmynderskap, men nu vill vi att man tar reda på våra önskemål utan denne herres förmedling och frågar oss direkt.

Våra pojkar har ingenting gemensamt varken med ryssar eller tyskar, och ett jämställande med tyskarna skulle vara en örfil för oss.

Skulle ändå den svenska regeringen besluta på det sättet, kan vi ingenting göra. Men vi vill inte att vår sak, som kanske kan ordnas till vår förmån, skall förstöras av en man, och av några av hans anhängare, som har en annan uppfattning än vi andra letter.

Vi betraktar inte detta brev som en anklagelse. Vi vill bara meddela Er vad flertalet här i lägret menar, så att Ni vet detta vid Era vidare bemödanden för att ordna vår sak."

Brevet var undertecknat av sex man, samtliga meniga, de flesta av dem unga eller mycket unga. Brevet är skrivet i början av augusti och är ett av de första tecknen på den konflikt som långsamt höll på att växa fram mellan de tyskorienterade baltiska officerarna och de meniga. Klyftan mellan de två lägren skulle långsamt vidgas, den skulle framskymta i alla samtal han hade med dem tjugo år efteråt, men den blev aldrig tillräckligt stor för att inte överbryggas av krissituationen i november. En sak var många övertygade om: hade klyftan mellan officerarna och manskapet blivit tillräckligt stor och brytningen fullständig, skulle händelserna tagit en annan utformning.

"Skulle ändå den svenska regeringen besluta på det sättet, kan vi ingenting göra." Ingenting i den formuleringen tyder på desperation eller vilja att gå i döden i stället för att utlämnas. Det är ett senare stadium, en annan situation. Nu, i augusti, var ännu allt lugnt. Och en sak bör tilläggas: legionärerna visste mycket väl att deras situation var kritisk, kanske hopplös. Informationskanalerna var många, besöken var många, besökarna ytterst välinformerade.

Dessutom fick de brev.

Den 7 juni hade den lettiske exilgeneralen Tepfers skrivit till dem och antytt att det fanns risk för utlämning: han utgick då från vapenstilleståndsavtalet. Natten mellan den 25 och 26 juni diskuterade officerarna i baltlägret ända fram till morgontimmarna, sedan de fått meddelande om att polackerna skulle utlämnas till Polen via ryssarna. "Detta för med sig en ny aspekt." Den 30 juni fick en av officerarna ett brev från en av redaktörerna för Latvju Vards, en emigranttidning på yttersta högerkanten: denne skriver att deras situation är "ytterst oviss". Den 24 juli får en annan officer ett nytt brev från general Tepfers, det innehåller en detaljerad analys av situationen och Tepfers påpekar att deras ställning hela sommaren varit "ytterst kritisk", men att de nu tycks ha kommit över den omedelbara faran för ett tag.

Den närmaste veckan tillbringar de med oavbrutna överläggningar om "sin situation". De är nu medvetna om att risken för utlämning till Sovjet är stor, att utlämningen kanske inte går att undvika. De gör rader av förfrågningar och skriver många brev.

Den 8 augusti kommer så en man från Röda Korset, han hette Hellman, det var samme man vars föredrag senare skulle utlösa en rymningsepidemi bland tyskarna på Gotland. Han gav dem en orientering om de internerades rättsliga läge, den gav dem inget säkert besked, bestyrkte några av deras farhågor och lugnade några.

Den 8 augusti på kvällen, efter Hellmans anförande, samlades en grupp av de lettiska soldaterna för att skriva ett brev till Bruno Kalnins, och det brevet har redan citerats. Det finns i detta brev formuleringar som är intressanta, ett av många tecken på att en helt annan utveckling av baltaffären hade varit möjlig.

Men ännu är det tre månader kvar till november: känslor hinner förändras. Hur beskriver man mekaniken i en känsla?

Att de flesta av de 167 ville stanna kvar i Sverige är uppenbart. De ville stanna, ville det också sommaren 1945. De ville det inte desperat, men bestämt.

De som ville det desperat, och det var framför allt en grupp officerare, kom att bestämma utvecklingen.

Bara en av balterna var redan från början uttalat och demonstrativt villig att åka tillbaka. Han var inte kommunist, men han ställde sig totalt oförstående till de skräckmålningar av ryssarnas framfart i Lettland som många kunde prestera. Han hade, framför allt, sin familj i Lettland, han ville åka hem så kvickt som möjligt. Han ville inte leva i Sverige, han ville hem. Han var totalt oemottaglig för argument.

I början av november konstaterade de svenska läkarna att han led av tbc. Han blev omedelbart transporterad till ett sjukhus i Stockholm, och där försvinner han ur historien. När de andra utlämnades låg han ännu kvar på sjukhuset.

Den 11 oktober anlände Gotlandsdelen av de baltiska legionärerna till Ränneslätt. I den gruppen fanns både Elmars Eichfuss-Atvars och överstelöjtnant Gailitis. På Ränneslätt fanns redan Ernsts Kessels.

Nu hade man tre ledare.

Konflikten mellan Eichfuss och Gailitis bilades redan de första dagarna påRänneslätt. De insåg båda att konflikten dem emellan var onödig och opraktisk och att alltför många nu stred om makten i lägret för att deras motsättningar skulle tjäna något till. De fick hjälp från oväntat håll, från tysklägret.

I ett brev beskrev Eichfuss den lyckligt bilagda konflikten. Om den inblandade tysken skrev han: "Det fanns en man där som varit på Stutthof, koncentrationslägret där Gailitis tjänstgjort. Han kunde avge ett positivt utlåtande om överstens handlande där."

Den 7 november kom nästa sammanstötning, men här är vittnesmålen delvis motstridande, delvis oklara. Eichfuss konstaterar i ett brev att "i går strålade vi gamla Havdhemmare samman, i avsikt att göra slut på Gotlandsstridigheterna, åtminstone så länge vi vistas i Sverige". Detta måste uppenbarligen ha misslyckats, men en annan spricka blev nu dramatiskt synlig. Efter ett stormigt sammanträffande mellan representanterna för officerarna och manskapet drog de senare sig tillbaka med deklarationen att de vägrade att ha något med Eichfuss, Gailitis eller Kessels att göra; särskilt för den senare uttalade de sin misstro.

Kriskonferensen fortsatte ännu ett dygn, sedan blev verkningarna tydliga. Kessels, som nu inte hade stöd av någon i det baltiska lägret, överfördes till det tyska lägret, där han skulle komma att bo i fortsättningen: hans roll är nu slutspelad. Gailitis blev med stöd av Eichfuss vald till officerarnas ledare och förtroendeman inför den svenska lägerledningen. Manskapet valde själva en förtroendeman som skulle föra talan inför svenskarna. Det måste bli en officer, och de valde Paul Lielkajs, en lettisk löjtnant.

Det bör tilläggas: kampen om makten i baltlägret, denna kamp i mikroformat, rör sig hela tiden implicit efter politiska eller ideologiska mönster. Och den skulle få direkta politiska verkningar.

2

> *"Vem kan för Guds skull fordra av oss i dag, att vi fortfarande skulle respektera den tidigare preussiska militärens gamla dammiga reglementen? Det tror jag inte någon skulle, utom just dessa förblindade naziynglingar i 'Potsdamresidenset Ränneslätt'."*
> Rudolf Hein, brev den 26.9 1945

Försök till beskrivning av "den gamla ordningen": kort intermezzo på Ränneslätt den 15 oktober 1945. Beskrivning och konsekvenser. Rubrik: historien om den "demokratiska gruppens" förintande.

I undersökningsprotokollen betecknas fallet med rubriken "Omständigheterna kring överfallet i interneringslägret å Ränneslätt den 15 oktober 1945 jämte vissa därmed sammanhängande förhållanden". Episoden berör framför allt vissa förhållanden i den tyska delen av lägret men tycks också ha direkta konsekvenser för den baltiska delen.

Den tyska delen av lägret på Ränneslätt blev, alltefersom sommaren gick, en stat i staten. Tyskarna lämnades stor inre frihet, organiserade själva sina interna förhållanden, skapade på grundval av de gamla befälsförhållandena en exakt, militant och oerhört hård disciplin. Kriget var slut, arméerna upplöstes långsamt och föll sönder, trötthheten föll över Europa denna första fredssommar, men på Ränneslätt i Sverige stod en sista rest av den precisa, fulländade tyska krigsapparaten kvar, med alla sina ceremonier, med kravet på en absolut lydnad, med sin militära hierarki och framför allt med sin ideologiska basplatta intakt och oskadad. Det var elitsoldater som samlats där, de hade sin vitalitet kvar och de var inte slagna, de organiserade sin värld med oerhörd precision. De svenska officerarna talade ofta om detta med häpnad och ett slags beundran: hur denna fraktion av den tyska armén även i fångenskapens avskildhet snabbt återhämtade sig, återskapade sina former.

Runtom i Sverige fanns dessa läger för tyska militärer: Backamo, Grunnebo, Havdhem, Rinkaby, Gälltofta, Ränneslätt. Det sistnämnda lägret kan tjänstgöra som ett genomsnitt av dem alla, inte minst ideologiskt. För detta är nästan alla vittnen eniga om: att en övervägande eller överväldigande majoritet av de tyska officerarna var nazister, ideologiskt övertygade och ovilliga att överge sina positioner.

En liten minoritet bland tyskarna på Ränneslätt var det inte. De var ungefär 1 % av de internerade, eller närmare bestämt 11 man. De kallades omväxlande "demokratiska gruppen" eller "kommunisterna", beroende på hur beskrivarens egen ideologiska position såg ut. Ingen av dem tycks dock enligt vanliga definitioner ha varit kommunist. De protesterade mot den, som de uppfattade det, nazistiska indoktrinering som hela tiden ägde rum på Ränneslätt, mer eller mindre med den svenska lägerledningens tysta accepterande.

På kvällen den 15 oktober 1945 gick två av medlemmarna i denna demokratiska grupp, Auler och Schöppner, bort till den skrivstuga som fanns i den tyska delen av lägret. Det var mörkt ute, taggtråden runt lägret var som vanligt upplyst av strålkastare, men här inne i centrum var det halvmörkt. Klockan var omkring 20.00, utanför ingången till skrivstugan träffade de en man vid namn Deutschbein. De ställde sig alla tre vid kortväggen och rökte. Efter några minuter kom så plötsligt tio man mot dem ur mörkret. De hade stått gömda i ett buskage som fanns intill baracken, nu kom de mot de tre och hade käppar i händerna och omringade dem, och allting gick mycket fort.

En av dem hade en järnskodd tältstång i handen, den återfanns efteråt, den låg på marken en bit från baracken. Mannen med järnstången inledde misshandeln med att slå till Auler mot huvudet, och Auler föll, medvetslös, till marken. Mannen med tältkäppen fortsatte då att slå en stund, medan de andra koncentrerade sig på Schöppner.

Han föll men förlorade inte genast medvetandet utan försökte krypande nå ingången till skrivstugan. Männen misshandlade honom hela tiden, men eftersom slagen mest riktades mot kroppen förlorade han inte medvetandet och lyckades till sist nå fram till dörren. Han ropade hela tiden, och folk började försiktigt samlas från olika håll. De anfallande fortsatte misshandeln men försvann efter cirka tre fyra minuter i mörkret.

Deutschbein stod hela tiden bredvid och såg på. Några inifrån baracken bevittnade misshandelns slutskede, men ingen av dessa var senare i stånd att identifiera angriparna. Alternativa formuleringar: "Det var alltför skumt utanför baracken." "Jag begav mig omedelbart iväg för att inte bli inblandad." "Jag kunde inte se dem som utdelade slagen, eftersom dessa var skymda."

Den upphittade järnskodda tältstången mättes efteråt: den var 70 centimeter lång, och järnskoningen hade en diameter av 5 centimeter. Man tillkallade den tyske lägerläkaren, som dock vägrade befatta sig med någon som tillhörde den "demokratiska gruppen". Man sände då bud till den lettiske läkaren Janis Slaidins, som genast kom och förband de misshandlade.

Man bar in Auler och Schöppner i baracken och tillkallade sedan den svenska lägerledningen.

Åtgärder från den svenska lägerledningens sida. Inga seriösa åtgärder vidtogs för att finna förövarna av misshandeln. Dagen efteråt, vid den allmänna uppställningen på platsen framför barackerna, utmönstrades de elva man som enligt den tyska lägerledningen utgjorde den "demokratiska gruppen" eller, med en annan terminologi, den "oppositionella gruppen". Dessa, inklusive de två svårt skadade, arresterades omedelbart och placerades i Ing 2:s arrestlokaler. Argument för arresteringen:

1) "Därför att de av de andra internerna anmälts såsom orosstiftare."

2) "Jag ville icke taga risken, att ytterligare misshandel skulle förekomma."

Utmönstringen av de elva i den demokratiska gruppen skedde

under delvis exceptionella former och under hånskratt från de övriga internernas sida. Bland dessa ingick, förutom den nazistiska delen av tysklägret, också den nazistiska kampgrupp "Griparna" som allmänt antogs ha svarat för att "demokraterna" fått denna välförtjänta prygel. Elimineringen av den demokratiska gruppen hälsades med allmän tillfredsställelse av de övriga tyskarna. Gruppens otillåtna och provokativa demokratiska propaganda var nu stoppad, och förhållandena i lägret ansågs efter detta avgjort lugnare.

Åtal beslutades av de svenska myndigheterna mot de elva i demokratiska gruppen. Datum: 19 oktober.

Om anklagelsepunkterna. Den svenske krigsfiskalen yrkade mot medlemmarna i den demokratiska gruppen ansvar å HEIN för illegal verksamhet samt ordervägran och politisk propaganda, å ZEUN för indisciplinärt uppträdande, hotelser och politisk propaganda, å KREIDEL för bristande i anständigt uppförande gentemot befäl samt politisk propaganda, å KAUERTZ för bristande i anständigt uppträdande, otillåten förbindelse med en svensk vaktpost, hotelser och politisk propaganda, å LANGE för indisciplinärt uppträdande, hotelser och politisk propaganda, å AULER för bristande i anständigt uppförande, å HÜCKINGHAUS för bristande i anständigt uppförande gentemot den tyske lägerchefen Kohn, samt å SCHÖPPNER för politisk propaganda.

I alla interneringslägren rådde, av naturliga skäl, förbud mot politisk propaganda. Med politisk propaganda avsåg man i detta fall samtal om politik samt öppen eller maskerad propaganda för ett demokratiskt styrelseskick; det senare uppfattades också av de övriga internerna som mycket stötande. Med indisciplinärt uppträdande avsågs avsteg från den militära disciplinen.

Om brotten mot den militära disciplinen. Den demokratiska gruppen ansåg att det efter den tyska kapitulationen inte längre existerade någon tysk armé. Det existerade då inte heller några tyska officerare och inga lydnadsförhållanden. De ansåg att deras tjänstgöring nu upphört. De ansåg sig alla vara fångar, utan gradskillnad. De ansåg den ovillkorliga disciplinen, hälsningarna och auktoritetsdyrkan för skadlig. De ansåg att lägret genomsyrades av nazistiskt tänkesätt och ville protestera mot detta. De ville genomgå kurser i "demokratiskt tänkesätt", eftersom de aldrig fått en sådan skolning. Genom allt detta bröt de mot gällande föreskrifter.

Med "bristande i anständigt uppförande" avsågs dels att några i den demokratiska gruppen deltagit i en uppställning ej iklädd korrekt uniformspersedel utan i civil hatt, dels en vid flera tillfällen uppvisad trött leda vid militära former, ibland demonstrerad med en viss nonchalans.

Med "hotelser" avsågs påståenden av typ "när vi kommer hem ska nog de allierade ta hand om er era jävla nazister".

Om arbetsovilja. Frivilligt arbete utfördes av internerna i lägret. De tyska officerarna tjänstgjorde då som arbetsledare och övervakare och behövde själva inte arbeta. De ledde arbetet och gick omkring och såg på. Ibland tycktes detta väcka ovilja hos de arbetande, som ansåg att arbetet leddes på ett ibland arrogant sätt. Vid rättegången mot den demokratiska gruppen kunde man dock statistiskt bevisa att antalet arbetsvilliga före, under och efter gruppens uppkomst var detsamma.

Nyckelord vid rättegången: "bedrivande av propaganda", "bråkmakare", "synes aktivt ha deltagit i oppositionen gentemot den tyska lägerledningen", "orosstiftare", "demokratiska element".

Svenska reaktioner. En av de svenska officerarna, major Klingspor, "hade aldrig förmärkt någon nazistisk påverkan från den tyska lägerledningens sida". Han var dock medveten om de häftiga politiska motsättningarna inom lägret. "Inom lägret hade det funnits vissa interner, vilka vid olika tillfällen ställt sig i opposition till den tyske lägerchefen kapten Kohn samt brutit mot föreskrivna regler angående klädsel m. m. Det hade sålunda förekommit att personer ur denna krets, senare betecknad som 'oppositionsgruppen', ställt upp vid appellerna iförda hatt."

Kohn betecknar han som "en rättskaffens man".

En annan av officerarna, kapten Trägårdh, konstaterar dock att "i synnerhet en del av de yngre officerarna nog varit i hög grad nazistiska". Till honom hade en av ledarna för den demokratiska gruppen kommit. Han hette von d. Hagen, och han hade bett att han och hans vänner skulle få delta i en demokratisk omskolningskurs.

Någon sådan tilläts självfallet aldrig.

En av sergeanterna hade den 15 oktober vistats borta på permission och alltså inte befunnit sig i lägret vid tiden för överfallet. Han hade inga kommentarer att göra. Efter återkomsten hade han dock omedelbart hört talas om det inträffade och vid uppställningen på order "tagit väck de elva, som varit upphov till slagsmålet".

Sjuksköterska vid Ing 2:s sjukstuga. På henne hade de elva i den demokratiska gruppen gjort ett lugnt och sympatiskt intryck. Flera av dem hade på 30-talet suttit häktade i Tyskland för sin demokratiska inriktning. Auler hade först undersökts av tyska läkare, därefter arresterats. Efter några dagar hade han underkastats röntgenundersökning, varvid man upptäckte något som tycktes vara en spricka i skallen. Han hade då förts till Ing 2:s sjukstuga.

Om identifieringen av de anfallande. Under överfallet hördes rop som "slå ihjäl honom", "gör honom till krympling". En av de anfallande, en man vid namn Leist, identifierades av de anfallna. Han häktades dock inte.

Den tändande gnistan vid överfallet var uppenbarligen en händelse som inträffat på förmiddagen samma dag, den 15 oktober. Man hade vid en intern sammankomst i det tyska lägret valt en förtroendeman för en viktig post, och valet hade fallit på en av de mer aktiva nazisterna i lägret. Han hette löjtnant Simon. Sammankomsten ägde rum på den öppna platsen framför barackerna, och när valet ägt rum hade en medlem i den demokratiska gruppen protesterat mot valet av en f. d. nazist, SS-man och Sturmführer. Stämningen hade genast blivit uppjagad. Kapten Kohn hade uppfattat detta som ett indirekt angrepp på sig själv, och frågat om man då hade förtroende för honom. En man vid namn Kauertz hade svarat nej, med hög röst (vilket självfallet måste definieras som "bristande i anständigt uppförande"). Några bland officerarna ville veta vem som ropat nej, och Kohn hade då pekat ut mannen, som snabbt identifierades som hörande till den "demokratiska gruppen". Stämningen blev upprörd, många började ropa "Slå benen av honom!" "Ut med honom ur lägret!" eller "Klipp till honom!". Efterhand blev stämningen dock lugnare.

Samma kväll ägde överfallet rum.

Reaktioner bland de arresterade. Rudolf Hein, en av "demokraterna", brevcitat.

"Slagskämparna och misshandlarna gå fria, de bliva inte ens åtalade, och de misshandlade såväl som deras kamrater få arrest. Morgonen efter överfallet blevo nämligen sammanlagt 11 man, däribland de två skadade Auler och Schöppner, inför hela lägret brännmärkta i en tämligen skarp form som de verkliga upprorsmakarna och därefter omedelbart borttransporterade från Ränneslätt med iordningställda lastbilar till den svenska 'pionjärkasernen' och där arresterade. Ja, käre Karl, vi kommo i arrest, ingen människa hade innan dess samtalat med oss, vi hade inte förhörts av vare sig den svenske eller den tyske lägerkommendanten, och man gav oss icke något tillfälle att försvara oss. Till och med Schöppner och Auler blevo i sitt sårade tillstånd inspärrade i en cell, detta kallade man 'skyddshäkte'. Samma dag vi kommo in genomsöktes alla saker i kasernen, hängslen och livremmar togos ifrån oss och till och med skosnörena måste vi ta ut ur våra skor, våra personliga ägodelar tog man likaledes ifrån oss och förbjöd oss att röka. Jag kom sedan i en enskild cell, mina kamrater i grupper om tre eller fyra i de närliggande cellerna. Auler och Schöppner visades sedan för den svenske läkaren, denne ordinerade Auler till sjukstugan, emedan skallbenet var spräckt. Schöppner stannade kvar i arresten med sin skada, han var ju också starkt medtagen. Detta var ju inte så underligt, ty man hade ju fullkomligt slagit sönder de båda kamraterna med en järnbeslagen tältstång. Auler bars till nazilägrets sjukstuga fullständigt medvetslös. Nu sitta vi bakom lås och bom. Denna order gav

kapten Rosenberg, den svenske lägerchefen, vi fingo inte ens tillåtelse att en gång om dagen gå omkring på gården beledsagade av en svensk soldat, inte ens 5 minuter fingo vi vistas i friska luften. Detta kallar man som sagt 'skyddshäkte'. Varför den svenska lägerledningen skulle visa sådan stränghet mot oss kan jag inte inse."

De anklagades försvar mot anklagelsen om politisk propaganda. "När t. ex. någon i ett tält säger, att alla överlevande judar måste likvideras, kan man inte låta bli att protestera." Om kontakterna med de svenska vaktposterna. De anklagade ansåg sig ha bevis för att den tyska ledningen öppnade deras brev innan de sändes till censuren. De gav då i två fall brev direkt till en svensk vaktpost, som skulle vidarebefordra dem till den svenska ledningen.

Förekom visning av dokumentärfilmer från de tyska koncentrationslägren vid interneringslägret vid Ränneslätt? Nej. Information? Nej. Förekom försök att bryta den nazistiska dominansen i lägret? Nej, självfallet inte, eftersom all politisk propaganda var förbjuden enligt lägerinstruktionen. Däremot utgavs en tysk lägertidning av politiskt helt neutral art. Den upptogs för det mesta av interna angelägenheter samt till en obetydlig del av citat av svensk och internationell kritik av ockupationsmakternas uppförande i Tyskland.

Exempel på politisk propaganda av medlem i demokratiska gruppen; brev den 25 september 1945.

"Vem kan för Guds skull fordra av oss i dag, att vi fortfarande skulle respektera den tidigare preussiska militärens gamla dammiga reglementen? Det tror jag inte någon skulle, utom just dessa förblindade naziynglingar i 'Potsdamresidenset Ränneslätt'. Även senare, i det fullständigt fria livet, kommer det väl inte att falla någon in att uppföra sig alltför fritt och odisciplinerat även om han icke måste tilltala sina överordnade med deras tidigare militära titlar. Precis så kan det väl vara redan nu; på detta sätt kan man också förbereda unga människor för det kommande, fullständigt

133

avmilitariserade livet, inte sant? Det som fattas i vårt läger, jag säger det helt öppet, är en vägledande demokratisk skolning, ett planmässigt förberedande av våra unga människor för de kommande svåra åren, att skaffa vårt nya Tyskland den ställning i kretsen av demokratiska makter, vilken till allas fromma tillkommer vårt land. Under de kommande vinterkvällarna kunde man också stödja oss utifrån genom att hålla politiska föredrag och draga upp riktlinjer i demokratisk anda, såsom ju sker i alla tyska fångläger i de allierade länderna. Om vi verkligen inte återvända till Tyskland förrän våren 1946, så har ungdomen där under ett efterkrigsår haft tillfälle att sysselsätta sig med de nya tankarna och tillägna sig mycket som är värt att veta. Våra pojkar stå däremot fullständigt främmande för de förändrade politiska förhållandena."

Processen mot de elva "demokratiska elementen" i interneringslägret på Ränneslätt fullföljdes tyvärr aldrig helt; utlämningen kom emellan, och de anklagade fick ej sitt rättvisa straff. Vid utlämningen var denna grupp på elva man den enda som villigt och utan protester följde anvisningarna. Den 6 december 1945 sammanträdde krigsrätten för sista gången, varvid man konstaterade att både anklagade och anklagare utlämnats till Sovjetunionen och att processen alltså inte kunde slutföras. Den svenska krigsfiskalen nedlade då sin i målet förda talan. Försvarsadvokaten begärde i ersättning 610 kronor, vilket beviljades.

För de meniga baltiska soldaterna i interneringslägret på Ränneslätt kom händelsen med den demokratiska gruppen som en chock. De allra flesta av de meniga balterna tyckte illa om tyskarna, eller avskydde dem, och de visste att känslan var ömsesidig. Med några av tyskarna kunde de dock umgås, och det var just med de elva "demokraterna". De spelade ibland fotboll mot dem, de kunde talas vid, de delade ledan vid den militära drillen, de lånade skrivmaskiner åt varandra.

De kunde leva tillsammans.

Under sommarens och höstens lopp tycktes två parallella skeenden utspelas samtidigt. Det ena var den demokratiska gruppens konflikt med det övriga tyska lägret. Det andra var den växande klyftan mellan de baltiska soldaterna och huvuddelen av de baltiska officerarna. Skeendet i det tyska lägret blev mer dramatiskt, uppenbarare. Motsättningarna inom det baltiska lägret bromsades fram mot senhösten, hejdades, inte minst genom utgången av episoden med överfallet på Auler och Schöppner.

Många av de f. d. baltiska legionärerna minns det hela mycket klart, också tjugotvå år senare. Fragment av intervju den 15 juli 1967, i Riga, Lettland.

– Ja, vi var mycket rädda. Vi ville inte tillbaka till Lettland, visste att vi måste dö. Officerarna berättade för oss om en radioutsändning från Madona, där ryssarna hade lovat avrätta oss alla bara de fick tag i oss.

– Tvivlade ni aldrig på officerarna?

– Det var tidigare, inte mot slutet av november, under hungerstrejken. Tidigare fanns det många konflikter. Men sedan fick vi ju veta att den gamla ordningen gällde, och då fanns det ju inte mycket att diskutera om.

– Den gamla ordningen?

– Ja, alltså från kriget: "inte diskutera, bara lyda". Det hade ju svenskarna själva visat att det var så. Så när det blev kritiskt sen, då löd vi allt som officerarna sa.

– Hade svenskarna visat det?

– Ja det är en lång historia; det var en liten grupp inom tysklägret som opponerade sig mot sina officerare. Men en natt blev två i den gruppen överfallna av nazisterna, och nästan ihjälslagna, de bars bort till Slaidins, vår läkare, och sedan trodde vi ju alla att de skyldiga skulle straffas. Men den svenske lägerchefen ställde upp hela lägret, plockade ut alla i den demokratiska gruppen, arresterade dem och skickade dem i fängelse. Och så var den gamla ordningen återställd.

Den episod de flesta av dem minns bäst är just denna: uppställningen på platsen framför barackerna, och hur de demokratiska elementen plockades bort och fördes till arresten. Beskrivningarna dröjer ofta vid det för de arresterade förnedrande i situationen: den svenske officerens hårda och arroganta ton, skratten och de hånfulla ropen från de övriga tyskarna. Det gåtfulla i allt detta: att angriparna fick gå fria och att de angripna blev fällda.

Hade de verkligen själva sett detta? Hade de själva deltagit i uppställningen? Eller var den detaljerade och dramatiska version flera av dem relaterade bara återberättad för dem?

Just detta återkommer man till: skratten, hånet som östes över den lilla grupp av antinazistiska tyskar som dittills varit de enda de kunnat tala med och umgås med, förnedringen för den grupp av män som nu arresterats och slutgiltigt visat att den gamla ordningen för alltid skulle gälla på Ränneslätt.

De baltiska soldaternas minnesbild är en, de baltiska officerarnas en annan.

Vincas Lengvelis, litauisk löjtnant, förlagd i det stora vita officershuset, partisanjägare och upptecknare av minnen, ger i några korta meningar sin syn på det skedda. "Bland de tyska militärerna uppstod efterhand en tysk-kommunistisk organisation. Det uppstod fruktansvärda slagsmål, i vilka dock kommunisterna till sist dukade under. Efter slagsmålen blev de tyska kommunisterna utrensade och placerade i ett avskilt läger."

Hur beskriver man mekaniken i en känsla? Hur beskriver man mekaniken i en känslas uppkomst, förändring, förflyttning? Hur beskriver man mekaniken i den situation som driver människan framför sig till den punkt där hon inte kan vända om?

3

> "Någon riktig kontakt med dom fick vi inte, vi såg dom mest på håll. Men genom tidningarna fick man ju veta hur dom hade det." Menig i bevakningstrupp, intervju 10.9 1966

Han försökte länge få någon helhetsbild av den dominerande politiska hållningen bland den svenska bevakningspersonalens officerare och bland officerarna i Eksjö, men efter en tid gav han upp. Visserligen var officerarnas hållning inte alls betydelselös i spelet som helhet, men det tycktes omöjligt att få en rättvisande bild. De flesta han talade med satte omedelbart hemligstämpel på sina uttalanden. Några antydde att en del av den svenska officersgruppen hade kraftiga tysksympatier, uppblandat med en viss ideologisk själsfrändskap. Andra trodde att några nog "var rätt så infekterade". Andra försökte analysera komponenterna i den tyskvänlighet som ibland fanns, och framför allt peka på den svenske officerens djupa beundran och respekt för den tyske soldaten som yrkesman, utan ideologiska nyanser. Andra påpekade att de svenska officerarnas ibland påtagliga intresse för sina tyska kollegor framför allt var yrkesmilitärens nyfikenhet inför män med praktisk erfarenhet av krig. Andra sa att visst kunde det förekomma misstänkta fall, men att en absolut majoritet av de svenska officerarna var goda demokrater, som bara gjorde sin plikt. Alla han talade med sänkte rösten. Det gick inte att komma till något slutresultat.

Många av de officerare han talade med gav uttryck för ett slags saklig resignation inför det som hänt, de motsvarade inte undersökarens förutfattade meningar, de var mycket vänliga och öppna, och han insåg snart till sin besvikelse att han knappast skulle kunna göra den dödande rundmålning över svensk officerskår 1945 som han väntat sig. Undantagen var många, men inte tillräckligt många för att motivera en generell dom.

Officer, 58 år, *fiktivt* porträtt sammansatt av tre autentiska; ytterkontur till höger. Han blev aldrig särskilt framstående som militär, men han bor vackert. Kalla det gärna ett gods. Han säger omedelbart att han aldrig, aldrig skulle anförtro någon med vänstersympatier uppgifter om baltutlämningen, men att undersökaren ju ser sympatisk ut. Med vänstersympatier avser han en bred politisk sektor, vars ena kant går tätt intill högerpartiets moderata falang. Han inleder med att tala om balterna, men övergår snabbt till att tala om vilket fruktansvärt brott utlämningen av tyskarna var. Han återkommer sedan inte till utgångspunkten. Baltaffären är sossarnas fel. Affären är en fläck på svensk officersära. Han bevittnade utlämningen på nära håll, dock utan att direkt vara i ansvarig ställning. Han har en stark nationell känsla. Nationella känslor är, i hans fall, ingenting som växer fram ur tillgivenheten till ett visst land och en viss tradition; han har på mödernet ett annat hemland, och han är nationalist i båda sina hemländer. Dessutom har han en kortare tid varit nationalist i Finland. Nationalismen är en konstitutiv egenskap, flyttbar, rörlig. Vilket land den appliceras på är en för landet lycklig tillfällighet. Den ryska annekteringen av de baltiska staterna var framför allt en svensk militärstrategisk katastrof. Före 1940 spelade den svenska flottan en central roll i Östersjön, och ryssarna var undanträngda. Efter 1940 förändrades den strategiska situationen helt, Sverige blev en marin småstat. Detta var en tragedi. Ryssarna är kräk, monster. Den enkla lantbefolkningen kan dock sägas vara godhjärtad. Han är omöjlig att beskriva utan att hamna i alltför enkla stereotypier, karrikatyrer, ironier. Han är, liksom så många i vår samtid verksamma och inflytelserika människor, en alltför artificiell och litterär 1800-talskonstruktion. Alltför enkel för att ge sken av trovärdighet. Han måste därför utgå ur undersökningen.

Värnpliktig bevakningsman vid lägret på Ränneslätt, nu 43 år gammal. Önskar vara anonym. Befinner sig på resa från en konferens i Danmark där han varit en av representanterna för Stockholms stads kommunalarbetarförbund. Konferensen varade i fyra dagar."Det var mest för att vi skulle lära känna varandra", frasen återkommer flera gånger och har uppenbarligen förekommit i något av hälsningstalen. Var under två veckor sommaren 1945 bevakningsman vid lägret på Ränneslätt. Beskriver ingående hur rädd han var för de internerade. "Vi skulle gå där ensamma runt barackerna, dom hade sagt att vi skulle se upp, för vi kunde få en kniv i ryggen, jag var jävligt rädd, har nog aldrig varit så rädd i hela mitt liv." Han framställde därför till lägerledningen förslag om att vakterna skulle dubbleras. Det bifölls till en början inte. Börjar efter ett tag att berätta om sin syn på den svenska officerskåren. Han anser att de i ett krig med tyskarna inte skulle vara pålitliga. "Och det minns jag hur vi sa, att smäller det och vi kommer i krig med tyskarna, då ska dom första kulorna offras på dom svenska officerarna." Är inte påfallande villig att göra mera nyanserade distinktioner. Drar sig efter en halvtimmas samtal inom sitt skal och svarar undvikande, vill inte utlämna sitt namn, vill inte röra i "affären". Säger dock bestämt att han anser att balterna borde utlämnas. "Ingen tvekan om saken, man gjorde rätt den gången." Han har grå kostym med stickad väst, anser inte att det borgerliga maktövertagandet i Stockholm dittills medfört några påtagliga förändringar. Är fackligt verksam. Har inget mer att tillägga. Berättar senare om konferensen i Danmark, som varit livlig.

Lägerkommissarien vid lägret på Ränneslätt, ålder 49 år, namn Sigurd Strand. Han talade en utmärkt tyska som var självlärd, hade som kommissarie direkt kontakt med nästan alla internerade, befann sig inne i lägret nästan varje dag, tjänstgjorde under hela lägertiden.

Liksom alla som kom i kontakt med internerna såg han snart det psykologiska avståndet mellan balterna och tyskarna. Inåt hade tyskarna sina konflikter, det var lätt att se att många var nazister. Utåt, gentemot svenskarna, var de mönstergilla, idealiska som fångar. De var mycket lätta att handskas med, hade fortfarande en benhård disciplin, var till ytterlighet hövliga och uppmärksamma, och hade dessutom ett slags oförbrukad vitalitet som gjorde umgänget mycket lätt. Ofta fick S vara mellanhand när de önskade köpa vissa saker i samhället, ofta fick han åka med långa listor på inköp som skulle göras. Deras tacksamhet var rörande, de var utmärkta arbetare och perfekta organisatörer, de hade kvar sin nyfikenhet, de frågade och frågade, det var nästan omöjligt att inte komma på god fot med dem.

"Och så uppfattades de nog av nästan alla svenskar."

Med balterna var det något annat. De höll sig ofta för sig själva, de meniga kunde inte så mycket tyska, och med dem kom han nästan inte alls i kontakt. Officerarna talade han däremot ofta med, utan att riktigt förstå dem. Till skillnad från tyskarna var de inte intresserade av det frivilliga arbetet, de gick oftast och hängde i lägret, drog runt på lägerområdet, "en dyster samling". Det var svårt att få kontakt med dem. S tjänstgjorde ofta som mellanhand också åt balterna, dock utan någon större entusiasm. "De skällde och gnällde ofta på skitsaker." Alla samtal mellan S och de baltiska officerarna blev snabba, ytliga, fragmentariska. Ibland kom de in på krigsåren, de antydde flyktigt episoder men var ovilliga att gå in på sammanhang och helhet. "Jag tror att många av officerarna hade en hel del bakom sig: de sa ofta att de var säkra på att bli ställda inför domstol om de återvände till Balticum." Gång på gång återkommer S till detta: omöjligheten att komma dem inpå livet. "De gick bara där och surade."

Politik talade de sällan om, bara om sitt förflutna och sin framtid. Vid ett enda tillfälle, kan S påminna sig, förekom anspelningar på en aktuell politisk situation. Det gällde då en tysk.

När koncentrationslägren upptäcktes nådde ryktena om dem så småningom också fram till Ränneslätt. I interneringslägret var det dock inte många som trodde på dessa rykten, eller ansåg dem nödvändiga att diskutera. En dag kallade emellertid en tysk överste in S på sitt rum och frågade honom om han trodde att det där med tyska koncentrationsläger och miljoner dödade judar var sant. S svarade ja. De talade en stund om ämnet, sedan gick S och hämtade ett nummer av SE som innehöll bilder från koncentrationslägren, med högar av döda och rader av brännugnar. Han överlämnade numret till översten, som var över femtio år gammal och hade slagits vid östfronten under hela kriget, en gammal preussare av den äkta stammen som sällan släppte människor inpå livet. Översten studerade numret noga, såg länge på bilderna, begärde att få vissa textpartier översatta, lade sedan ifrån sig tidningen på ett bord, lade sig på sängen och grät öppet men med korrekt ansiktsuttryck och med blicken fäst i taket. Sedan steg han upp, tackade för tidningen och bad att få behålla den över natten för att närmare studera den. Morgonen därpå kom han efter morgonuppställningen fram till S och lämnade tillbaka tidningen. Han kom med tidningen hoprullad i handen, såg på S med ett avvisande uttryck i ansiktet, gjorde honnör och gick därifrån med taktfasta steg. De talade aldrig mer om koncentrationsläger.

Om fastställandet av ett avstånd: beskrivning av menige Johan G, svensk värnpliktig och vaktpersonal vid lägret på Ränneslätt. Önskar vara anonym.

Johan G såg inte mycket av balterna. Han ansåg inte situationen vara särskilt dramatisk, inte ens i november. Först när han läste tidningarna, då och senare, hade han en känsla av att delta i ett intressant skeende. Han minns särskilt hur han under den sista veckan i november, då allt kulminerade, efter att ha läst tidningarnas jättereportage brukade gå ut ur tältet och fram till taggtråden och titta in mot lägret. Men han såg inte så mycket, bara mycket små figurer på långt avstånd. Det var säkert rätt det som stod i tidningen, men det var svårt att föreställa sig att detta var samma verklighet. "Alla människor talade om balterna, och där gick vi och bevakade dem, och vi kände ingenting utan hade bara långtråkigt." Hans uppgift var att bevaka vissa delar av avspärrningarna, ibland stod han vid lägeringången. Något personligt förhållande till internerna hade han självfallet inte. "Dom kunde ju inte tala svenska." Om en internerad försökte tilltala honom brukade han kalla på en överordnad, som övertog ärendet. Förhållandet mellan den meniga bevakningspersonalen och de internerade var ytterligt korrekt. "Vi hade ju läst om koncentrationsläger och så, och ville visa hur man skulle vara jävligt korrekt."

Under vissa perioder bestod bevakningsuppgifterna i att vara post och övervakare på arbetsplatser utom lägret, bl. a. ett vägbygge. Johan G upplevde ofta starka osäkerhetskänslor vid dessa uppgifter. Internerna spred ut sig, han visste inte hur långt hans befogenheter sträckte sig. Det var farligt att ta i för hårt. "Man visste ju att åtminstone tyskarna (kanske inte balterna) hade de svenska officerarna på sin sida." Fraterniseringen mellan internerna och de svenska officerarna, särskilt under sommaren, betecknar han som anmärkningsvärd. "Åkte ut i bil, och stod och höll om varann och skrattade. Nog fan vet man vad de pratade om på kvällarna." Beskriver ingående hur en officer i lägerledningen brukade passera in genom en av grindarna med en smörgåskorg i handen, på väg till den tyska officersbaracken. Påpekar efter en stunds tystnad att detta väl inte var något större fel. "Det var väl bättre att visa sig mänsklig än att visa sig brutal." Berättar om den polisutredning som gjordes året efteråt om förhållandena i lägret, där han fick vittna. "Sen kom ju den där landsfogden och gjorde utredning, och då höll nog fan alla officerare ihop, och då hade det nog fan varit korrekt allting."

Balterna hade, enligt rykten som han hört, varit "surmulna". Kan inte närmare precisera sig. Påpekar dock upprepade gånger att de inte arbetade som de andra. Säger sig egentligen ge fan i vad de gjorde eller inte gjorde.

Var inte närvarande vid utrymningen av lägret.

Johan G har f. n. en radio- och TV-firma. Han bebor en lägenhet på två rum och kök, han är gift men har inga barn. Han bor i ett samhälle med något över tretusen innevånare. Hans hustru är sjuksköterska. Han tjänar själv "åtminstone som en folkskollärare".

Han kommer från socialdemokratisk miljö, röstade först med socialdemokraterna i många år ("det var på den tiden dom gjorde något"). Har sedan långsamt glidit över till folkpartiet. Motiveringen är att "sossarna suttit så länge att dom verkar ha fastnat med röven". Säger sig ha motvilja mot följande svenska politiker: Palme, Holmberg, Erlander, Geijer samt en centerpartist – han kommer inte på namnet. Anser att Wigforss "väl var bra". Står frågande och tveksam inför Ohlin. Kommer i detta sammanhang in på frågan om kommersiell TV, där han häftigt angriper regeringens linje och förordar "ett alternativ till monopolet". Folkpartiet strävar där för "bättre program och så blir det ju billigare för oss". Han talar gärna om politik, hans åsikter tycks ständigt förvandlas till halvt anonyma citat som verkar mycket välkända.

Han anser sig inte ha blivit politiskt påverkad av baltaffären.

Under det första sammanträffandet, som är mycket kort, talar han om med vilken avsky han betraktade utlämningen. Vid det andra sammanträffandet, som försiggår under lättsammare former och på kvällen, uppluckras hans attityd alltmer, och han säger sig innerst inne vara glad åt att "dom försvann". Sedan rättar han sig. "Inte alla, några borde väl ha fått stanna. Men nog var det en jävla massa quislingar och nazister i dom där lägren." Redovisar ingen bestämd syn på Sovjet. "Då efter kriget visste man ju så lite. Sedan blev det väl bättre. I dag är det väl ganska bra där. Det är värre i Kina va? Men amerikanarna är ju inget vidare heller."

Anser att "politiken är politikernas sak. Det har dom ju betalt för, och då ska inte jag behöva ..."

Han berättar under kvällens lopp ytterligare en rad historier avsedda att belysa stämningen i lägret. Han övergår sedan till en mer allmän analys av svensk officerskår över huvud. "Dom satt uppe i Norrbotten och väntade på ryssen när alla visste att det var Hitler vi behövde vara rädda för. Nästan förräderi, tycker jag, men inte fan är det nån som talar om det nu." Anser att den föreslagna nedskärningen av försvarsbudgeten "nog är någonting att tänka på".

Johan G har hört talas om att tyskarna på Ränneslätt hade tillgång till svenska flickor, om de ville. "Det fanns en hel bordell i ett hus alldeles intill lägret, och sedan hjälpte vakterna dom dit." Lyssnar otåligt till en annan och mer dämpad version, säger att det nog finns mer att berätta men att han inte vill.

Johan G är i dag fyrtiosex år gammal. I rummet finns två mattor, ett stilleben, fyra reproduktioner samt möbler av standardtyp; varje försök att beskriva hans hållning genom att beskriva hans miljö är dömt att misslyckas. Han säger att han minns händelserna i Ränneslätt ganska bra. Tyvärr anser han sig inte ha tillräckligt intressanta informationer. "Vi låg där ju bara, utanför taggtråden, som andra kollin. Det var rätt trist." Hur vet han att där fanns nazister? "Dom sa det, det fanns en läkare där, i tysklägret, han påstods ha gett dödliga injektioner i ett koncentrationsläger." Reaktion? "Ja jag såg ju honom aldrig." Han säger sig inte på något sätt ha upplevt denna tid som ett moraliskt dilemma, och varje försök att beskriva hans roll som vaktman i moraliska kategorier, eller att antyda ett för honom personligt dilemma, det faller platt till marken som en alltför abstrakt eller litterär konstruktion. "Nej det var väl inget dilemma, vi såg dem ju knappast." Han tror sig också vara representativ för de flesta av det meniga vaktmanskapet. "Det var så med alla, vi hade långtråkigt och längtade hem."

De reflekterade inte heller särskilt mycket över de internerades problem, "det var ju politikernas sak".

Eksjö betecknar han som en trist håla. I övrigt har han ingenting att tillägga. Intervjun med vaktmannen Johan G framstår nu allt klarare som en avgjord besvikelse.

Efteråt följer han intervjuaren en kort bit på vägen, till en kiosk. Han köper där ett paket Commerce med filter, Expressen och SE. Två gånger i veckan spelar han bowling. Han säger sig i allmänhet inte alls tänka på den här tiden.

4

När internerna anlände till lägren hade ett tiotal av dem egendomliga sår på benen, köldsår som de ådragit sig vid östfronten under vintern och som inte ville läka. Såren hade uppkommit av fuktig kyla. Man fick nu ett utmärkt tillfälle att pröva ett schweiziskt läkemedel som hette "Priscol". Det visade sig ha utomordentlig effekt. För lägrets svenske läkare framstod detta som en av de viktigaste erfarenheterna från lägertiden, tillsammans med erfarenheterna av lång svälts inverkan på organismen, och man rapporterade genast dessa rön till medicinalstyrelsen.

5

Den lettiske korpralen F fick adressen till sin mor först i mitten av september, då han befann sig i det svenska interneringslägret på Ränneslätt. Han fick hennes adress, hon fanns nu i Tyskland, hon levde, han sände genast ett kort meddelande till henne att han befann sig i säkerhet i Sverige.

Hon fick brevet den 28 september 1945, hon bodde då i Lübeck. Hon hade sedan en lång tid tillbaka tagit till vana att varje dag båten kom med post från utlandet gå ner till hamnen. Hon såg hur postsäckarna lastades av, placerades på lastbilar och transporterades bort; sedan gick hon över till postkontoret och började vänta. Hon hade stått där en dag i veckan under den hösten. Sedan posten var sorterad brukade hon gå in på postkontoret, men aldrig var det någonting särskilt till henne.

Den 28 september fick hon brevet. Det var ställt till henne. Hon öppnade det genast och läste det. Sedan gick hon ut på gatan utanför postkontoret, läste om brevet för att se att det inte hade förändrats och att hennes son fortfarande fanns kvar där, föll sedan ner på knä på gatan och grät.

Hon beskriver sin reaktion i ett svarsbrev. "Vad jag kände går ej att berätta. Jag är så oerhört tacksam mot Gud för att han låtit mig uppleva denna lycka." Efter en stund reste hon sig och gick hem till den flyktingbarack där hon bodde. Hon säger att hon gick fort.

I brevet gör hon inga som helst försök att beskriva miljön i Lübeck hösten 1945.

I det svarsbrev hon skrev, daterat Lübeck den 1 oktober 1945, beskriver hon också sin glädje över att sonen lever och att de snart kommer att träffas. "Jag tror nog du mycket väl kan förstå min reaktion och kanske ler för dig själv, men att tårarna flödade utefter din fars kinder och att han avböjde att läsa ditt brev har du nog svårare att fatta. Han läste ditt brev i avskildhet."

Den lettiske korpralen F fick detta senare brev den 5 november, han befann sig fortfarande på Ränneslätt, han skulle hinna skriva ytterligare ett flertal brev till föräldrarna i Tyskland före utlämningen.

Men han skulle inte se dem mer.

När han lämnade Sverige lämnade han också breven bakom sig. I september 1967 kom han av en tillfällighet att läsa en avskrift av sin mors brev, en avskrift som då befann sig i en svensk undersökares ägo; brevet hade nämligen blivit publicerat.

F, som nu levde i Riga, som var gift och hade ett barn, som hade en utmärkt befattning vid ett statligt verk och hade en månadslön som var nära dubbelt så hög som den sovjetiska medelinkomsten, hade dessförinnan gjort ett gladlynt och lugnt intryck på undersökaren. De hade tillbringat en rad mycket informella kvällar tillsammans under detaljerade samtal och analyser av baltutlämningens mekanik och konsekvenser, och att F kom att läsa denna avskrift var en ren slump.

Han läste den noggrant, och blev plötsligt alldeles stilla och lugn. Sedan föll han samman, som om någon hårt och häftigt hade slagit till honom, och började snyfta. Undersökaren, som lärt känna honom som en glad och sorglös människa, satt mitt emot honom och fann ingenting att säga. F grät som ett övergivet barn, han ville inte sluta, han pekade bara på texten med ett kraftigt trubbigt finger och sa: "Mamma. Mamma."

De hade inte setts sedan hösten 1944. Hon levde i västvärlden. De skrev, men än hade hon inte vågat åka på besök i Lettland. De hade inte setts.

Det tog ungefär tre minuter, så var han lugn igen. Efteråt log han generat och skakade på huvudet. Det kom så häftigt, sa han. Jag var inte förberedd. Hon bodde i Lübeck, vi skrev, vi trodde vi skulle få träffas. Det blev inte så.

Efteråt gick de länge i en park i Riga. Det var på natten. Det fanns inte mycket att tillägga, och de talade aldrig mera om det som inträffat.

6

På eftermiddagen den 3 juni 1945 hade chefen för den tillfälliga interneringsavdelningen, överstelöjtnant Leuhusen, överlämnat en sedermera hemligstämplad PM till en tjänsteman på UD; det var en av de akter som skulle ligga till grund för beslutet om utlämningen. I sin PM beskrev han interneringssituationen i stort och tryckte mycket bestämt på ett önskemål från militärens sida: att ett eventuellt utlämningsbeslut skulle hemligstämplas. "Blir ett eventuellt utlämningsbeslut offentligt, är det stor risk att panik utbryter i lägren."

På den punkten blev han bönhörd: beslutet hemligstämplades (och efteråt skulle pressen tala om den "skandalöst dåliga information" som allmänheten fått). Beslutet kom inte ut, och efteråt framstod detta som ett halvt mirakel. Det var ju ändå så många människor som kände till det: och då inte bara politiker och militärer.

Bland dem som kom att känna till beslutet befann sig den lettiske socialdemokraten Bruno Kalnins, han som en gång suttit i fängelse i Riga, transporterats till Stutthof och på båda platserna befunnit sig i närheten av den lettiske juristen Karlis Gailitis, domare, tyskvän och nu en av de internerade balternas ledare. I början av augusti fick Kalnins ett brev från Eichfuss som uppmanade honom att göra vad han kunde för de internerade.

Kalnins beslöt att glömma vad han visste och började en rundvandring bland svenska politiker. Han kunde, bättre än de flesta, tala med dem, eftersom han själv varit riksdagsman i Lettland och eftersom hans far varit en av den lettiska socialdemokratins stora namn.

Den förste han talade med var Rickard Lindström, som var socialdemokrat och gammal Lettlandsvän, och av honom fick han för första gången en överblick över läget.

– Det finns ett regeringsbeslut om utlämningen, berättade Lindström, och ingen verkar hågad att rubba det eftersom det är samlingsregeringens beslut och de flesta tycks stå fast. Det är inte mycket att göra. Viktigare är frågan om de 30 000 civilbalterna, även för dem finns det ännu en liten risk. Och jag kan inte göra mycket.

Han gick mellan politikerna, hörde många rykten, några av dem rörde det ryska handelsavtalet och vikten av att ha goda förbindelser med Sovjetunionen, men säkra fakta var det ont om. Under några veckor gick han för Möllers räkning igenom de lettiska civilas papper och gav sedan ett utlåtande: det var inte särskilt sensationellt, det visste de flesta redan förut. Några av flyktingarna var präktiga fascister med mycket på sitt samvete, några var konformister med något mindre belastning, och de flesta var oskyldiga som bara flytt av rädsla för ryssarna.

Och någon fara för dem kom det aldrig att bli: de fick stanna.

Sedan gick han till Vougt, men det samtalet gav nästan ingenting. Vougt erkände att det existerade ett utvisningsbeslut för militärflyktingarna, men han ville inte kommentera detta och inte företa sig något. "För mig är saken avslutad. Vi bara bevakar dem så länge." Han undvek att precisera sig, ville inte binda sig, men antydde vagt att frågan ändå var under behandling. Kanske skulle beslutet kunna rivas upp.

– Tala med Undén, han vet.

Undén satt vid sitt bord och var totalt oemottaglig för invändningar. Det är regeringens beslut, sa han, att de baltiska militärflyktingarna ska utlämnas. Då ska de också utlämnas.

Då hade Kalnins frågat honom om han insåg vad detta innebar för dem. Undén hade svarat att han talat med den ryske ministern om detta, och att den ryske ministern hade försäkrat att balterna skulle behandlas korrekt och väl. "Det finns inga skäl att misstro dem på den punkten."

De diskuterade sedan en längre stund de folkrättsliga aspekterna på utlämningen samt praxis och teori inom rysk rättsskipning. Samtalet gav inget som helst resultat.

Man var nu framme vid mitten av september.

Rickard Lindström, som var hans vän sedan 30-talet, rådde honom att gå till Zetterberg. Han gick till Zetterberg. Zetterberg konstaterade att han visserligen var medlem av regeringen men inte särskilt inflytelserik. Sedan gick han till Quensel, som instämde i Kalnins kritik av utlämningsbeslutet men bekände att hans inflytande på regeringen i denna fråga inte var stort. Quensel bad honom framföra sina synpunkter i en promemoria, han gick hem, skrev en promemoria, lämnade in den på justitiedepartementet och började vänta. Man hade sagt honom att ryssarna inte verkade särskilt intresserade av att hämta de internerade. Kanske skulle allting rinna ut i sanden.

Den 14 november fick så försvarsstaben äntligen, efter en sommars och en hösts envisa påtryckningar på ryssarna, besked om att ett trupptransportfartyg hade lämnat Murmansk, med destination Trelleborg. De drog en lättnadens suck. Ryssarna hade gett dem prioritet före de internerade som befann sig i Norge och också skulle utlämnas. Militären kunde äntligen börja avvecklingen av lägren.

Legionärernas uttåg kunde nu förberedas.

Samma dag, den 14 november, behandlades ärendet i en statsrådsberedning, nu för första gången inför en rent socialdemokratisk ministär. Frågan expedierades snabbt, det ryska fartyget var redan på väg, de dyra och besvärliga lägren kunde äntligen avvecklas. Någon diskussion om själva utlämningsbeslutet uppstod aldrig.

Samma dag uppsökte en tjänsteman på UD den litauiske f. d. ambassadören Ignas Scheynius och meddelade honom dels att ett utlämningsbeslut existerade, dels att ett fartyg nu var på väg, dels att information om detta borde spridas på ett diskret sätt. Scheynius, som liksom de flesta baltiska exilpolitiker var en antikommunist av det grundmurade slag man bara finner hos flyktingar från den kommunistiska världen, och som de senaste åren publicerat flera antikommunistiska böcker, agerade snabbt. Han tog samma dag kontakt med chefredaktören för Svenska Dagbladet, Ivar Anderson, och meddelade honom de fakta han fått reda på. Han kontaktade den högerextremistiska Dagsposten och meddelade samma nyhet. Samma kväll, den 14 november, ringde han också till pastor Allan Svantesson, som då var sekreterare i Diakonistyrelsen och under kriget hade varit en viktig kontaktman med baltiska exilpräster.

Samma eftermiddag hade statsminister Per Albin Hansson en partiledarkonferens i Kanslihuset. Han informerade där samtliga de borgerliga partiernas ledare om att utlämningen var nära förestående, men påpekade att sekretess måste iakttas eftersom panik annars kunde uppstå.

Nu spred sig nyheten mycket snabbt, med Scheynius som central förmedlare.

Svantesson ringde nästa dag till UD för att kontrollera nyheten. Där fick han ett kyligt och nekande svar, men några av formuleringarna gjorde honom övertygad om att det fanns fakta bakom ryktet. Det gällde nu bara att få detta publicerat på lämpligt sätt.

På morgonen den 15 november innehöll SvD en lång förstaledare om "Svensk asylrätt"; den talade i diffusa ordalag om flyktingproblem och asylrätt, men lade inte korten på bordet och avslöjade inga fakta om militärbalterna. Men på UD var man nu allvarligt uppskrämd, nyheten verkade ha läckt ut på något sätt. Det gällde att vinna tid, att stoppa de rykten som var i svang. Samma kväll, den 15 november vid 20-tiden, anordnades en hemlig och intern presskonferens där bl. a. Per Albin Hansson deltog samt representanter för alla de viktiga rikstidningarna. För dem berättade Per Albin i förtroende, och under absolut tystnadsplikt, att utlämningen skulle ske snart.

Tidningarna var nu låsta. Man kunde andas ut några ögonblick.

Från detta ögonblick är det i praktiken omöjligt att exakt följa de vägar nyheten läckte ut. Man kan skissera samband, i grova drag. På försvarsstaben visste man om beslutet. Många av kyrkans män visste om det. Många konservativa tidningar hade utmärkta kontakter både på UD, på försvarsstaben och inom kyrkan. Vidare: en rad av de präster som på hösten 1944 hade flytt från Balticum hade gjort detta delvis i svenska kyrkans regi och med svensk hjälp, de hade efter flykten fått arbete på Diakonistyrelsen, som snart tycktes bli ett centrum för baltiska flyktingintressen. Där fanns också "Tyska kyrkokontoret", och där fanns Allan Svantesson, som hade kontakter åt alla håll.

Frågan var inte *om* nyheten skulle läcka ut. Frågan var *när* och *hur*.

Den 17 november publicerade den tyskvänliga och sedan krigsåren svårt komprometterade Dagsposten nyheten; man hade fått den "från vanligen välunderrättat håll". Man hade vänt sig till UD, men fått ett helt avvisande svar.

Dagsposten var uppenbarligen fel tidning att starta i; kom aktionen därifrån skulle den redan från början få en tvetydig prägel. Det gällde att finna andra kanaler. Den 17 november ringde Allan Svantesson, efter att ha rådgjort med några av sina baltiska kontaktmän, till chefredaktören i Västmanlands Läns Tidning. Han hette Anders Yngve Pers, han hade inte varit inbjuden till presskonferensen den 15 november, han och hans tidning var obunden, tidningen var ansedd, han skulle kunna bli användbar.

Svantesson berättade hela historien för honom.

Det var många som var på väg. Det var många tidningar som nosade på nyheten. Dagsposten hade nosat allra öppnast, men hade släppt spåret, eller inte vågat gå vidare.

Svenska Morgonbladet var nästan ända framme.

Den var då en liten tidning, som alltid tycktes kämpa mot ett ekonomiskt spöke som senare blev alltför stort och övermäktigt och skulle komma att krossa tidningen. På kvällen den 16 november ringde Erik Hjalmar Linder, som då var tjänstledig för att skriva sin litteraturhistoria, till en av tidningens reportrar, Sven Erixon. Han var politisk reporter på tidningen. Linder hade dels hört att en utlämning av en grupp balter var nära förestående, dels att en protest mot detta hade företagits, eller planerades. Det fanns skäl att undersöka historien, här fanns kanske ett scoop.

Han hade fått nyheten av Lennart Göthberg, som både var en utmärkt litteraturkritiker i 40-tal och fortfarande hade utomordentliga förbindelser med Oxfordgruppen; MRA tycktes ju ofta besitta en egen underrättelsetjänst med kontakter både i UD, regeringen, armén och ämbetsmannavärlden. Man kunde alltså preliminärt utgå från att hans uppgifter inte var hämtade ur luften.

Sven Erixon hade inte många timmar på sig, men han såg tydligt ett jättescoop avteckna sig mot horisonten. På tidningen fanns en adress till en baltisk kontaktman, och han använde den. Kontaktmannen hette Ignas Scheynius, en f. d. diplomat och landsflyktig litauer, han var pålitlig antikommunist och hade skrivit en bok som hette "Den röda floden stiger". Han bodde på Valhallavägen, och han bekräftade genast historien. De baltiska militärinternerade skulle utlämnas till ryssarna. Han kunde dessutom bekräfta att det förefanns en protest mot detta, inlämnad till Undén, den var författad av några präster och innehöll alla fakta.

Själv råkade han inneha en kopia på inlagan till Undén. Om man skickade en vaktmästare så ...

Man skickade en vaktmästare. Sven Erixon ringde också till UD:s pressavdelning, men där förnekade man varje kännedom om fallet och vägrade uttala sig. Sedan ringde han till försvarsstaben, men kom ingen vart. Han hade framför sig en detaljerad skrivelse till Undén och ett par dementier av tvivelaktigt värde, och detta var ju faktiskt någonting man kunde göra en artikel på.

Två timmar senare var han klar. Han gjorde ut artikeln, drack kaffe, pratade en timme och gick sedan ner i sätteriet. Det såg vackert ut. Artikeln var inplockad på första sidan, den var vackert uppbyggd, den såg fantastisk ut, helsidesrubrik, detta skulle bli något. Lilla SvM, tänkte han, nu får du ett av de scoop du så innerligt väl behöver.

Sedan gick han hem. Det var kvällen den 16 november.

Han vaknade vid 9-tiden morgonen därpå och gick genast ut till brevlådan. Där satt tidningen. Han slog upp förstasidan och läste, där fanns ingenting om någon baltutlämning. Sedan bläddrade han vidare, sida efter sida, men fann ingenting. Inte ett ord om någon sensationell utlämning, ingenting. Inte ett ord.

Man hade lyft ut hela hans vackra scoop.

Han klädde sig, åkte upp på tidningen och frågade Stapelberg, som då arbetade på SvM, vad som hänt. Jo, natten hade varit full av dramatik. Klockan 11.30 på kvällen hade ÖB ringt och sagt att de hade hört att SvM visste. Och nu bad ÖB, helt enkelt, att SvM skulle låtsas inte veta. Tidningen skulle hålla tyst, inte säga ett ord. Från försvarets sida var det så här: man var satt att bevaka lägren, men hade för lite personal. Avspärrningarna var dåliga. Flyktförsök kunde inträffa, om internerna fick veta sanningen. Det fanns risk för självmord. Man ville få tid på sig, tid och resurser.

Och, sammanfattningsvis: SvM skulle hålla käft.

Andra på tidningen hade också fått samtal den natten. Från UD hade man ringt till ledarsidan och varit mycket upprörd, och dessutom hade man ringt till David Ollén som var chefredaktör. De hade talat länge och övertygande. Och sedan fanns inte mycket att göra.

Man lyfte ut artikeln, gjorde i sista stund om hela sidan, och så var den nyheten ur världen.

Lördagen gick, och söndagen. På måndagen sprack äntligen alltsammans. Det var, mycket riktigt, Västmanlands Läns Tidning som kontrollerat uppgiften och funnit den trolig och nu publicerade historien. Men den var inte uppslagen särskilt stort; såg man tidningen tycktes nyheten vara mycket liten, kanske ingen nyhet alls.

Där stod, med en karaktäristisk glidning från "militärbalter" till "civilbalter": "Utrikesdepartementet har på Kyrkliga pressbyråns förfrågan bekräftat, att regeringen beslutat medgiva utlämnandet av 10 litauiska, 7 estniska och 140 lettiska flyktingar till Sovjet. Enligt upplysningar från UD väntas transporten komma till stånd inom de närmaste tio dagarna. Uppgifter föreligger vidare om att en rysk båt från Murmansk redan befinner sig på väg för att hämta flyktingarna.

Beslutet torde företrädesvis gälla sådana balter som iförda baltisk eller tysk uniform tagit sig över till och internerats i Sverige, men man befarar, att även civila flyktingar, som under den senaste tiden anlänt, kommer att utlämnas."

Dagen efter, den 20 november, hade redan motståndsorganisationens hjul börjat rulla. Utrikesministern interpellerades av två borgerliga ledamöter, Håstad och Holmbäck, de begärde båda upplysningar om balternas öde. Samma dag, vid 11-tiden på förmiddagen, uppvaktades Undén av en deputation av kyrkliga dignitärer. Där fanns biskoparna Björkquist, Ysander och Cullberg, pastor primarius Olle Nystedt, pastor Lewi Pethrus, missionsföreståndare John Gustafsson, pastorerna Sven Daneli och Allan Svantesson. De var inalles tjugofem man, bland dem var också Lennart Göthberg, de kom till Arvfurstens palats några minuter före 11 och då fanns redan fotograferna där.

De stod i trappuppgången, tidningsmän och fotografer från alla de stora tidningarna, och trängseln blev våldsam. Klockan 11 öppnades en dörr till förrummet, Undén kom ut, och de såg alla hur han styvnade till vid åsynen av fotograferna. Han tyckte uppenbarligen inte om deras närvaro, och det uppstod en snabb och viskande konversation inom delegationen medan man trängdes i dörröppningen för att komma in. Delegationen hade ju minst av allt några invändningar mot att uppvaktningen gavs publicitet. Men här gällde det att inte irritera Undén.

De förklarade detta för fotograferna."För sakens skull", sa de. "Det är viktigt att i denna känsliga situation inte irritera Excellensen." Fotograferna förstod, och drog sig tillbaka. Tidningarna behövde inte vara oroliga: de skulle ändå få sitt material av delegationen senare.

När till sist alla hade kommit in satt Undén mitt i en soffa och de satte sig runt omkring honom, efter ämbetsgrad. Några fick stå, eftersom de var så många.

Björkquist förde hela tiden talan, senare sköt också Ysander in vissa repliker. Han var ju sakkunnig, eftersom han vintern 44–45 haft intima kontakter med den organisation som hjälpt civilbalterna över Östersjön.

– De här balterna som nu finns internerade, förklarade Björkquist, de borde åtnjuta asylrätt. Man borde göra en individuell bedömning av dem, inte sända dem tillbaka i klump. Det strider mot svenska rättsregler.

Undén, som hela tiden suttit tyst och tyckts ytterst misstänksam inför denna teologiska övermakt, avbröt plötsligt Björkquist i hans anförande och frågade om uppvaktningen gällde enbart balterna eller "om herrarna också går tyskarnas ärenden"; det gällde alltså de 3 000 rikstyska militärinterner som också skulle utlämnas.

Björkquist svarade att "givetvis önskar vi inte att tyskarna utlämnas, men vårt ärende gäller balterna".

– Jag har svårt, svarade då Undén, att förstå denna särskilda sentimentalitet beträffande balterna. För övrigt är utlämningen redan beslutad av samlingsregeringen, utlämningen är nu en ren rutinåtgärd, och det är endast modaliteterna som diskuteras.

– Men kan inte en utlämning i stället ske till västmakterna?

Svaret från Undén kom i en kylig men förebrående ton. Han förklarade att det inte fanns några som helst skäl att misstänka den sovjetiska rättsskipningen, och att det var oförsynt att betrakta Sovjet som något annat än en rättsstat. Han förklarade dessutom att han i de anföranden han nu lyssnat till tyckt sig ana spekulationer om klyftor mellan öst och väst, mellan de allierade. Han ansåg spekulationerna onödiga. Han förklarade att det inte fanns någon anledning att desavouera just Sovjet, eller anta att Sovjet var en barbarstat.

Diskussionen blev nu allt kyligare, ett absolut dödläge tycktes ha inträffat. Undéns ansikte, som vid uppvaktningens början hade varit artigt men uttryckslöst, tycktes nu enligt flera av de uppvaktande anta ett uttryck av absolut torrhet, en avmätt kyla som inte tycktes lämna plats för den minsta lilla eftergift. De förklarade sig samtliga efteråt chockerade: de hade väntat artiga beklaganden från Undéns sida, några diplomatiskt beklagande ord om det tragiska i affären, men hade i stället mötts av ett absolut oförstående, en mur av torr skepsis och misstro.

De fick inte ett beklagande med sig, ingenting. Undén förklarade med sin torraste röst att det inte fanns någonting att beklaga. Och så fick de gå.

Efteråt gick delegationen till annan lokal. Där diskuterade man uppvaktningen. Alla var ense om att striden bara hade börjat. Det gällde att dra upp de fortsatta riktlinjerna för kampen, och man diskuterade nu för första gången på allvar om balternas sak borde isoleras från tyskarnas. Det kunde, med utgångspunkt från Undéns för dem mycket överraskande fråga, kanske anses taktiskt riktigt.

Kontakterna med tidningarna var redan etablerade. Man beslöt nu också att sända Allan Svantesson till England, för att om möjligt få stöd från engelskt kyrkligt håll. Pengar "ordnades utan svårighet".

Man diskuterade länge. Korståget mot utlämningen skulle strax rulla igång.

Det var fortfarande bara tisdagen den 20 november.

7

> *"Feldwebel Otto Lutz trodde för sin del att hungerstrejken på något sätt måste ha initierats från svenska armén, kanske av de matstrejker internerna läst om i tidningarna. Dessa matstrejker hade för internerna varit en sensation, då de tidigare aldrig trott att något sådant kunde förekomma i en armé."*
> Polisutredning den 22.10 1946

> *"Hungerstrejken var icke spontan, icke ett uttryck för de enskilda balternas individuella fruktan för att transporteras till Ryssland. Den ledande inom baltlägret har själv medgivit att det var möjligt att få igenom en hungerstrejk endast genom att utsätta varje enskild intern för en långvarig och intensiv påverkan, varvid han bönfallit och bett dem deltaga i aktionen för Lettlands skull. Det var säkerligen så, att de som satte i gång detta passiva motstånd hade politiska avsikter."*
> Östen Undén i riksdagen den 17.1 1946

Den 15 november besökte den lettiske exilgeneralen Tepfers lägret på Rännes lätt; han kom på uppdrag av Lettiska Hjälpkommittén, en lettisk exilorganisation, och han kände sedan tidigare några av internerna väl. Han hade varit i kontakt med både Gailitis, Kessels och Ziemelis under tysktiden i Lettland, och han registrerade vid besöket omedelbart "en viss spänning mellan å ena sidan officerarna och å andra sidan doktor Eichfuss".

Det första de frågade Tepfers om var vad som skulle bli av dem. Tepfers visste besked. Han "hade redan någon gång i mitten av juni fått upplysning om att lettiska och andra baltiska flyktingar, som i samband med kapitulationen kommit hit från sovjet-tyska frontområden, enligt överenskommelse mellan svenska och ryska regeringarna skulle överlämnas till Sovjet". Det visste han. Men han var ändå inte helt säker, och det sa han till dem. Det hade gått en märkligt lång tid sedan juni, och ingenting hade hänt. Han hade ju skrivit till dem och sagt hur läget var, och nu var det november och ingenting hade hänt.

Han var inte säker på vilken utveckling affären skulle ta, och det sa han till dem.

Han talade hela tiden enbart med Gailitis och Ziemelis. Till Eichfuss sa han inte ett ord. Eichfuss gjorde på honom intryck av att vara en kringskuren kung, en människa utan makt.

På kvällen hade Tepfers samlat några av de lettiska officerarna omkring sig och framställt ett förslag. Riskerna att de verkligen skulle utlämnas var stora. De kunde knappast påverka utlämningsbeslutet, men de kunde fly. Ännu fanns det tid. Alla balterna kunde inte fly, det var omöjligt, men några kunde det. Man fick, av många skäl, inskränka sig till officerarna. Flykten ut ur lägret fick de själva planera, av det han sett var det inte omöjligt, bevakningen var ännu inte särskilt hård. Sedan de väl tagit sig ut skulle andra ta vid. Kläder fanns redan ordnade, genom baltiska organisationer och "svenska vänner". De skulle alla få civila kläder, pengar, möjligheter att fly vidare. De skulle försöka ta sig till Norge, och därifrån till England.

Förslaget kom aldrig att realiseras; varför vet ingen. Kanske var det tanken att överge soldaterna som bromsade några. Kanske var det redan praktiskt omöjligt att fly.

I vilket fall: det tycktes dra ihop sig.

Den 16 november förberedde de firandet av nationaldagen den 18 november. Kören övade. Den 17 nya övningar, planering av ceremonielet. Den 18 november på morgonen anlände den lettiske pastorn Terinz. Han var förbjuden att samtala med internerna på lettiska, alla samtal skulle ske på tyska och i närvaro av en svensk officer.

Klockan 11 höll han gudstjänst. Han nämnde inte med ett ord det som han nu visste: att balterna skulle utlämnas. Gudstjänsten hölls på tyska. I bönen efter predikan, en bön som hölls på lettiska, inflikade han dock några meningar som fick dem alla att lystra. Han bad för dessa män över vars huvuden svarta moln nu hopade sig. Svarta moln som drog in från öster, män vars liv nu var i stor fara.

Efter mässan åt man lunch, Terinz satt mellan två svenska officerare. Möjligheterna att samtala tycktes helt avskurna. En av de lettiska officerarna antecknar dock i sin dagbok: "Prästen Terinz anländer. Lite kan vi samtala."

På kvällen den 18 november nytt krismöte i den baltiska officersförläggningen.

Dagen efter är stämningen dov. En av soldaterna skriver i dagboken: "Officerarna nervösa. Ingen vet vad göra. Jag ligger hela dagen och stirrar i taket."

Den 20 november hårdnar plötsligt den svenska bevakningen, taggtråden förstärks, vaktposterna blir fler. "Bevakningen tycks bli hårdare. Svenskarna säger anledningen vara Tepfers besök. Förvirring och rykten. Nu kan allt hända."

Fortfarande saknade balterna det definitiva beskedet, det som skulle göra slut på alla frågor och all tvekan, och göra det möjligt för dem att handla.

Vid 17-tiden på eftermiddagen den 21 november anmälde sig en lettisk kvinna vid den svenska vakten i lägret. Hon påstod sig ha ett meddelande till en av internerna, han hette Raiskums. Det var ett meddelande om hans hustru, hon var återfunnen, fanns i Paris. Kvinnan bad att omedelbart få tala med honom.

Efter en stunds diskussion beslöt den svenske vaktofficeren att kvinnan skulle få sin vilja fram, på villkor att hon endast talade tyska och inte gjorde något försök att få fram något otillåtet meddelande till internen.

Hon samtyckte villigt.

Efter en kvart kom Raiskums. Han hade meddelats villkoren för sammanträffandet, han kom in i rummet, tog kvinnan i hand och hälsade, såg frågande på henne men sade ingenting. Kvinnan meddelade honom på tyska att hon hade lyckats få tag på fru Raiskums adress i Paris. Hon ville nu överlämna denna adress.

Raiskums såg noggrant på besökaren. Hans hustru fanns bevisligen kvar i Lettland, det fanns tydligen goda skäl att iaktta denna budbärerska noggrant. Kvinnan log mot honom, räckte över ett papper till den svenske officeren, förklarade att detta var adressen. Svensken tog emot papperet. Där stod: *Fru Raiskums. Rue Pieteicàt Badu XXII.*

Han lämnade lappen till Raiskums utan ett ord.

Raiskums tittade på lappen och stod ett ögonblick tyst. Detta var uppenbarligen ett kodmeddelande, men koden var lätt att förstå. Fru Raiskums var normalt, liksom Rue. Det övriga betydde "beordra", "hungra" samt "22".

Detta var eventuellt något annat än en adress.

Han tackade kvinnan, fortfarande på tyska, och omfamnade henne. Just när hon omfamnade honom tycktes hon viska några ord på lettiska, ett slags uppmaning att vara beredd. Han lösgjorde sig från henne, nickade tyst åt den svenske officeren och gick tillbaka till baracken. De hade äntligen fått klart besked. De hade dessutom fått besked vad de borde göra.

Uppgifterna om den exakta formuleringen av kodmeddelandet varierar, beroende på uppgiftslämnare. En annan variant är *Fru Rais-*

kums. Sákiet Badú XXII, Jús izdod. Om innebörden i meddelandet är dock alla vittnen ense.

Kvinnan opererade inte på eget initiativ: hon var utsänd av "ett par landsmän", som på Centralen i Stockholm hade försett henne med material. Större delen av detta material lyckades hon också samma kväll smuggla in i lägret. Internerna hade, varskodda av Raiskums, satt ut vakter som patrullerade längs stängslet. Vid en vaktavlösning fick hon chansen, rusade rakt mot stängslet och kastade två buntar papper, med en sten i mitten, över stängslet.

Hon såg att balterna fick tag på dem. De drog sig omedelbart tillbaka till barackerna, och själv kunde hon återvända. Hon hade fullgjort sitt uppdrag – legionärerna hade fått veta allt.

Vad innehöll de pappersbuntar som kastades över stängslet?

Vincas Lengvelis, svampplockare, partisanjägare och litauisk officer, nämner med några ord episoden i sin redogörelse. Där heter det:

"En natt kom en bil farande till lägret, och någon kastade in till oss ett brev, skrivet på svenska. Den vaktpost vi själva satt ut kom till oss med det. Vi översatte brevet. De som skrivit brevet rådde oss att börja hungerstrejk. Vi bildade då nästa dag en strejkkommitté, som kungjorde strejken."

Frågetecknen är många.

Varför var brevet skrivet på svenska? Var detta brev inte identiskt med de pappersbuntar kvinnan kastade över stängslet? Vilka var "de" som skrivit brevet, och varför rådde de internerna att börja just en hungerstrejk?

Vilka män var det f. ö. som kvinnan träffade på Stockholms Central?

I vilket fall: på kvällen den 21 november sammankallades alla baltiska officerare till ett katastrofmöte. Från detta sammanträde finns endast vaga och motstridande vittnesmål, alla tycks ha varit alltför upprörda för att registrera den förändring i maktstrukturen som nu plötsligt skedde.

Man tycks omedelbart ha enats om att lyda uppmaningen att hungerstrejka; ingen tvekade eller protesterade. En kort diskussion tycks ha utspelats angående kampens uppläggning i övrigt. Gailitis hävdade att man på något sätt borde försöka slå sig ut, och, om detta inte gick, förstärka demonstrationen med hjälp av självstympningar, eller i värsta fall självmord. Han fick stöd av en liten grupp lettiska officerare.

Eichfuss, å andra sidan, hävdade att det passiva motståndet i form av en hungerstrejk vore tillräckligt. Han fick en något större grupp med sig, men nu gällde det att stå eniga, katastrofen var ändå så nära att det inte fanns tid med internt bråk.

Valet av strejkkommitté avspeglar kompromissens karaktär. Representanter för officerarna blev två läkare: Eichfuss och Zenkevicius, den senare var litauer. Det skulle ge det hela en något annan karaktär. Valet stöddes av samtliga, även Gailitis. Nu stod två läkare i spetsen för hungerstrejken, dessutom två läkare som inte gärna kunde komprometteras i den svenska opinionens ögon (och det var detta som till sist hade fällt Gailitis, Kessels och Ziemelis). Inget tal om tyskvänner, om Stutthof. Två läkare, och en enig baltisk grupp.

Representanter för soldaterna blev Cikste, Kaneps och Radzevics, varav Cikste var svåger med Kessels och de andra var underofficerare. De behövde i fortsättningen aldrig tillfrågas och var omedelbart ute ur spelet. Zenkevicius, den litauiske läkaren, blev sjuk efter ett dygn och måste transporteras till sjukhus.

Kvar fanns, ensam, och nu i besittning av all makt, den ständigt ifrågasatte, betvivlade och egendomlige lettiske läkaren Elmars Eichfuss-Atvars.

På kvällen den 21 satte han sig ner och formulerade direkt och utan tvekan, på egen hand, en skrivelse till den svenske lägerchefen på Ränneslätt. Den var skriven på tyska, daterades i brevhuvudet med exakt klockslag (23.45), och inledningen löd så här:

"Enligt vad vi erfarit genom svensk nyhetsförmedling har den svenska regeringen beslutat att politiska flyktingar, bland vilka även vi baltiska interner nämnas, skola utlämnas till Sovjetunionen. Utlämningen skulle för oss politiska flyktingar vara detsamma som en kvalfull död. Innan vi vidtaga ett andra steg, börja vi av ovannämnda orsaker fr. o. m. den 22 november 1945 kl. 7.00 en frivillig hungerstrejk, som skall upphöra i det ögonblick då en lösning uppnås, som motsvarar våra rättmätiga fordringar och svensk humanitet."

Skrivelsen fortsatte med detaljerade anvisningar för förhållandet mellan de strejkande och den svenska bevakningspersonalen, den var hållen i lugn och modest ton, och är, som helhet betraktad, utan tvekan ett anmärkningsvärt intelligent aktstycke. Skrivelsen avslutas på följande sätt:

"Strejkkommittén har ingenting emot att den lettiske läkaren dr. E. Eichfuss-Atvars, som till den tyske lägerläkarens ankomst till det tyska interneringslägret i Rännesätt är ställföreträdande lägerläkare, utövar sin verksamhet tillsvidare. Såsom företrädare för lägerkommittén uppträder han utan det internationella rödakorstecknet och är likställd med de övriga soldaterna respektive officerarna. Såsom lägerläkare kan han bära R. K.-bindel vid förflyttning mellan de båda lägren."

Eichfuss tjänst som biträdande lägerläkare var högst fiktiv: de tyska internerade vägrade enstämmigt att ha något med honom att göra, och balterna själva höll sig till Slaidins. Men en sak var efter detta uppenbart: Eichfuss fick full rörelsefrihet, han kunde gå som han ville, tala med vem han ville, och han var den ende i baltlägret som kunde göra detta.

De gick till sängs sent den natten.

På morgonen efter, torsdagen den 22 november, såg de svenska vaktposterna hur de baltiska soldaterna kom ut ur barackerna i baltlägret till vänster om vägen som gick rakt genom Rännesätt, hur de kom ut, en efter en, bärande på lådor. De bar på lådor, små paket, små påsar, de placerade alltsammans på marken utanför barackerna och gick sedan in igen för att hämta mer. De kom från matsalen och köket och de kom från sina egna baracker, de tycktes bära bröd, socker, torrskaffning, burkar med konserver, och allting placerade de i en liten hög utanför baracken, mitt ute på planen. De var alla iklädda svenska uniformer, eftersom de tyska uniformer de en gång burit och som alla svenskar diskuterat så, eftersom det på uniformsmössorna hade funnits ett brett svart band som tycktes peka på att de hade ingått i SS fastän själva SS-tecknen måste vara bortrivna, eftersom dessa tyska uniformer efterhand blivit alltför dåliga och fått ersättas med svenska uniformer av mindre skönhet men större värme. Nu kom de i sina svenska uniformer, bar ut livsmedel från barackerna, ställde allt på marken och gick in igen. Svenskarna stod stilla utanför avspärrningen, stirrade in på dem och förstod ingenting. Till slut var allt klart, högen på gården var ganska stor, alla balterna hade gått in, det var åter lugnt. De kunde sätta sig vid fönstren och iakttta vad svenskarna skulle göra.

Svenskarna klumpade nu ihop sig utanför taggtråden och tycktes ivrigt diskutera. Klockan var 8.00. Svenskarna var små grå figurer från vars ryggar gevären pekade, det gick inte att höra vad de sa. Patrulleringen återupptogs. Officerare kom, stod och tittade, gick.

Inne i barackerna låg nu alla balterna till sängs.

Klockan 8.45 kom doktor Elmars Eichfuss-Atvars gående över den leriga planen, med sig hade han fyra man. Det var Cikste, Zenkevicius, Radzevics och Kaneps. De gick, med Eichfuss i spetsen, fram till grinden och anmodade vaktposten att sända bud efter den svenske lägerchefen. Det tog bara fem minuter, så kom den svenske majoren Grahnberg ut. Stående vid grinden hörde han denna lätt disiga novemberdag balternas eldare Eichfuss läsa högt från ett papper där en hungerstrejk förklarades etablerad.

Efter att ha läst färdigt vek Eichfuss omsorgsfullt ihop papperet, och överlämnade det med ett artigt leende till svensken. Formaliteterna var över, strejken kunde börja. Alla drog sig genast tillbaka till sina bastioner.

Vilka initiativ kommer utifrån, och vilka kommer inifrån? Fanns det förebilder till aktionen? Ett stort antal av de baltiska legionärerna i tysk tjänst hamnade i västallierad fångenskap efter krigsslutet. Amerikanare och engelsmän avbröt till slut de utlämningar till Sovjet som påbörjats och lät legionärerna stanna. "Orsaken lär ha varit mängden av stympningar och självmord hos den första utlämningstransporten."

När inträffade den transporten? Fanns det förbindelser?

8

Denna den första strejkdagen hade Eichfuss ett kort samtal med den svenske läkaren vid lägret, Erik Brattström. Det var mitt på dagen. Eichfuss berättade för Brattström om blommorna i Ukraina, norr om Krim.

Där växte en egendomlig sorts blommor. Det var ett slags tulpaner, lökväxter som tycktes växa vilt över hela landskapet. I denna del av Ukraina, berättade Eichfuss, är landskapet lätt kuperat och mycket vackert. På vårarna börjar alla dessa lökväxter att blomma. De finns överallt, täcker alla kullar, ger landskapet fantastiska och oanade färger. Han berättade detaljerat och precist, och med en oerhörd åskådlighet, om landskapet i Ukraina om vårarna när dessa lökväxter blommade överallt, så långt ögat nådde, överallt på kullarna i Ukraina, norr om Krim.

9

> "BALTERNA: HELLRE DÖDEN ÄN SOV-
> JET
> – VI SURRAR OSS FAST MED TAGGTRÅD
> 57 MINDERÅRIGA TILL SLAVSKEPPET"
> ST den 24.11 1945

Redan den andra strejkdagen började de nyfikna komma.

De rann in mot Ränneslätt från alla håll, men mest kom de från söder, från Eksjö. De kom på cykel och de kom till fots, stoppades upp av avspärrningarna, silades ut efter taggtråden, stod stilla i små klungor och såg in mot barackerna, försökte uppfatta något. De såg mycket riktigt taggtrådsavspärrningar, svenska soldater, några militärlastbilar, militärtält, på avstånd baracker. De såg inga människor som kunde tänkas vara interner, fast de ibland tyckte sig ana små leksaksfigurer som rörde sig på långt håll.

Reaktioner: nyfikenhet, små skratt, allvarliga nickar, tystnad, försök att utfråga de svenska vakterna, viskande samtal, sidoblickar, små resignerade nickar, menande leenden, allvar, "sorg", sorg, intresse, små hoppande rörelser för att hålla värmen uppe.

Ingen snö. Temperaturen höll sig, med små variationer, kring noll. På morgnarna registrerades dimma. Ingen is på sjön.

På nätterna hördes ett svagt brummande ljud över hela lägret, det gled ut över hela slätten: ett svagt men tydligt dovt surrande ljud som kom från en ackumulator, ditförd för de många strålkastarnas skull. Avspärrningarna var bättre nu, dubbla stängsel löpte runt hela lägret, alla stängsel var belysta av kraftiga strålkastare, dessutom hade antalet poster ökat: redan den andra strejkdagen uppgick bevakningspersonalen till över 1 000 man, alla förlagda i tält utanför stängslen. På natten badade hela slätten i ljus, posterna rörde sig som tysta skuggor, marken var ännu mjuk och lerig. Den första natten försökte sju man ur det tyska lägret att fly, de klippte upp taggtråden med tänger och ålade sig ut. Två av dem greps efter en halvtimma, de övriga gick mot Nässjö och greps på morgonen. Det var natten mot den 23 november, men dagen efter arbetade man oavbrutet på avspärrningarna, och den natten var den sista som någon försökte fly.

Hela natten lyste strålkastarna, hela natten ljöd det egendomligt brummande ljudet över Ränneslätt. När morgonen kom släcktes alla ljus, och det blev tyst.

På kvällen den 23 skedde den första läkarundersökningen, den kom efter 30 timmars fasta och företogs av en militärläkare. Till pressen meddelade han att balterna inte åt, men drack mycket vatten, att de hade hög puls och att många började få huvudvärk, och att de flesta låg i sina sängar.

Samma kväll överlämnade Eichfuss, nu inte längre i sällskap av den övriga strejkledningen, en ny promemoria till den svenska lägerledningen. Skrivelsen innehöll detaljerade anvisningar för genomförandet av det "frivilliga-passiva motståndet". Det innebar, i praktiken, ett generellt förbud för svenskar att gå inom lägrets avspärrningar. Ifall mer än sex beväpnade eller obeväpnade i lägret icke internerade personer beträdde det avgränsade området, då skulle de internerade och hungerstrejkande klä av sig nakna och bränna upp sina kläder. Skulle åtgärder vidtas för att avlägsna de internerade, skulle dessa surra fast sig med taggtråd och slutligen begå självmord.

Eichfuss överlämnade klockan 17.00 personligen skrivelsen till lägerchefen Grahnberg, som tog emot den men vägrade att kommentera den. Efter detta moment var Elmars Eichfuss-Atvars ensam härskare i lägret.

De som av någon anledning tvingades att besöka lägret häpnade mest över detta: hur totalt balterna hade tagit kommandot över sig själva, vilken makt de hade. Eller: vilken makt som Eichfuss hade. De läkare som kom från Stockholm, och som skulle undersöka balterna, stod förbluffade vid lägerporten och väntade, tillsammans med den svenske lägerchefen, på tillstånd att gå in i lägret. En kurir sändes in till Eichfuss med anhållan om tillträde. Tio minuter gick, så kom Eichfuss tillbaka med kuriren i släptåg. Han var barhuvad som vanligt, han var utomordentligt artig och han tillät läkarna att komma in. Och så fick de komma in.

Så var det varje gång, vid varje passering. Där ute var svenskarnas värld, där fanns tusen man och många gevär. Där inne var balternas värld, och de lydde sina egna lagar.

Eller vems lagar?

En av barackerna inreddes till gudstjänstlokal. Där stod, längst fram, ett enkelt bord med ett hemsnickrat kors på. Man hade dessutom fått låna nattvardskärl från svenska kyrkan i Eksjö.

Lokalen kom att användas flitigt, delvis beroende på att de baltiska präster som sökte sig till lägret var flera till antalet. Det var pastorerna Vilsnis, Lamberts, Terinz, Sakarnis och Täheväli, ibland assisterade av tyska och svenska präster. Man höll därför i allmänhet en gudstjänst per dag, och prästerna kom också att utgöra de viktigaste kontaktkanalerna mellan balterna och deras vänner utom lägret. Genom prästerna fick de informationer hur deras sak låg till, fick sammanfattningar av svensk pressdebatt och därför också möjligheter att koordinera ansträngningarna.

Förbindelserna mellan balterna, de baltiska prästerna, Diakonistyrelsen, de svenska biskopar som deltagit i uppvaktningen inför Undén och det kyrkliga motståndet i stort är uppenbart, och lätt att belägga. Den allra sista länken, kontakterna med internerna själva, var dock den svåraste att uppehålla, men sköttes ännu så länge förtjänstfullt av de baltiska prästerna. Senare skulle de svenska myndigheterna ställa svårigheter i vägen för dem, vilket, i december och januari, skulle skapa stora problem för motståndarna till utlämningen.

Ofta var gudstjänsterna ekumeniska. Ett exempel är den gudstjänst som hölls den 26 november; närvarande präster var de baltiska pastorerna Lamberts, Terinz och Sakarnis, samt de svenska Brodin och Stahle.

Den sistnämnde var prost i Eksjö.

Belysningen var stearinljus, som samlats in i Eksjö och skänkts som gåva till internerna. Stahle inledde med en kort predikan över 23 psalmen, "Herren är min Herde", och sedan vidtog den katolska mässan, då den katolske patern i full ornat officierade. Man hade ingen orgel, utan musiken kom från ett dragspel. Så följde nattvardsgången, och efter detta avslutades gudstjänsten av pastor Terinz.

Alla balterna kunde inte närvara, eftersom flera var alltför kraftlösa för att orka eller vilja ta sig till gudstjänstlokalen.

Gudstjänsten betecknas som klart ekumenisk, och mycket gripande.

Vid gudstjänsten tilläts också en fotograf från arméns pressdetalj närvara, samt en journalfilmare från SF. Bilderna är i samtliga fall tagna rätt bakifrån, visar ryggarna på några av deltagarna, samt längst fram en präst. De filmbilder som togs, och som äger samma grad av uttrycksfullhet, tycks utvisa att den präst som talar är Oscars Sakarnis.

I övrigt kan inga slutsatser dras från bilder eller vittnesmål. En av de svenska prästerna försöker i ett vittnesmål karaktärisera "en allvarsstämning som man aldrig mer får uppleva i sitt liv, stillhet, andakt, kanske en känsla av det stora ovissa som skulle möta, men också en känsla av Gudsförtröstan att lägga sitt liv i Den Högstes händer för kommande tider och dagar".

När Oscars Sakarnis första gången besökte lägret på Ränneslätt upplevde han starkast känslan av avstånd. Internerna var inte lätta att tala med, trots att de var hans landsmän. De tycktes mycket måttligt intresserade av religion, ja, hos de flesta av dem tyckte han sig finna ett slags förakt för det budskap han kom med. Gudstjänsterna besöktes visserligen, men någon som helst andlig kontakt med legionärerna fick han tyvärr aldrig.

Det första besöket, som inträffade den 8 september, kunde alltså betecknas som ett misslyckande. En helt annan stämning fann han vid sitt andra besök, dagarna 25 till 29 november. Hans funktion var ju då också en något annan, likaså de yttre omständigheterna.

Han bodde under dessa dagar på ett hotell i Eksjö. Han gick till lägret varje dag. Han återfinns på ett flertal fotografier, en man med runt ansikte, oinfattade glasögon, omgiven av allvarliga interner. Han flydde själv till Gotland i oktober 1944, fick sedan tjänst på Diakonistyrelsen. Politiska kännetecken: "Tyskarna gjorde sitt svåraste misstag vid själva angreppet på Ryssland. Hade de bara garanterat de baltiska, vitryska och ukrainska folken självständighet, så skulle alla randstaterna ha rest sig som en man mot förtryckarna i Moskva. Den ryske generalen Vlassov, som deserterade till tyskarna, var en stor föregångsfigur."

Han är allvarlig på alla bilderna, och verkar mycket beslutsam. Stämningen i november var ju också en helt annan än den i september. Eichfuss tyckte han aldrig riktigt om.

Två gånger per dag samlades balterna på planen utanför barackerna för att sjunga "Vår Gud är oss en väldig borg".

En av de baltiska prästerna hade en dotter som hette Martha. Hon var sjuksköterska och besökte lägret varje dag under hungerstrejken.

Hon hade mörkt hår, och många ansåg henne mycket vacker. En natt hade hon ett långt samtal med Eichfuss.

De diskuterade ingående hungerstrejken och möjligheterna att med hjälp av den påverka opinionen och regeringen. De satt i ett av de tomma logementen, och efterhand började Eichfuss berätta bitar av sin biografi. Efter det att de talat i många timmar bad Eichfuss henne att gifta sig med honom.

Motiven för frieriet är oklara; det är möjligt att Eichfuss trodde att han som gift med en svensk medborgare automatiskt skulle få stanna i landet. Han nämnde i detta sammanhang heller inte att han redan var gift, och att hans fru och tre barn bodde i Tyskland.

Det är möjligt att episoden bara kan betecknas som ett av många uppslag för att lösa hans personliga problem. I vilket fall: det ledde inte till någonting.

Många andra minns också den svensk-lettiska sjuksköterskan. På bilder framstår hon som påfallande vacker. Hon talade med nästan alla i det baltiska lägret. Lägerkommissarien, som dessa dagar alltmer tvingades tjänstgöra som en speciell assistent åt Eichfuss, minns henne väl. Ibland stod hon utanför vaktstugan och väntade på att komma in i lägret; det var inte kallt de här dagarna, bara någon enstaka minusgrad, men ibland tvingades hon att vänta och stå stilla länge och då frös hon, eftersom hon inte var klädd för att stå stilla ute. En gång tog han henne med sig i sin armébil och körde henne runt i en halvtimma medan hon tog av sig skorna och pressade fötterna mot bilens varmluftsventil. Och då satt hon alldeles tyst och stirrade rakt fram och var ovillig att tala, och han körde henne runt runt och sedan tillbaka till lägret, och hon gick in och varje gång var hon länge borta.

Många försökte förmå henne att påverka legionärerna att upphöra med hungerstrejken, men hon vägrade envist, "då hon ansåg sig böra respektera sina landsmäns kamp för att åstadkomma en ändring av utlämningsbeslutet". Och hon visste ju också det som alla initierade redan visste: att alternativet till Eichfuss och hungerstrejken inte var resignation, eftergivenhet och ordning, utan var Gailitis, våldsamt motstånd och självstympningar.

Alla betraktade balterna som en enhet. Dock: där fanns tre nationaliteter. Letter och litauer förstod inte estniska. Letterna förstod inte litauiska. De förstod inte varandra, de talade tyska över gränserna.

I november kom dimmorna på morgnarna, låg tätt över slätten, svepte in barackerna i grå, fuktig vadd. Den morgonen de började hungerstrejken var den första dagen på länge utan dimma, termometern visade −3 grader och gräset var frostigt. Den 25 kom dimman igen, låg kvar till 11-tiden på dagen. Det var nu varmare, den 26 var himlen grå men temperaturen hade glidit upp något, ingen dimma. Den 27 på morgonen föll tung, regnblandad snö, man mätte upp 5 millimeter. Snön låg kvar i över ett dygn, förvandlades inom lägerområdet snabbt till gyttja. Temperatur samma dags eftermiddag klockan 13.00: + 0,6 grader.

Himlen grå. Ingen sol.

Den 24 gick tyskarna på Ränneslätt i hungerstrejk. Samma dag sammanträdde officerskåren vid Ing 2 och I 12; regementscheferna uppläste en proklamation, och man ordnade en sluten omröstning som gav till resultat att officerskåren enhälligt stod bakom proklamationen. Underofficerskåren sammanträdde för sig och antog en identisk proklamation.

Det var en protestskrivelse som samma dag telegrafiskt avsändes till konungen. Den löd:

"Officerare och underofficerare vid I 12 och Ing 2 får härmed, med anledning av det förestående utlämnandet av i Ränneslätt internerade baltiska och tyska flyktingar, i underdånighet bringa följande till Eders Majestäts kännedom:

Vår lojalitet mot Konung och regering är omutlig och vi kommer obrottsligt att lyda utfärdade order. Men våra samveten och vår ära som krigsmän bjuder oss att på det kraftigaste framhålla vår skamkänsla att behöva medverka till det förestående utlämnandet. Våra befälskårer har stått eniga i sin avsky för den nazistiska regimen i Tyskland, var-

för ovanstående är fullt fritt från politiskt inflytande. Den eniga anslutningen till denna deklaration har utan påtryckning klarlagts genom slutna omröstningar: I 12 för sig och Ing 2 för sig, officerare och underofficerare för sig."

Samtidigt började blommorna komma: på några timmar hade blomsteraffärerna i Eksjö och Nässjö länsats. Det stod nu blommor överallt i barackerna, i alla korridorer och logement. Balterna låg i allmänhet helt passiva och apatiska i sina sängar. På lördagen började förberedelserna för avtransporten: i Nässjö stod femton klass 3-vagnar redo på järnvägsstationen; man hade arbetat hela morgonen på att rensa dem från glas, gardinstänger, vassa föremål och annat som skulle kunna användas vid självmordsförsök.

Klockan 21 varje kväll gick de av balterna som ännu kunde eller ville stå på benen ut på platsen framför barackerna och sjöng "Vår Gud är oss en väldig borg" samt lettiska nationalsången.

Måndagen den 26 rapporterades uppskov; det blev en snabb lättnad, som gick över på några timmar. Samma kväll, sedan strålkastarna slagits på och surret från ackumulatorn åter börjat, kom några av tyskarna ut ur sina baracker, bar på två stolpar och en banderoll. De arbetade en stund med ett spett, satte upp stolparna och banderollen, och gick tillbaka till baracken igen.

Texten var lätt att läsa i strålkastarljuset. Där stod: "Var mänsklig och dö oss!" Den fick hänga hela natten. Dagen efter kom några av bevakningspersonalen in på området och tog ner banderollen. Ingen av tyskarna gjorde något försök att stoppa dem. De stod i fönstren och såg på, tysta och passiva.

Torsdag, fredag, lördag, söndag. Måndag. Tisdag. Alla dagar tycktes likformade. Bevakningen var nu oerhört noggrann. Runt det tyska och baltiska lägret, med deras 600 internerade, låg en bevakningsstyrka på över 1 000 man.

*

Alla beslut kom från den baltiska officersbaracken. Alla meddelanden, alla order, alla analyser, alla bedömningar. Officerarna hade ju också en idealisk position: hade möjlighet att överlägga, hade tillgång till all information utifrån, hade överblick. De hade Eichfuss. Några planer att isolera de baltiska ledarna eller Eichfuss hade den svenska lägerledningen aldrig. Man ville inte ta risken att värre oroligheter skulle utbryta.

Den första krisen skulle komma ganska snart.

Sent på kvällen den 27 november gick lägerkommissarien Sigurd Strand igenom den baltiska officersbaracken. Den låg hundrafemtio meter från manskapsbarackerna, den var vit och i tre våningar, och antalet rum i byggnaden tillät de baltiska officerarna att ligga tre eller fyra i varje rum. I korridoren på nedre botten kom en man emot honom och bad om ett samtal. Han hette Oscars Lapa, han var officer och lett.

Det var ungefär vid 11-tiden på kvällen, de flesta sov redan. Strand var trött men kunde inte neka ett samtal.

Lapa tog honom med till sitt rum, som låg i andra våningen och ursprungligen hade varit ett kök: nu låg han och en annan officer där, men den andre hade dagen innan förts till sjukhus, eftersom man misstänkte att han led av tbc. Lapa var alltså ensam i rummet.

De satte sig båda på sängen, som stod nästan mitt i rummet. I taket hängde en vanlig glödlampa utan skärm, ljuset var hårt och skarpt, och Lapa började planlöst och något förvirrat berätta om ett brev han fått samma dag. Det var från Västtyskland, det kom från hans hustru, och där stod att hon och deras lilla flicka nu befann sig i säkerhet.

Strand gratulerade, men Lapa tycktes egendomligt likgiltig för det glada budskapet. Det fanns ingen gardin för fönstret, som vette mot husets baksida: man kunde se skogen som ett mörkare skikt. Lapa läste upp fragment av brevet i översättning, men verkade ändå inte glad.

Sedan började han tala om Ryssland. Han berättade vad de fått veta de senaste dagarna genom den svenska pressen: att de skulle bestraffas som krigsförbrytare, att ryssarna i radioutsändningar lovat dem straff, att de skulle sättas på slavskeppet och skickas till Sibirien, att det inte fanns något hopp för dem. Han försökte upprätta en fragmentarisk biografi, men tycktes välja noggrant mellan de bitar han valde att visa. Flera gånger antydde han att han under kriget gjort saker som ryssarna inte skulle tycka om, att han var en av de första som ryssarna skulle kasta sig över. "Han hade gjort något, han var efterlyst av NKVD, men han ville inte säga vad han gjort. Men det var någonting, han talade om att han vägrat arbeta i en konservfabrik i Murmansk, och nu var han mycket rädd."

Det tog ett tag, men sedan kom han fram till kärnan. Han var tvingad att få ett nytt pass, och han måste ha hjälp. Det fanns en baltisk präst i Sommen som han hade varit i kontakt med och som eventuellt kunde ordna ett falskt pass. Det var hans sista chans. Kunde han räkna med att Strand skulle hjälpa honom? Han måste byta identitet.

Rummet var mycket litet, Lapa hade fastat i fem dagar, han hade ett runt, ganska grovhugget ansikte. Strand kunde inte göra någonting alls för honom.

– Det går inte, sa han. Det skulle vara tjänstefel, dessutom skulle det vara meningslöst. Tiden är kort. Det enda ni kan göra är att skriva en inlaga, eller besvära er hos de svenska myndigheterna. Med falskt pass kan jag inte hjälpa er.

De talade ytterligare en kvart. Lapa gjorde intryck av att vara mycket uppriven, nästan desperat. Han talade allt snabbare, försökte inte längre viska, uppförde sig på ett egendomligt forcerat sätt, steg ofta upp och gestikulerade. Mot slutet av samtalet grät han, dock utan att direkt ange orsaken till att han grät. Han bara grät, och slutade så till sist att tala, satt med ansiktet dolt i händerna, och Strand kunde ingenting göra för honom. Och så gick han därifrån, medan Lapa satt framåtböjd med ansiktet dolt i händerna på sängen under glödlampan.

Det var natten mot den 28 november.

På morgonen kom tjänstgörande dagofficeren Patrik Lindén till officersbaracken för att räkna över internerna. Han kom klockan 8.20, fick i varje rum uppgift på hur många som fanns i rummen, kollade på sina listor, gick från rum till rum. Då han kom till andra våningen gick han först in i ett rum med fyra interner, som alla låg i sina sängar. Alldeles intill låg det rum där Lapa fanns, men dörren var låst, och Lapa svarade inte, varken på rop eller bultningar.

Han frågade de fyra officerarna som låg i rummet intill vad som hänt, men de bara log mot honom. En av dem gick ändå upp och hämtade en s. k. pikyxa.

Man bröt upp dörren.

Lapa låg död i sin säng, och lampan i taket brann fortfarande. På golvet låg en kniv, där hade runnit mycket blod. Lapa hade den högra handen böjd, vilande över huvudet, som i en avvärjande eller triumferande gest.

De stod alla i dörren och tittade. Så småningom blev där trängsel, och Linden fann till sin förvåning att bland åskådarna fanns också en civil. Han frågade vem han var och fick veta att detta var prästen Sakarnis.

Man kastade omedelbart ut alla ovidkommande personer.

Lapa låg på rygg i den prydligt bäddade sängen, han hade bara skjorta och kalsonger på sig. Lakan och övriga sängkläder var starkt nedblodade, och på golvet fanns en stor blodpöl under den dödes bröst. Hans vänstra arm och handled var helt nedblodade, och på handens insida anträffades ett cirka 1,5 centimeter långt sår vid pulsådern, som dock inte hade blivit skadad. Lapa hade uppenbarligen börjat här, men inte lyckats träffa ådern, och sedan försökt på andra ställen på sin kropp. På vänstra fotens innersida omedelbart under fotknölen fanns ett cirka 2 centimeter långt sår, och inom hjärtats projektionsområde, 4 centimeter nedanför vänstra bröstvårtan, fanns ett 3,5 centimeter brett sår, som tydligen varit dödande. Vänstra armen låg vid sidan av kroppen och under handleden låg en blodig kniv, som hade ett 14 centimeter långt och cirka 22 millimeter brett blad, vilket tydligen använts vid självmordet.

Vapnet, jämte ett antal rakhyvelsblad som anträffades i rummet, tillvaratogs av poliserna och fördes till polisstationen.

Man ställde, utan att tveka, diagnosen självmord. Enligt polisprotokollet brann glödlampan i taket ännu så sent som klockan 10.30 den 28 november 1945.

Dagen innan, den 27 november, hade Eichfuss hållit sin första presskonferens. Han hade kommit ut genom lägerporten i sällskap med lägrets yngste deltagare, Alexandrs Austrums, som bara var sexton år, och den äldste, Ernsts Kalsons, som var sextiotvå år gammal. Samma dags morgon hade en av balterna försökt begå självmord, det var Gustavs Vilks som stött en kniv mot hjärttrakten, men misslyckats och förts till sjukhus.

Journalisterna, som legat i Eksjö flera dagar utan att ha fått se en enda balt, missade inte många ord som han sa. Han började med att presentera sig: Elmars Eichfuss-Atvars. Han förklarade sedan att hans farmor var svenska och hette Johansson. Sedan började han tala, och höll på ett bra tag.

– Stämningen är god, även bland dem på sjukhuset. Vi för vår kamp inte bara för oss själva utan även för de andra balterna i Sverige och för det svenska folket. Vad som skett hemma i vårt land känner vi väl till: gravarna talar sitt tydliga språk. Vårt öde är klart. Om man ger upp en gång kommer nya eftergifter ideligen; det minns vi från 1940.

Jag vill betona att frågan om vårt utlämnande fattades utan prövning. Vi har här i vår krets barn som aldrig varit soldater. Hjälp från Röda Korset har vi avböjt, enär vi alla är politiska flyktingar. Bland oss finns femtio personer som aldrig varit soldater, medan andra deserterat från sovjetarmén. Vårt passiva motstånd är ej riktat mot Sveriges folk, mot dess Konung eller dess militära ledning. Vår kamp gäller blott rätt och humanitet. Våld skall vi inte bruka mot militär och polis.

Vi har allting förberett för att ta våra liv. Självmordsförsöket i natt var bara en demonstration. Strejkposterna är nu förstärkta för att förhindra för tidiga självmord och för att slå larm när tiden är inne. Medlen finns redan: ett medicinskt preparat vars verkningar är omedelbart hjärtslag. Preparatet har utprovats tidigare under kriget. Däremot har vi ingen som helst avsikt att använde de svenska läkemedlen härför.

Sedan den 21 november – budskapet om utlämningen fick jag i födelsedagspresent – har jag endast fått tre timmars sömn. Det som nu håller oss alla uppe är enbart viljan. Tjugofyra strejkposter vakar natt och dag i vårt läger. Vi har inte för avsikt att göra gemensam sak med några andra läger. Själv är jag beredd att dö som siste man.

Eichfuss förklarade vidare att hans kristna tro var stark, att många av legionärerna var civila, att de aldrig hade kämpat för Tyskland men väl mot både nazism och bolsjevism för Lettlands sak. "Själv har jag med mig mycket material från mitt underjordiska antinazistiska arbete. Några judeförföljelser har vi aldrig medverkat till."

Eichfuss beskrivs som en trettiotreårig man av medellängd med ljusa, öppna drag, "något åldrad genom långvarig nattvaka och genom den mustasch och det helskägg som pryder hans ansikte, men alltjämt med obruten vitalitet".

Han avslutade presskonferensen med att säga:

– Men det är en sak vi fordrar: *Ge oss en ärofull soldatdöd!*

De tre balterna återvände sedan omedelbart till lägret.

De hade ofta diskuterat formerna för motståndet, om protesten skulle vara passiv i hungerstrejkens form, eller aktiv och följd av självstympningar, självmord och utbrottsförsök; men efter den första kvällens debatt tycktes frågan vara avgjord. Eichfuss hade vunnit, Gailitis och hans mer militanta falang höll sig tysta, särskilt som Eichfuss plötsligt tycktes växa och visade sig ha en underbar förmåga att tala till svenskarna, speciellt pressmännen.

Lapas självmord väckte plötsligt motsättningarna till liv.

Vid 12-tiden på förmiddagen den 28 november, samma dag som man upptäckt Lapas döda kropp i rummet med den tända glödlampan, samlades strejkkommittén och de baltiska officerarna till ett möte. Från det mötet finns ett flertal vittnesmål, alla i huvudsak samstämmiga, varav ett vittnesmål är svenskt: en svensk pressofficer som tilläts närvara.

Rummet var ganska stort, 6 gånger 8 meter, och hade använts som bespisningsbarack. Där samlades sexton av de baltiska officerarna, de som ännu kunde eller ville gå: detta var på hungerstrejkens sjunde dygn, och en grupp av officerarna låg kvar i sängarna. De som kommit satte sig på stolarna runt borden, och längst fram, vid en kortända, satt Eichfuss. Sedan alla kommit och dörrarna stängts började diskussionen.

Gailitis tog genast ordet. Han konstaterade att hungerstrejken var ett misslyckande och att den knappast skulle ha någon effekt. De hade nu strejkat i sju dygn, och av allt att döma skulle de kunna hålla på i åtminstone tio dagar utan fara för kroppen, eller utan att de blev tillräckligt utmattade. Tyvärr hade de inte tio dagar på sig. "Cuban" låg redan i Trelleborgs hamn, det gällde kanske timmar, i bästa fall kunde man hoppas på ett par dygn. Lapa hade visat vägen. Man behövde inte gå så långt som självmord. Men en serie självstympningar, insatta i detta för opinionen ytterst labila läge, skulle ha en mycket större effekt.

Debatten kom nu igång och varade ungefär en kvart, allt under det att Eichfuss satt tyst och uppmärksamt följde de talande med blicken. Efter ett tag tog han själv till orda.

Han konstaterade att kommitténs uppgift var att upprätthålla lugn och ordning, att förhindra självmord och att lojalt följa givna order. Hungerstrejken hade haft god effekt, de hade fått god press, det fanns gott hopp. Det fanns, framför allt, ingen anledning att i detta läge splittra balternas styrka genom meningslösa kontroverser som bottnade i gamla aggressioner.

Han talade med lugn, övertygande röst, fixerade dem en efter en, och när han slutat uppstod en stunds tystnad. Några av medlemmarna i strejkkommittén, de som var direkt ansvariga, tycktes ännu tveka, de kom med mumlande invändningar, och det var uppenbart att talet varit utmärkt, men inte tillräckligt utmärkt.

Eichfuss ställde sig då upp, stod vid bordets kortända, och bad att den i strejkkommittén som satt närmast honom skulle komma fram. Då han kommit fram till Eichfuss höjde denne handen mot honom och frågade:

– Är du med oss eller mot oss?

Mannen tvekade en sekund och svarade sedan:
– Jag är med.

Bara en av de som kallades fram tycktes motsträvig. Han stod länge tyst och stirrade på Eichfuss, såg med motvilligt, sammanbitet ansikte på Eichfuss, såg ut över de andra och sa till sist:
– Ja, då är jag väl med dig då.

Han gick och satte sig, medan Eichfuss stod kvar. Eichfuss tycktes helt oberörd och log svagt mot de församlade. Till sist sa han:
– Då är vi alla eniga. Då fortsätter vi.

Sammanträdet kunde upplösas.

En av dem som var med var en lettisk officer i trettiofemårsåldern. Han hade aldrig tyckt om Eichfuss, delvis beroende på att Eichfuss ständigt tycktes spela ut soldaterna mot officerarna och oftast tycktes ta soldaternas parti: han betecknade detta som inställsamt. Han kände sig också på ett egendomligt sätt underlägsen Eichfuss, särskilt under strejkveckorna, eftersom Eichfuss talade en så utmärkt tyska, eftersom han hade så lätt att få kontakt med svenskarna och eftersom han bakom sitt irriterande småleende ständigt tycktes gömma viktiga insikter och informationer. De hade dock alla tyckt att han var lämplig som ledare under hungerstrejken, eftersom han var så olik dem.

Efter Lapas död hade emellertid en grupp officerare, med Gailitis i spetsen, kommit överens om att sätta Eichfuss åt sidan. Man hade ordnat ett sammanträde i en barack. Själv hade denne officer kommit som den förste av alla, och då satt Eichfuss redan där, på en stol vid kortändan av ett bord. Han hade suttit och stirrat ut genom fönstret, och det var lätt att se att han grät. Och Eichfuss hade vänt sig om och sett på honom och inte brytt sig om att dölja tårarna, och plötsligt skrattat till och blinkat menande med ett öga.

Berättaren ger ingen rimlig förklaring till Eichfuss uppträdande, men själv hade han vid sammanträdet ändrat sig och stött Eichfuss. Denne hade senare på kvällen verkat lugn och glad och förklarat att allting gick fint och att de skulle lyckas.

Detta är det mest betydelsefulla minne den lettiske officeren har från strejken, och han betecknar det som betydelselöst. Eichfuss, förklarar han senare, var ingen läkare, ingen visste vem han var, han ljög oavbrutet, ingen kunde motsäga honom, han var den som tände den gnista som fick alla läger runt om i Sverige att flamma. Det började hos honom, det spred sig till tyskarna, till sist brann det överallt, överallt.

På eftermiddagen den 28 november, efter Lapas självmord och efter strejkkommitténs och officerarnas konferens i matbaracken, kom Eichfuss ut till sin dagliga presskonferens. Han kom ensam över planen, fram till lägerporten, möttes av två svenska vaktposter och eskorterades de hundra metrarna till det ställe där pressmännen fanns.

Han meddelade dem, kort och sakligt, nyheten om Lapas död.
– Oscars Lapas självmord, fortsatte han efter en paus, kom som ett tecken på hur långt vår sak avancerat. Det visar att den sista punkten på vårt motståndsprogram nu kommit till användning och att vi snart står inför en dramatisk vändpunkt.

Han fortsatte att tala, ivrigt men distinkt, log ofta och överraskande, syntes inte vara medveten om vaktposterna som stod bakom honom. Lapa, berättade han, hade lämnat en papperslapp efter sig. Där stod: "Var vänlig ställ ingen till ansvar för vad jag gjort. Jag har gjort det självmant och jag har inte bett någon om råd. Ingen har heller givit mig något för detta." Lapa hade, enligt Eichfuss, stuckit sig i hjärtat, i ena foten samt i båda händerna. Vad var det Eichfuss försökte föra tanken till?

Efter en halvtimma återvände Eichfuss. Han gick med en vaktpost på vardera sidan, han avlägsnade sig med lätta och snabba steg från pressmännen, han gick som en lycklig man.

Samma eftermiddag diskuterade han det inträffade med den svenska lägerledningen. Han beklagade det inträffade självmordet, och gjorde det på ett nästan ursäktande sätt, som om han bekände ett misslyckande. En närvarande pressofficer blev efter detta samtal övertygad om att "en eventuell isolering av Eichfuss skulle kunnat ha till följd att en självmordsepidemi utbröt".

Han nämner i detta sammanhang ingenting om en eventuell isolering av de övriga baltiska officerarna, eller en avspärrning av förbindelsen mellan soldater och officerare.

Vid detta samtal förklarade Eichfuss också att situationen nu blivit så explosiv att han inte längre kunde ta ansvaret för det som skulle kunna inträffa.

Tidigt på morgonen torsdagen den 29 november ägde en enkel högtid rum till minne av Oscars Lapa. Hans vita kista hade placerats i de baltiska officerarnas förläggning, och där läste kyrkoherde Stahle en kort bön över den döde. Efter detta höll överstelöjtnant Gailitis ett anförande. Kistans lock var under ceremonin avtaget. Efter ceremonin sveptes kistan med Lapas kropp i den lettiska rödvita flaggan och bars ut ur lägret.

Två dagar senare ägde jordfästningen rum i Eksjö krematorium. Han ligger begraven på Adolf Fredriks kyrkogård i Stockholm.

Vad var det som dödade honom?

10

> *"Sedan hungerstrejken börjat i det baltiska lägret hade detta omedelbart isolerats för att hindra kommunikation med de internerade tyskarna. Dessa hade emellertid snart fått kännedom om strejken genom radio och tidningar och efter några dagar själva följt balternas exempel."*
> Personska polisutredningen

Balterna var de första som började. De började den 22 november, från dem utgick allting. Vid Ränneslätt hade omedelbart vaktmanskap och lägerledning sett till att inga tidningar, vari utlämningen diskuterades, fick utdelas till lägret. Genom detta, och genom att radioapparaterna indrogs, isolerades tysklägret.

Isoleringen hävdes dock nästan genast. Den svenske lägerchefen Grahnberg uppger i en skriftlig relation att "på grund av särskilt meddelande från försvarsstaben hade emellertid från den 24 november tidningar åter fått distribueras".

Nyheten om utlämningen var då redan känd i tysklägret. Nu fick man genom tidningarna (som för det mesta var Svenska Dagbladet) också reda på att balterna inlett en hungerstrejk, och att en kraftig opinion arbetade för dem.

Tidningarna fick de på morgonen den 24 november. På eftermiddagen inledde de 500 tyskarna på Ränneslätt sin hungerstrejk, som accentuerades av ett förbud att dricka vatten. Vid meddelandet om att det tyska lägret på Ränneslätt hade inlett aktiva motståndsåtgärder för att om möjligt förhindra utlämningen inledde också de andra tysklägren i Sverige "av solidaritet" en liknande aktion. Hungerstrejker inleddes i lägren på Backamo, Grunnebo och Rinkaby. I runt tal 3 000 internerade hungerstrejkade nu samtidigt, och förberedde också andra motståndsåtgärder.

I ett vittnesmål konstaterade den tyske internen Hans-Heinrich Peters att de svenska tidningarna "otvivelaktigt utgjorde ett moraliskt stöd, och detta så mycket mera som tyskarna varit vana vid att vad tidningarna innehölle vore officiellt sanktionerat". Man hade i tysklägret tagit del av presstormen i tidningarna och trott att den var uttryck för staten: "Ett mer eller mindre officiellt ställningstagande vilket känts som ett starkt stöd."

Det "särskilda meddelande från försvarsstaben" som utsändes, och som tillät att tyskarna fick fri information om proteströrelser och hungerstrejker, är dock i dag hemligstämplat och inte möjligt att studera. Kring det återstår några betydelselösa och närmast anekdotiska frågor av visst intresse. Vem utsände detta meddelande? Vad hade han för motiv att sända det?

Söndagen den 25 november och måndagen den 26 besökte chefen för interneringsavdelningen, överstelöjtnant Leuhusen, lägret på Ränneslätt. Situationen föreföll ytterligt labil och känslorna spända. Måndag kväll åkte han till Stockholm igen. Han var ytterligt trött och trodde sig veta att allting snart skulle bli en enda blodig röra, ett slakthus.

Han gick upp till UD och talade med kabinettssekreterare Westman. Denne stod mitt på golvet i sin salong och lyssnade på rapporten och började sedan röra sig, alltmer oroligt, gick fram och tillbaka, nervöst vridande sina händer.

– Det är ingen fara, sa sedan Westman till honom. Detta är en storm i ett vattenglas.

Han gick oavbrutet fram och tillbaka, detta var tisdag morgon, han föreföll ytterligt nervös.

En timma senare satt Leuhusen i en konferens i Möllers tjänsterum. Erlander var där, samt Folke Bernadotte. De diskuterade läget. Det blev ett gräl. Man diskuterade tyskarna. Det blev gräl.

Nu verkade allting nästan hysteriskt känsligt.

Tisdag kväll den 27 november. Vid 20-tiden kom chefen för försvarsstaben, general Ehrensvärd, tillsammans med Eije Mossberg till Kanslihuset för att ge instruktioner och direktiv till de statliga civila vittnen som skulle bevaka utrymningen av lägren. Ehrensvärd hade tagit initiativet till detta:"Om det händer något kommer folk att säga att det är de där jävla officerarna som rår för det." Ett tjugotal personer satt i rummet. Mitt i sammanträdet kom en vaktmästare med en lapp till Ehrensvärd, som gjorde en paus i föredragningen, tittade på lappen och läste upp den. Tysklägren i Backamo och Grunnebo hade nu förenats med de övriga i hungerstrejken."Stark upprördhet, närmast hysteri, råder bland de internerade." Han läste upp lappen. Det skulle bli en märklig utrymning detta, det var uppenbart.

Vittnena åkte till lägren med nattåg samma kväll.

11

"Nej, det är nog ingen större överdrift att säga att det var kyrkan, och kyrkans män, som stod bakom motståndet mot utlämningen."
John Cullberg, intervju den 19.12 1967

"Med anledning av beslutet om balternas utlämning vilja vi mana församlingarna inom våra samfund att vid söndagens gudstjänster innesluta dem i förbön. Vi må bedja att kärlekens och rättfärdighetens lag icke kränkes, och att denna svåra fråga får en god lösning."
Publicerat upprop från frikyrkliga samarbetskommittén

"Den officer som AT talat med förklarade kort och gott att Eksjö håller på att dra ihop sig till ett världspolitiskt stormcentrum. Faktum är också, att något slags samlad opinionsyttring förberedes. Ledningen av förberedelserna innehas tydligen av prästerskapet."
AT den 24.11 1945

I oktober 1944 hade pastor Allan Svantesson fått ärkebiskopens uppdrag att organisera själavården bland de baltiska flyktingarna. I början av januari 1945 hade de baltiska präster utsetts som skulle utöva själavård bland estniska och lettiska flyktingar. En särskild avdelning skapades, med namnet Baltiska kyrkokontoret. Rätten att besöka olika läger utverkades av de baltiska prästerna själva på grundval av ett av Svantesson på ärkebiskopens uppdrag utfärdat intyg, att de av den svenska kyrkan auktoriserats för sådan själavård.

De fick i instruktion att endast befatta sig med andliga spörsmål, men på grund av vad Svantesson sedan erfarit ansåg han det möjligt "att de sedan utlämningsbeslutet blivit bekant följt sina egna linjer".

Han ansåg det inte otänkbart att de i sina predikningar "talat om de hårda öden som väntat dem i Ryssland".

Den 14 november fick han vetskap om utlämningen genom Ignas Scheynius, ordförande i litauiska hjälpkommittén. Han kontaktade Anders Yngve Pers, biskop Manfred Björkquist och ärkebiskopen, och deltog själv i uppvaktningen hos Undén den 20 november. Vid den sammankomst som förekom efter uppvaktningen beslöts att Allan Svantesson skulle sändas till England, för att om möjligt få stöd från engelskt kyrkligt håll för aktionen mot utlämningen. Det skulle vara mycket betydelsefullt, eftersom detta stöd då skulle komma från en av de allierade.

Litauiska kommittén i Amerika "ställde genast medel till förfogande" för Svantessons resa, och han avreste den 23 november 1945.

I England tog Svantesson kontakt med biskopen av Chichester samt, genom ombud, med ärkebiskopen av Canterbury. Sammanträffandet med den förre ägde rum i parlamentsbyggnaden, "varvid biskopen uttalat sin förhoppning att balterna ej skulle utlämnas utan noggrann prövning i varje enskilt fall".

Senare samma vecka kom genom en pressbyrå en dementi av påståendet att ärkebiskopen av Canterbury på något sätt skulle stödja den svenska oppositionsrörelsen.

Färden till England måste enligt Svantesson betecknas som en relativ besvikelse, dock inte ett helt misslyckande. Den första söndagen i december höll han högmässa i Seglora kyrka, varvid en man efter gudstjänstens slut reste sig och offentligt tackade S, som han betecknade som "en märklig man". S drog sig därefter ut genom en bakdörr, för att förhindra fortsatta hyllningar. Intermezzot fick inga kommentarer i tidningarna.

Varför reste han? Vilka värderingar hade han? Exakt hur var hans humanitet konstruerad? Vilka var hans politiska utgångspunkter? Kännetecken: skrifter. 1. *Ungdomens fiende nr 1*, den offentliga moderna dansen. Stockholm 1941. 2. *Undergång eller upprensning?* Nöjesindustri, idealitet, ungdomsråd. Stockholm 1941. 3. *Fången, fängelset, friheten*. En vädjan. Stockholm 1942. 4. *Sexualundervisning med måtta*. Stockholm 1942. 5. *Folkmoral och nöjesliv*. Stockholm 1942. 6. *Kommunismen – en religion!* Uppsala 1949.

Förbön för de internerade, hållen i Eksjö kyrka söndagen den 25 november 1945, av komminister Gustav Brodin.

"Med anledning av det hemska och fruktansvärda öde, som väntar de främlingar, som sedan några månader i vår närhet varit hos oss, är det vår ofrånkomliga plikt att i den mänskliga solidaritetens namn ge uttryck åt den sorg vi känner. Vi överlämnar domen över det skedda åt honom, som dömer rättvist, men det synes vara så, att därest kristna principer verkligen finge vara vår och våra styrandes ledstjärna, skulle förhandenvarande problem kunnat lösas på ett av oss och vårt land värdigare sätt. Vi synes ej kunna göra något för dessa olyckliga mer, men en väg är ännu öppen; förbönens. Gud allsmäktig förmår hjälpa, där vi intet förmår, och i hans hand vilja vi nu anbefalla alla dessa våra olyckliga bröder och avskilja en tyst minut i varm förbön för dem."

Avsnitt ur utskrift av bandspelad intervju med kyrkoherde John Stahle och komminister Brodin avsedd för TV-programmet "De flydde förgäves", sänt den 23.12 1964. Ursprunglig, ej klippt version. Intervjuare: John Sune Carlsson. Rubrik: Beskrivning av nattligt möte på Eksjö torg.

Stahle:

– Ja, vi hade ... det var en angenäm afton hemma i prostgården med en gåsmiddag. Under middagens lopp så kommer det rikstelefon från Stockholm. Biskop Daneli ringer och nämner om beslutet, och anmodar oss att här nere göra vad vi kunde för att försöka få en proteststorm till liv. Jag gick in till mina gäster, fundersam, och var tyst en lång stund, och de undrade vad jag hade haft för samtal. Till sist måste jag berätta innehållet i det hela, och det väckte ju en viss förstämning det hela, och alla var vi överens om att något måste göras. Det dröjde väl inte längre än till dagen därpå, när vi ämbetsbröder träffades, som vi kom överens om att gemensamt sätta i gång denna aktionen. Det började då med det första protesttelegrammet, som vi gemensamt författade och skickade iväg.

Brodin:
– Jag för min del fick ett telefonsamtal ifrån pastor primarius Olle Nystedt i Stockholm, där han uppmanade mig att animera alla sorters organisationer, kvinnor och politiska och ideella och, ja, överhuvud alla som finns i ett samhälle, att gå in för den här aktionen. Jag minns en redaktör som ringde mig och undrade, skulle vi inte kunna lägga några listor i affärerna? Och det skedde nog också.

Stahle:
– Ja, och sedan så var protesten i gång. Det spred sig ju över hela Sverige, fick en enastående anslutning. Vi stod ju i centrum här i Eksjö, och vi kände vårt ansvar. Vi har ju många underbara minnen från dessa våra balter, från tiden tillsammans med dem. Jag tänker särskilt på när vi samfällt från Eksjö församlingar skickade ut blommor till dem med vidhängande blågula band. Det blev så stor uppslutning med denna blomsterhälsning så att blomsteraffärerna länsades helt och hållet. Det omvittnades sedan när de hade inlastats på båten för att föras till Ryssland, att de vinkade en avskedshälsning till Sverige med de blågula banden som de hade tagit med sig härifrån.

Brodin:
– Och det mest gripande var kanske den där kvällen, söndagskvällen, när telefonkabeln, telefonbudkavlen ska vi kanske säga, gick från man till man och vi samlades på torget. Du måste väl ha fått det ganska tidigt eftersom Du hann förbereda talet också?

Stahle:
– Ja, jag fick det nog rätt ... men det var så improviserat så man fick

ju – under den ganska allvarliga stämningen fick man ju reda ut tankarna och tala om vad som var i görningen.

Brodin:
– Jag tror att vi kände oss oerhört gripna den natten, och jag måste säga att jag beundrade oerhört att Du överhuvudtaget kunde säga någonting. Och jag har tänkt på det efteråt, att det var ett mycket förnämligt tal som Du skapade fram på den korta tiden.

Stahle:
– Ja, efter vårt första telegram, protesttelegram, till Konung och regering så minns Du att vi en natt fick en telefonpåringning. Det började i och med fru Helga Sjöstrands telefonpåringning, och sedan gick ...

Brodin:
– Ringde hon, hon ringde Dig alltså?

Stahle:
– Hon ringde mig ja ...

Brodin:
– Och ville att Du skulle säga något, och så där...

Stahle:
– Ja, just det, och sedan så gick telefonpåringningen till flera hem, och Du fick också Din påringning.

Brodin:
– Ja, jag minns att det var fru Cederskjöld som antingen kom hem eller ringde. Det har jag glömt. Men hon var ju också på det klara med att något skulle göras, och det sattes igång, och vi ringde några samtal och så klädde vi på oss ...

Stahle:
– Och sedan skyndade vi till torget ...

Brodin:
– ... och efter hand kom det en icke oansenlig skara, och hur många, det är svårt att säga i närvarande ögonblick, men kanske hundrafemtio stycken.

Stahle:
– Ja, jag minns att torget var till hälften släckt. Man hade ju släckt nattbelysningen, så det var ju en ganska underlig stämning den natten i det sparsamma ljuset och framför kyrkporten.

Brodin:
– Ja, Du stod alldeles inpå trappan och vi stod runt omkring där. Jag minns att vi sjöng också. Naturligtvis "Vår Gud är oss en väldig borg". Om vi sjöng något mera, det minns jag inte, men att det var gripande på något obeskrivligt sätt helt enkelt.

Stahle:
– Jag tror det togs en del fotografier, blixtfotografier, den natten på dem. Så det finns nog fotografier ...

Brodin:
– Och Du hade fått några minuter på Dig att samla Dig för ett tal där. Jag har ett minne av att Du talade om att det var att jämföra med budkaveln, som i forna dagar gick.

Stahle:
– Jaha.

Brodin:
– Ja, vi sjöng "Vår Gud är oss en väldig borg". Och den var intensiv på något sätt, och kanske man sjöng med något förkvävd stämma.

Stahle:
– Ja, jag minns pressen ironiserade på vissa håll över detta vårt nattliga möte, men de förstod givetvis inte själva den stämning som vi hade i Eksjö. Vi var så nära centrum.

Brodin:
– Det kan man väl säga, att det var spontan medmänsklighet helt enkelt, som dikterade vår sammankomst den gången.

Stahle:
– För det var inte bara vi två präster utan även andra som kom i kontakt lite grand med balterna. Och även om det fanns stängsel, så hade man ändock en känsla av att man var mycket nära varandra.

Brodin:
– Ja, efterhand som det blev bekant så var väl hela staden inkopplad i det hela och kände varmt för dem där ute.

Stahle:
– Ja, och det tog sig särskilt uttryck i denna blomsterhälsning som vi skickade dem i sådana enorma massor så att blomsterhandlarna blev länsade. Och varje blomma åtföljdes av ett blågult band.

Brodin:
– Ja, och den aktionen var väl i högsta grad spontan?

Stahle:
– Den var spontan.

Brodin:
– Jag vet inte att det kungjordes på något sätt.

Stahle:
– Nej, och även en ljusinsamling för att bereda ljus till logement och framför allt till gudstjänsterna var en mycket spontan aktion. Ja.

Hon fyllde tjugofyra år samma dag budet kom att balterna börjat sin hungerstrejk. Hon hyrde ett rum med kök i ett hus i ett villaområde alldeles söder om lägret, och den dagen hade hon köpt vin och bjudit sin syster hem till sig, och de talade om balterna. Nu var hon tjugofyra år.

Hon visste en del av vad som försiggick i lägret. Hon var en av de få som vetat om historien med flickan i det vita huset. Det låg bara femtio meter från hennes egen bostad, där fanns en tjugoårig flicka från Eksjö som bodde i gavelrummet, och dit brukade en mutad svensk vaktpost smuggla några tyskar ibland. Det hade hållit på i augusti och i september, och hon kunde stå i sitt fönster och se hur ljuset tändes och släcktes i fönstret i det vita huset, och sedan förblev släckt. I september blev vaktposten upptäckt, han hade drivit byteshandel med kameror och kikare och med flickan, och en dag hade han sålt en k-pist till tyskarna och det hade upptäckts vid en visitation, och så kom allting upp.

Hon berättar episoden utan inslag av moralism, men med en egendomlig skärpa och tydlighet.

Själv hade hon upplevt Eksjö som en stad utan känslor, men händelserna på Ränneslätt tycktes för några veckor förändra allt. "Förut brukade folk här aldrig tala med varandra, det var så trist, man gick där och frös och ingenting fanns det att göra efter arbetstid." När budet om utlämningen kom förändrades allt. Det var som om en magnet satts mitt i ett fält med järnfilspån, alla berördes, det uppstod mönster, det uppstod plötsligt ett känslomässigt centrum. Man började tala, det kom förslag, där fanns en känsla, omöjlig att beskriva men ändå tydlig och stark.

Hon fick meddelandet om det nattliga protestmötet på torget i Eksjö genom sin syster. Hon låg just då och läste, hon klädde sig, hon gick dit.

Hon ställde sig i utkanten av hopen och försökte höra vad de sa. Någon talade där framme, det var kyrkoherde Stahle, hon minns inte vad han sa. Hon minns att bara ett par meter från henne stod flickan i det vita huset. När hon såg henne kom det först som en chock, och hon stod länge och stirrade på henne, och det kändes fel på något sätt. Sedan släppte den känslan, och hon blev, nästan mot sin vilja, våldsamt rörd, men bemästrade det och vände bort blicken. "Det kändes så egendomligt att vi stod där, att hon stod där, jag har aldrig känt mig så egendomlig varken förr eller senare, jag ville bara gråta. Det var ett slags ... samhörighet."

Sedan sjöng de "Vår Gud är oss en väldig borg". Hon hade dittills inte hört vad de sa, men nu sjöng hon med, och alla sjöng de med stark röst, och detta var mitt i natten och allting föreföll så absolut otroligt: att detta var Sverige och Eksjö hösten 1945. Hon sjöng och sjöng och de sjöng alla och så tog mötet slut.

Hon grät hela vägen hem. Hon grät öppet och befriat, gick utan att dölja sig och sitt ansikte och bara grät och grät. "Det var så konstigt, man kände sig lycklig också, vi hade alla varit med om något märkligt, och jag grät väl egentligen över balterna men samtidigt var jag lycklig." Och när utlämningen sedan skedde upplevde hon den med en häftig känsla av total tomhet, av en saknad som var skarp och hård, och hon grät mycket också då, men inte så mycket över balterna fast hon också säger sig ha gråtit över dem, utan i en häftigt besviken känsla av att något nu var förbi, att hon en sekund hade blivit delaktig i en känsla som aldrig skulle återvända till henne.

Hon var tjugofyra år den dagen strejken började, hon skulle aldrig glömma den vecka som följde. Hon talar länge om den häftiga känsla av samhörighet eller medkänsla som den natten och flera följande drev henne att gråta, och minnet av den förlorade känslan är starkare än minnet av balterna, och när hon talar om detta finns saknaden kvar.

Då var hon tjugofyra år, och känslan av delaktighet skulle aldrig, aldrig återvända till henne mer.

12

"Det första kravet på en regering är att den skall vara praktisk. Jag är en varm vän av provisorier och opportunism."
Winston Churchill

För nästan alla svenska politiker kom den våldsamma stormen kring balternas utlämning som en fullständig överraskning. Baltutlämningen hade som en politiskt kontroversiell fråga inte existerat före den 22 november 1945. Då, vid 7-tiden på morgonen, inledde balterna sin hungerstrejk. Det politiska problem som skulle kallas "baltutlämningen" föddes i samma moment. Före detta ögonblick hade frågan framstått som rent administrativ, en obetydlighet, eller en självklarhet.

Samlingsregeringen avgick den 31 juli, och den efterträddes av en rent socialdemokratisk ministär. Utrikesminister i denna ministär var Östen Undén, statsminister var Per Albin Hansson, finansminister var Ernst Wigforss. Alla tre skulle spela en central roll vid frågans fortsatta politiska bedömning; men det var Östen Undén som fick bära huvudansvaret utåt.

Hans hållning till de baltiska länderna var egendomligt tvetydig. Den 16 augusti 1940 hade han hållit ett tal i riksdagen, där han analyserade vad som just skett i Balticum – ryssarnas maktövertagande av de tre baltiska staterna. *"Det är naturligt att de händelser som inträffat i Östersjöområdet på ett alldeles särskilt sätt berört oss här i Sverige"*, hade han sagt. *"Tre förut självständiga stater ha likviderats på några dagar. Den skenbara frivilligheten kan inte bedraga någon iakttagare. Vi veta numera alltför väl hur en sådan yttre frivillighet skapas. Det är en alldeles egenartad statskonst som härvid utvecklar sig, och den är lätt att identifiera"*, och han talade hela tiden om Balticum men han tycktes ändå tala om något annat. Detta var alltså augusti 1940, tyskarna hade tagit Norge och Danmark, Undén själv hade häftigt reagerat mot detta och mot den svenska undfallenheten mot alla tyska krav, och blivit politiskt omöjlig i den svenska regeringen. Vad var det han talade om *bakom* det han talade om? *"När en hotfullt beskyddande stormakt kommer med sina verkligt farliga krav på en mindre stat, finns det stundom en viss mottaglighet i det mindre landet för den tankegången, att även mycket stora eftergifter äro bättre än krig. Men om eftergifterna innebära, att det mindre landet frivilligt och motståndslöst ger ett fotfäste inom sina gränser åt den mäktige beskyddaren, då har det mindre landet funnit sig i den trojanska hästens politik i förgrovad form. Det nästa skedet i händelseförloppet kommer att utspelas på ett sätt, som berövar den lilla nationen till och med möjligheten att gå till strid för sin egen frihet"*, och det var ett utmärkt tal frånsett det faktum att han talade i allegorins form, talade om Sveriges eftergiftspolitik mot Tyskland, och om faran av detta, men samtidigt löpte risken att bli tagen på orden.

Den 23 november behandlades baltfrågan första gången i riksdagen, då regeringen svarade på interpellationer av folkpartisten Åke Holmbäck och högermannen Elis Håstad. I första kammaren läste Per Albin Hansson upp regeringens deklaration, i andra kammaren Östen Undén.

Regeringsdeklarationen drog upp bakgrunden, hela skeendet från de dagar i maj när tyskarna flytt i båtar till Sverige, över den ryska framstöten den 2 juni, över utrikesnämndens behandling av frågan den 11 juni till samlingsregeringens slutgiltiga beslut den 15 juni och dess svar till ryssarna. "Avsikten var ursprungligen att flyktingarna omedelbart skulle skickas tillbaka till den ryska zonen, men olika omständigheter ha medfört att transporten fördröjts. Den skall nu efter överenskommelse med Sovjetunionen äga rum inom den närmaste tiden."

Man konstaterade också att det i detta läge, i början av juni, varit omöjligt för den svenska regeringen att ta hänsyn till vilka nationaliteter som doldes under den tyska uniformen. Och man fortsatte:

"Stilleståndsfördraget medförde en förpliktelse för alla tyska styrkor att kvarstanna där de voro och nedlägga vapnen. Ehuru Sverige ej var bundet av detta fördrag, ville svenska regeringen ej ge sin medverkan till att militärpersonal tillhörande den tyska krigsmakten undandrog sig följderna av kapitulationen."

Deklarationen avslutades med ett konstaterande att svenska regeringen utgick från att de baltiska krigsfångarna inte skulle behandlas på annat sätt än vanliga krigsfångar.

Ivar Anderson replikerade omedelbart: "Vad veta vi om hur vanliga krigsfångar behandlas, och om de öden som de gå till mötes? Det som gör denna sak så utomordentligt beklämmande för oss är, att vi ha en känsla av att vi här stå i begrepp att utlämna människor som ingenting annat velat än att kämpa för sitt eget lands frihet och oberoende."

Han hade, liksom Rickard Sandler, suttit i utrikesnämnden i juni, och i första kammaren uppstod en liten diskussion om vad som sagts på detta sammanträde. Rickard Sandler ville inte delta i den debatten, men han förstod den oro som framkallats av beslutet om utlämning.

"Att detta ärende har föredragits i utrikesnämnden, och att en kollektiv medansvarighet här kan sägas föreligga, gör icke denna sak annorlunda eller bättre än den i sig själv är. Och även om vad jag säger får betraktas som en kritik mot mig själv för bristande aktsamhet vid ett ärendes handläggning i utrikesnämnden, kan jag icke underlåta att göra den reflexionen, att vi kanske få anledning att ångra vad som här sker, och att vi själva kunna komma att känna det som ett minus i den aktning vi gärna vilja hysa för vårt eget handlingssätt."

Men det var inte i första kammaren den stora debatten utspelade sig; det var i andra kammaren där Östen Undén föredrog regeringsdeklarationen och där också huvudopponenten fanns: Elis Håstad.

Håstad gick i sitt långa anförande till angrepp på en rad punkter. Han angrep sekretessen kring utlämningen, den tystnadens slöja som regeringen dragit över hela affären. Han konstaterade att Sverige haft frihet att avstå från utlämningen, om man så velat. Han konstaterade att balterna, om de frivilligt engagerat sig i tyska armén, nu hade rätt att få politisk asyl i Sverige på politiska grunder. "Ha vi någonsin förr utlämnat personer som gjort uppror eller på annat sätt inträtt i stridande grupper emot sitt eget land?" Han konstaterade att det "veterligen" inte skett utlämningar "under de år, då nazismens och fascismens skräckvälde existerade och flyktingar i massor kastades in även över våra gränser". Senare undantag finns dock, konstaterade han, det gällde utlämningar till Danmark och Norge, "men härvidlag har det inte bara rört sig om eminenta landsförrädare även enligt vår mening, utan också och framför allt om akter, som äro att betrakta som ett led i *de nordiska brödrafolkens naturliga samverkan även inom rättsskipningen.*"

Han konstaterade också att någon individuell prövning inte företagits. Dessutom hade vid junibeslutet frågan varit i ett helt annat läge, och dåligt presenterad. Och han deklarerade:"Min ståndpunkt är den rent principiella: Sverige bör icke utlämna personer som kunna komma att behandlas som insurgenter eller fosterlandsförrädare, *det må gälla Sovjetunionen eller vilket land som helst.*"

Han avslutade sitt långa inlägg med att säga: "Finns det i denna stund blott en skör tråd av förhoppning om skydd för dessa människor, vill jag in i det sista tro att denna sköra tråd icke skall behöva brista."

Talarnas rad var lång, och deras argument inte alltid helt avvikande från varandras. Men det som efteråt skulle framstå som det mest sensationella inslaget i debatten var ändå Östen Undéns sista inlägg, som kom i ett sent skede av debatten. Han avslutade nämligen med att ge sin principiella syn på hela det baltiska problemet, och han gjorde det utomordentligt tydligt och utan omskrivningar, nästan brutalt.

"Den baltiska frågan är såsom helhet ett synnerligen svårt och besvärligt problem och dess kärnpunkt ligger givetvis i spörsmålet om dessa folks framtid. Bland de politiskt intresserade balterna själva övervägs nu, såvitt jag kan förstå, en tankegång som jag tror jag kan återge på följande sätt. Den enda rätta baltiska patriotismen är att slå vakt om tron på dessa länders framtid såsom självständiga och suveräna stater, ungefär som det var vid tiden mellan de bägge krigen. Ingen resignation i detta avseende är på sin plats. Varken Förenta staterna eller Storbritannien, så resonerar man, har ännu erkänt ländernas nya ställning. I Amerika finns en opinion till deras förmån. Det gäller för balterna själva att hålla dessa förhoppningar vid liv, att göra propaganda, att upplysa världsopinionen, att väcka stark indignation mot Sovjetunionens fortsatta välde i Balticum.

Dessa förhoppningar äro enligt min tro rena illusionspolitiken. Redan under mellankrigsperioden rådde på många håll i världen ett starkt tvivel om dessa små nyinrättade republikers framtid. Deras läge var sådant att ingen gärna kunde tveka om att ett återuppstigande Ryssland skulle vilja ha ett avgörande inflytande på deras politik. Den politiska mogenheten hos dessa folk var inte heller särskilt markerad. De startade som bekant som mönstergilla demokratier, men hamnade i ett fruktansvärt partiväsende, som sedan utmynnade i diktatur.

Det är ett faktum att man på inflytelserikt håll i världen, t. ex. i England, varnade Finland på sin tid för att knyta sitt öde till de baltiska republikerna just med hänsyn till deras ovissa framtid. Och hur ser nu världen ut i dag? De fredliga, demokratiska Amerikas förenta stater behöva militära baser på Island för sin trygghets skull. Tror någon att Förenta staterna kan motsätta sig att Sovjetunionen skaffar sig militära baser i Estland, Lettland och Litauen? Kommer Storbritannien att upprätthålla en varaktig konflikt med Sovjetunionen för de baltiska staternas suveränitets skull? Man kan då svara: ja, kanske dessa patrioters förhoppningar äro illusioner, men då är det ingen framtid som väntar dem, livet är inte värt att leva, och då är det bättre att de fullfölja till det yttersta den linje som de slagit in på.

Men det *kan* ju också tänkas en annan politik, man kan tänka sig en annan form av baltisk patriotism. Man kan säga sig att de tjugo årens självständighet trots allt var ett kort ögonblick i dessa länders liv. Vore det inte anledning att pröva den andra politiska linjen, nämligen att acceptera det nya Ryssland och den politiska utformning som de baltiska republikerna fått såsom anslutna till Sovjetunionens republiker? Naturligtvis kan denna politik vara omöjlig för enskilda personer, som varit starkt politiskt aktiva under ett tidigare skede, men vore den inte möjlig för den stora massan av de baltiska folken, för de breda lagren?

Om jag från den tankegången återkommer till den speciella frågan som här föreligger, skulle jag vilja säga till de baltiska politikerna: hade det inte varit klokt att säga till dessa internerade balter från tyska krigsmakten att de här ha en chans? Om de nu återvända utan svårigheter till sina länder, så kunna de ju framhålla för de ryska myndigheterna, att de ha i god tro och i den uppfattningen att det var deras patriotiska plikt gått in i tysk tjänst och att de i somliga fall tvingats till det och inte ansett sig böra motsätta sig detta till det yttersta, fortfarande av patriotisk plikt eller av hänsyn till sina närmaste eller sig själva. Vi ha från svenska regeringens sida försökt att understryka ett sådant resonemang för Rysslands minister här, och han har lovat att framföra det till ryska regeringen i Moskva.

Nu ha emellertid i stället dessa internerade blivit uppeggade till ett tillstånd av exaltation, kan man gott säga, och det talas nu från deras sida bara om den terror som väntar dem och om omöjligheten att leva i förbindelse med Ryssland, osv. Man tycks glömma här att det väldiga Ryssland består av en mängd mer eller mindre utpräglade nationaliteter, som *kunna* leva drägligt vid varandras sida och som inte finna sammanslutningen i en gemensam union vara ett orimligt band. Det är ju inte svenska regeringens sak att avgöra hur balterna själva böra inrikta sin politik, men när svenska regeringen tidigare upprepade gånger uttalat den förhoppningen, att talrika balter skulle anmäla sig till frivillig återresa till sina gamla länder, då har givetvis den underliggande tanken varit just den jag här givit uttryck för, nämligen att det skulle vara i de baltiska folkens eget välförstådda intresse att återvända för att delta i uppbyggandet av en ny framtid för dessa folk."

Debatten i andra kammaren blev lång.

I efterhand tycks de inlägg som gjordes i riksdagen denna dag ofta vila på en vacklande grund, eftersom så många fakta i målet var diffusa eller okända. Man påstod att många av de internerade var civila och att många var krigsförbrytare, man krävde en individuell prövning och hänvisade till att de västallierade utlämnat eller vägrat utlämna motsvarande grupper, man hänvisade till obevisbara ryska radioutsändningar där de internerade hotats till döden, och man hänvisade till den rättvisa ryska rättvisan, man hävdade att det var formellt omöjligt att frångå junibeslutet och man hävdade att junibeslutet bara var ett ramavtal, som tillät kraftiga justeringar. Man hävdade att detta var att våldföra sig på asylrätten, och näste talare visade att asylrätten inte var användbar här.

Referaten av debatten gavs stort utrymme i tidningarna. Den efterlämnade många frågor, och stor oklarhet.

Riksdagsdebatten ägde rum på fredagen. Under lördagen och söndagen togs oavbrutna informella kontakter mellan ledande politiker, också mellan oppositionen och regeringen. Ingen av oppositionens partiledare hade sagt ett ord under debatten, deras tystnad hade varit talande, ännu hade baltfrågan inte förvandlats till partipolitik. Det tycktes omöjligt, eftersom alla politiska partier utom kommunisterna hade varit medansvariga för beslutet, och det föreföll inte troligt att kommunisterna skulle opponera sig mot utlämningen. Men utanför riksdagen blev de partipolitiska linjerna i baltfrågan allt klarare, och läste man tidningarna tycktes saken klar: kampen stod mellan regeringen och oppositionspartierna.

Hungerstrejken tycktes dramatisera händelserna och förkorta det politiska skeendet. Undén pressades allt hårdare, och det blev uppenbart att något måste ske snart.

Några av dem som de dagarna talade med Östen Undén minns klart hans oerhört kluvna inställning. Han vecklade ofta in sig i långa samtal, blev ursinnig över varje försök att stämpla ryssarna som barbarer eller mindre humana, och tycktes automatiskt inta försvarsposition när motståndare till utlämningen försökte beskriva det fruktansvärda öde som balterna gick till mötes. Då blev han alltid oerhört upprörd: "Varför kan vi inte visa förtroende för ryssarna?

Vad har de egentligen gjort oss för ont? Vad har man för grund för denna misstänksamhet?"

Samtidigt såg de hur han led. Han mumlade ofta om olika sätt att "förhala frågan", han ansåg att den kanske skulle kunna lösas "lasarettsvägen", och han lyssnade på varje förslag till lösning.

Men samtidigt fanns utfästelsen där, beslutet den 15 juni. Och han tycktes i det längsta vägra att gå emot det.

Någon form av uppskov var ändå nödvändig, och man konstruerade en utväg.

Vid 6-tiden på morgonen den 26 november, en måndag, sammankallades regeringen till en extra statsrådsberedning: man ringde runt och fick tag på alla utom Gjöres som var ute i landet och höll tal. Sammanträdet utsattes till klockan 11, omedelbart efteråt begav sig regeringen till Slottet där man höll extrakonselj. Konseljen tycks bara ha varat i omkring tio minuter. Man diskuterade där framför allt frågan om det fanns några civila bland militärbalterna, och man kom fram till att en ny undersökning måste företas genast.

Vid 12-tiden var konseljen slut, och man fortsatte omedelbart statsrådsberedningen, som var klar vid 13-tiden. Omedelbart efteråt kallades överbefälhavaren, general Jung, till statsministern. Han kom klockan 14.00 och lämnade statsministern 14.15.

Ett beslut hade tydligen fattats, och det blev snart klart vilket beslutet var. Vid 15-tiden på eftermiddagen den 26 november, samma måndag statsrådsberedningen hade sammanträtt, meddelade försvarsstaben i ett iltelegram till de olika lägren att "avresan för de internerade är av transporttekniska skäl tills vidare uppskjuten, vilket snarast meddelas de internerade".

Undén själv är i dag inte villig att mer utförligt motivera uppskovet: "man ansåg att det var nödvändigt att vinna tid". Senare nämner han i förbigående, och som svar på en annan fråga, att beslutet kommit överraskande åtminstone för några.

– Hur var förhållandet mellan regeringen och armén? Var det spänt? Förekom kontroverser?

– Kanske ibland. Kanske lite splittring ibland. I någon fråga.
– Vilken fråga då?
– När vi i regeringen beslöt uppskjuta utlämningen, det var en måndag i november. Då blev militären förbannad.
– Varför? Man var ju motståndare till utlämningen?
– Man ville tydligen ändå ha den undanstökad så fort som möjligt. Uppskjutningen irriterade försvarsledningen mycket. Men initiativet kom alltså från civilt håll, de första konsultationerna skedde mitt i natten. Jag minns att jag blev väckt nästan mitt i natten. Initiativet kom inte från mig. Det var Mossberg som ringde.

Balterna låg alla när de fick meddelandet. En svensk officer kom in i lägret och läste upp ett meddelande om att utlämningen hade uppskjutits. Det uppstod ett ögonblick av kaos och glädje, sedan blev allt lugnt igen.

Man avbröt dock inte hungerstrejken, eftersom man inte fått säkra garantier att få stanna.

Den exakta innebörden i det politiska skeendet är svår att beskriva: det mesta av materialet är hemligstämplat. Notväxlingen med Sovjetunionen är oåtkomlig.

Förekom det påtryckningar?

Det förekom i varje fall insinuationer om påtryckningar. Det var två påståenden som var vanliga. Det första var att Sverige utlämnade balterna för att ro det stora handelsavtalet med ryssarna i hamn. Om det kan sägas att *ingen* person med insyn i skeendet efteråt trodde att detta var sant. Handelsavtalet nämndes överhuvud inte i samtalen med ryssarna. Fakta tycks också tala emot denna insinuation. Det var *ryssarna* som var mest angelägna att handelsavtalet skulle slutföras. "Men hade vi smitit från handelsavtalet, då skulle de nog ha tagit mycket illa upp" (Wigforss). Det var ryssarna som skulle få en miljardkredit, inte svenskarna. Handelsavtalet fördes i hamn långt senare, våren 1946, och under motstånd och skepsis från inflytelserika svenska kretsar.

Det andra påståendet var att Sverige utlämnade balterna för att få kol från Polen. Det ryktet var vida spritt och vann stor tilltro.

Det tycks i samma utsträckning som det första ryktet sakna grund. Det uppkom sedan handelsminister Gunnar Myrdal i en handelsöversikt i riksdagen den 28 november, alltså mitt under strejkveckan på Rännesläst, nämnt att Polen hade vissa svårigheter att fullgöra sina åtaganden att leverera 1 000 000 ton kol och 200 000 ton koks. Den polska regeringen hade beklagat detta: man kunde producera denna mängd, men eftersom järnvägarna var förintade eller svårt skadade och man saknade vagnmaterial, så hade leveranserna blivit mindre än beräknade, och man släpade efter.

Men ryktet tog fatt på detta, man lade ihop och förstod. Balterna skulle säljas för kol från Polen.

Undersökaren arbetade länge på detta spår, det verkade ytterst användbart och intressant. Tyvärr var det alldeles falskt, en återvändsgränd. Det fanns andra hänsyn och andra motiv, bara inte just dessa två: handelsavtalet, och kolet från Polen. Det var dubbelt synd eftersom den aspekten på baltutlämningen hade så aktuella anknytningar: det var de åren i mitten på 60-talet när de svenska demonstranterna mot USA borde hålla sig tysta för att inte skada handeln med amerikanarna, det var då Fulbright hade kommit till Stockholm och sagt att *de små länderna underskattar ofta sin förmåga att öva inflytande på världshändelserna. Rädsla för repressalier från de stora länderna är ofta ett av skälen. Men de senaste åren har givit många exempel på länder som gått sin egen väg eller t. o. m. motsatt sig stormakterna utan att några allvarliga följder inträffat;* och detta problem, att exakt fastställa vad den moraliska friheten kostade, och fick kosta, det sysselsatte honom mycket, men det var och förblev ett stickspår.

Ändå: i alla riktningar tycktes denna utlämning vara uppfylld av ett oändligt antal moraliska konflikter, situationer när principer kolliderade. Konflikterna var lockande, med ett slags pervers attraktion, men han slet sig loss, eftersom han en gång hade bestämt sig för att hålla sig till mekaniken.

Kvar fanns registreringen av politiska komplikationer. På arbetarhåll ville många protestera, men var rädda att utnyttjas av den reaktionära propagandan. Många socialdemokratiska riksdagsmän höll tyst, mot sin vilja.

Och, å andra sidan: mot slutet av november, de sista dagarna under hungerstrejken, uppstod en liten men kraftfull minoritet inom högerpartiet som vid interna partidiskussioner krävde att baltutlämningen skulle till det yttersta utnyttjas partipolitiskt, för att om möjligt störta den socialdemokratiska regeringen.

Man beslöt efter långa diskussioner att inte i första hand agera efter detta mönster. Och så blev det: baltutlämningen kom aldrig helt att förvandlas till en partipolitisk kamp om regeringsmakten.

13

"De tyska soldater som tillfångatogs i öster utför tvångsarbete i Balticum och de övriga delarna av Sovjetunionen, och Sverigetyskarnas öde blir inte annorlunda. De ester som kämpat i tyska armén kommer säkerligen att behandlas på samma sätt. I varje fall är det sovjetfientlig propaganda att påstå att vi skjuter dem. Litet annorlunda ställer det sig med krigsförbrytarna, men de rannsakas och döms på samma sätt som fallet är i de av västmakterna ockuperade delarna av Tyskland."
MT den 2.12 1945, intervju med Alexander Aven, representant för Sovjets råd för repatriering av Sovjetmedborgare i Sverige.

"Från Sverige och Norge komma meddelanden, att man är synnerligen intensivt engagerad mot utlämnandet av etthundrafemtio i baltiska staterna hemmahörande fascister. Framför allt är Sveriges regerings beslut att utlämna krigsförbrytare riktigt och välkommet. Efter segern över den gemensamme fienden måste man straffa de skyldiga och allestädes utrota fascismen."

Uppsnappat meddelande från Tallinns radio den 6.12 1945 klockan 20.00, ej bekräftat eller verifierat.

Det fanns två uttalanden att trygga sig till: två källor. Dels den officiella ryska, att legionärerna skulle få en korrekt behandling. Dels den inofficiella, uppsnappad genom radiobudskap från Sovjet. De citerades flitigt i svensk press, och enligt dem var legionärerna att betrakta som krigsförbrytare som gick sitt givna öde till mötes. Radiobudskapen var dunkla, svårtolkade, det var svårt att i vissa fall få klart för sig om man med "krigsförbrytarna" menade männen på Ränneslätt eller de civila balter som flytt från Balticum: bland dem fanns en handfull uppenbara krigsförbrytare som ständigt utsattes för angrepp från rysk sida.

Det gick aldrig att få någon full klarhet i detta. Radiouttalandet kan ha varit falskt, en myt. I vilket fall: tecknen tycktes hotfulla.

I somliga fall tycktes de hotfulla tecknens hotfullhet accentueras på ett mycket påfallande och medvetet sätt.

Tiden på Ränneslätt kan betraktas från många olika vinklar. Efter utlämningen 1946 redogjorde några av balterna i den ryska radion för sina upplevelser. Den första sändningen kom den 17.2 1946 klockan 17.30 från Moskva. De baltiska legionärerna hade då varit i Sovjet i tre veckor.

En rad vittnesmål lämnades där. Några var påfallande inkorrekta, andra snedvridna, uppenbarligen tillkomna under tryck. Vittnesmålen bör betraktas i detta ljus.

De saknar dock inte helt intresse.

Mottagningsförhållandena var delvis dåliga, störningar förekom. Det finns alltså luckor i framställningen. Följande citat avser balternas redogörelse för svenskarnas information om läget, för svensk opinion och för tiden på Ränneslätt.

Doktor Elmars Eichfuss-Atvars:
"... visar förljugenheten i alla påståenden av de svenskar, vilka förledde de internerade balterna till passivt motstånd, till hungerstrejk, vilket resulterade i lidanden för oss alla ... självmordsförsök och också försök från tyskarnas sida att begå självstympning. I maj och juni 1945 publicerade svenska tidningar uppgifter, som hade hämtats ur Latvju Vards och Latvju Zinas eller andra oss obekanta källor ... Europa och Sovjetunionen, att våldsamma övergrepp ägde rum där.

Vi fick Svenska Dagbladet, Stockholms-Tidningen och Gotlands
Allehanda ... men i ingen av dem var det några positiva eller objektiva uppgifter om det verkliga läget i Sovjetunionen. (– – –) Den
svenska pressen har med stöd av för oss obekanta källor meddelat om
det fruktansvärda öde som förestod ... och förklarat att med hundraprocentig visshet döden väntade men att man ändå ville utlämna
oss till den säkra döden. Till följd av detta beslöt vi att börja hungerstrejk klockan 7.00 den 22 november 1945. Svenskarna hade inte ett
ord att invända mot detta. På vår begäran tog de t. o. m. hand om alla
livsmedel som hade ... och anskaffade inga nya. De uppmuntrade
på allt sätt till hungerstrejk som gjorde att vi fortsatte. Vi hade två
tillfällen att tala med representanter för den svenska och utländska
pressen, vilken å sin sida understödde vår kamp för rättvisa ... och
så släppte de in prästerna, vilka begräto oss, som om vi redan vore
döda ... den 18 november 1945 ... och överstelöjtnant ... vilken ville
framprovocera aktivt motstånd ... personer och sålunda ... onödig
blodsutgjutelse och självmord. Dessa ... uppgifter för yttervärlden
utan min eller kommitténs vetskap och framkallade sålunda onödig
oro. Dessa uppgifter ledde också till självmord och självmordsförsök.
För att förhindra att vi ... motståndare till ... sände de den 28 och
29 november 1945 t. o. m. friska personer till sjukhus. Enligt mina
beräkningar var minst 75 % i stånd att förflyttas. Ja, de var t. o. m.
starkare än den 25 januari 1946."

Valentin Silamikelis:
– – – "I Sverige fick jag det intrycket av tidningsmeddelandena och
av rykten om radioutsändningar från Sovjetlettland att man ... oss
letter som förbrytare i Sovjetunionen."

Löjtnant Paul Lielkajs:
"... skulle resa till våra familjer i Tyskland ... i Sverige. Men vi
hade aldrig hört att vi skulle sändas till Sovjetunionen eller att vi
... enligt en överenskommelse i denna fråga ... efterhand av den
lettiske prästen ... yr ... som ... en gudstjänst och nu ... underrät-

telse genom en tysk-svensk... tyska internerade. Genom svenska och lettiska tidningar ... och till slut hörde vi ... meddelanden. (En rad meningar ohörbara.) ... om vi skulle sändas till Sovjetunionen så skulle vi alla bli skjutna. I en del brev, som ... besökt oss erhöll vi ävenledes ... att radiostationen i Tallinn och senare Madona hade meddelat att vi redan hade dömts till döden för högförräderi. Tydligen skulle vi sändas hem, och då skulle alla bli skjutna. Att våra liv skulle vara i fara om vi kom att utlevereras till Sovjetunionen, därom läste jag i en svensk tidning och ... av en svensk riksdagsman i samband med interpellationer. I de svenska tidningarna kunde vi ofta läsa jämförelser mellan demokrati i väster och öster. I dessa meddelanden betonades att det existerade en verklig demokrati endast i väster och att det inte. fanns någon dylik frihet i Sovjetunionen. Sålunda läste vi att det i den engelska ockupationszonen i Tyskland genomfördes fria val av kommunalförvaltningar och fackföreningsstyrelser och att alla partier kunde delta i valen, att maten var bättre i denna zon, att industrin återupprättades, att pressfriheten återinfördes osv. I Sovjetzonen däremot utnämndes representanterna för kommunalförvaltningen och fackföreningarna, alla partier tilläts inte, innevånarna skändades och rånades och innevånarna svalt. Korrespondenter från väster släpptes inte in där, och det hade över huvud skapats en järnridå som ingen kunde bryta igenom. Om läget i Estland, Lettland och Litauen meddelades i breven och även muntligt i de ... flesta att det pågår en massförflyttning till Ryssland, att alla legionärer och poliser antingen har skjutits, sänts till tukthusarbete eller kastats i fängelse. Vi meddelades också att engelsmännen i Belgien utbildade en del baltiska legionärer och att engelsmännen komme att kämpa tillsammans med dem mot Sovjetunionen och återupprätta den forna lettiska stat som existerat tidigare. Alla dessa underrättelser jämte det faktum att lägret bevakades med hundar och belystes med strålkastare samt den omständigheten att vårt vaktmanskap hänvände sig till den svenska regeringen och anmodade den att inte utleverera oss gjorde att den upprörda sinnesstämningen drev oss till det yttersta så att vi när vi hörde talas om resan ögonblickligen bildade en strejkkommitté under ledning av dr Eichfuss som förklarade hungerstrejk."

Löjtnant Bernhards ... (ohörbart namn, förmodligen Celms):
"...är medborgare av Sovjetlettland och är född i Riga 1902. (– – –) Omkring den 18 november offentliggjorde de lettiska tidningarna som utkommer i Sverige olika artiklar om statsförbrytare i Lettland och om de olidliga förhållanden som skulle råda där. Ungefär i samma stil skrev svenska tidningar även att Revalradion hade meddelat att den svenska regeringen hade beslutat att utleverera oss till Sovjetunionen, vilket han hälsade med glädje, och att statsförbrytarna nu skulle få det strängaste straff. Överhuvud framställde den största delen av svenska pressen detta som en tragedi för oss och gav uttryck åt sin beklagan och sin medkänsla. I kyrkorna hölls många gudstjänster för oss .. till oss ... t. o. m. klockan 2 på natten ... officiella samtal lät svenskarna oss förstå att ... skulle börja ... hungerstrejk. Och den 22 november började vi denna. (– – –) man sände oss till olika sjukhus ... endast svenska präster, som förrättade gudstjänst på tyska erinrade oss ideligen om att endast ... kunde rädda oss."

Kapten Ernsts Kessels:
"Så fort jag kom till det svenska lägret började lägerledningen att mycket försiktigt bringa meddelanden om levnadsförhållandena i Sovjetunionen, särskilt i den lettiska republiken. Särskilt talade man om att legionärerna hade skjutits och att största delen av befolkningen i Balticum sändes till Sibirien. De lettiska tidningarna meddelade att alla förråd och hela skörden bortförts och den därmed följande slutsatsen att det skulle inträffa en katastrof denna vinter på grund av svält. De svenska tidningarna meddelade att Österrike plundrats, att all boskap bortförts i Österrike och Ungern och bekräftade sålunda meddelandena om att läget hemma skulle vara förskräckligt. Om balterna personligen framhöll Hellman att den svenska regeringen inte ämnade göra åtskillnad på tyskar och balter. (– – –) De svenska

prästerna besökte lägret. De bad böner och bad den allsmäktige att avvända vårt öde. Allt detta tillsammans med tidningsagitationen skapade en atmosfär som kom människorna att tro på denna agitation. Då rådde man oss att börja hungerstrejk och försökte samtidigt att därigenom ge den svenska regeringen möjlighet att upphäva den ingångna överenskommelsen med Sovjetunionen. De förstärkte vaktmanskapet. På 500 internerade kom 1 700 svenska soldater. Strålkastarna och hundarna, allt detta och propagandan skapade en atmosfär, så att människorna greps av skräck till den grad att många började företa självstympning eller begå självmord."

Överstelöjtnant Karlis Gailitis:

"Då vi erfor att vi skulle resa tillbaka till Sovjetunionen, rådde den svenska lägerledningen oss att sända ett memorandum till utrikesdepartementet och till två riksdagsmän, som följde frågan om vårt utlämnande. Vi utsåg en man till att personligen överlämna memorandum. Från svenska armékretsar fick vi idén att börja hungerstrejk, ty hungerstrejk är ingen sällsynt företeelse i den svenska armén. Allt detta försatte människorna i ett tillstånd så att det första självmordet utfördes. Löjtnant Lapa begick självmord den 27 november 1945. På sjukhuset berättade den svenska lottan att Sverige inte hade velat utlämna oss, men att Sverige inte kunde få kol från Polen, om vi inte utlevererades till Sovjetunionen. Allt detta verkade svårt beklämmande på oss."

Dessa uttalanden hade uppenbarligen spelats in i Lettland, men sänts från Moskva. Uttalandena återgavs endast i notisartade sammandrag i de svenska tidningarna. De som kommenterade dem förklarade endast att det var helt uppenbart att denna samling lögner avpressats balterna under hot. Man fick dock inte klandra de utlämnade, eftersom de uppenbarligen på detta sätt försökte urskulda sig inför sina ryska fångvaktare. Några framförde tanken att dessa uttalanden i sig utgjorde ett bevis för att de utlämnade fick en omänsklig behandling, trots att de påstod motsatsen.

Det fanns alltså inget skäl att dröja vid dessa osakliga beskyllningar.

En polisutredning tillsattes dock, för att utröna om t. ex. beskyllningarna att internerna påverkats av svenska officerare hade någon grund. Man tillfrågade och intervjuade en rad inblandade svenska officerare. De tillfrågades bl. a. om de uppmanat internerna att börja hungerstrejk, eller stympa sig, eller uppmuntrat dem att fortsätta hungerstrejken, eller bedrivit politisk propaganda i lägret, i strid med gällande bestämmelser.

Samtliga tillfrågade officerare svarade ett bestämt nej på samtliga dessa frågor. De baltiska internernas påståenden hade alltså varit helt lögnaktiga.

I polisutredningens periferi uppstod en rad kuriösa delfrågor, som inte kunde ges något bestämt svar. En av frågorna var den om flygbladen vid tysklägret i Backamo. En rad interner som av olika anledningar, t. ex. sjukdom, frigetts från lägret hade uppgett att flygblad nedkastats i lägret från flygplan. Det hade inträffat den 27 eller 28 november, planen var grå, av jaktplanstyp, och beskrevs allmänt som tillhörande svenska flygvapnet. Planen hade kretsat runt lägret ett par gånger, sedan börjat en anflygning från norr på uppskattningsvis 400 meters höjd, och hade mitt över lägret kastat ut ett moln av flygblad. Vinden drev emellertid flygbladen så att de flesta hamnade utanför lägret, vid dess sydvästra hörn. Några kom dock i internernas händer. De var avfattade på svenska, men översattes snabbt.

Innehållet var, enligt internernas minnesbild, följande. "I dessa dagar äger en fruktansvärd tragedi rum i de tyska interneringslägren. 2 700 tyskar, vilka före krigsslutet begivit sig till Sverige bl. a. till följd av sjönöd, och vilka man lovat att de enligt Haagkonventionen skulle interneras i Sverige, skola nu utlämnas till Tysklands störste fiende. Detta är ett rättsbrott och därför protesterar svenska folket, så att detta icke genomföres."

En rad f. d. internerade uppgav sig ha sett flygplanen och läst flygbladen. De svenska medlemmar av bevakningspersonalen som tillfrågades nekade bestämt att något sådant skulle ha inträffat. Efter det att de tyska internerna konfronterats med den svenska lägerpersonalens nekande besked vidhöll de trots detta bestämt sina uppgifter. Någon klarhet nåddes aldrig.

Vilka svenskar samtalade internerna med? Förekom propaganda? Vilka tidningar läste de?

Balterna läste framför allt lettiska tidningar, utgivna i Sverige. Den populäraste var Latvju Vards, en högerextremistisk exiltidning. Den sändes regelbundet till alla lägren, legionärerna annonserade efter anhöriga i den, hade den som kommunikationsorgan utåt. Under sommaren och hösten finner man i Latvju Vards spalter många av de baltiska legionärernas namn, de meddelar var de är, söker efter anhöriga.

Bland dem som annonserade i Latvju Vards var Elmars Eichfuss-Atvars. Han skriver från Torvfabriken, Martebo, hans annons är den största av dem alla. Han ber om uppgifter om sin fru Leontine, om sin kusin, om sina bekanta från Riga och Liepaja. Han avslutar med att skriva: "Jag ber dem som lyckats rädda första upplagan av min bok *Vesela tauta – vesela cilvece* att sätta sig i förbindelse med mig. Bokens tyska titel är *Gesundes Volk – gesunde Menschheit.*"

Vad fick de läsa i Latvju Vards?

Tidningen utkom under sommaren en gång i veckan, senare två gånger i veckan. Den var på fyra eller åtta sidor, i dagstidningsformat. Varje nummer innehöll rader av annonser, politiska översikter, artiklar om svenska förhållanden, samt rapporter om hemlandet, om de politiska och ekonomiska förhållandena i Sovjetunionen.

Ofta kommer tidningen in på förhållanden bakom den s. k. järnridån. Den 7, 10 och 13 oktober publiceras en serie berättelser av en f. d. medlem av lettiska SS-legionen om ryssarnas attityd till sina tyska och lettiska krigsfångar. Fångarna sänds, enligt denne, från läger till läger. De lovades ofta friheten, men ständigt nya förhör följer. Tyska läkemedel får ej användas, de kastas på sopbacken, bara ryska accepteras. Legionärer i SS-uniform misshandlas. "Enligt rysk uppfattning är varje SS-officer medlem av nazi-partiet." Avrättningar av SS-män förekommer. I ett läger utanför Riga samlas lettiska legionärer bakom taggtråd, de anhöriga står bakom träden och gråter. En dag är internerna borta, ingen vet vart de förts.

"Alla läger i den ryska zonen är underställda NKVD, och kommendanterna är judar."

Förhållandena i hemlandet, säger tidningen, är nu fruktansvärda. Den 7 november konstaterar tidningen i en ledare att "de ryska soldaterna och officerarna har plundrat, rövat, dödat, supit och våldtagit ett stort antal lettiska kvinnor. I alla myndigheter sitter ett stort antal ryssar, och judar och ryssar innehar nu de bästa platserna." Den 17 oktober berättas om ryska repressalier mot lettisk civilbefolkning, den 3 november kan tidningen berätta om de tusentals "partisaner" som ännu finns i Litauens skogar, och som nu jagas av ryska trupper.

Omväxlande med dessa skildringar av hur ryssarna far fram i de baltiska staterna finns analyser av de baltiska SS-truppernas nuvarande och framtida status. Den 17 oktober påpekas i en ledare att England och USA inte erkänt Lettlands annektering, och att letterna i exil måste vara beredda att vid en gynnsam tidpunkt gå i kamp för landets frihet och oberoende. Den 29 september innehåller tidningen ett kraftfullt försvarstal för de letter som låtit värva sig till SS-legionerna. "Nu är dessa legionärer, som befinner sig i allierad fångenskap, vårt hopp. De har en mission i framtiden. Vi tror på dem."

Liknande uttalanden förekommer ofta.

Hur upptog legionärerna denna agitation från höger? Trodde de verkligen att en omsvängning skulle ske, där tyskar, balter, engelsmän och amerikanare gemensamt skulle vända sig mot kommunismen, och göra det snart?

Säkert. Särskilt i de tyska lägren tycks man ha varit mycket säker på att det bara var dagar innan de allierade vände sig mot varandra. Många tecken tydde också på att detta var meningen bland balterna.

Den lettiske löjtnanten Peteris Vabulis, som senare skulle begå självmord på kajen i Trelleborg, ger i ett brev uttryck för samma mening. Det är daterat den 8 september 1945.

"Kanske får vi", skriver han, *"fira årsdagen av vår studentförening i ett fritt Lettland. Det är sant min vän, alla tecken tyder på att denna vår önskan inte är någon utopi. Det känner även vi här i lägret, även om vi inte fått lov att kasta vapenrocken. Vi ser fortfarande ut genom taggtrådsstängslet, men det är vi ju vana vid från fronten. Och vi är även beredda att slåss i svenska eller engelska uniformer, om de så vill, för att upprätta ordning och skapa en total fred i världen."*

Men det nya kriget dröjde, freden utsträcktes alltmer, och de baltiska legionärerna fick inte, som Latvju Vards påstått, gå i kamp med ryssarna. Utlämningen kom allt närmare. Det var inte så de tänkt sig återvända till Lettland, inte vapenlösa, inte som fångar.

Hur förvandlas hopp till besvikelse till förtvivlan?

Den lettiske officeren J P spelade på eftermiddagen den 8 april 1945 orgel vid gudstjänsten i Rönne, nästa dag går han på en inköpsrunda och inhandlar en klockkedja, två notesblock och ett bärnstensarmband till sin hustru L. Samma kväll fotograferar han sig i uniform.

Gång på gång antecknar han, under de följande veckorna, att han känner sig "orolig för L". Den 24 april antecknar han: "På ön går nu rykten om en rysk-amerikansk konflikt." Den närmaste veckan blir situationen alltmer kritisk. "Tankarna går till kära L, hur ska jag få träffa min kära fru?"

Nästa dag: "Åter åt jag mycket kakor. Mussolini har stupat."

Dagboken är skriven med blyerts, med klar, upprättstående piktur, mycket tydlig och klar. Med jämna mellanrum återkommer han till sin oro för "sina kära"; hans hustru var gravid när han lämnade henne, och han har inte fått några meddelanden från henne.

Han kommer till Ystad, till Bökeberg, till Rännesslätt.

"På morgonen spelade vi fotboll. Efteråt deltar jag i lägrets pingpongturnering, där jag tar andra plats och som pris får tjugo cigarretter. På kvällen äter jag kakor och lär mig svenska. Sådant är livet i lägret." Den 5 juni: "Vi läser de lettiska tidningarna."

Den 9 juni på kvällen lägger han patiens "för att se hur det går för min L. I början verkar det gå dåligt, men senare kommer korten bra."

Han är dock inte säker. Den 14 juli skriver han: "Olustig dag. På natten ser jag L i en dröm, och kämpar med henne, efteråt får jag lugn. Vaknar sedan, somnar om och drömmer att Kessels har kommit från Tyskland och säger att jag måste åka dit, till min fru. Efteråt gratulerar han mig till nytillskottet. Jag vaknar. Vad betyder allt detta?"

Nyheterna utifrån blir alltmer alarmerande, det tycks som om de måste utlämnas, augusti går, anteckningarna blir allt knapphändigare. "Vanliga dagen i lägret." "Oroliga tankar." "Inget nytt." Den sista dagen i månaden köper han en resväska och försöker anskaffa civila kläder. "Har helt och hållet ledsnat på att bära uniform."

Gång på gång återkommer hustrun L i anteckningarna. "Tankarna går hela tiden till L."

Den 12 september: "Stor dag för mig i lägret, fick L:s brev. Synd att det är så litet skrivet. Om det nu bara går bra för henne, så kan vi båda glädjas åt den lyckliga tilldragelsen. Allt kommer nog att gå väl, och det blir en stor glädje att åter få träffas."

Den 14 får han ännu ett brev, men inget nytt. Först den 7 oktober får han det brev han väntat på. "Den stora glädjedagen. Fick L:s brev att den 6.8 föddes en flicka, Astrida. Lugn och glad går jag och lägger mig på kvällen."

Han arbetar på att få visum för sin familj till Sverige, och får hjälp av en svensk officer. Han börjar studera tyska. Han organiserar en sångkör, den övar flitigt.

Den 21 november blir situationen plötsligt kritisk. "Omständigheterna väldigt dåliga. I tidningen finns meddelande om vår utlämning. Stämningen är tryckt. Folkpartiet har lämnat in en interpellation. Vi beslöt oss för hungerstrejk."

Den 22 november. "På morgonen började vi hungerstrejken. I kväll kommer det att beslutas. Det sägs att vi har många beskyddare.

I tankarna är jag hos mina kära L och A. Alla befinner vi oss i en väldigt tryckt stämning."

Den 23 november. "Hela morgonen förblev jag i tankarna hos mina L och A. Klockan 14 riksdagsmöte om oss. Vår fråga blev uppskjuten till måndagen."

Den 24 november. "Jag lever i en enda upprördhet."

Den 25 november. "Det finns inget hopp om någonting."

Från och med den 25 november förändrar anteckningarna karaktär. Pikturen, som tidigare varit spretig, upprättstående och tydlig, blir nu större, lutande och slarvigare. Den 26 november finns en anteckning som sträcker sig över dagarna 26, 27 och 28 november, utan att markera tidsgränsen. Den lyder:

"Kära hustru, förlåt mig om jag gjort något ont. Tänk alltid på mig, kanske att något ännu räddar mig. Berätta allt åt lilla kära A. Levande kommer jag aldrig att resa från Sverige."

På nästa sida, som är dagbokens sista och där anteckningarna slutgiltigt upphör, är handstilen ändå otydligare: raderna går snett över sidan och stilen är slarvig och ytterligt svårläst.

Där står:

"Sätt någon gång blommor på altaret
för mig. Hälsa Sasu och bekanta. Jag svär dig
kära hustru att jag hela tiden
har älskat dig av hjärtat det har
inte funnits stunder när jag
  inte har
    varit hos dig i tankarna
Allra hjärtligaste hälsningar till
      Dig och lilla Astrida
        evigt Din

Anteckningarna upphör där. Han sände dagboken i ett brev till en vän. Han utlämnades, han är i dag musiklärare i Lettland. Han återsåg aldrig sin hustru.

14

"De baltiska patrioternas ståndpunkt, att det enda rätta är att slå vakt om ländernas framtid som självständiga, är enligt min tro rena illusionspolitiken. Redan under mellankrigstiden hystes starka tvivel om deras framtid. Dessa folks politiska mognad var inte särskilt markerad."
Östen Undén i riksdagen den 23.11 1945

"Småstaternas rätt till statlig oavhängighet och deras rättsliga jämställdhet med stormakterna är en gammal och allmänt erkänd princip för folkrätten. Denna princip har också ordagrant uttryckts såväl i Atlantdeklarationen som i Förenta nationernas stadga. Denna rätt gäller också oavkortad för de baltiska staterna."
Bruno Kalnins: De baltiska staternas frihetskamp

Synen på de baltiska legionärerna hänger samman med synen på de baltiska staternas politiska status. Dem beskriver man kanske bäst genom en kort blick på Lettlands historia, som visserligen skiljer sig från Estlands och Litauens men ändå ger en ungefärlig genomsnittsbild av de baltiska staternas historia.

Och för övrigt: de flesta balterna på Ränneslätt var ju letter.

Fram till 1200-talet var de lettiska stammarna fria. Sedan kom tyska riddarordnar, och efter denna tid hörde Lettland, och Balticum, till dessa områden som ständigt kastades mellan angränsande stormakter: bytesobjekt och priser vid freder. 1629 blev Estland och Nordlettland svenskt; det var den goda svensktiden som började, och den skulle vara till 1721. Då trängde Ryssland fram till Östersjön. Genom freden i Nystad fick ryssarna Estland och norra Lettland, 1772 inkorporerades Östlettland, och 1795 också södra Lettland.

Sedan skulle Ryssland äga Lettland, och göra det ända till första världskrigets slut, då Lettland och de baltiska staterna för första gången blev självständiga.

Frihetskriget, eller lösgörningsprocessen, varade mellan åren 1918 och 1920, och om detta finns det många versioner, beroende på ideologisk ståndpunkt.

Efter den ryska revolutionen 1917 kom freden i Brest-Litovsk 1918. Litauen och Kurland anslöts till Tyskland, Riga skulle utgöra en fri stat, Nordlettland och Estland ställdes också under Tysklands välde.

Resten är en förvirrad härva av komplikationer och intressekollisioner. En liten tysk minoritet, sammansatt av tysk adel och baltiska samarbetsmän, planerade att förvandla de baltiska staterna till formellt oavhängiga marionettriken under den tyske kejsaren. Under tiden sökte lettiska socialdemokrater kontakt med tyska partikamrater för att få de baltiska staterna förklarade självständiga. Men Tyskland störtade samman, under några veckor innehades den faktiska makten av ett tyskt soldatråd med säte i Riga:

Den 11 november erkände Storbritannien de facto Lettland som en självständig stat. Den 18 november proklamerades Lettland som fri stat.

Det närmaste året blev förvirrat. Lettiska skytteregementen hade deltagit aktivt i den ryska revolutionen, hade utgjort det praktiskt taget enda reguljära förbandet på bolsjevikernas sida, och med sina 20 000 man var de lettiska skyttarna en styrka av klar betydelse. Efter Tysklands sammanbrott bröt en rysk styrka på 6 000 man, huvudsakligen bestående av lettiska skyttar, in i Lettland för att befria det från utländska intressen. Den 17 december utropades ett rött, oberoende Sovjetlettland, och i januari 1919 stod de lettiska skyttarna i Riga. Samtidigt bildade tyskbalterna ett lantvärn, samtidigt fanns där tyska trupper, samtidigt en engelsk flottstyrka, samtidigt betydande förband uppsatta bland lantbefolkningen. Motståndet mot de inträngande lettisk-ryska trupperna utgjordes ursprungligen nästan uteslutande av rikstyska trupper, uppsatta av tyskbaltiska baroner och rikstyska officerare, och de arbetade framför allt för att bevara tyskbalternas politiska inflytande i Lettland. De fick vapen och ammunition från den tyska åttonde armén.

Länge stod striden mellan dessa: de lettiska skyttarna i rysk tjänst, och de tyska trupperna. De lettiska "nationella" trupperna var kraftlösa och i stort utan betydelse. I början av 1919 hade den lettiska nationella regeringen endast ett kompani på 132 man vid fronten.

På våren 1919 rullade fronten åter österut: utländska styrkor hade satts in, och ryssarna var försvagade. Överallt runt om i Sovjet rasade inbördesstrider. I Riga inledde tyskarna massavrättningar av letter. Men en nyupprättad nordlettisk armé skulle detta år i en serie drabbningar ta hem spelet; i juni krossades tyskarna vid Cēsis, och drevs mot hösten, med engelsk hjälp, ut ur landet. I öster stod den röda lettisk-ryska armén kvar: de besegrades också, sedan franskstödda polska trupper gripit in på den nordlettiska arméns sida.

Den 11 augusti 1920 slöts fredsfördraget med Sovjet.

Efteråt skulle man från kommunistiskt håll beskriva skapandet av de baltiska staterna så här: de västliga kapitalistiska staterna lät upprätta tre randstater som skydd mot kommunismen. En "cordon sanitaire" för att hindra ryssarnas framträngande västerut, för att använda Clemenceaus uttryck. En buffert mot kommunismen, skapad av ryskt område, av rysk mark.

Den nationalistlettiska synen är en annan. För den var detta ett, om än förvirrat, befrielsekrig.

I vilket fall; ur de otaliga intressekollisionerna utgick ett självständigt Lettland.

Efter detta följde en kort tid av demokratisk lycka: mellan åren 1920 och 1934. Visserligen blev partisplittringen allt svårare, men demokratin fungerade dock. Och så sveptes Lettland och de baltiska staterna med i den fascistiska våg som drog över Europa på 30-talet. Litauen blev en fascistisk diktatur 1926, Estland blev en halvfascistisk diktatur 1934, och i Lettland övertog Ulmanis makten med en statskupp den 15 maj 1934. En egendomligt patriarkalisk statsform uppstod, en personlig diktatur med upplöst partiväsende, censur och åsiktsförtryck, men med bara sporadiska inslag av en medveten fascistisk ideologi. En diktatur som tog makten, och behöll den, med lantvärnets hjälp.

Lettland blev en diktatur, och skulle så förbli under resten av sin självständiga tid.

När andra världskriget började var Lettlands öde redan avgjort. I den tysk-ryska pakten från 1939 hade Lettland och Balticum tilldelats Sovjet som sovjetiskt "intresseområde". Den 5 oktober 1939 undertecknade Sovjet och Lettland en biståndspakt, och under hårt diplomatiskt tryck tvingades Lettland utarrendera flott- och flygbaser till Sovjet på tio år. Spelet var nu mycket nära slutet. Den 16 juni kom krav att en sovjetvänlig regering skulle bildas, och att sovjetarmén skulle få tillträde till Lettland i obegränsat antal. Man gav efter, den 17 juni iscensattes en »frivillig» anslutning till Sovjet. Den 14–15 juli hölls val, med kraftigt reducerade valalternativ. Den 21 juli kom det officiella riksdagsbeslutet om anslutningen, den 5 augusti upphörde Lettland formellt att vara självständigt.

Hela tiden spelade Ulmanis en förbryllande roll. Han uppmanade i ett radiotal folket att »med vänskap mottaga de med den lettiska regeringens samtycke inryckande sovjettrupperna», han undertecknade, utan att avgå, samtliga lagändringar.

Konklusioner?

Det var lätt att se att införlivandet av de baltiska staterna måste ha inneburit en väldig lättnad för Sovjetunionen: man hade nu återfått det militärstrategiska läge man haft före revolutionen. Alla visste att kriget mot tyskarna stod för dörren, och man behövde nu inte riskera att Hitler använde de baltiska staterna som uppmarschområden: dörren till Moskva och Leningrad hade stängts, för en tid.

Men det framstod ändå som kristallklart att detta var ett hänsynslöst utslag av stormaktspolitik. Ett mäktigt land hade införlivat i sig en rad små länder, som det visserligen en gång ägt, men som nu ändå var självständiga områden. En stormakt hade slagit till, oblodigt men effektivt, och Lettland skulle aldrig mer bli självständigt.

*

Detta var det ryska året: sommaren 1940 till sommaren 1941. Att motståndet mot kommunismen var starkt i vida kretsar blev snabbt uppenbart. De konservativa och fascistiska grupperna satte sig självfallet till motstånd, likaså nationella element inom alla partier. Konflikterna kom till sist till en dramatisk kulmen. Den 14 juni 1941, strax före det tysk-ryska krigets utbrott, genomfördes en rad deportationer av "reaktionära element" i Lettland. På en natt deporterades från Lettland 14 693 personer. Bland de deporterade fanns en rad nationella ledare och många socialdemokrater. De fördes till arbetsläger längre österut. Många fördes till Sibirien.

De sista dagarna i juni 1941 fördes den tyska armén rakt genom Balticum. Riga föll den 1 juli 1941.

Utrensningarna av judar och kommunister började genast i stor skala.

Tysktiden hade inletts.

Den 29 november 1945, mitt under balternas hungerstrejk på Ränneslätt och mitt under opinionsstormarna, anklagade Moskvaradion "reaktionära svenska tidningar" för att genom protestaktionerna mot svenska regeringens beslut att utlämna de baltiska militärinternerade gynna planerna på ett västblock. Det var en kampanj "som i själva verket inte syftar till annat än att isolera Ryssland och dra en cordon sanitaire kring det". "Reaktionära kretsar har inlett en våldsam smädekampanj mot Sovjet. Denna senare illvilliga kampanj, som följer paroller från fiender till fredligt framåtskridande i efterkrigseuropa, är bara ett nytt tecken på att arbetet med att krossa återstoden av nazism och fascism inte är avslutat."

Hur upplevde Moskva de svenska stormarna kring balterna?

Ingen vet. Möjligtvis kan man gissa sig till hur ryssarna upplevde sin egen situation. Nazisterna hade fallit in i Sovjet och förvandlat det till en bränd ödemark: inget land i världen fick lida så hårt av tyskarnas härjningar som ryssarna. Man gjorde efter kriget ett överslag av vad det tyska angreppet kostat Sovjet. Man kom fram till (och det var siffror som bekräftats också från västligt håll) att mellan 15 och 20 miljoner ryska medborgare dödats av tyskarna under andra världskriget. Tyskarna hade helt eller delvis förstört 15 stora städer, 1 710 mindre orter och 70 000 byar, bränt eller raserat 6 miljoner byggnader och berövat 25 miljoner människor tak över huvudet. De hade förstört 31 850 industriföretag, 65 000 kilometer järnvägsspår, 4 100 järnvägsstationer, 36 000 post-, telegraf- och telefonstationer, 89 000 kilometer större landsvägar, 90 000 broar och 10 000 kraftstationer, de hade satt 1 135 kolgruvor och 3 000 oljekällor ur spel och tagit med sig 14 000 ångpannor, 1 400 turbiner och 11 300 elektriska generatorer, plundrat 98 000 kollektivjordbruk och 2 890 traktorstationer, de hade slaktat eller bortfört 7 miljoner hästar, 17 miljoner nötkreatur, 20 miljoner svin, 27 miljoner får och getter, 110 miljoner fjäderfän. De hade plundrat och förstört 40 000 sjukhus, 84 000 skolor, 43 000 bibliotek, förstört 44 000 teatrar, 427 museer och 2 800 kyrkor.

Siffrors absoluta exakthet kan ifrågasättas, så också dessa. Hur bär man sig åt att totalförstöra en väg? Men helhetsbilden bör nog inte ifrågasättas.

Man måste kanske föreställa sig situationen så: hur ryssarna hade mött den tyska anstormningen i öst, hur de vänt den och drivit vågen tillbaka under oerhörda förluster, hur de till sist stått som segerherrar i ett land som var totalt förstört. Mitt i den rykande ödemark som en gång varit det europeiska Ryssland hörde de så, i november 1945, en ursinnig presskör från Sverige anklaga Sovjet för att vara barbariskt, omänskligt, befolkat av grymma människor, styrt av ett omänskligt grymt system. Det kom från lilla neutrala Sverige, som hjälpt tyskarna med malm till krigsindustrierna och tillåtit transiteringar, det var en våldsam pressopinion som inte riktade sig mot det faktum att tyskarna bränt ner deras land eller likviderat sex miljoner judar, utan i stället riktade sig mot det faktum att den svenska regeringen bestämt att ett par tusen tyska soldater, som flytt dit från östfronten, skulle utlämnas.

Bland dem befann sig 167 baltiska soldater, det var tydligen dem ursinnet gällde, det var dem medkänslan koncentrerade sig på.

Frågan är inte vad sanningen var, vad som var rätt eller fel, vad som var humanism eller barbari. Frågan är hur Moskva upplevde situationen, anklagelserna, ursäkterna, stormen. En våldsam opinion, ett överraskande anfall: de måste ha upplevt baltaffären som nästan en absurditet. De kunde inte förklara det hela med rationella termer, inte tro att detta bara var detta.

Bakom måste finnas något annat: en stor kapitalistisk sammansvärjning, början av något annat, ett av många uttryck för det kalla krig som denna sommar och denna höst hade växt fram.

Så var det kanske: att de i det lilla neutrala Sverige såg en våg av rysshat växa fram, dirigerad av deras fiender, såg ett nytt bälte av fientliga men formellt neutrala småstater växa fram, som den gången när de baltiska staterna bildades. Såg de känslor och stämningar växa fram som kanske för alltid skulle avskära Sverige från öst, isolera Sovjet ekonomiskt, förena Sverige med ett fientligt, atlantiskt block?

Hur långt tänkte de?

"För att gynna planerna på ett västblock."

"Syftar till att isolera Ryssland."

"Dra en cordon sanitaire runt det".

I april konferensen i San Francisco. Samma månad: den nya hårda linje som Truman visat. I maj det långa uppehållet i lend-lease-hjälpen. Augusti: atombomben. De växande konflikterna, Polen, Grekland, den snabbt hårdnande tonen mellan blocken.

I Sverige: Ränneslätt.

167 balter i ett läger, och en våldsam presstorm. Var det möjligt att se detta som en liten bricka i ett stort spel?

15

> *"Då transporten skulle verkställas i november
> utbröt en proteststorm, som i våldsamhet söker sin
> like. Av denna opposition och av de civila, baltiska
> flyktingarna, som vistas i full frihet i Sverige,
> uppmuntrades de baltiska soldaterna att sätta sig
> till motvärn: de stympade sig, försökte begå själv-
> mord och tillgrep hungerstrejk."*
> J Wickman, MT den 13.12 1945

> *"Herr Redaktör! Den senaste händelseutveck-
> lingen när det gäller våra relationer till Förenta
> Staterna och som lett till hemkallandet av den
> amerikanske ambassadören har gjort underteck-
> nad liksom många med mig heligt indignerade.
> I själva verket vet jag inte med mig att ha varit
> så indignerad över regeringens handlande sedan
> baltutlämningen alldeles efter kriget."*
> Insändare i SvD den 13.3 1968

Den 26 november 1945 kunde Svenska Dagbladet meddela att en stormflod av protester vällt fram över Sverige de senaste dygnen. Tidningen presenterade på några spalter ett urval. Sjuhundra svenska läkare på medicinska riksstämman hade protesterat till Konungen. Representanter för akademistaten i Uppsala och Lund protesterade. Tre kristliga studentföreningar i Stockholm vädjade till utrikesministern att ge de internerade en individuell prövning. Församlingen i Skara Domkyrka sände ett protesttelegram, lärarkåren vid Göteborgs folkskolor, Statens folkskoleinspektörsförbund, Samskolelärarnas riksförbund, Sveriges småskollärarinneförbund, Sveriges folkskollärarförbund och Tekniska läroverkens lärarförbund sände också protesttelegram.

Stockholms studentkårer, gymnasieföreningen Ung Höger och Kungsholms ungsvenska förening protesterade. Vid Seglarförbundets sammanträde föreslog ordföranden, amiral Lybeck, att förbundet i skrivelse till regeringen skulle ansluta sig till opinionsyttringarna mot utlämnandet av de 167 balterna: detta förslag bifölls med acklamation. Baltiska kommittén, som under sin ordförande professor Birger Nerman "opartiskt sökt följa utvecklingen i Balticum under såväl rysk som tysk ockupation, vädjar i barmhärtighetens och rättvisans namn till Konungen att avvärja det fruktansvärda öde som ett utförande av regeringens beslut om utlämningen skulle innebära".

Raden av protesterande organisationer var lång. Svenska kyrkans lekmannaförbund protesterade. Lokalavdelningen i Göteborg av Svenska folkskolans vänner protesterade. Sveriges blåbandsförening protesterade. Tveta kontrakts ungdomsråd och Jönköpings kyrkliga ungdomskretsar protesterade i ett telegram till Konungen. Östra distriktets predikantförbund inom Metodistkyrkan protesterade, liksom Högerns centrala kvinnoråd, Svenska kvinnors medborgarförbund, Kristna kvinnors samarbetekommitté, lottakåren samt Högerkvinnorna i Uddevalla.

Till och med utlänningskommissionen protesterade mot utlämningen, till någras lätta förvåning. Det var dock på ett privat initiativ: 240 av de anställda undertecknade listorna.

Mot detta stod en annan opinion; men den kom aldrig att synas särskilt mycket, och blev i stort sett betydelselös. Det var framför allt en rad fackföreningar, visserligen representerande mycket stora grupper av människor men utan speciellt gehör i tidningar eller radio, som gav regeringen sitt stöd. LO beklagade i ett uttalande "den propaganda som i dunkla politiska syften utnyttjar förståelsen för många av de internerades tragiska situation. Många uttalanden har en för Sovjetryssland kränkande innebörd. De förutsätter att Sovjetryssland icke iakttar den internationella rättens förpliktelser gentemot sina krigsfångar. Det finns såvitt vi vet icke några skäl för dylika antaganden." De flesta uttalanden som gjordes till stöd för regeringen protesterade också i samma andetag mot vad som benämndes "fascistpropagandan". Stockholms metallarbetarfackförenings representantskap med 31 000 medlemmar bakom sig, vände sig "på det bestämdaste mot den kampanj som under humanitetens täckmantel organiserats från reaktionärt borgerligt håll". Eriksbergs verkstadsklubb telegraferade sitt stöd till regeringen, liksom Stockholms socialdemokratiska studentklubb och Clarté; de sistnämnda protesterade också mot ett studentmöte i Vinterpalatset som "tillät nazister att utnyttja mötet för sina syften". De ansåg att mötets karaktär bringat klarhet i ett förhållande man länge haft på känn: "att några av de väsentligaste betingelserna för den psykos som uppstått kring de baltiska soldaternas utlämnande består i att ett nazistiskt färgat tänkesätt ännu har ett starkt grepp om högröstade folkgrupper".

Ingen tidning orkade redovisa alla dem som protesterade, eller protesterade mot protesterna. Debatten var nu, lindrigt sagt, inflammerad.

Hon var då nio år och läste i tidningarna om balterna som skulle sändas till Ryssland för att dö. Hon blev våldsamt upprörd, hon vaknade ofta på nätterna och tänkte på dem som låg där i barackerna och skulle dö, och hon grät ofta. På måndagen hade hon beslutat sig och skrev ett brev till Kungen. *Eders Majestät*, skrev hon, *jag är en flicka på nio år som läst om balterna. Jag ber Er snälla Kungen att göra så att de får stanna och slipper dö* och hon skrev utanpå *Till Kungen, Slottet, Stockholm* och stal ett frimärke från sin far och sände det samma kväll. Hon läste allt hon kunde komma över om balterna, och den vinterdag de blev utlämnade grät hon hysteriskt, och när hon blev vuxen och för länge sedan hade glömt sin upprördhet eller i varje fall kapslat in den, röstade hon den första gången hon fick rösta på högerpartiet, som protest, den sista. Hon är i dag socialdemokrat.

C, som då var sextiofyra år och ensam ägare till gården, läste i tidningarna att utlämningen var beslutad och skulle effektueras, och hon blev mycket upprörd men teg om sin upprördhet. Gården låg

vid Mälaren, en mil från Uppsala, vid en vik. C, som då var sextiofyra år, följde uppmärksamt debatten, och den dag tyskarna utlämnades läste hon länge om detta i tidningarna. Det var på förmiddagen, hon gick ut på gården, ropade på rättaren, och han kom genast. Hon pekade på gårdens flaggstång och sa, kort och bestämt:
– Hugg ner flaggstången.

Han tittade en stund tvekande på henne, men eftersom hon alltid visste vad hon ville fanns det inga skäl att diskutera ordern. Han hämtade yxa och såg, och satte genast i gång. Efter fem minuter föll flaggstången med ett torrt brak.

C stod hela tiden på bron och såg på, de stod båda stilla och tittade på stången som låg på marken. Det var på förmiddagen. Flaggstången var avverkad.

C gick sedan in i huset. Diskussioner om händelsen var i fortsättningen förbjudna. Någon ny flaggstång sattes aldrig mer upp.

Många telegram avsändes som protest; några av dem hade likalydande formuleringar. Riksföreningen Sverige-Tyskland, som verkat bakom kulisserna men avstått från att spela någon mer framträdande roll av hänsyn till opinionens känslighet för Riksföreningens förflutna, avsände till sina medlemmar följande cirkulärskrivelse:

"Till medlemmarna av Riksföreningen Sverige-Tyskland!
Viktigt och brådskande meddelande!
Vi bedja samtliga våra medlemmar att omedelbart var för sig sända Statsministern en telegrafisk protest mot utlämnandet av de internerade. Ex.:

Statsministern, Stockholm.

Undertecknad svensk medborgare protesterar härmed på det allvarligaste mot det folkrättsstridande utlämnandet av här i landet internerade soldater till Sovjetunionen och vädjar till Ers Excellens att i sista stund taga det en gång fattade beslutet under förnyad omprövning.

Namnunderskrift

Vidare likaledes telegrafisk vädjan till Konungen. Ex.:
Till Hans Majestät Konungen, Stockholm.
Undertecknad dristar sig underdånigast vädja till Ers Majestäts inflytande för att urgammal svensk rättssedvänja hävdas och att det för Sverige vanärande utlämnandet av här internerade soldater förhindras.

Underdånigast
Namn

Ovanstående är endast ett formulär som av var och en kan ändras efter eget tycke. Bed så många som möjligt av Edra vänner och bekanta att sända liknande telegram. Göres detta omedelbart *Ni erhåller detta cirkulärbrev finnes gott hopp om att utlämnandet förhindras. Detta kan i varje fall inte ske förrän* tidigast *torsdag denna vecka, enligt tillförlitliga uppgifter vi erhållit.*

Med största högaktning
RIKSFÖRENINGEN SVERIGE-TYSKLAND
(Gunnar Berg)
Styrelsens verkst. ledamot"

Ingenting nämns i skrivelsen om just *balterna:* de "här internerade soldaterna" inkluderade alltså även tyskarna. Kyrkoherde Viktor Södergran höll i S:t Pauli kyrka i Göteborg en predikan. Först läste han upp dagens text, och förklarade sedan att han inte kunde tala om den. Han skulle tala om balterna och tyskarna i stället. Han talade om "de oskyldiga balterna och om tyskarna som plågades av svenskarna".

– Hela vårt land, sa kyrkoherden, luktar oskyldigt blod, och vår flagga är fläckad för evigt. Våra riksdagsmän och vår regering kommer att få sitt straff för detta från Gud, vars tunga hand för övrigt kommer att straffande läggas över hela vårt folk.

Talet väckte stor uppmärksamhet och citerades i en rad tidningar.

Det var uppenbart för många att debatten om utlämningen mycket snart blev alltför inflammerad för att vara funktionell. De fakta som fanns någonstans i bakgrunden blev allt oklarare, och invektiven alltmer verklighetsfrämmande. Ingen visste vad balterna egentligen hade för bakgrund, och efter ett par dagar framstod de flesta som olyckliga civilister som råkat klassificeras som militärer därför att deras regnrockar haft ett alltför militärt snitt. De flesta av dem tycktes också vara antingen motståndsmän mot nazisterna, koncentrationslägerfångar eller olyckliga skolpojkar som kommit på drift i småbåtar över Östersjön.

Och, å andra sidan: de som motsatte sig utlämningen beskylldes alltför ofta för att vara nazister, reaktionärer eller aningslösa tyskvänner som cyniskt utnyttjade humanitära argument för att åter få fotfäste och arbetsrum. Också protestanterna själva såg med viss olust hur proteströrelsen långsamt tycktes glida dem ur händerna. Ibland inledde de sina tal med att beklaga detta. "Också i dagens opinionsyttringar blandar sig skorrande röster, hemmanazisterna söker skära pipor i vassen." I demonstrationstågen sågs många kända nazistiska ansikten, som nu åter såg en förbluffande möjlighet öppna sig. *"Backamo och RännesläU och vad de allt hette, dessa svenska motsvarigheter till Buchenwald och Belsen, vi glömmer dem inte. Det lyckades oss att få ut åtskilliga hundra interner, som kunde räddas. Det var här nödvändigt att gå mycket försiktigt till väga. Vi måste organisera allt så, att Nysvenska rörelsen som sådan inte direkt engagerades."* Per Engdal – 1968. För första gången stod han och antinazisten Ture Nerman, av en paradoxal slump, på samma sida.

I Uppsala sattes protestlistor upp på kåren och på studentnationerna; ingen vet vem som formulerade dem eller satte upp dem. Men den 26 november hölls ett protestmöte på universitetstrappan. Det föregicks av ett demonstrationståg genom staden, med ett par tusen deltagare. Talare var Hans Forssman.

Han var docent, och han var en av dem som kunde agera ostörd av insinuationer om nazism, eftersom han under 30-talet och under hela kriget varit flitigt antinazistiskt verksam, och eftersom han suttit i GHT:s styrelse tillsammans med Torgny Segerstedt sedan januari 1942.

Han höll ett tal som var ganska kort, det var bara tio minuter långt. Det var egendomligt dubbelbottnat. Han konstaterade att opinionen i studentkåren mot utlämningen tycktes stark, och uttalade som sin och kårens bestämda förväntan att "vi nu icke skola glida över i ett skede, då man ånyo fingrar på svenska rättstraditioner till förmån för en militärt mäktig stat på samma sätt som man tidigare anpassat sig till en annan, nu besegrad stormakt".

Han fortsatte, med syftning på bollhusmötet i Uppsala där judiska läkare vägrades komma in i landet:

– Vid ett herostratiskt ryktbart tillfälle 1939 gav en majoritet av Uppsala studenter i kårmöte uttryck åt en opinion i frågor om flyktingar och asylrätt – flera av er voro kanske med den gången också. Andan var icke lika positiv för den humanitära ståndpunkten 1939 som den är i dag. När enstaka yrkesgrupper under den gångna sommaren med adress till de baltiska flyktingarna givit uttryck åt skråets ängslan för konkurrens om arbetstillfällena, så har ett av de första och ett av de mest uppmärksammade mönstren för sådana uttalanden kommit från Uppsala studenter – den saken må vi gärna besinna vid detta tillfälle. Svensk flyktingpolitik, även före kriget, har ingalunda saknat sina svarta sidor, men studentopinionen, liksom annan opinion, förhöll sig oftast tyst och likgiltig. Vi måste erkänna, att den restriktiva flyktingpolitik, som Sverige drivit före och under kriget, indirekt medfört en plågsam död för tusentals oskyldiga människor, som hade kunnat räddas om humaniteten då hade stått i lika hög kurs som här i dag."

Han slutade med att konstatera att stämningen i en aktuell flyktingfråga nu tycktes vara en annan, och vädjade till myndigheterna för militärbalterna.

Talet betecknades i de flesta tidningar som "en flammande protest" mot utlämningen; man undvek dock i de flesta fall att referera till Forssmans syftningar på tidigare praxis.

Framför universitetstrappan såg man, enligt tidningarnas referat, "ett hav av allvarliga människor".

Måndagen den 26 november arrangerade Stockholms studenter ett opinionsmöte mot utlämningen i Vinterpalatset. Det var på kvällen. Dansgolvet var halvfullt, men läktarna var packade. Det måste ha varit över tusen personer där. Efteråt upptogs kollekt, till hyran. Talarna var många. En av dem var amanuensen Sven Ljungblom. Han berättade för dem om ryssarna.

Ryssarna hade för vana att gräva ner sina krigsfångar i marken, med bara huvudet ovan jordytan. Sedan ställde sig ryssarna och sparkade försiktigt sönder deras huvuden. Det brukade ryssarna göra med sina fångar. Sedan han berättat för dem om ryssarna gick han ner från talarstolen och satte sig. Han möttes med kraftiga applåder.

När Per Gedin kom till Sverige 1938 var han tio år, en del av hans släkt satt i koncentrationsläger eftersom de var judar. Han kom till Sverige, började skolan, 1945 på hösten var han sjutton år och gick i gymnasiet i Wittlockska samskolan. Den 24 november förekom en rad sammankomster inom Stockholms skolor i syfte att skapa opinion mot utlämningen. Själv var han ordförande i gymnasieföreningen, och han beslöt sig för att tala vid sammankomsten. Han hade under krigsåren vant sig vid att den svenska humaniteten var trögväckt, särskilt när det gällde judar, och han hade genom judiska församlingen i Stockholm sett och hört alltför många exempel på människor som hindrats invandring eller blivit utlämnade för att ha några större illusioner. Nu såg han hur den svenska humaniteten plötsligt blossade upp med oanad kraft, den här gången gällde det människor som tjänstgjort i tyska armén, och han tyckte sig plötsligt se ett mönster, han blev upprörd över folkvreden som dittills hade hållit sig undan men nu blossade upp till tyska och baltiska soldaters hjälp. Han hade också vant sig vid att betrakta ryssarna som dem som räddat världen från nazismen, och han blev upprörd när tidningarna beskrev dem som barbarer, han beundrade Undén, och han beslöt sig för att tala vid sammankomsten i Wittlockska samskolan. Han var den ende som talade. Han förklarade att alla balterna var nazister och att det inte fanns någon anledning att inte utlämna dem, och eftersom han var den ende som talade och han gick i sista ring och de som var yngre lyssnade till dem som var äldre, så gick omröstningen i aulan som han ville, och det blev ingen protest från den skolan.

Efteråt tänkte han ofta på det han sagt och skämdes ibland, eftersom han tyckte sig ha varit alltför enkel eller demagogisk. Men å andra sidan talade han utifrån sina speciella förutsättningar, och andra skulle komma att tala utifrån sina rakt motsatta. Vid en rad Stockholmsskolor antogs protestresolutioner mot utlämningen, och där tycktes informationen ha varit lika ensidig och dirigerad, så allt jämnade ut sig. En undersökning företogs efteråt, och gav naturligtvis inget resultat. "Påtryckningar från rektorers eller lärares sida ha icke kunnat påvisas." Vid vissa skolor inledde rektor eller lärare omröstningen med att läsa högt ur tidningsreferat från lägren, och vid andra gav lärare eller rektorer allmänna orienteringar före omröstningarna, men detta kunde självfallet ej anses styra eller dirigera eleverna, som i allmänhet enhälligt antog de utskrivna resolutionerna. Vid ett läroverk skedde ett misstag: eleverna avslog protesten efter att ej ha fått en sammanfattande faktaorientering före omröstningen. Vid den repeterade omröstningen, efter det att fakta framlagts, kunde dock protesten enhälligt antas.

I allmänhet användes morgonandakten till denna orientering och omröstning. En rad Stockholmsskolor protesterade på detta sätt mot utlämningen av balterna.

Demonstrationerna var många, och av skiftande karaktär. Ett av demonstrationstågen avgick från Östermalmstorg vid 14-tiden på söndagen den 25 november. Man samlades på torget och bar på plakat som protesterade mot utlämningen. Först var man ett hundratal eller mindre, och så gick man och då kom det fler och fler. Man gick mot Slottet, det var utmärkt väder, med sol och svag blåst. Vid borggården blev det stopp, där stannade man. Någon tog upp "Du gamla du fria", och sedan sjöng man "Kungssången". Då tog man av sig mössor och hattar, och efteråt utbringade en röst i mängden ett leve för fosterlandet. Efter detta följde en paus när man inte riktigt visste vad man skulle göra (det var ungefär tusen människor som stod där) tills en ung man ställde sig på foten till Gustav III:s obelisk och talade till dem. Talet betecknades efteråt som enkelt och anspråkslöst. Man antog därefter "med överväldigande entusiasm" en resolution. Den löd: "Svenska män och kvinnor, församlade utanför Eders Majestäts slott, vädja till Eder och Eder regering att göra allt som står i Eder makt för att förhindra denna handling, som är ovärdig Sverige."

SvD kunde dagen efter berätta om en intressant och belysande episod från demonstrationen. En delegation hade utsetts att uppvakta kronprinsen; Konungen befann sig på Drottningholm. I den valdes att ingå bl. a. hovintendenten Gösta Stenman. Eftersom han bara befann sig på tillfällig promenad hade han ingen kavaj under rocken, och kunde därför ej tänka sig uppvakta tronföljaren. En kavaj anskaffades dock från dem som stod omkring. Uppvaktningen och demonstrationen som helhet betecknas som en gripande och spontan manifestation. Vädret var utmärkt.

Och de som demonstrerade?

De samlades i Humlegården på kvällen måndagen den 26 november, de stod intill Linnéstatyn, de hade facklor och bloss, och där brann det som de kallade "frihetens eldar". Längst fram vid talarstolen med mikrofonen hade de en stor eld, och i en halvcirkel runt om brann mindre eldar, facklor som flammade och sprakade och drev skuggor och ljus i vågor över människor och träd. Högtalare var upphängda i grenarna, och när man började tala var redan över tusen människor församlade. Sedan kom det snabbt fler, till slut stod där kanske tretusen, och de stod stilla och frös och lyssnade medan man talade och medan facklorna brann och sprakade och krympte samman och till sist slocknade. Då hade redan KFUM-sekreteraren Arvid Noreen talat, han var mycket modest, och fröken Thyra Stjärna hade talat, hon krävde att inte bara balterna utan även tyskarna skulle få stanna, och hon hade uppenbarligen de flesta med sig. Hon talade länge och hon trodde på det hon sa, och efteråt gick hon ner och ställde sig bredvid fanborgen, och i tidningarna efteråt stod det att hon grät.

Från tribunen läste någon upp en resolution som skulle fördöma utlämningen, och tusen röster skrek ja, ja, ja.

Ett par skrek nej.

En av dem som ropade nej var en byggnadsarbetare i fyrtioårsåldern. Låt oss kalla honom Eriksson. Han stod i folkmassans utkant. Han hade på sig en brun trenchcoat med skärp i midjan, han var ungefär 175 centimeter lång, han hade keps på sig och hade inga handskar. Han hade en pipa i munnen. Bredvid honom stod en medelålders dam, en av dem som ropat ja. Ingen av dem kände den andre. När Eriksson ropat nej vände kvinnan sig om med ett ursinnigt uttryck i ansiktet, sa några ord som han inte helt uppfattade, och knuffade lätt till honom i ena sidan, möjligtvis med armen eller armbågen. Eriksson vände sig mot henne, såg ett ögonblick på henne och sa, utan att ta pipan ur munnen:

– Är det så att damen inte trivs här så är det bara att gå härifrån!

Han talade med pipan i munnen, och kvinnan svarade då genast med några ord, ungefär: "trivs ni inte själv så åk till Ryssland", eller med en uppmaning av samma innebörd, och slog häftigt till honom över munnen.

Hon slog med sin högra hand hårt knuten och träffade Eriksson snett från sidan på munnen. Han tappade pipan, föll snett bakåt och satte sig tungt på den upptrampade leriga gräsmattan. En cirkel av intresserade bildades genast runt de två. Mannen satt stilla på marken och tog sig tafatt och förvånat åt munnen. Det blödde, han spottade ut något löst och såg att det var en tand. Han såg upp på kvinnan utan att säga ett ord och sträckte sig efter pipan som låg bredvid honom. Sedan började han långsamt resa sig upp.

Tre veckor senare dömdes kvinnan vid en polisdomstol i Stockholm för lindrig misshandel, och mannen för störande av offentligt möte. Tidningarna meddelade de båda domarna i notisform. Det var då december: balterna låg på sjukhus, ingen visste om de skulle bli utlämnade. Böterna för de två dömda blev låga.

*

Kvinnan? Hon bor i dag i en svensk småstad. Hon vill absolut inte yttra sig om det inträffade, eller på annat sätt bli inblandad i den här saken. I telefonen låter hennes röst mycket klar och tydlig, hon talar bildat och snabbt och utan tvekan. Nej, hon har glömt det där bråket, det var inget att tala om. Hon mindes bara att det blev något bråk. Det var en kommunist och hon, hon har ingenting att säga, hon hade väl förivrat sig den gången, men det var ju en så upprörd tid. Alla var ju så upprörda. Samtalet avslutas med ömsesidiga beklaganden.

När Eriksson på kvällen kom hem hade det slutat blöda, men tanden var borta för alltid. Han minns den kvällen mycket väl, än i dag. I dag är han sextiotvå år gammal, förtidspensionerad, bor i en enrummare i Bromma. Man åker över ett fält, uppför en smal sned gångväg upp på en brant kulle med gula hyreshus. Där bor han. Han talar gärna, men vill vara anonym.

Tanden gick att ersätta med en stifttand, obehaget var övergående, pipan var inte skadad, böterna tog han med jämnmod fast han först blev förbannad, men det tog ändå lång tid innan han glömde händelsen. På lunchpauserna talade han och hans arbetskamrater ofta om det som inträffat, följde baltaffären med spänt intresse, diskuterade mötet och kvinnan. Tyvärr kunde Eriksson inte gärna känna sig som hjälte eller martyr, det var ju en kvinna som slagit, det gav ett halvt löjets skimmer över det hela: han var nerslagen av en kvinna, och då spelade det ingen roll om hon var galen eller reaktionär eller arbetarfientlig eller tyskvän. I januari, när allt var över och balterna ute ur landet, drog Eriksson en lättnadens suck. Det inträffade försvann ur minnet, var borta under många år. Sedan kom det tillbaka.

Politisk färg? Han var född i ett småbrukarhem i Uppland, när han kom till Stockholm blev han genast fackligt verksam. Han betecknar sig själv som socialdemokrat. "Fast det var ju annorlunda under kriget, då upplevde man ju Sovjet som den sista barriären mot tyskarna." Han börjar plötsligt tala om de svenska tidningarna och deras bild av kriget.

– Här försöker man inbilla oss att USA vann kriget, säger han. I helvete de gjorde. Titta på kartor, ta det år från år, då ska du se vem som gjorde grovjobbet. När han blir ivrig röker han häftigt och fimpar snabbt, för att efter någon minut veckla ut fimpen och tända igen. Han har samlat kartor och tidningsklipp från kriget, han läser uppenbarligen en del. Se här, säger han. 1941, då engelsmännen var utkörda och tyskarna ensamma i Europa, då fanns det bara en front, och det var den i öster. I fyra år höll ryssarna stånd mot tyskarna, bromsade upp dem, stannade, slog dem, och välte dem tillbaka. Var fan höll amerikanarna hus då? Kanske i Italien, efter 1943. Jamen för helvete, den här smala remsan, den spelade ingen avgörande roll. Nordafrika då? Jo, det där jävla teaterslagsmålet vid El Alamein, ett par tusen döda, små styrkor, små förluster, stora rubriker. Vet du hur många ryssarna tog kål på vid Stalingrad? Över en miljon tyskar! Det du, där avgjordes kriget. Och sen kom amerikanarna sommaren 1944 och räddade Europa från nazismen, men då var Europa redan räddat. Men här i borgarpressen är amerikanarna världens räddare.

Har han aldrig röstat kommunistiskt? Ett par gånger, under kriget och efteråt. Och sedan? Det blev ju så mycket skit, bråk i Ungern, och så slog dom ner arbetare i Berlin, det var annat på 40-talet. Och nu? Nu är det väl bättre. Bättre? Ja det har lugnat sig alltså, blivit demokratiskt och så. Hur röstar han nu? Ja det vet man väl inte riktigt, alltså. Politisk favoritgestalt? Lumumba. Lumumba? Ja just. Varför det då? Jaa... ja han som dog alltså.

Efter ett år blev stifttanden blå, 1949 satte han in hel protes i överkäken, eftersom också de andra tänderna under en följd av år blivit allt sämre. Det var bäst som skedde, ansåg han. Åren 1936–1944 hade han varit gift. Våren 1944 dog hans hustru. Det var cancer, hon fick beskedet i januari och låg sedan inne på lasarett till den 25 maj när hon dog. De sista tre veckorna vakade han vid hennes sida. Han berättar länge om de dagarna, eftersom han minns dem väl. Efter operationen hade hon legat i sin säng med alla slangarna och alla blodflaskor och flaskor med näringslösning, hon hade varit rädd att dö och gråtit ofta och viskande frågat honom om Gud och förtappelsen och evigheten, frågor som han inte kunde och ville besvara eftersom han aldrig trott, och eftersom han fann frågorna pinsamma och förnedrande för henne som heller aldrig trott. Han hade suttit i en karmstol vid hennes säng, och han minns att han varit fruktansvärt sömnig, och hon hade talat, oavbrutet. Hon hade förändrats en del sedan hon fick veta att hon skulle dö. Hon hade blivit aggressivare men samtidigt sentimentalare, och han tyckte att hon långsamt förlorade något av den värdighet hon hade haft som frisk, och som han beundrat. Hon talade om rädslan för döden och det svarta tomrum hon nu skulle kasta sig ut i, hon återkom med manisk envishet till just detta, att hon nu skulle kasta sig från en klippa ut i det stora mörkret.

Hennes värdighet och självkänsla tycktes långsamt rinna bort, och hon blev gråtmild och började bli en annan människa, en som han inte kände igen eller ville känna igen. Den sista veckan hade hon fruktansvärda smärtor, magen svällde upp av kräftsvulsterna och hon blev gul i ansiktet, och den morfin hon fick gjorde snart ingen verkan. Då slutade hon tala och då var det svårt. "Det är inte klokt att se en människa dö på det sättet."

Hur kände han det? Ja man tyckte ju synd om henne förstås. Men framför allt minns han sin trötthet och sömnighet, han beskriver den detaljerat, han satt där och hon talade eller skrek, och han önskade att hon någon gång skulle sluta så att han fick sova. De sista dagarna minns han inte mycket av, de måste ha tillbringat dem vid varandras sida, han halvsovande och utmattad, hon halvt medvetslös och ännu yrande och gråtande. "Det är svårt att beskriva hur hjälplös man var, man ville hjälpa men kunde inte."

De hade inga barn.

"Det tog flera år innan det släppte det där, jag minns hur jag stod och tänkte på henne där jag stod i Humlegården den kvällen." Tänkte, hur då? "Tänkte på hur hon förvandlades alltså." På vad sätt? Hade det någon förbindelse med baltutlämningen för honom? "Nej men jag tänkte på hur hon hade varit självständig och, ja, hur hon liksom förlorade sin värdighet därför att hon var rädd och hade så fruktansvärt ont. Så är det nu, att så blir man." Tänkte han mera? "Nej, det kom bara för mig när jag stod där." Varför kom det för honom?

1948 fick han ett litet arv och köpte en mjölkaffär på Kungsholmen. Det var bra, ansåg han. 1952 sålde han den, det var det enda han kunde göra, ansåg han. Han började som grovarbetare. I september 1960 arbetade han på ett bygge i södra förorterna, fick en vältande cementblandare över sig, trasade sönder höger arm och blev tvungen att amputera den under armbågen. Och så måste han då sluta arbeta, och fick invalidpension.

Eriksson har en skeptisk och aggressiv inställning till myndigheter i allmänhet. "Så fort dom får nånting att säga till om blir dom som förstörda. Då fan tappar dom all självständighet och blir antingen rövslickare för dom högre upp eller skitsnorkar. Dom tappar all jävla värdighet på en gång. Titta på dom jävla byråkrater som sitter där nu i regeringen." Vid förfrågan säger han att det säkert skulle ha blivit "ännu jävligare med de borgerliga". Han talar länge om makten. Själv har han aldrig haft någon makt, men länge varit aktivt verksam i fackföreningen. Han anser att han varit för uppkäftig för att ha någon chans att gå vidare till viktigare poster. Han anser att han tjänade bra under tiden som byggnadsarbetare, mycket dåligt i mjölkaffären. Balterna betecknar han som förrymda nazister. Några var det kanske inte, men de allra flesta. "Hade dom tjänat i tyska armén så hade dom. Det kommer dom aldrig ifrån."

Sexualliv. Efter hustruns död dröjde det fyra år innan han kom i kontakt med någon kvinna. Hösten 1948 bodde en fyrtioårig dansk servitris hos honom ett halvår. Han har efter detta "då och då" tagit kontakt med prostituerade. Han känner ett par som han brukar ringa till. Det gäller att hitta dom som är snälla, anser han. Med "snälla" menar han "hyggliga", men är inte hågad att närmare precisera sig.

Barn? Det är klart att det skulle ha varit roligt med barn, men nu är det ju bara som det är.

De sista sex åren, efter olyckan, har han betraktat sitt sexualliv som avslutat.

Ekonomi. Han har inga klagomål. Hans lägenhet kostar 175:– i månaden, vilket han anser vara billigt. Klarar sig ekonomiskt utan större svårighet.

Religion. Han har aldrig trott, kommer aldrig att tro. "Men man ser ju många som är livrädda när dom ska till att dö." Tycks betrakta detta som ett slags förräderi.

Varför ropade han nej?

Där han stod i halvmörkret i Humlegården med facklorna flammande där framme tyckte han sig plötsligt vara omgiven av ett fientligt samhälle, styrt av människor med makt och pengar, tyckte sig omgiven av människor som okritiskt läste tidningarna och mekaniskt reagerade med vrede, ursinne, glädje, förtjusning, sorg, förakt, likgiltighet, allt beroende på vilken knapp de där uppe hade tryckt på. "Dom som stod där hade fan inte satt sig in i vad det rörde sig om, dom svalde allt vad borgarpressen skrev." Han hade mycket tydligt känt lockelsen och glädjen i att ropa ja och vara med dem, upprördhetens förförelse, men han motsatte sig den, inte på grund av en annan insikt eller av tillgång till andra fakta, men av princip. Han hade sett på dem där de stod, deras kläder, deras händer, och hade känt ett avstånd som gjorde honom ursinnig och oemottaglig för medkänslans upprördhet. "Hela jävla Östermalm hade gått dit, och där stod jag."

Och den sekund han ropade sitt nej hade han känt en snabb och häftig glädje, som om han äntligen brutit sig loss och kommit fri och lyckats bevara en sista rest av sin värdighet. Han hade sugits in i denna kittel av människor, ord, eldar och upprop, hade ett ögonblick känt sig fången, men brutit sig loss.

Han erkänner, gång på gång, att han aldrig satt sig in i frågan, att han inte visste mycket, och upprepar lika envist sin glädje över att han den gången ropade nej.

Någon hade läst upp en resolution, frågat om den skulle antas, eldarna hade fladdrat och alla hade ropat ja, ja, ja, och han hade högt och hårt ropat sitt nej. Och då hade en kvinna bredvid honom knuffat till honom och kallat honom kommunist eller så, och han hade sagt något tillbaka, och så hade han sett slaget komma och känt en skarp och plötslig smärta när knytnäven träffade munnen och slog undan pipan och slog av en framtand.

Eldarna brann där framme, de som de kallade för "frihetens eldar", han hade sett dem som diffusa ljuspunkter, hade sett människorna som vände sig om när bråket började, sett slaget som kommit men inte kunnat och hunnit vika undan. Han tappade pipan, föll snett bakåt och satte sig tungt på den leriga, upptrampade gräsmattan. Han satt på marken och tog sig åt munnen och spottade ut tanden och såg upp mot kvinnan.

Hon hade hatt, svart kappa, och såg på honom med ett uttryck av förvåning, förakt och rädsla. Han tog pipan och började långsamt resa sig upp.

Långt efteråt gjordes undersökningar över pressdebatten: omfång, intensitet, värderingar, spaltmetrar. Det gav många sakliga uppgifter. AT skrev 29 ledare i frågan, SvD 22 ledare, Expressen 15, MT 41, Svenska Morgonbladet 16. Aftonbladet hade under vintern 21 förstasidesrubriker om balterna, SvD 16, Ny Dag 3, Stockholms-Tidningen 12. Inga försök gjordes att räkna det totala utrymme som tidningarna ägnade åt fallet. Detta hade säkert också varit mycket svårt, eftersom denna sista novembervecka 1945 alla svenska tidningar tycktes nästan uteslutande upptagna med att skildra balternas och tyskarnas belägenhet, och eftersom de inte slutade med detta i november, utan följde dem ända till i januari då de utlämnades, med samma jättelika rubriker, samma utrymme och samma intresse.

Och eftersom de aldrig skulle upphöra att skriva om denna utlämning.

Men pressfältet var brett och nyanserna många. Det sträckte sig från den kommunistiska Ny Dag, som inte bara krävde att de militära balterna skulle utlämnas, utan också att de 36 000 civila balterna skulle gå samma väg, det sträckte sig å andra sidan till den högerextremistiska Dagsposten, som nu åter upplevde en intensiv period, och som krävde att alla skulle få stanna kvar i Sverige, även de tyska militärinternerade.

Det var lätt att se hur politiska utgångspunkter bestämde faktaredovisningen i pressen. Vänsterpressen i allmänhet stödde regeringens linje, med vissa undantag, t. ex. Arbetaren. De flesta borgerliga tidningar kämpade mot utlämningen.

Och argumenten blev efter ett tag välbekanta för alla. Det talades ofta om svenska regeringens feghet och eftergivenhet. Man hade böjt sig för en stormakt, liksom man böjt sig för tyskarna. Det talades om balternas och tyskarnas moraliska plikt att återvända och bygga upp det som den tyska armén bränt ner i Sovjet. Det talades om vikten av att företa en individuell prövning av balterna, för att rensa ut eventuella krigsförbrytare, och vikten av att inte göra detta. Opinionen beskrevs som äkta och spontan, ett uttryck för den massiva folkviljan. Opinionen beskrevs som organiserad av vissa reaktionära pro-tyska påtryckningsgrupper, och alls inte representativ för folkmeningen. Asylrätten diskuterades ingående. Balternas förflutna diskuterades, utan att man hade några som helst fakta att stödja sig på. Beslutsprocessen i juni diskuterades, i samma halvmörker. Den ryska rättsskipningen diskuterades. Det framgick dels att ryssarna var barbarer, dels att de hade en oöverträffat rättvis lagstiftning och rättsskipning. Många var ytterst försiktiga och undvek att kritisera Sovjetunionen, men antydde dock klart att balterna gick mot ett långt fruktansvärdare öde än de norrmän som tjänat i tyska armén och sänts till Norge. Tystlåtenheten kring utlämningen kritiserades, och berömdes.

Dessutom förekom en rad mer eller mindre medvetna lögner, byggda på det gungfly av halva sanningar, insinuationer, förhoppningar och utbrott som var själva grundplattan för baltutlämningen.

Och kärnpunkterna i allt detta var två: Dels frågan om asylrättens tillämpning här, där det inte rörde sig om formellt politiska flyktingar, utan om flyktade soldater. Men framför allt de skilda uppfattningarna om vilket öde balterna gick till mötes om de utlämnades.

Synen på Sovjetunionen. Synen på ryssarna. Synen på ryssen.

Det läsarna hade att betrakta i sina tidningar var lysande exempel på hur information kan styras, hur fakta kan redigeras, målinriktas. Där SvD valde att berätta om en hustru som vägrades att träffa sin man före avfärden, valde AT att undersöka "vad kalaset kostade". För den ena framstod balterna som civila offer för en grym svensk administration, för den andra som nazister.

Uppgift: gruppera följande tidningsrubriker efter partifärg, analysera deras suggererande verkan, bestäm den exakta avsikten med dem.

1. "Ej asylrätt för flyktat krigsfolk" 2. "Skadade tyskar ligger i Belsenoffrens salar" 3. "En mardröm på Ränneslätt" 4. "Det vidrigaste som utspelats i Sverige" 5. "Blev 'soldat' för att han flydde i regnkappa" 6. "Reaktion mot hysterin" 7. "57 minderåriga till slavskeppet" 8. "Skärpt vakthållning kring vår asylrätt" 9. "Politiska flyktingar förpassas av Sverige till rysk ståndrätt" 10. "Cubans besättning vann sympati i Trelleborg" 11. "Hysterin börjar mattas" 12. "Gripande nattvard. Hela Eksjö i djup sorg."

Resultatet av pressformen kunde delvis avläsas i en gallupundersökning som företogs den 6–8 december; den enda mätning av folkvredens omfattning som företogs. Undersökningen bestod av två opinionsfrågor och en kunskapsfråga.

Den första frågan löd: "Hur anser ni att vi bör göra med de baltiska flyktingar som skall hemsändas, bör alla skickas hem, endast vissa skickas hem, eller ingen av dem skickas hem?"

Frågan var olyckligt formulerad: det blev aldrig utsagt att det var de 167 militärbalterna frågan gällde, uttrycket "som skall hemsändas" var till en del ledande. Resultatet är ändå intressant.

45 % ansåg att balterna borde sändas hem. 26 % ansåg att vissa av dem borde sändas hem. 15 % ansåg att de borde få stanna. 14 % visste inte.

71 % av Sveriges befolkning ansåg alltså att de internerade balterna helt eller delvis borde utlämnas. Detta ansåg de den 6–8 december,

efter en presskampanj till balternas förmån som varit exempellöst intensiv, efter en rad demonstrationer.

Motiven? Som väntat var de flesta motiven grumliga, ibland absurda."Vi bör slippa dem här i landet, har ingen användning för dem". (27 %) "De bör vara där de hör hemma.""De bör hem och ta sitt straff.""Nazisterna ska ut.""De bör hjälpa till med återuppbyggnadsarbetet.""Det finns inte arbete ens åt våra egna.""Ska en, så ska alla."

Man gjorde en kategorisering av de svarande. 64% av socialgrupp 1 ville helt eller delvis återsända balterna. 65 % av socialgrupp 2 ville helt eller delvis återsända dem, och hela 75 % av socialgrupp 3. 17 % av läsarna av borgerliga tidningar ville tillåta dem att stanna, men bara 4 % av läsarna av arbetartidningar.

Undersökningen är behäftad med fel och felmarginaler. Men ungefär så bör ändå den svenska opinionen ha sett ut denna senvinter.

Var misstänksam. Godta inte. Ovanstående fakta skulle i stället ha kunnat formuleras på följande sätt. "41 % av Sveriges befolkning ville att militärbalterna helt eller delvis skulle få stanna. 14 % visste inte, och endast 45 % ville att alla skulle sändas iväg." Varför valde han i stället den första formuleringen?

Godta inte en presentation, tänk själv, var misstänksam. Det finns ingen helgonlik objektivitet, ingen yttersta sanning, befriad från sina politiska utgångspunkter. Pröva, var misstänksam. Ifrågasätt.

Tidningar, liksom opinioner, tillverkas av människor.

Expressen inledde sin insats i baltaffären eftermiddagen den 20 november med en kort och relativt försiktig ledare, där man framför allt vände sig mot "hemlighetsmakeriet" kring affären och krävde klart besked från statsmakternas sida. Den 22 november fortsatte man med en fylligare pressöversikt, med inflikade egna kommentarer: "Den snabbhet och kraft som kännetecknat opinionsyttringarna efter meddelandet om den beslutade utvisningen av en grupp balter är glädjande." Det framgick nu alltmera klart att Expressen var definitiv motståndare till utlämningen. I en kort ledare den 22 frågade tidningen om "utrikesledningen var bunden", och fortsatte att kräva insyn. Förstasidan dominerades fortfarande av andra nyheter, men till tredje upplagan samma dag hade man brutit in en färsk intervju med avgångne utrikesministern Christian Günther: "Günther ger besked i baltfrågan".

Efter detta skulle tidningen också nyhetsmässigt totalt domineras av utlämningen: en vecka framåt fylldes förstasidan av nytt om balterna. Den 23 november: "Balterna skall ut". Den 24: "Polis med tårgas redo"; man fyllde första och sista sidan plus en innersida plus ledarsidan. Ståndpunkten var fortfarande klar: "onödiga var opinionsyttringarna sannerligen inte".

Den 25 har man sänt ner en egen reporter till Ränneslätt, Bernt Bernholm. Förstasidan är dramatisk: "Svenska soldater i Ränneslätt: Vi vill inte skjuta!" Oviljan mot utlämningen tycks gestaltas allt klarare, både nyhetsmässigt och på ledarsidan.

Så kommer måndagen den 26 november, och något tycks ha inträffat.

Förstasidan domineras av rubriken "Regeringen får stöd i baltfrågan av arbetarna". En underrubrik förklarar: "Nazister med bland demonstranterna". I en enspaltig ruta längst upp till vänster på förstasidan sätter man den slutgiltiga accenten över kursändringen: "Felvänd propaganda: Tysk och tysketös olämpligt exempel". Man berättar om det nattliga mötet på Eksjö torg, och konstaterar att det väckt "pinsam uppmärksamhet" att kyrkoherde Stahle i sitt tal dragit fram en tysk i lägret och hans förhållande till sin danska hustru, och deras kärlek. Tidningen kommenterar omedelbart, och efter en asterisk, att dels gällde detta en tysk, dels var danskan en tysketös, dels gällde demonstrationen balterna och inte tyskarna. "Att många kvinnor utbröt i demonstrativa 'snyftningar' inför denna underliga exemplifiering gjorde inte saken bättre."

Man hade också gjort en rad intervjuer, från kända fackföreningsmän till en rad människor "på gatan". Intervjuerna fyllde en hel sida, sades vara ett representativt urval av opinioner som tidningen stött på, och visade en klar affinitet med tidningens nya linje. Av femton intervjuade personer var *ingen* klart beredd att låta balterna stanna i landet. De allra flesta förklarade däremot med en viss skärpa att de stödde regeringens linje och att balterna "skulle ut".

Dagen efter analyserade tidningen mer utförligt "vad baltfrågan gäller" i sin huvudledare, och gick då till angrepp mot en snedvriden och styrd opinion med en så uppenbar häftighet att många tidningar i sina kommentarer kunde konstatera att Expressen "hade vänt".

Och vad hade hänt?

Ansvarig för Expressens ledarkommentarer fram t. o. m. den 25 november var Per Wrigstad. Han skulle senare bli chefredaktör för tidningen, då var han chef för tidningens politiska avdelning. Han hade i krigets slutskede haft till uppgift att särskilt bevaka flyktingfrågor, och han fick, nästan automatiskt, balterna på sin lott.

De kommentarer han skrev var färgade av hans bestämda syn på frågan. "Det var självklart för mig att de inte skulle utlämnas. Jag såg det inte i ideologiska termer, såg bara att de var människor."

Frågan tycktes för honom självklar, och självklarheten avspeglades också i tidningen.

På förmiddagen söndagen den 25 november fick han meddelande om att hans far blivit svårt sjuk. Han reste omedelbart till honom, och blev där över natten. På måndag eftermiddag gick han ut för att köpa kvällstidningarna. Han köpte också Expressen, och han såg omedelbart att något hänt. Både ledaren och redigeringen av nyhetsmaterialet om balterna var dirigerade efter helt nya linjer. Förstasidan var, tyckte han, direkt provokativ. Ledarkommentatorn hade helt andra infallsvinklar än han själv haft: den opinion som han själv kallat glädjande kraftfull blev nu dubiös och nazistinfluerad. Förstasidans ingress inleddes med orden: "Måndagsmorgonen har medfört ett klart tillnyktrande i baltfrågan."

Det var uppenbart att det var hans frånvaro som fått berusningen att förflyktigas. Han for genast tillbaka till tidningen.

Chefredaktör för Expressen var Ivar Harrie. Ansvarig utgivare var Carl-Adam Nycop. Dessutom fanns på redaktionen som andre redaktionssekreterare Sigge Ågren. Där fanns också Bo Enander på ledaravdelningen; han var utrikesredaktör. Alla fyra hade ett finger med i kursändringen.

Alla dessa fyra hade en syn på utlämningen som avvek från Wrigstads. Harrie hade sin häftiga antinazism och sin ovilja mot känslosamhet, Nycop var allmänt vänsterorienterad, Bo Enander var vid denna tid en varm Sovjetvän och Sigge Ågren var socialdemokrat.

Initiativet till kursändring kom från två håll. Ivar Harrie svarade för det ena. Han hade med stigande olust sett hur kampanjen förskjutits, kommit att uppblandas med argument och känslor som han inte kunde stå bakom. För honom var det självklart att Undén skulle stå fast vid det svenska åtagandet, träffat före hans tid, och militärbalterna betraktade han mer eller mindre som uppenbara quislingar. Indignationskampanjen försköts också till att insinuera eller påstå att Undén gått med på att utlämna samtliga balter i landet, även civila, "vilket ju var en klar lögn. Det var den kampanjen som kom mig att överta bevakningen – i samförstånd med utrikesredaktören Bo Enanders strängt sakliga politiska bedömning."

Att Per Wrigstad råkade vara borta betecknar han som ett tillfälligt sammanträffande. Harrie hade ju också de facto den formella beslutanderätten på tidningen.

Den sista stöten fick han en morgon när han gick till tidningen: det måste ha varit på måndagen. Över hela Stockholm hade affischer hängts upp, de satt på anslagstavlor och på alla de otaliga vedstaplar som då ännu fanns överallt. "Vill du ta det på ditt ansvar?" vädjade affischerna, med en enkel, dramatisk bild. Bilden föreställde drunknande människor. De tycktes, av någon anledning, mest vara kvinnor och barn, och de försökte hjälplöst klamra sig fast vid Sveriges vapensköld. Längst upp stod det, med stora bokstäver, ett enda ord: "Balterna".

Harrie gick upp på tidningen och började skriva en ledare.

Den fick rubriken "Vad baltfrågan gäller", och försökte bena ut vad baltfrågan egentligen gällde. Den gällde 167 balter i tysk uniform, men inga kvinnor och barn. Ledaren vände sig med oerhörd häftighet mot en opinion, en "propagandaapparat" som arbetade med suggestionsverktyg som "alltför spöklikt erinrar om bondetåget en gång i världen och om de olyckligaste inslagen i opinionsbildningen under vinterkriget". Den krävde inte alls balternas utlämning: motståndet mot utlämningen betecknades som en i sig "god sak". Men: "De 167 balternas sak blir förevändning för att hålla övning med de krafter som egentligen ser sina chanser i ett tredje världskrig och skulle vilja ha Sverige engagerat däri."

Det andra initiativet till kursändring kom via Carl-Adam Nycop och Sigge Ågren, men det är möjligt att den första stöten där kom från den socialdemokratiska riksdagskvinnan Disa Västberg. Hon hade goda kontakter med flera på tidningen, och hon bildade i spelet bakom kulisserna på tidningen vid detta tillfälle ett slags motvikt mot en annan "Expressen närstående riksdagsledamot", Helga Sjöstrand i Eksjö, som intensivt arbetade *mot* utlämningen.

Under dagarna den 24 och 25 november hade Disa Västberg, Nycop och Sigge Ågren flera samtal om baltutlämningen och om opinionens utveckling. Det tycktes finnas allt flera sakskäl, uppenbara sakskäl, att gå emot en opinion som tog sig alltmer olustiga uttryck. De stödde alltså tveklöst Ivar Harrie när denne på morgonen den 26 november kom upp på tidningen och spontant rekommenderade en hårdare attityd.

Var det allt? Fanns det inga rent taktiska skäl bakom svängningen?

Kanske fanns det sådana, medvetet eller omedvetet, för några. Där fanns lockelsen att gå mot strömmen: att än en gång inprägla tidningens image som den orädda, ständigt oppositionella tidningen. Det kunde i detta fall ske desto riskfriare, som det tycktes som om pressopinionen inte alls hade något samband med vad folket på gatan tyckte. Hur mycket än högerpressen stormade, så tycktes svensken i allmänhet mest angelägen om att få iväg balterna. Att vända mot strömmen nu skulle alltså kunna innebära att man flöt med en så mycket bredare, och mer tystlåten, ström. Och detta var inte helt oviktigt för en nystartad tidning.

Och så blev det måndag, och så svängde Expressen. Tidningar, liksom opinioner, tillverkas av människor.

16

> *"40 % av internerna ligger för döden"*
> *Rubrik i SvD den 28.11 1945*

> *"Balterna var trötta och medtagna, men det var väl ingen direkt fara med dem. Det skrevs mycket i tidningarna om hur döende de var, men det mesta var överdrivet. Vi hade ju en svärm av journalister hängande efter oss när vi kom ut, vi försökte säga så litet som möjligt, men de skrev i alla fall."*
> *Intervju med prof. Gunnar Inghe, av regeringen utsänd kontrollant, den 26.8 1967*

Efteråt tycktes för alla legionärerna bara ett minne kvarstå: minnet av en absolut förtvivlan. De låg där i sina sängar, såg upp i taket, såg läkarna och prästerna komma och gå, hörde inräkningen varje morgon och kväll, och det enda de kände var en djup förtvivlan.

Hungern minns ingen av dem.

Hungerns verkningar beskrevs desto mer ingående i alla tidningar.

De första dagarna förflöt utan speciellt alarmerande rapporter, först morgontidningarna den 25 november kunde meddela att internerna "börjar visa symtom på utmattning". Man väntar att de unga bland balterna ska ge upp först, eftersom de tycks ha den minsta motståndskraften. Dagen därpå, den 26, kunde Stockholms-Tidningen anslå mer kritiska tongångar. "I natt är det kritiskt i Ränneslätt. Balterna ligger halvt sanslösa på sina britsar i barackerna och räknar bara minuterna till den ännu okända stund, då det stora uppbrottet skall ske. En prästman, som under söndagen besökte förläggningen, betecknar för ST sin vandring mellan barackerna som en vandring i dödsskuggans dal. Människorna ligger hålögda och stirrar upp i taket. De yngre har börjat täras allt mer och mer av svälten, men ligger ändå kvar i samma orubbliga beslutsamhet med knäckebrödet instoppat i skorna under sängen."

Ingen närmare förklaring ges dock till knäckebrödet i skorna.

Måndagen den 26 november, efter beskedet om det tillfälliga uppskovet med avtransporten, tycktes en lättnad spridas över lägret som även avspeglade sig i internernas fysiska tillstånd. Men efterhand återgick allt till sitt tidigare tillstånd. "25 % av balterna är nu så försvagade att de måste läggas in på sjukhus", förklarade lägerläkaren dr Brattström i en intervju i SvD. "Flera av de yngre balterna visar symtom på yrsel, de svimmar vid uppställningarna och har svårt att resa sig ur sina bäddar. När de kommer på benen vacklar de. Andra har fått sjukdomar, såsom hjärtfel, gulsot och reumatism. En del balter förs till garnisonssjukhuset med kollapssymtom av olika slag. Många har kalla fingerspetsar, nästippar och örsnibbar."

Nästa kväll, tisdag, fem dygn efter det att hungerstrejken börjat, kom direkt alarmerande rapporter i Svenska Dagbladet. Det var regeringens utsände läkare, dr Birger Strandell, som denna kväll lämnade en, enligt SvD följande dag, skakande rapport. "Mellan 30 och 40 % av dem har icke längre någon puls, deras ögon reagerar ej längre för vanligt ljus, de orkar ej sjunga psalmer utan kan blott bedja, och inga uppställningar kan längre äga rum."

Konstaterandet av detta kom i en redaktionell ingress. Sedan följer, i direkt citat, dr Strandells översikt över balternas tillstånd.

"Nästan alla är nu sängliggande och av dem har mellan 30 och 40 % ingen puls längre. De återstående har mycket svag puls. Hos dem som sätter sig upp märker man en påtaglig verkan. Flera klagar över huvudvärk och svindelkänslor, de är slöa och apatiska. Andra har smärtor i fötterna och benen, sannolikt beroende på besvär i hjärtverksamheten och kärlsystemet. På somliga har hungersmärtor i magen försvunnit efter en tid. Hos några har kroppsdelar kallnat. Hungerödem, alltså uppsvällda kroppsdelar, har börjat uppträda i några fall. Det är sådana symtom som man sett från koncentrationslägren, tillägger dr Strandell.

Ett anmärkningsvärt förhållande är balternas tröga och dåliga pupillreaktioner, fortsätter dr Strandell. Deras ögon som har påfallande stora pupiller reagerar ej längre för normalt ljus. Ett par tre nya fall måste tas in på sjukhuset i kväll."

På onsdagen började man överföra hela det baltiska lägret till sjukhus.

Förtvivlan och utmattning. Det kanske är möjligt att redogöra också för mekanismen i den känsla som är en absolut och total förtvivlan. Det kanske är möjligt. Det är eventuellt lättare att beskriva den utmattning som följer av sju dygns hungerstrejk.

Han gjorde ett experiment.

Torsdagen den 13 april 1967 inledde undersökaren själv en hungerstrejk, under fysiskt sett samma villkor som de haft. Han tillät sig dricka vattenledningsvatten, ingenting annat. Fastan inleddes klockan 7 på torsdagens morgon, han följde de baltiska legionärernas Ränneslättvecka, dag för dag.

Vikt denna morgon: 79,2 kilo. Längd 192 centimeter.

Han kunde betecknas som lång, och ganska smal. Hans fysiska kondition var otillfredsställande efter många år av skrivarbete, tobak och total brist på motion.

Det fanns en exakt siffra för detta: samma morgon uppnådde han 40 i milliliter syre per kilo och minut på ergometercykeln.

Balterna var i de flesta fall vältränade, några var yrkessoldater, de flesta hade god fysik. "De såg ut som kraftiga bondgrabbar när de kom." De hade under sommaren ägnat sig åt utomhusarbete, fotboll och mat, de var i utmärkt fysisk kondition. Han tyckte inte att han startade från bättre utgångspunkter än de.

Det första dygnet var påfrestande, det malde envist i magen, han kände sig olustig och retlig. På natten sov han oroligt, vaknade tidigt på morgonen och låg länge stilla i mörkret och såg hur ljuset kom och tänkte på hur meningslöst hans experiment var. Under fredagens lopp försvann långsamt hungersmärtorna, han drack nu sparsammare med vatten, och kunde också bättre koncentrera sig på sitt arbete. På eftermiddagen tog han ett bastubad, simmade långsamt men länge i bassängen, klädde sig och fann att han nu under långa perioder kunde glömma sin hunger.

Det första dygnet förlorade han 1,7 kilo. Det andra dygnet 1,1 kilo.

Hungersmärtorna försvann alltmer, och allt eftersom dagarna gick skulle han komma att negligera dem eller glömma dem i den mån de fanns. Inte ens under de svåraste timmarna var termen "smärta" särskilt relevant, det var snarast ett dovt molande, ett stillsamt gnagande. Varje morgon gick han i skogen, varje eftermiddag tog han sitt bestämda bastubad och sin simtur: det kändes skönt, han borde kanske fortsätta med det också efter experimentet.

På söndagen: barndop. Det var inte svårt att avstå från kaffet och kakorna, värre var det med punschen. Plågan att avstå från mat är bara till obetydliga delar fysisk, en svårare plåga upplevde han när hans hustru och barn åt makaroner och köttbullar eller pannkakor med glass eller smörgåsar med pilsner, och hans roll fick inskränka sig till att laga maten eller värma upp den eller diska undan resterna efteråt, men den smärtan var inte fysisk utan psykisk, som att försöka sluta röka, som en häftig påtaglig saknad inför något som finns strax intill men bakom en glasvägg. Det var en kall och regnig vårvecka, han satt vid sin skrivmaskin och gick sina promenader och läste sina böcker. Varje dag jämförde han sitt tillstånd med balternas tillstånd enligt de svenska tidningarna.

Han hade börjat sitt experiment med känslan att detta var helt meningslöst, att experimentet borde genomföras bara av formella eller principiella skäl: för att tydligare se det meningslösa i att söka överföra en känsla från en unik situation till en annan unik situation. När han var barn och hade läst om den tyska tortyren på norska motståndsmän hade han ibland försökt sticka sig i fingrarna med nålar, inte för att veta exakt hur stor smärtan var, men för att bli delaktig i den smärta de haft. Någonstans bakom detta senare experiment tycktes dölja sig en avsikt, lika grumligt metafysisk och lika omoralisk som den förra, men han värjde sig energiskt inför sig själv och lyckades genomföra experimentet utan missöden.

Men i sin absurda meningslöshet hade experimentet ändå ett slags mening. Alla dessa ständiga observationer, dessa eviga mätningar och vägningar, dessa pulskontroller och promenader med tidtagning, de skapade ett tillstånd av uppdriven egocentricitet, de tycktes slå en ring runt honom, en ring som avskärmade honom från världen. Livet gled förbi där ute, man bombade Hanoi och demonstrerade, Svetlana kom till New York och pratade sitt charmerande strunt, ett fartyg förliste och några svenskar blev dubbelmästare i bordtennis, men runt omkring sig drog undersökaren allt högre murar av observans, egocentricitet och självmedvetenhet. Och dag för dag blev detta allt uppenbarare: den närmast hysteriska upptagenhet av sig själv som till sist kom att dominera allt.

Var det allt? Resultatet av experimentet?

På tisdag åkte han in till Stockholm. Det var en vacker dag, han hade mycket att göra, det tog många timmar och det kändes skönt att komma bort från ältandet. På kvällen var han trött, men han var på inget sätt döende och han hade inga svårigheter att stå upp. Onsdagen förändrade ingenting, det var nu mycket lätt att fasta eftersom alla hungerkänslor försvunnit och han började glömma njutningen i att äta. Han hade inga smärtor i benen, pupillreaktionen verkade normal, inga hungerödem hade börjat uppträda. Vilopulsen, som vid experimentets början hade varit 82 slag per minut, hade långsamt sjunkit, den var nu 60 slag per minut, den var jämn och mycket tydlig.

På onsdagen hade de börjat transporteras bort. Torsdagen den 29 november var baltlägret helt tomt.

Torsdag klockan 12 avbröt han experimentet.

På torsdagens morgon gick han för sista gången till gymnastikinstitutionen i Uppsala, badade och satt i bastun några minuter. Vikt 72,9 kilo. Han hade förlorat exakt 6,3 kilo.

Ergometertesten samma morgon gav följande resultat.

Vilopulsen på morgonen var 60. Belastning 300 kpmeter per minut – alltså ganska låg. Vikt 72,9 kilo. Pulsfrekvens efter första minuten 124, efter andra 126, efter tredje 126, efter fjärde 126, efter femte 126, efter sjätte 118, efter sjunde 120 och efter åtta minuter på testcykeln 118 pulsslag per minut. Han upptog 2,2 liter syre per minut. Åldersfaktorn var 0,94, beräknad maximal syreupptagning i liter per minut 2,1. Omräknat i milliliter per kilo och minut 29. Enklare beskrivet: han var i fysiskt hänseende att jämföra med en 60-åring med medelgod kondition.

Den faktiska åldern var 32 år.

Han hade på åtta dagar minskat från 40 till 29 milliliter syre per kilo och minut.

Där finns en siffra: han hade minskat 11 enheter.

Till denna redogörelse kommer en annan. Det gäller en dröm han hade. Det var natten till måndagen, vid femte dygnets början. Han vaknade och satte sig upp i sängen och visste han var vaken, trots att drömmen hängde kvar. Det regnade ute, fönstret var en ljusare rektangel, han förstod långsamt att han inte längre drömde. Det han upplevde, ett tillstånd av iskall och koncentrerad ångest, var ingen dröm, inte ens en kvardröjande mardröm. Han tyckte sig uppleva en känsla av avskiljning, av att vara avsöndrad, och känslan var definitiv och total, och det tycktes inte finnas någon väg tillbaka till de andra. Han hade böjt av sin bana från verkligheten, nu befann han sig i ett annat kretslopp. Ett ögonblick tänkte han väcka sin familj, men tanken tycktes absurd: hur skulle han kunna tala med dem? De befann sig fortfarande i världen, han på väg bort från världen.

Han kunde se sin situation som en geografisk skiss: ett landskap med höga murar, avskärmat från inlandet, öppet bara mot havet där ingen fanns.

Det var en mycket exakt och tydlig dröm, utan sentimentala eller patetiska inslag, det var en dröm uppfylld av en saklig och torr förtvivlan som han inte visste vad han skulle använda till eftersom den var ny för honom. Han gick upp, tänkte ett ögonblick ta en smörgås men kom ihåg sitt experiment och avstod. Sedan gick han ut på bron, satte sig på trappan, men ingenting förändrades. Han var obönhörligt vaken, och hans förtvivlan släppte honom inte. Han försökte rationalisera den genom att påstå att den bara var ett halvmetafysiskt sätt att känna sig delaktig i ett problem han höll på att undersöka, men eftersom detta inte var sant släppte inte förtrollningen, och skräcken fanns kvar. Sedan gick han in i badrummet, tog av sig pyjamasen och ställde sig i badkaret. Han satte på duschen, spolade iskallt vatten över kroppen, men förblev fången i drömmen. Sedan låg han länge vaken i sängen och stirrade ut genom fönstret, och så försvann drömmen långsamt. Den drog sig sakta inåt och blev mindre och mindre, blev en punkt och ett tomrum, och försvann.

Sedan somnade han. Morgonen efteråt skrev han ner drömmen. Den föreföll poänglös, och en aning litterär. Den redovisas enbart för fullständighetens skull.

För den som är intresserad av hungerstrejkens mekanik måste den enbart ha kuriositetsintresse.

Redogörelsen för experimentet skrev han ner följande vecka. Ofta gick han tillbaka till den, läste igenom papperen och siffrorna. Han kunde aldrig göra det utan en påtaglig men irrationell känsla av skam. De fysiska förutsättningarna hade kanske varit likvärdiga för honom och dem, men hur var det med de psykiska? Vad visste han om dem? Vad visste han om deras känslor och utgångspunkter där de låg i sina baracker och stirrade i taket och trodde eller anade sig veta att utlämningen skulle ske vilken dag som helst och att de då skulle tyna bort i slavläger eller dö eller förintas – vad visste han om deras situation? Man kunde iaktta hur avsaknad av föda påverkade en kropp, men hur påverkade avsaknad av hopp en mänsklig organism? Exakt hur?

Och vad hade han för startpunkt? Instinktivt *ville* han ju visa att pressrapporterna var felaktiga, att opinionen styrs och duperats av dessa alltmer dramatiska rapporter, och hur påverkade detta honom själv och hans motståndskraft? Kanske såg han det inte som en såpbubbla som det gällde att sticka hål på: men han ville ändå reducera allting till den punkt där känslosamheten upphörde och verkligheten vidtog.

Varför översatte han alltid humanitet med känslosamhet?

När han avbröt experimentet visste han ändå bättre var han själv stod.

Det var ändå inte så, att han ville komma åt ett falskspel, inte från någons sida. Men detta tycktes kvarstå som ett preliminärt resultat, ett slags faktisk kärna: bakom de lätt osakliga rapporterna om döende balter, människor som vred sig i fruktansvärda hungerplågor, dolde sig en politisk realitet. Nämligen den att de svenska läkarnas rapporter inte grundade sig på medicinska fakta, utan på politiska.

På onsdag eftermiddag och torsdag förmiddag bars balterna på bårar ut ur lägret vid Ränneslätt och fördes i ambulanser till sjukhus. De hade uppenbarligen, på rent medicinska grunder, kunnat utlämnas tillsammans med tyskarna. Att de förklarades alltför svaga var ett politiskt beslut, inte ett medicinskt. Det var den svenska regeringens sista desperata försök att vinna tid, här realiserades Undéns idé att "lösa problemet lasarettsvägen".

Här spelade ännu regering och press samma spel, av en slump: regeringen för att vinna tid, pressen för att skapa opinion. Och under tiden spelade spelet sitt eget spel, presstormen skapade sin egen storm, vågen pressade en ny våg uppåt. Så tycktes det vara: en situation som till hälften var fiktiv förvandlade långsamt sig själv till en realitet. Ett spel gled ur någons hand, ur allas händer. Det började brinna en eld, och den spred sig. Och några balter i ett läger drevs långsamt framåt av en situation ingen längre kunde kontrollera.

Till sist hade han bara siffrorna från experimentet att trygga sig till. Han höll sig till dem, eftersom de verkade exakta, och exaktheten gav honom trygghet och gjorde att han kunde fortsätta. 2,2 liter syre per minut. Åldersfaktor 0,94. 29 milliliter per kilo och minut. En minskning med 11 enheter på åtta dygn utan mat.

En av de läkare som av regeringen sändes ner till Ränneslätt var Gunnar Inghe. På måndagen kallades han upp till socialdepartementet; där satt Per Nyström, Eije Mossberg och Möller. Dit kom också en annan läkare, Birger Strandell, och de blev båda orienterade om läget.

Balterna skulle utlämnas, paniken var nära på Ränneslätt, där fanns läkare, men där behövdes flera. De skulle åka ner omedelbart.

Åtminstone Eije Mossberg var under sammanträffandet påtagligt illa berörd.

Ytterligare direktiv? Order att sjukskriva balterna?

Nej.

På tåget ner hade de sällskap med en känd svensk general som orienterade dem om läget. Han talade länge och ingående om de fel den socialdemokratiska regeringen denna höst gjort sig skyldig till, och vilket vanstyre som rådde i Sverige, samt gav en översikt över regeringens misstag i baltaffären. De satt i hans privata kupé, han talade och de lyssnade.

På eftermiddagen kom de fram till Ränneslätt.

Inghe var inte helt ovan vid hungerstrejkande människor. Det var relativt vanligt att sinnessjuka människor strejkade, det hade han sett mycket av eftersom han var kriminolog och socialmedicinare. Han hade lärt sig att faran för den hungerstrejkande fysiskt sett var ganska liten, i varje fall de första två tre veckorna, men att det var viktigt att ha dem under noggrann medicinsk kontroll.

Här låg de nu i sina sängar, stilla och nästan apatiska, medan Eichfuss tassade omkring i salarna och barackerna som domptör, hustomte och läkare i samma person, talade, stödde, övertalade och betvingade de tvehågsna.

Han var den ende de svenska läkarna kom i kontakt med, eftersom han tycktes bestämma allt, allt, och de skulle aldrig glömma honom.

De undersökte balterna och fann att situationen var jämförelsevis god, även om balternas psykiska tillstånd var mycket dåligt. Några av dem talade utmärkt tyska, och de försökte ibland förklara sig för de svenska läkarna, liksom ursäkta sig. De talade då nästan alltid om sin rädsla att dö, och hur säker döden syntes dem om de blev utlämnade. De talade om sin hopplöshet, och om Sovjet. "Sänds vi till Sovjet innebär det döden för oss alla. Vi vet det nog. Vi har fått veta det. Vi vet det."

Undersökningarna var de gängse. Bröstkorg, hjärta, blodtryck, svalg.

Efter några dagar framstod situationen som något mer komplicerad. Balterna låg i sina baracker, det var inte trevligt att ha dem där, det vore enklare med ett sjukhus, tryggare också. De ringde från Ränneslätt till socialdepartementet och anförde detta.

Departementet biföll omedelbart. Gunnar Inghe hade en känsla av att de där på departementet mottog rapporten, och rekommendationen, med stor glädje och lättnad.

– Först senare förstod vi, långt senare, att vi läkare hade ett väldigt försprång före alla andra. Vi hade som läkare makten att försätta den politiska mekanismen ur spel, att desavouera politiska beslut. Men vi insåg det knappast då. Vi såg det bara som en rad medicinska fall.

Det starkaste minnet har han ändå från ett samtal med Eichfuss. Av samtalet minns han ingenting, men väl av situationen. De satt i en av balternas baracker, satt vid bordet intill fönstret, det var kväll och strålkastarna där ute var tända. Eichfuss talade nästan hela tiden, med låg, behärskad röst. I samma rum låg åtta baltiska soldater. Rummet var halvmörkt, männen i det mörka rummet låg stilla och orörliga, några sov, ingen rörde sig, rummet tycktes andas, långsamt och hemlighetsfullt. De kunde ha varit dockor, eller lik, så stilla låg de. Eichfuss talade. Genom fönstret såg man taggtråden, strålkastarna, ljuset, skuggor som kunde vara vaktposter.

Detta minns han. Det måste ha varit strax före lägrets utrymning.

Och sjukskrivningen? Den var grundad på medicinska skäl. Är det sant? Såvitt jag minns. Fanns det inga direktiv? Jag fick i varje fall inga. Nej, det kan jag inte påminna mig.

Dock. I sina memoarer "I rikets tjänst" har dåvarande chefen för försvarsstaben, general C A Ehrensvärd, berört problemet i några satser.

"Den 27 november sände regeringen genom medicinalstyrelsen läkare till Ränneslätt med uppgift att sjukskriva samtliga balter. Åtgärden, som var föranledd av opinionsstormen, gav regeringen möjlighet att meddela ryska legationen, att dessa internerade inte kunde utlämnas. Egendomligt nog företogs åtgärden med läkarna utan att de civila myndigheterna underrättades, vilket ledde till trassel."

Tyskarna hade börjat sin hungerstrejk senare än balterna, men de hade gjort den effektivare genom att inte dricka vatten. Deras tillstånd var, enligt de läkaruttalanden som gjordes, "värre än balternas".

Någon generell sjukskrivning blev det där aldrig tal om, eftersom de politiska indikationerna saknades. De utlämnades utan omvägar.

17

> "I Jalta hade Churchill och Roosevelt gått med på att återbörda sovjetiska medborgare i sina respektive ockupationszoner, och de flesta vlasoviter som hade flytt västerut blev så småningom överlämnade åt ryssarna – vilket ofta ledde till våldsmetoder från de anglo-amerikanska vakternas sida. I Lienz i Österrike vägrade en grupp kosacker som skulle evakueras att stiga i lastbilarna. De bildade en skyddande ring kring sina familjer och kämpade med bara händerna mot de brittiska trupperna. Minst sextio av dem dödades av engelsmännen, och andra hoppade i floden Drava och drunknade hellre än att återvända till Sovjetunionen."
> Toland: "De sista 100 dagarna"

"Jag var med på Krim, men den blodigaste dag jag upplevt var i Ränneslätt i går ..."
Tysk intern, intervju den 30.11 1945

Allting växte mycket snabbt, och allting upplöstes mycket snabbt.

Onsdagen den 28 november meddelade utrikesminister Undén den ryske ministern Tjernytjev att balterna till följd av hungerstrejken var i så dålig fysisk kondition, att de svenska läkarna ansett det nödvändigt att ta in dem på sjukhus. Någon utlämning av balterna kunde alltså inte ske just nu.

Samma dag började den fullständiga evakueringen av den baltiska delen av lägret. På torsdagen slutfördes den. Klockan 13.30 torsdagen den 29 november var den helt slutförd, och det baltiska lägret på Ränneslätt hade upphört att existera.

Avtransporten blev helt lugn. Man bar ut balterna på bårar, en efter en, och man placerade dem i ambulanser. Ingenting hände, ingen satte sig ull motvärn. Inga självmord, inga protester, inga självstympningsförsök.

Den siste som lämnade lägret var doktor Elmars Eichfuss-Atvars. Han var den ende av balterna som gick själv. De svenska journalisterna hade släppts in för att betrakta avfärden, och de såg hur han kom ut ur barackens halvdunkel som den siste av dem alla, barhuvad, vaksam. Han stod ett ögonblick stilla strax innanför dörröppningen, tog sedan ett steg framåt men vacklade till eller snavade och föll framåt mot dörrposten. Han slog huvudet mot träet men reste sig genast, höll handen stödd mot en sjukvårdares arm och gick snabbt och leende nerför trappan. Det blödde från pannan, det var ett litet sår, han rörde det inte. En sjukvårdare kom fram med ett plåster, Eichfuss stod stilla och lät honom sätta dit det.

– Vi har vunnit, förklarade han sedan för de svenska journalisterna. Det är alltmer uppenbart att vår kamp har slutat med seger. Vi kommer inte att bli utlämnade tillsammans med tyskarna. Det är allt jag vill säga nu.

Sedan gick han raka vägen förbi journalisterna och vaktpersonalen och sjukvårdarna och gick in i ambulansen, utan att se sig om.

Balterna skulle spridas över sjukhus i Sydsverige, den gemensamma tiden var slut, men han övervakade dem in i det sista, och han förklarade att han, och de, hade vunnit.

Om allt detta stod det i tidningarna följande dag. Det stod om konditionsfenomenet Eichfuss, den ende av balterna som ännu kunde gå upprätt. Det stod om hur han fallit. "Strejkledaren, doktor Eichfuss, lämnade lägret som siste man. Han var då så utmattad att han ramlade omkull i barackdörren, varvid han ådrog sig en del kontusioner i huvudet."

Dagen efteråt, den 30 november 1945, en fredag, evakuerades den tyska delen av lägret på Ränneslätt, och då brann den låga som tänts i den baltiska delen av lägret, då brann det för fullt, det brann på Ränneslätt och i Backamo och Grunnebo och Rinkaby, överallt, överallt.

"Cuban", det ryska transportfartyget, låg i Trelleborg, och allt var klart. De 2 500 tyska internerna kunde avtransporteras.

Utrymningen skulle verkställas av militärpolis.

Det tyska lägret låg vid den södra delen av slätten. Och för första gången under dessa novemberdagar kom solen fram, det var en underbar morgon, ett par minusgrader och klar luft, inte ett moln på himlen och lätt frost på marken. Under morgontimmarna hade lägerområdet omringats: militärpoliserna låg dolda bland träden och buskarna, de satt i det höstfrostiga gräset med smörgåspaketen spridda på marken. Det rådde rökförbud, solen var på väg att gå upp. Man var beväpnad med pistoler och batonger, och det var strax före klockan 8 på morgonen.

Exakt på slaget 8 gick kapten Rosenberg in i lägret och överlämnade till den tyske lägerchefen, kapten Kohn, ett meddelande. Det var kort, gick ut på att utlämningen till ryssarna nu skulle äga rum, och att det var nödvändigt att följa givna order.

Kohn hörde stående på det upplästa meddelandet, konfererade

snabbt med sin adjutant, och meddelade efter bara ett par minuter att tyskarna vägrade att gå frivilligt.

8.35 gick en röd signalraket till väders, och man bröt in i lägret. Utrymningen hade inletts.

De kom från fyra håll och det skedde snabbt, direkt, som ett överfall. Man klippte upp taggtråden, rusade in i lägret, omringade barackerna, ställde ut vakter överallt, och började så systematiskt utrymma barack efter barack.

Eller: försökte.

Poliserna hade långa blåsvarta rockar, hjälmar och de bar alla batonger i händerna. De gick i den sneda morgonsolen in i barackerna för att hämta ut tyskarna, de försvann in, och de blev borta länge.

Den första som kom ut var en fältväbel från Hameln, han var orakad och blek men han kunde gå. De kommenderade hans händer över huvudet, och där stod han medan de visiterade honom, så gick han ner från trappan, och just när de började gå bort med honom bröt det lös. Det började i barack 30, två officerare kom ut med sönderskurna handleder och med blodet forsande. De höll händerna högt, stod i morgonljuset och såg bort mot poliserna som ännu inte hunnit fram ull den baracken. Det kom ett moment av tvekan, nästan skygghet, sedan vacklade de två tyskarna ner på marken och poliserna omringade dem och sjukvårdarna kom, och så hördes plötsligt ett virrvarr av kommandoord och rop. Och det var som om paniken vältrat in i lägret på en gång, som om de två officerarna gett signalen till paniken genom att stå där med sina sönderskurna handleder och till hälften höjda armar, hållna bort från kroppen som om de ändå inte var villiga att bloda ner uniformerna.

Ropen började komma inifrån barackerna nu, och sjukvårdarna sprang oavbrutet.

Längre in i lägret var barackerna grupperade runt en öppen fyrkant, ett slags torg, och alla de tyskar som lyckats ta sig ut ur barackerna utan att bli infångade av poliserna samlades där. Mitt i högen stod deras lägerchef, kapten Kohn, och de tryckte sig allt tätare intill honom, allt mer och mer desperat. Till slut stod där en tätt sammanpressad klunga på ungefär tvåhundra man, de tog sina livremmar och band sig samman, surrade sig fast vid varandra med remmar och snören, tätt, tätt. De stod alldeles stilla och såg på poliserna, och ingenting hände.

Det gick en halvtimma, det gick en timma. Då och då föll någon samman, föll till marken medvetslös, och då gick poliserna försiktigt fram och bar bort dem. Men klungan tycktes inte bli mindre, och efter en och en halv timma förstod man att någonting måste göras.

Och så gjorde den svenska polisen chock.

De samlades på linje runt tyskarna, och just då det var klart för attack drog kapten Kohn fram en dolk och skar sig i bröstet. Hela klungan tycktes följa hans initiativ. Man skar sig med rakblad, man svalde rakblad, man stack dolkar i halsen och i magen, svalde avbrutna skedar och pipskaft, skar och skrek. Polisen bröt omedelbart in, men eftersom alla var fastbundna vid varandra och så många var sårade eller desperata eller totalt ovilliga att lösgöra sig från klungan, var det svårt att få loss dem. Längst in i klungan fanns nu svårt skadade och de skrek oavbrutet, de skrek och ville till sist ha hjälp, och de höll sig alla fast vid varandra, och så fick polisen slå dem loss från varandra. De slog och slog, och inom tio minuter var gruppen upplöst, den var splittrad, de låg på marken eller stod på knä eller låg i små högar på varandra, men gruppen var splittrad och sjukvårdarna kunde gripa in.

Det framgår klart av bilderna vilken vacker morgon det var. Skuggorna är ännu sneda och hårda, klungan av tyskar, som står tryckt intill en barackvägg, befinner sig bara till hälften i sol. Runt omkring dem, i grupper och på glesa linjer, står evakueringspersonalen. Militärerna har grå eller gråvita kläder, de har alla hjälmar, de bär gevär, de står en smula avsides. De mörkare klädda, statspolisen och militärpolisen, har uppenbarligen endast batonger i händerna.

Skarp sol, klara skuggor.

Några av dem som hårdast arbetat mot utlämningen bevittnade avtransporten. Bland dem befann sig en officer i reserven. Han hade tjänstgjort i den svenska lägerledningen. Han stod länge framför den vältrande och skrikande massan av tyskar och såg hur de lösgjordes och avskildes och fördes bort. Han behövde inte ingripa, och ville inte heller ingripa. Han stod länge stilla och såg på. Efter ett tag knäppte han av sig hjälmen och kastade den till marken. Sedan gick han därifrån. Han minns att vattenpölarna på marken hade frusit under natten, isen knastrade, han gick.

De skrek:
– Vi vill inte! Rör oss inte! Döda oss!

De slet av sig kläderna, för att lättare komma åt att skära. De stod där huttrande denna sista dag i november och trevade i strumporna efter de undangömda paketen med rakblad, och de skrek hela tiden. Några försökte ta pistolerna från poliserna, men misslyckades.

Klockan 10.30 var allt över. Motståndet var brutet, de sårade hade förts till förbandsplatserna. Hungerstrejken var bruten, eftersom de svenska läkarna hade kommenderat fram muggar med choklad och högar med smörgåsar, och chokladen var varm och de drack och åt. Några fick då magsmärtor, men de flesta tycktes repa sig snabbt och kunde själva gå ombord på tåget.

Man räknade de sårade. 74 hade stympat sig själva, men de flesta skador var lindriga och ingen dog. Bara två hade stuckit sig i lungorna, de flesta andra hade skurit av pulsådrorna i handlederna. Mer än hälften hade försökt svälja vassa föremål, som rakblad, nålar, knappar, pennor. Föremålen kunde oftast tas ut utan operation.

Samtidigt evakuerades lägren i Rinkaby, Grunnebo och Backamo.

I Backamo underrättades internerna vid 6-tiden på fredagsmorgonen om att de skulle transporteras. Självstympningarna började omedelbart, men koncentrerade sig till officersgruppen. Man uppvisade här en större variationsrikedom, och skadorna blev också långt mer omfattande. Med hjälp av sängarna konstruerades snabbt en benknäckningsapparat, där den ene efter den andra av internerna stack in benet och lät benpipan knäckas.

En svensk polisman, hemmahörande i Uppsala, kom där in på ett logement och fann att arrangemangen redan var för långt gångna. Tio man hade ställts upp på linje med armbågs lucka, varefter den i tjänstegrad högste officeren gick efter ledet och högg dem, en efter en, i benet. När svensken kom in hade man hunnit med åtta interner, och i det vrålande kaos som uppstod i rummet hade han inte möjlighet att stoppa stympningen av de två återstående.

Gruppen fördes skyndsammast till sjukhus, och yxan omhändertogs.

Klockan 9.00, alltså efter tre timmar, var läget dock under kontroll, och man kunde fullborda utrymningen. Exakt 105 man hade då stympat sig.

Vid Grunnebolägret lyckades poliserna överrumpla internerna, och antalet självstympare stannade vid 3.

I Rinkaby stannade antalet självstympningar vid 11, samt ett fullbordat självmord: en österrikisk kapten som hängde sig.

Totala antalet självstympningar bland tyskarna dessa morgontimmar den 30 november skulle alltså uppgå till 193. Till detta kommer dock ett stort antal interner som förut transporterats till sjukhus, bara i Backamolägret uppgick totala antalet interner intagna på sjukhus i början av december till 391.

Det totala antalet interner som i början av december vårdades på svenska sjukhus uppgick till strax under 1 000 man. De allra flesta av dem befann sig där som ett resultat av hungerstrejken och av självstympningarna.

Tätt intill tysklägret på Ränneslätt löpte ett stickspår till Lyckebergs station. Där ilastades tyskarna. De blev, till sist, 385 man, de satte sig apatiskt i vagnarna och såg på hur de sista fördes upp och hur dörrarna stängdes. Klockan 17.45 avgick tåget. Det innehöll 25 vagnar, det var nära 400 meter långt, det drogs av dubbla lok, ingen av männen vinkade, ingen tycktes vilja se ut genom fönstren, de for, de lämnade Ränneslätt för alltid.

Sigurd Strand hade varit lägerkommissarie, han hade umgåtts

med dem i ett halvt år, han kände många av dem personligen, han tyckte om många. Det han skulle minnas av utrymningen var en absurd mardröm av rop, böner, blod och omfamningar. Många av tyskarna hade talat med honom och kastat sig om halsen på honom och gråtit, han hade sett hysteriska anfall och sammanbiten förtvivlan, och det var som en kaotisk och blodig dröm alltsammans, och nu var det slut.

När tåget gick stod han i lägerexpeditionens fönster och såg på. Det var nästan mörkt då, han var mycket trött men ville inte gå hem. Dagen innan hade balterna evakuerats, men det hade skett lugnt, de skulle till sjukhus, och han hade aldrig kommit i så intim kontakt med dem som med tyskarna. Det här var värre.

Han stod och såg hur det långa tåget började röra sig och fick upp farten och försvann i mörkret. Och sedan fanns det ingenting mer att titta på.

Han kom hem vid 10-tiden på kvällen. Han hade på sig sin uniform och sin hjälm. Han hörde från köket hur hans fru frågade om något, men han var för trött för att svara. Han gick in i sängkammaren och lade sig på sängen i uniform och uniformskappa och pjäxor. Pjäxorna var leriga, efter en stund kom han att tänka på det och tog av dem. Efter ytterligare en stund kom hans fru in och lade sig. Det blev mörkt. Så låg han där i mörkret och kunde inte somna och ville inte gå upp och ta av sig uniformen, han såg ljusen från fönstret och försökte blunda och sova. När klockan var 3 gick han ut i köket och drack mjölk. Klockan 5 sov han.

Den 1 december var tidningarna fulla av detaljer om den eld som brunnit så hårt och som en gång tänts av en gnista i balternas läger. Den 1 december kunde de alla berätta om blodbadet i Ränneslätt, och blodbaden i lägren i Backamo och Grunnebo och Rinkaby.

Den 1 december 1945 var undersökaren elva år och tre månader gammal. Posten kom på eftermiddagarna från Skellefteå, och han brukade stå där nere vid mjölkbryggan i Sjön, Hjoggböle. De väntade och väntade, och så kom ljusen skimrande mot himlen och växte och dök upp bortom slätten, och fanns det en svagt blålysande lampa i mitten så var detta bussen som kom med post. Då stod de där intill de höga snövallarna i Sjön, Hjoggböle, Västerbotten, och bussen gled in mot dem och stannade, och detta var dagens höjdpunkt och centrum. Och chauffören kom ut med en brun väska med lås och metallhandtag. Men han sa ingenting, utan han gick in i bussen igen. Och bussen startade och ljusen försvann och de stod där alla i en liten tyst klunga och såg hur bussen och ljusen försvann.

December 1945, Västerbottens kustland.

Till sist var det mörkt igen, och de kunde gå upp till den bondgård som var postgård och där posten fördelades. De gick uppför backen och steg in i köket, och så låstes väskan upp och posten placerades på träsoffan, en liten hög för varje hushåll, och han kunde ta sin hög och gå. Det var bara ett par hundra meter att gå, över fältet, förbi bönhuset, genom grinden, hem. När han kom hem läste han först Karl Alfred och sedan Fantomen Dragos och sen sportsidan och sen resten: liggande på golvet i köket, med tidningen utbredd framför sig och den svarta vedspisen bakom sig.

Den 1 december 1945 fanns två huvudrubriker. Överst stod det "Hess erkänner att han simulerat minnesförlusten", och snett under den en annan rubrik, satt med en fet kursiv: "Stick kniven i oss, skrek tyskarna!" Där fanns bilder också. De var inte dagsaktuella, men de hade tagits på Ränneslätt. Den första hade en kort och saklig bildtext. "Dr B. Strandell undersöker en av de hungerstrejkande balterna." Bilden föreställde två män. En av dem låg till sängs, med händerna knäppta över bröstet, det var uppenbarligen balten. Han föreföll brunbränd och mager, men han låg med huvudet vänt åt sidan och han var allvarlig. Läkaren, mannen i läkarrock, satt på en stol tätt intill sängen, och han höll sin högra hand på den liggande mannens bröst.

Han tycktes le svagt.

Den andra bilden föreställde barackbyggnader vid lägret i Ränneslätt. Två stora baracker, med taggtrådsstängsel mellan. Man kunde urskilja fem trådar, uppspända med ett par decimeters mellanrum. En vaktpost, på bilden exakt två centimeter hög, stod en bit därifrån.

Tidningen hette Norra Västerbotten.

Han läste noga igenom referatet. Det föreföll egendomligt och overkligt att något sådant kunde inträffa i Sverige, men eftersom tyskar var inblandade kunde han acceptera att det verkligen skett. Han hade följt hela hungerstrejken i tidningen, hela veckan, ända från början, och den kulmen som nu kom tycktes ändå logisk. Men det som länge skulle stanna kvar i hans medvetande var inte så mycket hungerstrejken eller självstympningarna, som motiven för dem. Bortom desperationen avtecknade sig som ett mörkt hotfullt moln det som internerna känt fasa för, kämpat för att slippa, demonstrerat mot, hungerstrejkat och stympat sig för att slippa: det stora grymma Ryssland. Ett land, och ett folk, som blott genom att finnas till orsakade så mycket desperation, ett sådant folk måste vara fruktansvärt. När en människa tog en kniv och skar i sig själv för att slippa något, tänkte han, då måtte detta något vara fruktansvärt. Värre än döden, värre än helvetet.

Och detta skulle länge, länge stanna kvar: känslan av skräck och rädsla för Ryssland och för kommunismen, skräcken för landet och staten i öster, skräcken för detta *något*, ditt slavbåtarna en gång hade styrt.

Han skulle bära på det länge, först medvetet, sedan – när han blev vuxen och andra faktorer kom till och andra insikter – skulle skräcken tunnas ut och ursprunget suddas bort, men värderingarna finnas kvar. Och när han senare, vid vuxen ålder, försökte granska och frilägga de värderingar som styrde eller band eller vägledde eller låste honom, då var detta en av de diffusaste men samtidigt mest lockande inpräglingarna, och han började där, i den ändan: vid ljuset som syntes borta vid horisonten och den lilla blå lampan, vid rubriken i tidningen, vid känslan av skräck inför deras skräck, vid känslan av hemlig identifikation och solidaritet. Han trodde sig aldrig om att helt kunna frilägga det nät som styrde honom, men någonstans måste han börja, och han började här.

Den 7 mars 1967 såg han Ränneslätt för första gången.

Det var en underbar vårdag. Han kom med bil, parkerade bilen och gick mellan barackerna och satte sig till sist utanför ett stort vitt hus i två våningar. Snön låg ännu kvar, den hade smält bort på vägarna, och i svackorna låg nu djupa små sjöar med smältvatten. Snön var oerhört vit och vattnet blänkte och solen var varm. Det var verkligen vår, en klar, ljum, oerhört frisk vårdag, alldeles stilla i luften, inga bilar, svaga ljud från söder där staden och husen låg, inga människor, bara en varm mjuk sol över Ränneslätt. Han satte sig på trätrappan framför huset, tog en cigarrett, tände, lutade huvudet bakåt och såg ut över allt detta som han kände så väl men först nu kunde se.

Här låg en gång ett läger.

Han satt på trappan till det hus där de baltiska officerarna hade inkvarterats. Här hade de bott. Här hade Lapa dödat sig själv, här hade de konfererat, här hade de levat, här var det. Snett över vägen, till vänster, låg den skog där de baltiska soldaternas baracker hade stått: men barackerna var borta, bara skogen fanns kvar. Taggtråden var borta. Tvärs över fältet, långt där borta på andra sidan, såg han de få kvarvarande tyskbarackerna: de flesta hade rivits. Där hade de levat. Där hade utrymningen skett: detta kaos av skrik, blod, böner, tårar, förbannelser och batongslag, krigets sista blodiga lilla efterbörd på svensk mark. Och nu sol. Denna varma, generösa, mjuka vårsol, som tycktes avlägsna händelserna, förvandla dem till historia, till drömd verklighet.

Här låg en gång ett läger.

Det hade gått tio månader sedan en junidag i ett upplöst, förvirrat och hett Jackson, tio månader sedan han en gång stannat upp på en trottoar och förstått att hans känslor var sentimentala abstraktioner, och att marschen alltid skulle gå förbi honom om han inte förändrade sin egen marschriktning. Han hade tagit avstamp och svävat ut, och han svävade fortfarande, som en havererad rymdfarare, famlande efter något som han ännu inte tycktes kunna formulera klart. Han visste inte ens exakt vad han var på jakt efter här, på slätten, i Ränneslätt. Vad ville han egentligen?

Detta var 1967, protesternas år, deserteringarnas år, demonstrationståndens år, äggkastningens år, de krossade ambassadrutornas år, den civila ohörsamhetens år. Här, på Ränneslätt, hade militärer och vaktare offentligt protesterat mot något som de uppfattade som inhumant, mot den regering som de tjänade: det var 1945, också ett protestens år. Här hade en officer slitit av sig sin hjälm och gått sin väg. Här hade rader av människor reagerat mot givna order just så som han alltid hävdat att de tyska bevakningstrupperna i koncentrationslägren skulle ha gjort: inte blint lytt order, utan agerat efter andra principer, efter humanitära principer.

Ändå tycktes han inte vara nöjd, utan sökte ständigt efter något annat, strax intill, något som eventuellt skulle visa sig vara viktigare. Vad var han ute efter? Var det så att han trodde att också humaniteten ständigt dirigerades och prioriterades efter ideologiska principer?

Kanske var det där han ännu tvekade. Han hade de senaste åren med våldsam kraft upplevt sitt liv och sina värderingar som styrda, dirigerade. Han hade försökt göra sig fri och han visste att han måste fortsätta, trots att arbetet var hopplöst och resultatet osäkert. Här kunde han börja. Hur prioriterar man föremålen för sin humanitära medkänsla? Det hade för honom, liksom för nästan alla andra svenskar, varit självfallet att hellre koncentrera sin upprördhet till den handfull som dödades vid Berlinmuren än till den halva miljon kommunister som ett år arkebuserades i Indonesien. Det politiska slaveriet hade varit svårare än det ekonomiska, och att ifrågasätta detta hade bara varit uttryck för en ny och egendomligt löjlig konformism. Men detta att humaniteten också styrdes av ideologiska principer upplevde han ändå som ett förräderi, ända tills han började strukturera fältet och fann att det inte riktigt var sant för alla.

Här dog människor. Här användes deras död som ett politiskt argument. Här användes deras eventuella framtida död som ett politiskt argument. Det tycktes finnas ett mönster också bakom människans *användning* av den offrade människan, av argumentet "den offrade människan". Ett logiskt urskiljbart mönster. Lapas död var användbar som politiskt argument. Döden i slavlägret var också användbar. Döden vid Berlinmuren var också användbar. Allt detta symboliserade klart, och med journalistisk skärpa, fördelen med ett politiskt system, de var alla dödar som hade klara pedagogiska förtjänster, eftersom de briljant illustrerade fördelen med ett politiskt system och nackdelen med ett annat.

Andra dödar, längre ner på prioriteringsskalan, mindre tydliga och alltså mindre politiskt användbara, kunde därför avfärdas som ointressanta. Anonyma judar, vägrade inresetillstånd: en ointressant administrativ död. I landet X i Sydamerika dog 5 000 människor av svält eller sjukdomar orsakade av undernäring, eftersom de levde i ett land med ett korrumperat politiskt system, skyddat och understött av landet Y. Barnadödligheten var hög, av samma skäl. Dessa dödar var ointressanta och diffusa. De dog långsamt, utan skrik, utan att utsättas för brutalitet, utan att ha förmåga att göra sin död dramatisk. Och eftersom vi bestämt att brutalitet ska representeras av maskingevär och arbetsläger var deras dödar otjänliga som symboler, otjänliga som illustrationer till politiska system.

Han tänkte att det är märkligt att vi långsamt lärt oss att värdera det politiska övervåldet efter estetiska principer, som om vi vore teaterkritiker och inte människor. Själv tycktes han oupphörligt falla i samma fällor, eftersom han ständigt drogs till de dramatiska höjdpunkter då ett skeende tycktes illustrerat av just en *tragedi*, och dessutom genom att välja tragedier med en cynism som inte gjorde spelets mekanik tydligare.

Här satt han i solen på bron. Här låg slätten, här låg en gång ett läger. Han befann sig på tjugotvå års avstånd från dem, han skulle aldrig förstå det som hänt, men genom att aldrig ens försöka dela deras lidande i efterhand skulle han kanske kunna beskriva tragedins mekanik: det fanns en möjlighet. Slätten var vit, solen varm, här låg en gång ett läger insvept i morgondimmor, modd, snö, gyttja, taggtråd, förtvivlan, blod, novemberkyla. *"Även om historien i viss mening är källan till all politik, så är historiens lärdomar i allmänhet så tvetydiga att den redan intagna ståndpunkten ofta får bli avgörande i valet mellan alternativa historiska tolkningar."* Jaha, det var möjligt, var det så han själv arbetade? Och hur skulle han sedan använda allt detta, hela undersökningen, alla tolkningar? Vad skulle han göra? *"Man bör noga se till att man ur varje erfarenhet plockar ut bara den lärdom den har att ge – och hejdar sig där; så att man inte blir som katten som sätter sig på en het spis. Den katten sätter sig aldrig på en het spis mera – och det är ju bara bra. Men den sätter sig aldrig på en kall spis heller."*

Tio månader efter ett avstamp, tumlande i rymden som en astronaut, kanske på väg. Solen brann. Här låg en gång ett läger.

III. LEGIONÄRERNAS UTTÅG

1

Om det första intrycket. Den svenska sjuksköterskan Signe B såg från fönstret i sitt tjänsterum på andra våningen i Kristianstads lasarett hur militärambulanserna stannade på gården och hur balterna urlastades. Det var vid 22-tiden på kvällen den 29 november. B hade fått besked om att internerna var i dålig kondition på grund av hungerstrejken och var därför beredd att kunna ge blodtransfusion, intravenöst dropp plus närande lavemang. Hon fann dock att arrangemangen var onödiga, eftersom balterna var i relativt god kondition och själva kunde gå. De fick gå och lägga sig. Vatten var det enda de ville ha. B:s förberedelser var alltså onödiga.

Om spridningen av ledarna. Balterna fördelades på sjukhus i Ulricehamn, Halmstad, Kristianstad, Växjö, Kalmar, Eksjö och Örebro. Ledarna blev väl spridda. Eichfuss kom till Ulricehamn, Lielkajs till Eksjö, Slaidins och Raiskums till Örebro, Gailitis och Kaneps till Halmstad, Kessels och Cikste till Växjö.

Olika försök att komma till rätta med situationen. Den från medicinalstyrelsen utsände H fann att vården av dessa patienter i allmänhet ej bjudit på några svårigheter. Näringsvägran pågick visserligen, men ledde endast till en allmän kraftnedsättning, dock i intet fall så höggradig att patienten ej orkade gå ur sängen. I enstaka fall hade man vid ankomsten till de olika sjukhusen ansett sig iakttaga ett lätt lungödem, vilket dock snart försvunnit. De tröga pupillreaktioner, som i vissa fall iakttagits vid undersökningen i lägren, hade trots att näringsvägran fortsatts ej iakttagits efter ankomsten till sjukhusen.

H kunde med tillfredsställelse konstatera, att ett antal patienter som nyligen tillfrisknat från akut hepatit, och som i samband med näringsvägran visat lätt icterus, nu var besvärsfria sedan de fått nödig vätske- och näringstillförsel. De patienter som upphört med sin näringsvägran hade hämtat sig påfallande fort. Någon svårighet att taga emot födan hade ej förelegat, trots att man i vissa fall bjudit dem på vanlig sjukhuskost.

Det var dock viktigt att komma till rätta med de rent psykiska oros- och spänningstillstånd som patienterna undantagslöst befann sig i. Denna psykiska komponent var, särskilt vad beträffar balterna, genomgående av stor betydelse. Även i fråga om några tyska patienter hade det psykiska traumat varit så stort att det provocerat utbrott av sinnessjukdom. I Borås registrerades ett fall av melancholi och två fall av schizoida reaktioner, i Malmö ett fall av kataton psykos. Beträffande balterna var det på grund av att endast ett fåtal behärskade tyska eller engelska språket svårt att komma i kontakt med de enskilda patienterna. En närmare diagnos av deras psykiska tillstånd var alltså ej möjlig. H ansåg det i denna fråga viktigt att de läkare som vårdade internerna fick sådana informationer och instruktioner att de kunde påverka dem i rätt riktning, för att rätta till och motverka depressionen.

De baltiska patienterna hade i övrigt framstått som fogliga och lätta att ha att göra med, frånsett att de flesta av dem konsekvent fasthållit vid sin näringsvägran.

En iakttagelse. H hade kunnat konstatera att sammanhållningen mellan letterna, som ju utgjorde huvudparten av de baltiska patienterna, syntes vara mycket stark. Övriga balter skilde sig påtagligt från letterna och syntes ej följa de principer som letterna enat sig om beträffande sin aktion.

H:s iakttagelse tycks bekräftad. Utdrag ur "Operativ order till de på Halmstads lasarett intagna baltiska internerna", utfärdad den 30.11 1945 och undertecknad av Karlis Gailitis. Punkt 4. "Strejkbrytaren Johannes Indres (est) är utesluten ur vår sammanslutning för alltid. Några som helst förbindelser med honom är strängeligen förbjudna. Skulle det finnas några angelägenheter som icke vore ordnade, så måste dessa ordnas genom föreståndaren, vidare genom mig. Förbjudna förbindelser med honom räknas som strejkbryteri."

En anmärkning om bevakningen. Bevakningen i Växjö, Kalmar samt i Örebro gav H anledning till anmärkning. På samtliga dessa ställen saknades yttre bevakning. I Kalmar var även den inre bevakningen högst otillfredsställande. Läkarna hade där påpekat missförhållandet hos de lokala polismyndigheterna, dock utan att få rättelse. H påtalade själv förhållandet hos landsfogde G Österdahl, dock utan att röna någon större förståelse. I Växjö och Örebro blev emellertid den yttre bevakningen snabbt ordnad.

Erfarenheterna utvisade klart att bevakningen, för att vara tillfredsställande, krävde ständig uppsikt å varje sal av minst en person (lämpligen en sjukvårdare), ständig polisbevakning i varje korridor utanför respektive salar samt ständig yttre bevakning. Den rymning som senare inträffade i Växjö illustrerade väl vådan av att ej ha yttre bevakning.

En återhållande faktor. De flesta av internerna hade, tack vare hungerstrejken, nedsatta krafter, och det var därför mindre troligt att de skulle orka fly. Efterhand som näringsvägran upphörde ökade dock riskerna.

Ett kommunikationsproblem. De fyra första dagarna i Ulricehamn vistades Eichfuss tillsammans med de elva övriga balter som förts till sjukhuset. Han tilläts där i begränsad omfattning kommunicera med omgivningen, bl. a. höll han kontinuerlig kontakt med en svensk tidning i Eksjö. Den 3 december mottog han en lettisk delegation. Denna dags eftermiddag gav generaldirektör Axel Höjer doktor Bruce uppdrag att hos chefsläkaren i Ulricehamn undersöka möjligheten att isolera Eichfuss. Vikten av fullständig kontroll över Eichfuss framhölls. Doktor JUHLIN– DANNFELDT meddelade att denna endast kunde ske om Eichfuss förflyttades till särskild avdelning. Den 3 december erhöll doktor ADAMS-RAY av doktor SAMUELSSON kännedom om att Eichfuss vore villig meddela kamraterna att matstrejken skulle avbrytas. Doktor SAMUELSSON tilläts att utan generaldirektörens hörande telegrafiskt meddela överläkarna vid de olika sjukavdelningarna detta. Den 4 december meddelade doktor ADAMS-RAY doktor SAMUELSSON att inga som helst meddelanden från Eichfuss fick sändas. Den 5 december erhöll doktor SVENNING telefonrapport från doktor SAMUELSSON att Eichfuss hade ett nytt meddelande till sina kamrater. Doktor SAMUELSSON fick beskedet att meddelandet under inga omständigheter fick avsändas. Det skulle i stället sändas till medicinalstyrelsen med expressbrev. Den 6 december vidtogs åtgärder för förflyttning av Eichfuss till beredskapssjukhuset i Kristianstad för effektiv isolering.

Fredagen den 7 december, strax före avfärden till Kristianstad, den sista dagen i Ulricehamn, hade chefen för medicinalstyrelsen, generaldirektör Axel Höjer, ett långt samtal med Elmars Eichfuss-Atvars. En hemlig PM upprättades efter detta samtal.

Eichfuss, i fortsättningen betecknad med E, lämnade där svar på en rad frågor om sig själv. Följande biografi bygger på de uppgifter som lämnades vid detta samtal.

E, som var född 1912 i Riga, slutade gymnasiet 1926. Han låg på sanatorium och vårdades för tuberkulos åren 1928–1930, studerade vid Riga universitet 1930–1933, fullgjorde sin militärtjänst i Riga 1934. Från 1935 till i januari 1940 studerade E medicin vid Greifswalds universitet, och fick där "tyska papper som intyg över sina studier"; uttalandet är här mycket diffust. År 1940 återvände E till Riga för att söka efter en bror. Återvände sedan till Tyskland, och fick tjänstgöra vid sjukhuset i Lodz. April 1940 registrerades han för tjänst i tyska armén, och ryckte in. Han återvände till Riga för att hämta sin familj. Samma höst tjänstgjorde han åter som läkare i Lodz. Efter det tyska angreppet på Sovjet fick han anställning under kommendanten för krigsfångar i Ukraina. Massgraven i Venitsa ansåg E ordnad av tyskarna. "Jag har dokument." Han kom till krigsfångelägret i Zjitomir.

E har nytta av sin allsidiga utbildning. Om den exakta innebörden av hans tjänstgöring i Zjitomirdistriktet vet man intet. Han uppger dock att förhållandena i distriktet var svåra för de internerade ryska krigsfångarna. "Tyskarna hade inte tillräckligt med mat att ge fångarna, utan 600 ryska krigsfångar dog varje dag av svält." E kunde här iaktta de fysiologiska verkningarna av svältens inverkan på den mänskliga organismen. E har under sin bana förvärvat erfarenhet i mångahanda, bl. a. hungerstrejkens teknik, hur långt den bör drivas, när fara uppstår för livet etc. "Eichfuss ledning av den baltiska hungerstrejken i Sverige vore en tillämpning av detta." E får här på ett överraskande sätt nytta av sina ovanliga erfarenheter.

Ett religiöst mellanspel. E blev i januari 1942 lätt sårad i nacken och kom på sjukhuset i Zjitomir. Han drabbades där av fläcktyfus, en sjukdom som grasserade i lägren, minskade i vikt ner till 49 kilo, blev friskskriven och återvände i september till Riga. Här ägnade han sig åt att samla präster och läkare till en religiös sekt. Denna är grundad på korinterbrevets kärleksförkunnelse och avser att förena katoliker, lutheraner och baptister till *en* bekännelse, *en* Gud. Rörelsen skall förses med ett emblem, som E målat i en bok och nu skisserar: en ordenssköld i två fält med två kors, ett rött och i detta ett vitt. E påpekar att det ej får vara enbart rött, eftersom Röda Korset illa har förvaltat sin uppgift. I fältet under skall finnas korslagda ett ankare och ett kors (det senare kan möjligtvis vara ett svärd).

På direkt fråga medger E, efter en stunds tvekan, att judar ska få vara med i hans religiösa sekt. De grekiska katolikerna räknar han dock icke med.

Detta religiösa mellanspel fick emellertid kortvarig omfattning. Redan i oktober 1942 var han i tjänst i det tyska luftvärnet som läkare. I mars 1943 inlemmades han i 1. Lettische Baubataillon. Han blev kvar i inringningsfickan i Kurland. I maj befann han sig i Liepaja, tog sig därifrån med en gummibåt till Gotland.

Under samtalet hade god kontakt uppnåtts mellan Eichfuss och svensken; Eichfuss tycktes smickrad av uppmärksamheten, han talade ivrigt och distinkt. I förbigående gjorde han snabba karaktäriseringar av några av sina medfångar; Gailitis kallade han "en obildad, obegåvad och farlig nazist". Han var ivrig att redovisa sammansättningen av den baltiska gruppen, eftersom "varje grupp söker ställa sig i så god dager som möjligt, man kan inte tro allt". Han talade framför allt varmt för en grupp yngre soldater i sjutton–tjugoårsåldern, de hade visserligen tvångsinkallats och hade kommit i tyska uniformer, men borde betraktas som civilister. Den grupp som kommit från Kurland, och som han själv bäst kände till eftersom de legat tillsammans på Gotland, vore visserligen inte civila i vanlig mening eftersom de alla tjänstgjort i tyska armén, men "efter Hitlers död böra de ej anses bundna av sin ed till honom, och alltså ej höra till tyska Wehrmacht".

På Eichfuss bord stod en porträttpärm med bilder av hans hustru, tre barn och en moster. Ett amatörfoto av en sköterska var inskjutet i samma fack som hustruns porträtt. "Hon har hjälpt mig." När han under samtalet underrättades om att han skulle isoleras, och att inga blockbildningar bland balterna var tillåtna, accepterade han detta, men tycktes samtidigt angelägen att få behålla sin roll som "Menschenführer" – han hotade med att balterna, utan hans ledning, återigen skulle uppta sin fasta. Hans plan var att genom upprepade fasteperioder uppskjuta resan ad infinitum. Han förklarade sig tro att hans familj nu var död, och han hade knutit en ny förbindelse med en lettisk sjuksköterska; hon skall hjälpa honom att skriva boken om den nya religionen, som skall ena Europa till "eine gesunde Menschheit". Han begär bevekande att få bli förflyttad till den plats där hon är anställd. När han så får veta att han skall förflyttas till Kristianstad blir han ovettig och upprörd, talar om Gestapo osv.

Samtalet hade nu pågått i två timmar. Han begärde att polisen i rummet skulle gå ut, men hans begäran avslogs. Han drog då in Höjer i ett hörn och anförtrodde honom viskande att han misstänkte en svensk polisman för att ha lämnat vissa meddelanden till tidningarna. Sedan gick han tillbaka till sängen och drog från sänglådan fram en bunt papper som han med tårar i ögonen överlämnade till Höjer: där fanns bl. a. en skrivelse riktad till de övriga internerna där han förklarade sig nedlägga sitt uppdrag, samt tre brev till medicinalstyrelsen.

Personliga intryck av E. Han tycktes vara den egentlige anstiftaren av hungerstrejken både bland balter och tyskar. Han väntade sig döden hos ryssarna och kämpade frenetiskt för sitt liv. Han menade sig, enligt Höjers uppfattning, ha en mission som religionsstiftare, men tycktes samtidigt inte göra sig några illusioner om framgång. Han påminde på ett svagt men påfallande sätt om Sven Lidman.

Försök till psykiatrisk diagnos. "Oerhörd viljekraft. Rätt smalspårig, men behärskar sin omgivning genom sin starka intensitet. Jag gissar att den psykiatriska diagnosen skulle bli: En hysteriker med paranoida reaktioner."

Sent på kvällen den 17 december fördes doktor Elmars Eichfuss-Atvars med bil från Ulricehamn till Kristianstad. Två civilklädda poliser kom in och meddelade honom att det nu var dags att åka. Han gjorde inget motstånd. De kom fram till Kristianstad sent på kvällen. Han fördes till ett isoleringsrum, och en beväpnad polis sattes som bevakning. Han gick genast till sängs. I Kristianstad skulle han komma att vara under resten av tiden i Sverige, han fick aldrig mer kontakt med de andra, han bevakades minutiöst.

För att ingen skulle få veta var han fanns gick han i fortsättningen under täcknamnet Persson.

2

Våren 1945 inrättades ett beredskapssjukhus i Kristianstad under ledning av dr Hans Silwer. Dit kom, under vårens och sommarens lopp, en rad f. d. koncentrationslägerfångar som räddats över från Tyskland till Sverige. Det var framför allt judar, kommunister och norrmän. De var utmärglade och halvdöda, och det tog lång tid att få liv i dem igen. Personalen vid sjukhuset var svårt chockad och många minns dem än i dag: en samling människospillror som långsamt återvände till livet.

Den 30 november kom en grupp internerade och hungerstrejkande militärbalter dit. Det var fyra ester och sju letter. På order från Stockholm placerades de på en annan avdelning än de f. d. koncentrationslägerfångar som fortfarande fanns kvar. Man ville inte att allmänheten skulle få höra att f. d. soldater i tyska armén, om än av baltisk härkomst, placerades tillsammans med tyskarnas offer. I stället för att förläggas på Tekniska skolan, där patienterna från koncentrationslägren låg, placerades balterna på medicinska paviljongen på centrallasarettet i Kristianstad, avdelning 2.

I början av november hade man på sjukhuset haft en tragisk incident som man ännu mycket diskuterade. En norrman som befunnit sig i ett av tyskarnas koncentrationsläger, men under denna tid uppenbarligen samarbetat med tyskarna, begick självmord. Han var visserligen mycket hatad av de andra norrmännen på sjukhuset, men den svenska personalen hade börjat tycka om honom, och alla blev illa berörda av hans självmord.

Den svenska regeringen hade nämligen, mot hans vilja, beslutat utlämna honom till Norge.

Man diskuterade ibland möjliga paralleller. På Ränneslätt begick en internerad lett vid namn Oscars Lapa självmord sedan han fått meddelande att han skulle utlämnas till Sovjet. Han hade samarbetat med tyskarna, och svenskarna hade beslutat att mot hans vilja utlämna honom. I Kristianstad begick en norrman, som samarbetat med tyskarna, självmord sedan svenskarna beslutat att mot hans vilja utlämna honom.

Skillnader finns självfallet. Den politiska situationen i Norge kan *inte* jämföras med den i Lettland. Norrmannen hade ingen svensk *opinion* bakom sig. Dessutom finns, för den svenske bedömaren, viktiga *ideologiska* skillnader. Lapa skulle utlämnas till *kommunister.* Norrmannen skulle utlämnas till Norge, till ett *broderfolk*, till ett folk som på så många sätt liknar oss själva.

3

Den 2 december talade Per Albin Hansson i Borlänge: han upprepade i stort synpunkterna från debatten den 23 november i riksdagen. Den 4 december sammanträdde regeringen på nytt. Det skedde i en allmän statsrådsberedning. Här blev, för första gången, det som Ernst Wigforss senare i en intervju skulle kalla "en känslomässig spricka inom regeringen" synlig.

Östen Undén föredrog frågan. Han analyserade det som skett, beskrev den häftiga opinionsstormen, analyserade olika handlingslinjer. Han slutade med att rekommendera en ändring i regeringens dittills intagna ståndpunkt. En möjlighet vore att säga ryssarna att det inträtt ett nytt läge på grund av den inhemska opinionsrörelsen. "Det vore inte önskvärt att riva upp en opinion på nytt, och oviljan komme att riktas mot Sovjet. Frågan borde därför tills vidare vila."

Ernst Wigforss begärde genast ordet.

Hans inlägg var inte långt, men eftersom han kanske var den i regeringen som, tillsammans med Per Albin Hansson, hade den största auktoriteten, vägde hans ord tungt.

– Jag anser inte att vi kan diskriminera Sovjetunionen på detta sätt. Vi kan inte betrakta Sovjet som en barbarisk stat, vi har utlämnat tyska interner till västmakterna, att vägra utlämning till ryssarna skulle ställa dem i särklass. Vi kan inte göra det.

Efter honom talade Sköld. Han var också mycket kortfattad, och instämde helt med Wigforss.

– Vi kan inte göra en sådan skillnad. Vi måste stå fast vid de utfästelser vi gjort.

Per Albin Hansson höll sig under hela diskussionen tyst. Mycket snart utkristalliserades två block inom regeringen. På den ena sidan stod som försvarare av utlämningen Wigforss, Sköld och Möller. Mot dem stod Danielsson, Quensel och Zetterberg, som alla var klara motståndare till utlämningen. De sista tre var alla fackpolitiker, de var att betrakta snarare som opolitiska experter än politiker med förankring inom partiet.

Mellan de två lägren, i en egendomligt dubbel attityd, stod dels Undén, dels Per Albin Hansson. Den förre hade inlett med att begära att utlämningsbeslutet skulle rivas upp, inte med motiveringen att det var felaktigt, utan av hänsyn till opinionen. Men efter detta utspel höll han sig tyst, deltog inte aktivt i diskussionen. Per Albin satt tyst hela tiden: de som satt där hade en känsla av att han höll dörrar öppna åt båda sidor, att han vagt stödde Undén om Undén skulle få stöd av en bredare grupp inom regeringen.

Men så skedde inte. Wigforss, Sköld och Möller hörde alla till den inre cirkeln inom regeringen. Danielsson, Quensel och Zetterberg "hörde ju inte till de ledande inom regeringen. Hade de velat driva sin sak hårt hade de väl fått avgå. Men det gjorde de inte." (Wigforss) Och Undén? Hörde inte han till de tongivande inom regeringen? "Ja, men han drev inte sin opposition särskilt hårt, han drev inte sin nya linje särskilt intensivt."

Efter diskussionen tog Per Albin till orda för första gången. Han sammanfattade diskussionen så, att en majoritet inom regeringen hade ansett en ändring av den intagna ståndpunkten omöjlig. Beslutet stod alltså fast.

Tre ledamöter av regeringen reserverade sig till protokollet: Zetterberg, Quensel och Danielsson.

En regering består av många ledamöter. Men varje regeringsbeslut styrs och dirigeras i realiteten av några få inom en regering: de med den största auktoriteten eller de största kunskaperna.

Tre människor hade nyckelrollerna vid den sista av de statsrådsberedningar som behandlade baltfrågan. Det var Östen Undén, Ernst Wigforss och Per Albin Hansson. Det var deras värderingar, analyser och ställningstaganden som bestämde diskussionens utgång denna dag den 4 december 1945, den diskussion som slutgiltigt skulle avgöra utlämningsfrågan.

Först Östen Undén.

Han var jurist, specialist på folkrättsliga frågor, hans renommé inom och utom landet var enormt. Han hade suttit i utrikesnämnden den 11 juni, han hade med ett slags torr häftighet försvarat utlämningen i riksdagen. Nu hade han plötsligt vänt. Eller hade han inte?

– I era memoarer säger ni på ett ställe att "de humanitära skälen mot en utlämning vägde tungt". Men ni ansåg ju då, och anser fortfarande, att balterna *inte* skulle betraktas som landsförrädare och att farhågorna var klart överdrivna. Vilka var då de humanitära skälen?

– De baltiska ländernas ställning var ju ett särfall, balterna hade ju så nyligen blivit ryska medborgare. Man kunde ju spekulera i en hårdare behandling.

– Med all rätt?

– Knappast med all rätt. Det var en vanlig *svensk* åsikt, men enligt min mening var den överdriven. Men händelserna i lägren verkade ju upphetsande.

– I era memoarer säger ni att "viktiga politiska skäl talade å andra sidan för att regeringen uppfyllde avtalet med Sovjet". Men *vilka* politiska skäl var det. Spelade handelsavtalet med ryssarna någon roll?

Han ler nästan vänligt.

– Det är mycket enkelt att svara på det. Det spelade ingen som helst roll. Det förekom inga påtryckningar. Det är hela svaret. Ryssarna var ledsna, men tryckte inte på på det sättet.

– Varför agerade då regeringen som om ett tvångsläge förelåg?

283

– Vi ansåg det självfallet att man inte kunde diskriminera ryssarna genom att anta att deras fångar skulle behandlas sämre än på annat håll. Vi ville inte skapa det intrycket att Sovjet var en stat som inte stod på samma nivå som andra, västerländska stater. Det skulle ha inneburit en fruktansvärd förödmjukelse för ryssarna. Tyskarna och Tyskland hade vi under kriget behandlat som en civiliserad stat, trots allt som där förekom. Men ryssarna, vars land till hälften ödelagts, som blivit det mest utsatta offret för nazismens härjningar, dem skulle vi behandla som om de vore barbarer. Jag tror att just detta upprörde ryssarna oerhört: att så många svenskar antog att de skulle behandla fångarna mer barbariskt än andra. Att en svensk riksdagsman kunde stå upp i riksdagen och påstå att utlämnandet till ryssarna betydde att de skulle få lida en kvalfull död.

– Kom det att ligga kvar någon misstämning mellan Sverige och Sovjet efter utlämningen?

– Nej. Men det berodde uteslutande på att vi agerade som vi gjorde. Att vi inte gav efter för opinionen. Ryssarna var mycket känsliga för att bli behandlade annorlunda än andra.

– Trodde ni ursprungligen att det skulle bli en sådan uppståndelse kring den här affären?

– Nej, inte alls. Det var ganska fantastiskt att det blev en sådan uppståndelse.

– När ni ändrade er ståndpunkt, alltså från riksdagsdebatten den 23 november till statsrådsberedningen den 4 december, hade ni då kommit till den uppfattningen att de "humanitära skälen" fått större relevans, eller var det bara en eftergift för opinionen?

– Det var *uteslutande* en eftergift för opinionen.

Den andre var Ernst Wigforss.

Några av hans utgångspunkter skulle i mitten av december samma år representativt beskrivas av Johannes Wickman i en artikel i MT. "Under en mansålder har tre väldiga opinionsvågor svept in över hela Sverige, och alla tre gångerna har de slagit fradgande bränningar mot den ryska kusten. *1913–1914* – en kampanj för ökade rustningar i en panikstämning, som om Sverige hotades av ett ryskt angrepp, går över landet under ledning av Sven Hedin, den salvelsefulle tillbedjaren av Wilhelm II och Adolf Hitler, sopar bort den liberala regeringen Staaff och jublar över Tysklands segrar i första världskriget, främst därför att det är segrar över Ryssland. *1939–1940* – passivt deltagande i Finlands krig mot Ryssland, vilket även av dåvarande utrikesministern Günther påstods gälla värnet mot Rysslands planer att lägga Finland under sig som en bolsjevikisk provins. Detta säger den dåvarande svenske utrikesministern offentligen. Offentligen – i riksdagen – triumferar han i oktober 1941 över att Rysslands nederlag är beseglat och ger uttryck åt sin belåtenhet även för det neutrala Sveriges del. *1945* – ja, det är mycket sant: denna opinionsstorm skiljer sig i vissa avseenden från de föregående. Men Ryssland står alltjämt i blickpunkten. Oppositionen skulle inte ha nått en sådan omfattning att t. o. m. skolungdomen har mobiliserats av sina lärare, om inte den gamla antiryska inställningen hos stora delar av svenska folket hade fått tjänstgöra som ljudförstärkare."

För Ernst Wigforss, och radikala socialdemokrater av hans generation, var den analysen giltig. Striden om försvaret hade varit hans första stora dramatiska politiska fråga, och försvarsfrågan hade alltid kopplats samman med "hotet österifrån", det äldsta och mest effektiva argumentet för ett starkt försvar. Ryssarna var den "arvfiende" som med stereotyp envishet alltid återvände till debatten, det var för deras skull alla pengar måste ösas in i försvaret.

Wigforss, och hans generation av radikaler, insåg snart att bakom det "starka försvaret" låg "rysskräcken", de två var kopplade, den gemensamma fiende det gällde att bryta ner. "Ryssarna var för oss inte *arvfienden*. Ryssarna och rysskräcken var för oss ett utnött politiskt argument, använt från högerhåll för att försvara upprustningen och pengarna till försvaret." Han hörde till den socialdemokratiska generation som inte såg det naturligt att hata kommunismen: efter honom skulle komma andra generationer, med helt andra attityder, födda ur 30-talets erfarenheter och födda ur det kalla kriget. "Men vi i min generation hade nog inte den blockeringen."

Synen på de baltiska staterna hörde samman med detta.

– För oss var de baltiska staterna fortfarande ett ryskt territorium – det hade ju varit så i många hundra år, och var det till 1920. De randstater som bildades med hjälp av västmakterna år 1920, och som stängde in Ryssland i Finska viken, de kunde vi knappast tro skulle kunna vara bestående – och de bestod ju inte heller. Sverige var ju också en av de första makter som erkände att de f. d. baltiska staterna var ryskt territorium 1941. Vi tyckte kanske att den instängning av Sovjet som blev följden av de baltiska staternas tillkomst var en i längden riskabel och artificiell skapelse. Men det är klart – de som fått sitt intryck av baltstaterna som naturliga stater, de såg det litet annorlunda.

– Vilka i regeringen hade en positiv attityd till Sovjet?

– Ja, det var väl några. Per Albin, Sköld, Möller, Undén, jag själv.

– Handelsavtalet?

– Det spelade ingen som helst roll vid utlämningen. Det var ju ryssarna som var mest angelägna, för övrigt. 1941 hade vi ju gjort en preliminär överenskommelse som inte då kunde genomföras på grund av kriget. Men efter kriget kunde vi – löften ska hållas.

– Också löftet i juni 1945?

– Också det. För mig framstod den utlämningen som självklar. Vi hade utlämnat tyska militärer till andra makter, andra segrarmakter, utan reservationer. Nu blåste det upp en opinionsstorm från höger som ville tvinga oss att behandla Sovjet som en barbarisk stat. En stat icke som andra. Vi såg ju från vilket håll stormen kom. Militären, som skulle effektuera utlämningen, protesterade ju inte minst. Men vi hade haft tillräckligt besvär av deras Finlandsaktivism redan, deras rysshat, deras tyskvänlighet. Vi hade inget större förtroende för dem, och de inte för oss.

– Var det ändå inte ett svårt beslut?

– Inte ursprungligen. Det var proteststormen som skapade komplikationerna. Själv reagerade jag efter ett mönster som ju är lätt att urskilja: reagerade i protest mot en opinion som jag tyckte mig ha träffat på förut, i andra frågor, reagerade mot en rysskräck som var onyanserad och hysterisk och styrd av egendomliga lagar.

– En känslomässig reaktion?

– Alla politiska frågor har för mig varit känslomässigt färgade. Bakom varje beslut har legat känslor, så också här. För mig var det naturligt att slåss mot dem som ville framställa ryssarna som barbarer, som brutala och okunniga och farliga människor. Jag hade vant mig vid att opponera mig mot dem, de var mina naturliga fiender, dessa rysshatare. De var Reaktionen.

Och så kom det sig att Ernst Wigforss ställde sin enorma auktoritet bakom beslutet att utlämna militärbalterna. Det sista inlägg han gjorde i statsrådsberedningen den 4 december var kort, det var en enda fråga.

Han sa:

– Ska här en liten opinion, som är antirysk sedan urtiden, ska denna opinion få diktera regeringens agerande i denna fråga, ska vi böja oss för den, än en gång?

Den tredje var Per Albin Hansson.

Han hade varit statsminister både i samlingsregeringen och den socialdemokratiska regeringen, han blev ansvarig för både beslutet och effektueringen. Han dog ett halvår efter utlämningen, och hans roll i skeendet är svår att fastställa eftersom ingen vet exakt vad han tänkte och kände inför denna sin sista stora politiska kris.

En av dem som på nära håll iakttog Per Albin Hanssons insats i baltaffären var Tage Erlander, vilken skulle bli hans efterträdare på statsministerposten.

– När baltfrågan plötsligt blev aktuell i november satt Per Albin fortfarande fast i krigsårens sätt att tänka, och det både låste och stödde honom. Han hade vant sig vid att i varje fråga agera som om han skulle föra landet ut ur en politisk fälla, och det viktiga hade för honom blivit att hela tiden utåt bevara förtroendet för vårt land. Det var viktigt att visa att man inte gav efter för påtryckningar. Att man hade en fast regering, att där fanns konsekvens och styrka. Han var fixerad vid krigsårens sätt att tänka. Kanske anade han också i efterkrigstidens förlängning nya kriser, där förtroendet för Sverige måste vara intakt, förtroendet till styrkan, fastheten.

– Det skulle alltså ha varit en svaghet att ge efter för folkstormen?

– Ja, han måste ha uppfattat det så. Hade situationen varit avdramatiserad, utan folkstorm och pressopinion mot utlämningen, då kanske han hade varit mer benägen att jämka, kompromissa. Det är möjligt att balterna fått stanna då. Men nu skapade opinionsstormen en psykologisk vägg för honom: han tyckte sig tvingad att visa att Sverige ändå hade en regering. Att inte Sverige styrdes av folkstormar som blåste från höger. Gav man efter, då skulle man ha visat att Sverige var utan regering, och då hade förtroendet varit borta. Och så blev det så, att han inte vågade ge efter för propagandastormen, eftersom den var för stark. Det var den för honom paradoxala psykologiska situationen.

– Tvekade han aldrig?

– Jag vet att han tvekade mycket. Ingen påfrestning under krigsåren kan mäta sig med baltaffären för Per Albins del. Ingen påfrestning var värre än denna. Han var tveksam om sin egen inställning, men måste utåt dölja tveksamheten. Han hade gått ut ur krigsårens kriser med en enorm popularitet, och han förlorade den till stor del på baltaffären. Det är lättare att förlora sin popularitet på något man tror på än på något tvivelaktigt; och här tvivlade han, här hade han inte en övertygelse att falla tillbaka på. Hur han än gjorde, så skulle han bli en förlorare. Och han förlorade. Jag tror själv att baltaffären var den direkt avgörande orsaken till att han knäcktes. Han gick inte ut ur den som samma människa, och ett halvår efter utlämningen dog han."

Tage Erlander är inte ensam om det sista påståendet: att Per Albin Hansson knäcktes av baltfrågan. De som fanns kring den svenske statsministern våren 1946 såg hur hårt han hade tagit utlämningen, hårdare än de väntat: han återvände gång på gång till balterna, som om han aldrig kunde släppa problemet.

Ibland blev han påmind av andra också.

Han åkte ofta spårvagn hem, på kvällen, i skymningen. Alla kände honom ju, och vid minst två tillfällen hade personer som han inte kände ropat "Baltmördare!" åt honom medan han satt på spårvagnen. Han hade ignorerat dem, inte sagt ett ord, inte vänt sig om. Han berättade det för sina vänner, men de ville inte fråga hur han tog det. De såg det ju ändå.

Han dog den 6 oktober 1946, vid en spårvagnshållplats i Ålsten.

Den 8 december 1945 sammanträdde utrikesnämnden och behandlade för andra gången detta år utlämningen av balterna. Konungen satt ordförande. Närvarande var också kronprinsen, prins Gustaf Adolf samt statsministern och, som föredragande, utrikesminister Undén.

Från överläggningen finns dels några vaga minnesfragment från ett par av de närvarande, dels ett mycket detaljerat personligt protokoll, fört under sammanträdet av högermannen Ivar Anderson, renskrivet omedelbart efteråt. Följande relation bygger på detta protokoll.

Utrikesministern inledde med en kort orientering om det politiska läget. Den 5 december hade den ryske ministern avlämnat en not, i vilken han avvisade påståendet att uppskovet med avtransporten skulle bero på ett ryskt dröjsmål. Så var inte fallet, menade han. Han hade vidare vänt sig mot "den organiserade kampanjen" i svenska tidningar, en kampanj som riktade sig mot Sovjetunionen. Undén hade bemött beskyllningarna och meddelat resultatet från de senaste överläggningarna med regeringen, de från den 4 december. Det innebar att den svenska regeringen erbjöd sig att fullfölja transporten "med svenskt fartyg inom den närmaste tiden och i mån av tillgängligt tonnage". Tjernytjev hade då meddelat Undén att ett ryskt lasarettsfartyg i Helsingfors skulle kunna avhämta 300 interner.

Så låg saken till för ögonblicket. Regeringen ville nu ge utrikesnämnden tillfälle att yttra sig.

Själv ville Östen Undén, innan debatten tog vid, komma med tre synpunkter. Den första var att återstoden av de *tyska* internerna snarast skulle avtransporteras. Den andra hade med balterna att göra. Om dem hade regeringen diskuterat en rad olika möjligheter. Direkta förklaringar till ryssarna rörande balternas behandling ansågs inte lämpligt, då den svenska regeringen ju redan tidigare i framstötar till ryssarna "förutsatt" att balterna skulle få en human behandling. Därför kunde man inte nu ställa villkor och begära förklaringar – då måste man vara beredd att i händelse av vägran stoppa transporten. Den tredje synpunkt han hade att framföra gällde förslaget att tills vidare skjuta på transporten, utan ryskt medgivande. För honom framstod detta inte som någon lösning. Det skulle enbart skapa friktion. Saken måste också ses i ett större politiskt sammanhang – man måste till bilden foga Sovjets prestige och maktställning, dess högt uppdrivna ambition och känslighet, och särskilt den ryska misstänksamheten mot allt som kunde tas som ett utslag av opålitlighet.

Statsrådet Mossberg fortsatte med en kort redogörelse för internernas behandling efter hungerstrejken. 162 balter låg nu på sjukhus, 100 hungerstrejkade fortfarande, endast 12 kunde transporteras. 578 tyskar var ännu kvar, av dessa hungerstrejkade 79. Denna dag, den 8 december, beräknades 491 kunna transporteras. Samtliga interner fördelades nu i större förläggningar på cirka 200 personer.

Rickard Sandler, f. d. socialdemokratisk utrikesminister, begärde sedan ordet.

– Skadan är redan skedd, konstaterade han. Man borde från början ha undantagit balterna från utlämning. Det är uppenbart att vi inte har handlagt frågan med den uppmärksamhet som den förtjänar. Hur man nu än handlar gör man skada. Jag hörde första gången vid interpellationsdebatten den 23 november talas om regeringens svar av den 16 juni. Ingenting kan nu vinnas genom förhandlingar eller förklaringar från Sovjet. Frågan är: kan man skjuta på saken? Man skulle t. ex. kunna peka på att hälsoskäl hindrar avtransporten av balterna. Men skulle då inte detsamma gälla för tyskarna? Man kan också fråga: har något nytt tillkommit? Enligt min mening har endast detta tillkommit: att den svenska opinionen visat att den betraktar balterna på ett annat sätt än tyskarna. Vi borde förklara att den svenska opinionen nu är sådan att det skulle göra större skada för vårt förhållande till Ryssland om vi sände balterna.

Ivar Anderson, som också varit med vid utrikesnämndens första behandling av frågan, erinrade om vad som hänt tidigare. Och han fortsatte:

– Nu gäller det för oss att se denna sak inte bara som en politisk lämplighetsfråga, utan såsom i främsta rummet en rätts- och humanitetsfråga. Här står mer på spel än vårt goda förhållande till Ryssland. Vi är också ansvariga inför hela världen. Folkrättsligt är vår sak klar, och de politiska förutsättningarna har också ändrats. Nu framstår det som klarare än i juni att balterna borde betraktas som politiska flyktingar. Jag har kommit till den bestämda uppfattningen att vi *icke* bör utlämna balterna, och jag framställer ett bestämt yrkande att avtransporten icke skall ske.

Efter detta talade Gränebo för uppskov, och han fick stöd av Gösta Bagge som menade att de politiska förutsättningarna nog ändå inte hade ändrats. "Det enda riktiga är att skjuta på avgörandet utan att göra någon förhandshänvändelse till Sovjet. Mycket kan hända. Det gäller att vinna tid."

Elon Andersson ville också förorda "att man så mycket som möjligt förlänger balternas härvaro och behandlar dem som politiska flyktingar". Man borde också göra en ny undersökning av deras föregående.

Sedan begärde Per Albin Hansson ordet.

– Det är felaktigt att säga att skadan redan är skedd. Däremot: bryter vi nu vår överenskommelse, då blir det allvarlig skada. Regeringen får skenet av att inte kunna behärska folkmeningen. Och hur skulle det då gå, om spänningen mellan de västallierade och Sovjetunionen skärps? Man skulle då i Sovjetunionen mena att man inte kan lita på Sverige eller på en svensk regering som inte kan behärska folkopinionen. Vårt förhållande till Ryssland skulle mycket försämras om beslutet inte fullföljes. Kom också ihåg att det även finns en annan opinion än den som är för balterna. Fackföreningsrörelsen är alldeles bestämt mot försöken att bringa regeringen från sin ståndpunkt. Bland balterna finns också sådana som tillhört SS och SA. Undfallenhet från regeringens sida kan komma att framkalla en stark reaktion från vissa håll och skada regeringens ställning. Man får då söka sig en annan regering, som får ta ansvaret för försämringen i Sveriges läge gentemot Ryssland.

Han tillade att statsråden Zetterberg, Danielsson och Quensel hade reserverat sig mot beslutet om utlämningen, och han upprepade att situationen var mycket allvarlig. Han avslutade med att konstatera:

– Frågan gäller inte bara asylrätten. Den gäller också regeringens auktoritet.

Nu följde en rad korta inlägg där nämndens ledamöter redovisade sin ståndpunkt i frågan. Ward konstaterade att det inte längre fanns någon återvändo. Han ville ändå vädja till regeringen att beakta vad som här sagts och överväga alla möjligheter att uppskjuta avtransporten. Skoglund sa att det inte rådde delade meningar om att tyskarna borde sändas. Han ansåg att regeringen genom noten den 27 oktober hade bundit sig ännu hårdare, och att "skadan nu blir ännu större om balterna utlämnas". Ivar Anderson återkom och hävdade att "man inte bör ta de ryska hotelserna alltför allvarligt. Trots de utrikespolitiska riskerna kan jag inte tillstyrka att man utlämnar balterna. Statsministerns inrikespolitiska spekulationer är helt teoretiska." Lindqvist erkände att läget i juni var ett helt annat än det i dag. "Jag kan dock icke råda regeringen att vika från utfästelsen. Opinionen är ju inte alls enhetlig, och jag anser att avtalet måste fullföljas. Men jag ser gärna att regeringen finner en utväg." Bergvall tillrådde också uppskov. Östen Undén konstaterade i en kort replik att den anförda noten inte alls bundit svenskarna hårdare. "Vi ha lov att göra individuella undersökningar för att avskilja dem, som enligt notens ordalydelse inte skulle utlämnas." Han upprepade att man inte borde misstänka ryssarna för att vilja behandla balterna sämre än andra folk.

Bärg var ovillig till uppskov.

– Man löser inte problemet med önskningar, och regeringen behöver inte manas att söka utvägar. Det är också otänkbart att frågan kommer att självdö. Antingen skall verkställighet ske, eller också måste man finna nya skäl för att hindra avtransport. Vi löper risken att driva upp även en inrikespolitisk strid om frågan sätts på sin spets. Det blir en oro inom landet som vi borde förskonas ifrån. Det är inte tilltalande att försöka slingra sig ifrån saken för att ändå till sist behöva krypa till korset.

Wistrand instämde med Ward, men ansåg att "avgörandet var oerhört svårt". Och så kunde till sist statsminister Per Albin Hansson summera och avsluta debatten.

– Ivar Anderson är den ende, sa han, som klart sagt ut sin mening att balterna icke bör utlämnas. Alla andra har talat om uppskov – och det betyder väl att man ändå till sist låter saken ha sin gång. Man lägger ansvaret på regeringen. Regeringen har undersökt alla möjligheter och icke funnit någon utväg. Möjligt är dock att vi vid den individuella prövningen skulle kunna ta undan en del ungdomar bl. a., men en sådan prövning är orättvis. De som vi efter denna prövning utlämnar går kanske ett hårdare öde till mötes än om ingen prövning skett. Kan en annan regering finna en utväg, så skall naturligtvis denna icke stå i vägen. Det är för övrigt tröstlöst att komma till utrikesnämnden och inte få klarare besked än vad som givits. Förr eller senare måste herrarna ge ett klart och bestämt svar.

Anteckningarna från utrikesnämndens debatt om utlämningen av militärbalterna avslutas med en mer allmän anmärkning.

Där står:

"Konungen, som mycket uppmärksamt följt den nära två timmar långa diskussionen, tycktes ett slag ämna säga någonting men avstod, och förklarade sammanträdet avslutat."

På eftermiddagen den 8 december, efter utrikesnämndens sammanträde, kom Per Albin Hansson upp till Kanslihuset. Han var mycket allvarlig, han gjorde ett rastlöst och otåligt intryck på de närvarande, men han föreföll ändå lättad.

Till dem som fanns där sa han:

– Vi har haft utrikesnämnd i dag. Vi diskuterade baltutlämningen för sista gången. Nu är saken klar, det är ingenting att bråka om mer. Det var en vilsen debatt, mest hit och dit, men bara en yrkade på ett direkt återtagande av beslutet. Nu är det klart.

Han gick hem direkt efteråt.

Utrikesnämndens sammanträde den 8 december satte punkt för ett skeende i baltfrågan. Nu var frågan politiskt avgjord, för alltid, och bara effektueringen återstod. Baltutlämningen hade varit en politiskt öppen fråga från den 20 november till den 8 december, i exakt 19 dagar. Under den tiden hade stormen skapat det politiska problem som skulle kallas baltutlämningen, men stormen hade också låst frågan politiskt. Nu var det över. Alltsammans tog 19 dagar.

4

Långsamt, mycket långsamt, smälte gruppen av balter samman.

En blev frisläppt i oktober. Han hade en far som var en inflytelserik man med kontakter och som nu befann sig i Sverige. Då var det ingen större svårighet, fast också han hade tjänstgjort i tyska armén. Strax efter det att Gotlandsdelen av balterna kommit till Rinkaby kom lägerchefen med papperen i handen och kallade in honom på kontoret och gratulerade honom. Hans far, som varit domare i Lettland, hade ordnat allt detta. Det var i oktober, han hade ingen känsla av att behöva vara lycklig, han visste ingenting om utlämningsbeslutet. Sommaren hade varit lugn och skön, han hade fått vila upp sig, nu var han fri.

Några blev sjuka, fick tbc. De blev kvar. En släpptes bara fem timmar före utlämningen, han drogs ut ur bussen och man gav honom papperen. Hans far hade varit kypare eller hovmästare på det hotell i Riga som kung Gustaf hade bott på vid ett statsbesök, och fadern hade fått medalj och hade flytt och sedan skrivit till Gustaf V om sonen och så blev han frisläppt: historien är otydlig i konturerna och kan inte bekräftas helt, men har dock berättats av två f. d. interner utan kontakt med varandra.

Några blev fria på andra sätt.

Om detta handlar historien om Eriks Zilinskis och Edvard Alksnis. Om detta skrev undersökaren ett brev. Det följer här, i sammandrag.

– Eders Excellenser, skrev han, jag är nu i stånd att skriva min slutrapport om de f. d. internerna Eriks Zilinskis och Edvard Alksnis. De lever båda i England. Bägge befinner sig väl. När jag skriver detta är vi i slutet av mars 1967, jag är på hemväg, havet utanför hyttventilen är upprört, det är natt och fullmåne, jag befinner mig rakt norr om Danmarks nordligaste udde och är på väg hem. Halv storm blåser, månen är full, jag ser en gata av ljust silver, kanske är det vitt bly, delvis svart beck, det är en egendomlig syn, jag kan inte sova, jag skriver till Er. Över detta egendomliga hav flydde de två internerna från Sverige hösten 1946. De båda lever nu i England, de lever gott, de bringar Er sin hälsning. Många år har gått sedan Edra banor korsades, de har glömt, minnet är suddigt eller otydligt. Det är natt, jag skriver eftersom jag inte kan sova. Det tycks mig som om jag gång på gång passerade känslor och händelser från sidan, som om historien var ett övergivet skepp som jag mycket snabbt passerade, ett vrak utan liv, vaggande i stormen, möjligt att uppfatta bara som en glimt, utan perspektiv bakåt och framåt. Rapporten följer här.

Zilinskis flydde till England i september 1946. Han tjänstgör i dag på lettiska legationen i London. Den ligger vid Eaton Place, många kvarter av en total stillhet som endast olyckligtvis avbryts av levande människor: vita hus, en svag stank av vit marmor, bilar, alla ingångar har pelare omkring sig. Rader av legationer och ambassader. Området, som består av många kvarter, påminner som helhet mycket påfallande om vissa italienska eller franska kyrkogårdar. Gravstenarna är där ersatta av små tempelliknande mausoleer, vitmenade små hus avsedda för den heliga stillheten, ofta till hälften inredda med små bänkar och bord för rökelse och gåvor, med friser och dekorationer. Lettiska legationen ligger här, den är ett centrum för den lettiska exildiplomatin, för letterna i landsflykt, jag har en gång i Riga sett samma hus fotograferat med en hemlig kamera från huset mitt emot, det ingick i en dokumentärfilm om de "lettiska krigsförbrytarna i exil", huset vid Eaton Place såg där hemlighetsfullt och spännande ut, människor passerade ut och in på ett dramatiskt sätt, jag kände knappt igen det. Här tjänstgör Eriks Zilinskis.

Han är född 1919. Han är ogift. Han är inte brittisk medborgare, innehar ännu sitt lettiska medborgarskap och sitt lettiska pass. Han har advokatutbildning.

"Detaljer försvinner", säger han, "jag minns inte så exakt längre, jag vet inte ens om jag vill minnas." Rummet han sitter i är tungt och dystert, med bruna läderstolar och tunga skrivbord, så här såg förmodligen inredningen ut redan i slutet av 30-talet när legationen hade förbindelser med moderlandet, före avsnörningen, förpuppningen. Han talar om sin målning. Han tar upp färgdiapositiv ur fickan, han har fotograferat sina egna tavlor och de tycks vara melankoliska stilleben i mörka färger, de är inte dåliga. "Målningen är mitt liv", säger han. "Men jag minns dåligt. I många år har jag haft svårigheter med sömnen, jag kan inte somna utan ligger där bara, jag måste ta tabletter. Jag minns inte så bra." Hur många år har sömnlösheten varit akut? "Sedan 50-talets första år." Han har ett smalt, nästan rektangulärt ansikte, han kom till Gotland från Kurlandfickan, han registrerades som militär eftersom han kom med militärer, men han hade lyckligtvis en frisedel från våren 1945 i sin ägo, den hjälpte honom loss till sist. Det var en frisedel som han kunde visa för de svenska myndigheterna och som registrerades, den var utfärdad den 24.2 1945 av "SS Ersatz Kommando, Lettland", vad han gjorde från februari till maj är höljt i dunkel, han kom i uniform men han blev frisläppt. Varför utfärdades frisedeln av ett "SS Ersatz Kommando"? Han plockar fram kartor, söker efter ortsnamn, berättar hur fronten gick och var han befann sig.

"Ibland", säger han, "sedan jag lyckats somna, då drömmer jag om det här." Om vad då? "Om den här tiden." Vad drömmer han? "Det minns jag inte." Är det skräckdrömmar? "Nej, inte riktigt, jag tror jag befinner mig i Balticum, jag sätter mig i båten, jag börjar min flykt." Vad händer under flykten? "Ingenting, jag bara sitter i båten." Är det inte fasansfullt? "Nej, jag drömmer bara att jag sitter där." Är han lycklig nu? Han är korrekt klädd och mycket artig, det skulle vara meningslöst att fråga honom om så abstrakta ting. Han ser nu mycket rationellt på utlämningen, anser att svenskarna måste ha betraktat balterna som en alltför liten minoritet för att riskera friktioner med en stormakt i en politiskt sett känslig tid. Han hade, påstår han, bara tjänstgjort i den tyska armén några månader när han flydde, han hade med sig en frisedel som utvisade att han var oduglig för militärtjänst, allt detta är utomordentligt oklart som allting annat i denna affär och tycks ändå stämma med de registeruppgifter som finns i svenska arkiv – han tycks ha tjänstgjort i armén fram till februari, men icke senare, ingen klarhet kan uppnås. Han utfrågades på Gotland av svensk polis, hans papper glömdes i en låda på Gotland, återfanns i sista stund. Den 14 januari 1946 blev han frisläppt av de svenska myndigheterna. I september 1946 flydde han med en fiskebåt till England. Historien om honom är där slut.

Återstår så Edvard Alksnis.

Alksnis hade förts till Halmstads sjukhus. Han hade hört till dem som i ett tidigare skede varit nästan helt osynliga: han dyker för några ögonblick upp i några av dagböckerna veckorna före flykten från Danzig, han delar rum med Presnikovs på Bornholm, han kommer till Ystad, till Ränneslätt.

Den 10 december visade en svensk vårdare en gammal tidning för Alksnis. Den var från den sista novemberveckan, den kunde berätta att den svenske kungens vädjan till Stalin hade avslagits. Det fanns inget hopp för balterna, de måste utlämnas. De fastade ännu, fastän två av esterna frivilligt hade avbrutit hungerstrejken höll de andra ännu ut. De låg i sjuksängarna och talade sällan till varandra, sov ofta och oroligt, såg med alltmer avmagrade och apatiska ansikten hur sjuksköterskorna kom och gick, hur vakten vid dörren avlöstes var fjärde timma, hur vakten där ute passerade förbi i korridoren. De talade sällan till svenskarna, och när de talade var det alltid om trivialiteter: om att de ville ha vatten, ville gå på toaletten. De hade för länge sedan slutat tänka på flykt, och nu låg de där bara, allt svagare och samtidigt med allt mindre hopp. Förbindelserna utåt var avskurna. Deras bästa informationskanaler, de lettiska prästerna, var stoppade.

Sjukhuset låg i Halmstad.

Alksnis var en av de få som ibland försökte röra på sig: han gick små promenader mellan sängen och fönstret, gick fram och tillbaka i rummet under korta stunder, medan de andra låg stilla i sängarna och såg på honom. Ibland talade han till dem, små monologer som sällan fick svar. "Jag var nästan den ende som talade, de andra var för apatiska, låg där bara, var och en för sig." Efter det att den svenske vårdaren visat honom tidningen fick han en ny syn på sin situation. Då talade han ofta med de andra om det omöjliga i deras belägenhet, berättade att de alla skulle bli avrättade, talade om sin likgiltighet inför döden. Han fick aldrig något svar. I taket hängde två lampor, nakna glödlampor med en vit skärm. Inga gafflar eller knivar var tillåtna, vid måltiderna fick man ett glas som genast hämtades tillbaka, de som avbrutit strejken åt på tenntallrikar och med en trubbig gaffel, och allt räknades och hämtades in.

Läkarna såg de sällan till. När de kom var de alltid flera i sällskap, de gjorde sina undersökningar under tystnad, svarade alltid undvikande på frågor, granskade temperaturkurvor och såg på ögonen och klämde på buken, och så gick de igen utan att säga ett ord, och så blev det tyst.

Den 13 december 1945 vid 20-tiden på kvällen kom en sjuksyster som hette Elsa in till dem. Hon var av finskt ursprung, av bilder att döma var hon medelålders, och hon var ogift. Hon kom in med en bricka med kaffe och Luciakringlor. Kringlorna var av konventionellt svenskt utseende, "som en 8", och var bakade med saffran. Sköterskan kom in genom dörren (några sov redan, de tycktes alltid sova, det var mörkt ute). Hon kom in med en bricka och frågade om någon i salen ville ha kaffe och lussekatter. De som var vakna skakade omärkligt på huvudet. Hon gick en runda i salen.

Sist stannade hon vid Alksnis säng. Han låg med armarna på täcket, två kuddar under huvudet, vid sidan av sängen stod en stol med brevpapper och en blyertspenna. Hans nattlampa var tänd. Hon höll fram brickan med kaffe och lussekatter mot honom och frågade om han ville ha, och han tittade ett ögonblick uttryckslöst på henne och sedan sa han "Ja", satte sig upp, och sa Ja än en gång.

Han kan i dag inte ge ett exakt besked om varför han till sist bröt strejken. "Det var så meningslöst allting." Gång på gång påpekar han hur omöjligt det är att exakt beskriva den känsla han hade denna kväll. "Vi var mycket ledsna" – det är allt han kan säga. Två av esterna hade frivilligt brutit strejken, och de var uteslutna, man räknade aldrig med dem. Och han? Varje försök att få honom att närmare precisera termen "ledsen" möts med resignerade huvudskakningar. "Det tjänade ingenting till. Allting var slut. Jag trodde de skulle utlämna oss hur vi än gjorde." Vilka var "de"? "Ja svenskarna, eller myndigheterna." Skulle det vara katastrofalt? "Då skulle vi ju bli skjutna i Ryssland." Vem hade sagt det? "Det visste vi ju, det stod ju i alla tidningar." Läste de mycket i tidningarna? "Allt vi kom åt och kunde läsa, men under strejken var det inte många." Hade tidningarnas analyser av deras utsikter påverkat dem? "Kanske en del, men vi visste ju ändå säkert att vi skulle bli avrättade om vi utlämnades." På vilket sätt kom ni att veta det? Genom samtal, genom erfarenheter, genom meddelanden, på vilket sätt? "Det är svårt att beskriva. Vi var så nedstämda." Hur hade ni blivit nedstämda? Var började strejken? Var det bättre att dö i Sverige än i Ryssland? Trodde ni er kunna påverka myndigheterna genom opinionen? Vad innebär "nedstämd"?

Klockan 20 på kvällen den 13 december bröt Edvard Alksnis den hungerstrejk han etablerat i 22 dygn. Han tackade ja, och hon placerade brickan på hans stol, tog en kaffekopp, slog i kaffe, lade i två sockerbitar, räckte honom koppen, tog en kringla och gav åt honom. Han bröt den i två bitar och åt långsamt upp den första biten, medan hon hela tiden tyst såg på honom. Sedan satte hon sig på sängkanten med fötterna vippande utanför, såg ut över salen som var halvmörk och där de flesta sov och bara en hade sett det som höll på att ske. Han satte sig upp och såg mot dem, och då frågade sköterskan om också han ville ha. Men han skakade på huvudet och sjönk ner på sängen igen och vände sig bort.

Alksnis hade nu ätit upp den första kringlan, hon frågade om han ville ha en till, han nickade, tog den och åt upp den lika långsamt. Sedan drack han ur kaffet, räckte koppen till henne. Hon stoppade in den bland de andra på brickan, försökte le mot honom men fick inget gensvar och så gick hon. Hon stängde dörren efter sig.

Alksnis satt upp i sängen.

"Det tjänar i alla fall ingenting till", sa han rätt ut i rummet. Ingen svarade honom, det verkade som om alla sov, men han visste att de inte gjorde det. Vakten vid dörren såg nyfiket på honom, återgick sedan till sin tidning.

Han satt länge upprätt i sängen och försökte tänka klart. Det regnade där ute, natten mot den 14 december registrerades i Halmstad 8 millimeter nederbörd, regnet slog mot rutan, kringlorna hade varit goda. Han borde sova, men han visste att han inte kunde. Det var Lucia, han tänkte på den blinda ljusdrottningen. Kringlorna hade varit goda. Ett tag tänkte han säga något till vakten, bara för att få slut på tystnaden, men det tjänade ju ingenting till. Han lade sig ner.

Han lade sig ner.

Det gick en timma. Sedan satte han sig upp till hälften och såg sig omkring. Han böjde sig till höger där stolen stod och tog blyertspennan. Den var väl vässad, han hade själv vässat den samma morgon. Han satt stilla en stund, placerade sedan pennans bas mot höger hands handflata, förde armen och handen nedåt, lyfte huvudet uppåt, och drev med oerhörd kraft den spetsiga pennan rakt in i höger öga.

Han hade siktat mycket bra, och samtidigt som han drev armen uppåt hade han böjt huvudet nedåt med en kraftig knyck. Pennan gick spikrakt in i ögongloben.

Vakten hörde det korta skriket, rusade upp och sprang fram till hans säng. Edvard Alksnis låg där medvetslös, det rann blod från hans öga, men ingen kunde säkert säga vad som hänt. Läkaren kom inom ett par minuter. De hade lagt upp Alksnis huvud på kudden, och då läkaren förde hans ögonlock uppåt såg de alla den sexkantiga basändan av en blyertspenna som drivits in i ögat till sin fulla längd.

Pennan mättes efteråt, den var exakt 15 centimeter lång. Han drev in den i sitt högra öga, skrek kort och häftigt och föll tillbaka i sängen. Några satte sig upp, vakten kom springande men Edvard Alksnis hörde inte längre någonting och såg ingenting, och det spelade inte längre någon roll att han avbrutit strejken.

Han säger sig ha haft en dröm. En lettisk sjuksköterska stod vid hans säng, det var hemma i Riga, hon hade en kommunistisk uniform på sig och hon talade till honom på lettiska. Hon bad honom komma över till dem. Han relaterar drömmen utan att antyda känsloläge eller tydning, säger bara att han drömde exakt detta. Hon var inte vacker, men hon bad honom komma.

Han låg medvetslös i ett dygn, och de opererade honom och tog ut pennan och röntgade honom. De förstod att han redan var så gott som död. Han skulle dö. De placerade honom i enskilt rum, men han dog inte utan vaknade, och när han vaknade var han utan höger öga och dessutom förlamad i ena sidan. Minnesbilder av uppvaknandet: "Såg ett rum." "Såg ljus." En baltisk sjuksköterska kom till honom; det var samma sköterska som kommit till dem i Ränneslätt och som Eichfuss velat gifta sig med. Hon hette Martha. Hon stannade hos honom en vecka, sedan fick hon gå. Hur var hon? "Hon var en fin människa." Vad talade de om? "Jag kunde inte tala mycket, hon bara satt där." På ett kort som han visar har hon högt uppgummat 40-talshår med valk i nacken. Sedan han blivit bättre förde de honom till ett rum med två tyska officerare från Backamo, de hade stympat sig själva och låg nu och väntade på utlämningens nästa fas.

Vad talade de om? Han minns inte, men kan detaljerat beskriva det rent tekniska förfarandet när de bröt sina ben. Man hade ställt samman två järnsängar, lagt patienten med smalbenet utanför och med benet direkt vilande mot sängens järnkant, sedan hade den andra sängens ena kant placerats ovanpå benet, så att säga hängande på benet. Man hade så tagit en sten av ett manshuvuds storlek och från någon meters höjd med kraft släppt denna ner på den övre sängen, varvid benpipan hade gått rakt av. Man hade sedan dragit patienten ut ur benknäckningsapparaten, placerat honom på golvet, och nästa i raden hade intagit sin plats. Åtta tyskar hade i detta logement knäckt sina ben på detta sätt. Nu låg alltså två av dem på samma rum som Alksnis, de hade inte så mycket annat att tala om än det rent tekniska förfarandet när de knäckte sina ben eller stack ut sina ögon. Efterhand blev de alla något bättre, tyskarna kunde gå uppe, men Alksnis, som efter ett tillstötande magbesvär hade genomgått en mindre magoperation, låg ännu, och han var ännu halvt förlamad.

I januari planerade tyskarna ett flyktförsök, men det inställdes i sista stund eftersom de fick bud om att de ändå skulle bli frisläppta. Alksnis fördes sedan till Hässleholms lasarett, där såg han på avstånd den slutliga utlämningen, dit kom löjtnanten Plume som stuckit sig i magen med en bajonett men överlevt, där såg han genom sjukhusets fönster hur vintern långsamt gled undan och det blev mars. En efter en försvann hans kamrater, kvar fanns bara Plume och Krumins.

De kom till uppsamlingsläger, han fick pass och civila kläder. Nu kunde Alksnis gå, stödd på en käpp. På bilder syns han ofta med gräsmattor som bakgrund, ibland hus, i svart korrekt kostym och vit skjorta och slips och stödd på en käpp, alltid leende mot kameran. Hans högra öga är nu ersatt med ett emaljöga, det syns inte så mycket. På sensommaren började nya rykten gå, rykten om utlämningar av dem som blivit kvar. Ryktena kunde varken bekräftas eller dementeras.

I slutet av oktober flydde han med en fiskebåt till England. Han minns inte mycket av den flykten, jo vädret var väl bra. De for från Lysekil. Båten kostade 6 000 svenska kronor, den hette "Mathilda". 3 000 hade de samlat själva, 3 000 kom från en svensk donator.

De lämnade Sverige den 23 oktober 1946. Hamnen i Lysekil var tom. Man påstod att stadshotellet brann den dagen. Edvard Alksnis korta vistelse i Sverige var till ända.

Eders Excellenser, skrev undersökaren i sitt brev, Edvard Alksnis kan i dag inte på något exakt och direkt klarläggande sätt förklara varför han drev pennan in i sitt öga. Han gör hjälplösa försök att skissera en situation så fylld av hopplöshet och tristess att bara detta återstod, men de oklara punkterna är många. Det är ytterligt svårt för honom att beskriva själva mekaniken i detta tillstånd av förtvivlan, och uppenbarligen kommer man här inte längre. Jag instämmer delvis i Edra påpekanden: den skräck han kände var till delar ogrundad, farhågorna överdrivna. Men även om den kanske byggde på delvis felaktiga premisser var den dock *för honom* reell. Skräcken fanns, liksom den totala hopplösheten. Vi borde veta detta, eftersom vi skapat den situation som drev honom framför sig. Vi borde veta, vi som internerade honom och försåg honom med tidningar och argument, vi som skapade denna heroiska eller tragiska situation där endast döden tycktes vara det värdiga slutet på denna tragedi. Vi skrev ju tragedin åt honom, förelade honom hans roll och betraktade honom uppfordrande. Och när han tog pennan och drev den in i sitt öga var det ju inte han själv som gjorde detta, han fullföljde bara den situation vi alla skapat åt honom, fullföljde den roll vi förväntade att han skulle spela. Vi skapade den, vi alla, de som var mot utlämningen och de som var för den, vi som beskrev för honom hans tragiska öde och vi som bevakade honom, vi som sörjde hans död i Sibirien och vi som kallade honom krigsförbrytare. Han gjorde oss inte besvikna, han fullföljde rollen, det enda sätt han svek oss på var genom att överleva. Han borde inte ha överlevt, på denna punkt är alla ense. Ännu ett tragiskt självmord skulle ha höjt tragedin till den nivå där de stora nationella tragedierna vistas. Han borde inte ha gjort oss besvikna.

Eders Excellenser, skrev han, politiska skeenden är inte bara fakta, ideologier, ekonomi, de är också situationer uppbyggda på känslor,

känslor uppbyggda på situationer, situationer uppbyggda av ett nät av förbindelser, ett spindelnät där människan till sist fastnar, inte hjälplös, men fångad. Jag har en gång bevistat en strip-tease-föreställning i Soho, det var kvällen före mitt möte med Edvard Alksnis. Jag behöver kanske inte beskriva situationen för Eder: den trånga halvmörka lokalen med trästolar i rader framför en liten scen, med ett förhänge upphängt på ett snöre, med en grammofon bakom scenen, och hur de där kommer in, med den klumpiga grace som likgiltigheten, trötttheten och föraktet skänker dem som där uppträder. De mekaniska gesterna, de feta bingarna av övergödd ensamhet runt deras väl använda kroppar, och, framför allt, den märkliga stämning av *utbytbar skam* som drog genom rummet som vindpustar. Och vi där nere: hur vi tålmodigt väntade på nästa nummer, envist stirrande rakt fram utan att vilja vrida blicken, nära varandra, bara till hälften dolda av det trygga mörker ur vilket vår upphetsning föddes. Och hur senare känslorna föddes och växlade: deras förakt för oss, det förakt som var så totalt, och som tycktes studsa upp mot scenen och återvända. Eders Excellenser – jag poängterar det centrala motivet i denna upplevelse: hur föraktet utväxlades mellan oss, växte, och till sist drev mig ut ur lokalen.

Eders Excellenser: jag betraktar mig som en frigjord människa. Men rationella argument tjänar föga att förinta en känsla: den finns där, klar och överväldigande, född ur en situation, styrande situationen, som en jättehand. En rörelse, en ström av fakta, händelser, motiv, föremål.

Eders Excellenser, skrev han, ur detta moln av händelser, fakta och känslor adderar jag min rapport för er. Morgonen efteråt åkte jag till Sidcup, Kent, en av dessa förorter till stora städer varmed världen befolkar sin leda. Det var sol men kall blåst, en engelsk tanker hade förlist utanför Lands End och spydde nu olja över den engelska sydkusten, jag steg av tåget och jag var alldeles ensam och det var en tidig långfredagsmorgon i Sidcup, Kent, det ställe där Edvard Alksnis bodde. Jag var för tidig och jag gick i kyrkan eftersom den låg nära stationen. Det var inte som min barndoms långfredagar:

denna sentimentala och nostalgiska dag fylld av metafysisk sorg och tristess, en dag där små barn fick lära sig att på ett ställföreträdande sätt bära den ställföreträdandes tristess. Det var en predikan som kunde ha tjänstgjort som ett valtal för labour, fast inte så utslätat och utan direkta partipolitiska utspel, och efteråt kom jag ut i solen på kyrktrappan och gick och gick och så fann jag Edvard Alksnis. Han kom ut genom dörren, lätt haltande, och jag kände genast igen honom från fotografier.

När han kom till England hösten 1946 var han ännu konvalescent, förlamningen hade inte släppt helt, han låg i månader på engelska sjukhus. Där träffade han en sjuksköterska, gifte sig, fick två döttrar. Han bor i något som liknar ett radhus. Han går fortfarande dåligt, han har bruna ögon och man ser genast vilket som är äkta. Han ler ofta, men ibland tycks hela hans ansikte darra till, som av uppgivenhet eller som hos ett barn som ställs inför en alltför stor ansträngning. Hans döttrar går i engelska skolor, han är numera engelsk medborgare, han själv talar stapplande och delvis oklar engelska. Han är mycket vänlig och totalt öppen, har ett slags oförstörd vitalitet som liknar pojkaktighet, skrattar gärna.

På hyllan har han ett porträtt av sig själv som ung löjtnant. Det finns små likheter.

Den första tiden i England kunde han inte arbeta. Han fick ett slags sjukpension, eftersom hans fall ansågs unikt. Han fick ofta tjänstgöra som föreläsningsobjekt vid sjukhus. Hans fru är lettiska, i hemmet talar de båda lettiska. Efter något år fick han tjänst på lettiska ambassaden, satt i vestibulen som ett slags vaktmästare, sedan sålde han böcker i en liten bokshop, så tog det slut och han började publicera översättningar till lettiska av tyska och engelska romaner, det gick bra till att börja med. Sedan började balterna i England flytta ut, de drog till USA och Australien och Canada. Kundkretsen minskade, och så tog det slut.

Just nu arbetar han inte. Det går upp och ner, i sju år var han anställd vid en firma som sålde tvättmaskiner, men nu arbetar han inte. Förlamningen ville aldrig släppa helt, men han säger sig ha det bra.

Han har ett hus. I ett skyltfönster i Sidcup står en rad annonser för hus till salu, det är en mäklarfirma som annonserar, av de priserna att döma bör hans hus vara värt mellan 4 200 och 5 800 pund. När han lämnade Lettland hade han där två barn, en son och en dotter. Han visar kort av dem, sonen är nu tjugonio år. Han skriver inte längre regelbundet till dem.

Han vill inte åka tillbaka till Lettland som Ni väl bör förstå.

Om den politiska situationen i Sovjetlettland har han blott vaga intryck. "Det är väl något bättre nu, fast inte bra." Nej, han kommer aldrig att kunna återvända. "Fast de skulle nog vilja ha mig tillbaka, eftersom jag är så dålig reklam för dem nu." Efter ett tag avbryter dottern honom, med ett stänk av hetsighet, och säger att han vet väl inte hur det är i Lettland nu, han har ju inte varit där på tjugotvå år. Han svarar undvikande och ser oroligt på henne. Hon tycks hela tiden betrakta honom med en egendomlig blandning av närhet och avstånd, av tillgivenhet och skepsis.

I sista valet röstade han på labour.

Själv har han en allsidig militär karriär bakom sig. Före 1940 var han officer i den lettiska armén. 1940 blev han officer i den ryska armén. 1943–1945 var han officer i den tyska armén.

Han anser att den svenska bevakningspersonalen i lägren klart favoriserade de tyska internerna framför de baltiska. Det anser han bero på officerskårens tyskvänlighet, på att många svenskar hade tyska blodsband, att Tyskland var en stormakt, om ock i förfall, att svenskarna i princip var ointresserade av baltiska frågor, och att tyskarna representerade en kulturkrets, ett sätt att tänka, som stod svenskarna närmare än den baltiska. Han hyser inga uttalade hatkänslor mot de svenska regeringar som var ansvariga för utlämningen, han anser att de manövrerat skickligt.

Han påstår sig vara trygg nu, hyser inte längre någon rädsla, han lever i frihet.

Vilken frihet? Vad har han med frihet att göra och inte göra? Han definierar inte sin frihet, men fortsätter att beskriva sin situation. Han talar sällan med sina grannar, han har få vänner, dem han har är några letter som han träffar då och då. I det samhälle han lever är han en främmande och anonym fågel. Ingen av grannarna vet något om hans bakgrund, orsaken till hans nedsatta rörelseförmåga eller konstgjorda öga. Bland dem har han inga vänner. Han lever i en liten kokong i Sidcup, Kent, han lever med sin hustru och sina barn, tänker alltmer sällan på vad som hände i Sverige den gången. Han lever. Han överlever. Frihet? Han har aldrig ansett det nödvändigt att revidera sin bild av sin egen historia, av sitt liv, av det som hände. Han vet ju hur det gick till. Hans kommunisthat är självfallet djupt grundat. Han är något över femtio år, året i Sverige avgjorde för alltid hans liv. Utanför huset finns en liten trädgård mot gatan, den är 6 gånger 4 meter. Trädgården är omgiven av en häck, där finns små träd, en liten rabatt.

Huset är i två våningar, rummen mycket små och trånga, men interiören trevlig. Här lever han.

Några minuter invecklas han och den äldre dottern i en politisk diskussion. Han har i förbigående sagt något om alla dessa okunniga ungdomar som demonstrerar mot USA:s Vietnampolitik, och hon tar omedelbart eld, på sitt försiktiga sätt. "Vadå", säger hon, "jag springer visserligen inte omkring och demonstrerar jämt, men det hindrar väl inte att jag tycker det är fel att USA är där?" "Ja ja", säger han och ler en smula hjälplöst, "ja ja, ja ja." De talar ibland politik, men de talar ofta förbi varandra eftersom de inte förstår varandras utgångspunkter. "Vi har så olika bakgrund", säger han lågt, "det är klart, ja." Flickan har självfallet hört hans historia förut, men finner den uppenbarligen absurd eller otäck eller obegriplig, hon säger att hon egentligen inte tycker att den är intressant.

Hon ska ta studenten nästa år.

Hur lever han? Vad var det han valde den gången? Valde han? Samtalet tar fyra timmar, men samtalet ger inga svar. Är han lycklig? Han har en hund, han skrattar ofta, det är en vacker dag men det blåser hårt och känns kyligt, detta är långfredag 1967, vad är det för liv han lever? Kan han svara själv? Vad menar han med frihet? Vad var det som drev honom framför sig, rakt mot blyertspennans udd?

Eders Excellenser, skrev han, det är nästan omöjligt att i dag tro att hans historia är verklig. Det är möjligt att han inte själv upplever den som verklig. Det enda riktigt verkliga är de verkningar som i dag finns kvar av blyertspennan som trängde in i hans öga: det blinda ögat, den nedsatta rörelseförmågan, den relativa isoleringen, det liv som för alltid kom att förändras.

Var det värt allt detta? Ångrar han sig?

"Nej", säger han med ett övertygat leende, "varför skulle jag ångra mig? Här lever jag ju i frihet?"

5

Eichfuss hölls hela tiden isolerad, han bevakades hårt, och en polisman satt hela tiden i hans rum, på en stol vid dörren. Men dagarna och nätterna blev långa, Eichfuss var vänlig och bevakningen tycktes ibland mindre nödvändig.

– Här sitter de, påpekade Eichfuss en dag i januari, här sitter de jämt, med pistol och allt, här sitter de och glor. Ibland på nätterna, när jag vaknar till, ser jag hur de sitter och sover på stolen. Om jag ville skulle jag kunna skjuta både dem och mig. Det vore inte svårt, om jag ville.

Dock hade han ännu vissa möjligheter att meddela sig med omvärlden.

Den 11 januari smugglade han från sjukhuset i Kristianstad ut ett brev, som sändes till Stockholms-Tidningen. Brevet publicerades den 17 januari. Det innehöll en översikt av balternas bakgrund och en vädjan till alla de svenska motståndare till utlämningen som nu, sedan lång tid, varit tysta.

– Var finns den sunda folkopinionen? skrev han. Var finns de svenska läkarnas känsla för mänsklighet? Var finns de svenska kyrkans män, som med sådant mod understödde vår heliga trosstrid? Var finns den svenska ungdomen som sände oss så många hyllningstelegram? Var finns de svenska kvinnorna?

I samma brev deklarerade han:

– För att ännu en gång öppna svenska folkets hjärtan och ögon låter jag härmed som ett offer och ett tecken på vår baltiska tros- och viljestyrka förbränna mina händer och ytterligare öka smärtan genom hett vatten, och jag förklarar härmed, att detta beslöt jag att göra redan nyårsnatten den 1 januari 1946, om den svenska regeringen inte håller sitt löfte om individuell prövning. Detta eldoffer är jag skyldig mitt folk och mina baltiska kamrater, då jag trodde på en svensk regeringsrepresentants ord och därigenom missbrukade balternas förtroende. Genom mitt eldoffer vill jag vidare undgå ett vanärande fängslande av mina händer, ty jag tror inte, att man skall förgripa sig på mina sår."

Dagen efter avsändandet av brevet, den 12 januari, brände han också sina händer. Han höll dem under varmt vattenledningsvatten och kallade sedan på dr Silwer. Denne undersökte hans händer. Han fann på båda händerna en svag rodnad, som om Eichfuss tvättat dem i alltför hett vatten; några brännsår eller brännblåsor fanns dock ej.

Dagen efter var rodnaden borta.

Den 20 december förflyttades alla balterna, utom Eichfuss, från Kristianstads lasarett till lägret i Gälltofta, intill Rinkaby. Man meddelade dem att de skulle förflyttas, och de blev genast oroliga, trots att alla försäkrade dem att ingen utlämning var aktuell. Klockan 14.15 gick 40 beväpnade poliser in på avdelningen, man förde ut dem en efter en, under sträng bevakning, klädde på dem och försedde dem med ryggsäck. Läkarna och sköterskorna stod i en rad vid utgången och tog farväl. Man förde fram internerna en efter en till dem, en polis stod på vardera sidan av varje intern, de tilläts skaka hand med dem som vårdat dem. Sköterskan Signe, som varit den första som tagit emot dem och som alltid fått ett gott intryck av balterna, tyckte avskedet var upprörande, och satt denna dags eftermiddag i linneförrådet och grät. Klockan 16.45 var utrymningen fullbordad, vid 19-tiden var alla internerna överförda till Gälltofta och redan installerade.

Om tillståndet i Kalmar. Efter att matvägran upphört hos balterna som voro förlagda till Kalmar hade tillståndet klart förbättrats. De voro dock något vingliga på benen. Några sjukliga symtom utöver den allmänna kraftnedsättningen hade ej uppträtt. Dock hade en patient haft en akut alveloarperiostit och en patient akuta buksmärtor, vilka besvär nu voro avklingade. Samtliga voro nedstämda och fyllda av oro för framtiden, samt plågade av den ovisshet i vilken de nu levde.

Humöret för den lettiske korpralen E S, f. 1922, går upp och ner: psykologisk översikt. Han var vid ankomsten till Sverige 182 cm lång, och vägde 80,6 kg. Den 26 augusti vägde han 84,5 kg. Den 1 december vägde han 77,6 kg samt var 183 cm lång. Den 10 december vägde han 78,2 kg – näringsvägran har nu sedan två dagar upphört. Den 1 januari vägde han 79,3 kg, och var 182 cm lång. Den 20 januari vägde han 79,1 kg, och var 183 cm lång. Viktförlust sedan ankomsten till Sverige 1,5 kg.

Under denna tid, från den sista novemberveckan på Ränneslätt till utvisningen i januari 1946, utfördes en rad kompletterande undersökningar, s. k. individuella undersökningar. Resultatet blev att en handfull av balterna förklarades civila, i flera fall på relativt lösa grunder: man föredrog uppenbarligen att fria hellre än fälla. Undersökningens effektivitet begränsades av att man saknade fakta, och ofta fick lita till internernas egna bedyranden – som dessutom ofta stred mot de uppgifter de lämnat vid den första registreringen i Sverige.

Den första av dessa individuella undersökningar hölls den 25 november 1945 i Ränneslätt med fänrik Larsson, Ing 2, som tolk. 66 interner hördes då.

De uppgifter som där lämnades kan kontrolleras i åtminstone ett tiotal fall. Det generella omdöme som kan ges om trovärdigheten av dessa hösten 1945 lämnade uppgifter är att sanningsenligheten i samtliga kontrollerbara fall tycks vara ytterligt låg. Uppgifterna innehåller ibland små korn av sanning, men oftast tycks balterna i en förklarlig desperation ha tillverkat fiktiva biografier för att undslippa utlämningen.

Kapten Ernsts Kessels, chefen för den lettiska "SS-avdelning" som flydde från Danzig till Bornholm, uppger sålunda att han "icke gjort krigstjänst, vare sig rysk eller tysk, under senaste världskriget", och att han "kom till Sverige civil". Janis Presnikovs uppger att han "blivit frikallad på grund av hjärtfel enligt uppvisat intyg den 19.3 1945" – en uppgift som inte på något sätt stöds av hans personliga dagbok, så ej heller uppgiften att han kommit till Sverige civilklädd. Vincas Lengvelis, partisanjägare och överlöjtnant i tyska armén, uppger att hans krigsinsats inskränker sig till att han "tvångsarbetat i tyska arbetsläger" och sedan flytt till Gotland civilklädd. Edvard Alksnis "har ej gjort tysk militärtjänst". Listan kan göras lång.

Kravet på en individuell prövning ställdes ofta, och från skilda håll, i den svenska debatten. Enkla fakta var dock att en sådan prövning var praktiskt taget omöjlig att företa. Man saknade fakta, dokument, information. Allt detta fanns där borta – i Sovjetlettland. Men man kunde ju inte gärna kräva att få detta material översänt. Och så fick den individuella prövningen se sådan ut: ytliga förhör där legionärerna bedyrade och svenskarna famlade i mörkret.

Förändrades legionärerna?

Några förändrades på ett överraskande sätt. Bland dem var Elmars Eichfuss-Atvars.

Han skrev tre brev till den lettiske socialdemokraten Bruno Kalnins. Det första kom i augusti. Det innehöll en enkel uppmaning till Kalnins att göra allt vad han kunde för internerna.

Det andra kom den 28 november. Eichfuss bad där att få bli medlem i det socialdemokratiska partiet; brevet lästes upp vid ett partimöte för socialdemokratiska letter i Stockholm, men man ansåg brevet märkligt och gjorde ingenting.

I december kom det tredje och sista brevet. Det var ett brev riktat till Kalnins, men det hade nu en helt ny ton, det var klart prokommunistiskt och använde sig av en politisk retorik som var mindre vanlig i privatbrev. Det var ett om möjligt ändå mer förvånande brev, men eftersom Eichfuss nu hade förvandlats till ett slags hjälte också för de civila balterna i Sverige ville Kalnins inte röra i saken, utan brände brevet.

En myt rör man inte vid, och så fick det förbli.

6

Porträtt av tre legionärer: eftersom de samtliga i dag lever i Lettland ersätts deras namn med fiktiva initialer. Vissa detaljer är också förändrade. Rubrik: Efter kulmen, före uttåget.

Legionären hette J E, han var född 1922 i Liepaja, han fördes efter tiden på Ränneslätt till sjukhuset i Halmstad, förflyttades sedan till Gälltofta. Under tiden i Halmstad hade han ett par långa samtal med en sköterska där, hon var trettiosex år gammal och önskar vara anonym. Hennes relation har stöd av vissa anteckningar hon gjorde omedelbart efteråt.

Samtalen rörde sig om ett inhiberat självmord. Syftet: att belysa principerna bakom ett beslut att preliminärt förlänga ett liv.

Legionären J E talade tyska, om än inte flytande. Han var den ende av dem som tilläts, eller tillät sig, tala med den svenska vårdpersonalen. Han hade den 3 december upphört med matvägran och kunde utan svårighet gå uppe.

De två samtalen dem emellan ägde rum den 8 och 10 december, ett mitt på dagen och ett på kvällen.

Han började med att berätta om en episod på Ränneslätt. Den utspelades natten mot den 26 november, det var en söndagkväll. Vid 19-tiden hade strejkledningen sammanträtt i ett av officerarnas rum, Eichfuss hade talat, och det var uppenbart att ingen hade velat eller kunnat motsätta sig hans vilja. Efter en timma hade de kommit ut ur rummet, Eichfuss hade utan ett ord gått över till soldaternas del av lägret, och man fick inga särskilda informationer om vad som hade sagts. Vid 22-tiden hade J E och en av officerarna händelsevis stött samman och satt sig på bron för att samtala. De hade talat om självmordet som möjlig utväg att påverka utlämningens gång, om självmordet som utväg och självmordet som argument. J E hade då tagit upp ett rakblad och sagt till kamraten att han själv var beredd, eftersom han inte hade någon särskild lust att leva. "Kamraten hade då sett på honom med ett egendomligt uttryck i ansiktet, plötsligt tagit hans hand, rest sig och gått in i huset."

J E hade suttit kvar på bron, med sin cigarrett och sitt rakblad. Efter en kvart hade han rest sig och gått upp i husets övervåning där det fanns ett tomt rum. Han hade velat vara i fred. I våningen under honom hade det varit helt tyst; han undrade om hans kamrat sagt något till de andra. Han hade satt sig på en stol och inte vetat vad han skulle göra. Rakbladet hade han lagt på en annan stol.

Han tog sedan upp papper och penna och började skriva. Eftersom han var osäker på vad han skulle ta sig till, drog han ett mittstreck över papperet, satte plus över den ena spalten och minus över den andra. Sedan började han upprätta en systematisk inventering över det positiva och negativa i hans situation.

Till det negativa hörde: han hade veterligt inga släktingar i livet. Han kunde räkna med en lång fångenskap, eventuellt bli avrättad. Hans framtid avtecknade sig mot bakgrunden av en ändlös rad av arbetsdagar i ett läger i Sovjet. Hans kamrater kunde inte hjälpa honom, däremot kunde han hjälpa dem genom att dö.

Till det positiva hörde följande. Han kunde, teoretiskt, bli frigiven. Då kunde han fly till Tyskland. Det fanns vissa utsikter att han skulle få stanna i Sverige. Han hade yrkesutbildning. Det skulle vara intressant att se hur hela den här affären utvecklade sig. Visserligen hade han just nu ingen särskild lust att leva, men möjligheten fanns att livsmodet skulle återvända. Om han uppsköt självmordet hade han ju alltid möjligheten att senare ta sitt liv.

Det positiva tycktes ändå väga över: framför allt fanns det goda skäl att se tiden an. Han satt länge stilla och lyssnade efter ljud där nerifrån. Han undrade vad de tänkte på. Han väntade en timma, sedan tog han rakbladet från den stol där det legat och stoppade in det i en anteckningsbok. Det skulle kanske komma väl till pass senare. Han gick ner för trappan. "När han kommit ner till de andra låg flera av dem vakna, så han antog att de vetat vad han varit i färd med att göra."

Inför sköterskan rekapitulerade han dels denna episod, dels också fortsättningen: hungerstrejkens kulmen, Lapas självmord, transporten, sjukhustidens början. Vissa detaljer i hans berättelse gör ett tvetydigt intryck: det är tvivelaktigt om en människa i en fullständigt förtvivlad situation sätter sig och gör upp listor med plus och minus. Denna detalj kan vara en efterhandskonstruktion. Den fortsatta delen av samtalet tycks dock delvis komplettera denna berättelse. Han säger sig ha trott att döden, självmordet, det moment när människan upphör att vilja leva skulle vara en dramatisk, desperat och förvirrande upplevelse. Han fann till sin skräck och olust att själva handlingen att ta sitt liv framstod som mer trivial än dramatisk, och att den valsituation som föregick självmordet framstod som mer rationell än känslomässig. Den situation han hade att ta ställning till tycktes uppfylld av logik, och han var beredd att till det yttersta följa det spel vars ytterkonturer han skisserade på sitt papper. Självmordet var inte impulsivt. Det var i stället svaret på en lång rad adderade faktorer.

Han säger sig ha avstått från självmordet, eftersom de negativa faktorerna inte vägde tillräckligt tungt.

Var finns poängen i historien?

I sköterskans berättelse finns inte ens antydan till poäng. Hon säger sig tro att han berättade bara för att berätta hur det gick till. Han avstod från att döda sig själv eftersom tillräckligt starka skäl saknades, och han anger detta som orsak till att han ännu levde. Det är alltsammans. Hon skrev upp detta i sin anteckningsbok. Några reflexioner efter detta är hennes egna. "Han saknade tron i Kristus." "På hans handleder fanns snittmärken som var av äldre ursprung."

Vad var han för människa?

Till henne talade han på en stapplande och ofullgången tyska medan hon satt där och lyssnade på honom, mumlande monologer som ibland steg till övertalande crescendon som hon fick tysta ner med diskreta och dämpande handrörelser. Han tycktes ha gjort skillnad på självmord. Ett "personligt självmord" innebar att vissa specifika och privata faktorer kommit att dominera för en viss människa: detta självmord var enbart uttryck för ett personligt misslyckande.

Men det fanns också ett annat självmord, som tjänade en större sak än den privata: som exempel anförde han Lapas självmord, som han ansåg ge balternas sak en mer dramatisk innebörd, som illustrerade en oförrätt, en död som alltså inte bara var personlig.

Varför valde han då inte döden själv?

Sköterskans minnesbild, och de anteckningar hon gjorde, ger oss här obetydligt stöd. Han tycks dock flera gånger ha återkommit till händelsen natten mellan den 25 och 26 november, den tycks för honom ha inneburit den dramatiska kulmen på hela utlämningen. Han var "ensam med döden". Han försökte uppenbarligen att dramatiskt beskriva dessa nattliga timmar: mörkret, ensamheten, rakbladet, regnet som piskade mot rutan (inget regn föll den 25 eller 26 november i Eksjö, däremot den 27 november). Han hade uppenbarligen gått nära döden och sedan återvänt till livet och nu, i Halmstad dagarna mellan den 8 och 10 december, hade döden och rädslan för döden inte längre samma innebörd. "Han sade sig inte längre vara rädd för döden, allting var mycket värre i Ränneslätt, fast han nu trodde sig bli utlämnad."

Varifrån kom snittmärkena på handlederna?

Han vägrade envist att berätta om tiden före Bornholm, men de måste ha härstammat från denna tidsperiod. Hade han försökt begå självmord tidigare? Svaret var nej. Trodde han på Gud? Vid ankomsten till Sverige var han uppenbarligen ateist, men i ett brev som han senare sände till sköterskan (daterat Gälltofta den 14.1 1946) ägnar han en sida åt sitt förhållande till Gud. "Jag har funnit att Gud hjälpt mig att med förtröstan gå en oviss framtid till mötes. Tron har blivit en kraftkälla för mig, och jag hoppas bli en förebild och ett Guds sändebud, för att också kunna med detta hjälpa mina kamrater."

Någon politisk ståndpunkt deklarerade han aldrig. En vecka efter samtalen fick sköterskan förflyttning. Senare fick hon motta två brev, varur redan ett kort parti citerats.

J E:s fortsatta liv kan bara i detaljer kartläggas. Han sändes till Gälltofta. Vid evakueringen av detta läger tycks han ha förhållit sig helt lugn. Han steg ombord på båten. När "Beloostrov" lämnade

Trelleborgs hamn satt han under däck, väl inlåst. Den första morgonen ombord på båten hade en av tyskarna försökt begå självmord. Han kom upp på däck, gick direkt fram till relingen och försökte häva sig över bord, men blev i sista stund kvarhållen av en av de ryska matroserna; tysken fördes genast under däck. Självmordsförsöket kommenterades livligt av dem alla, de fann hans handling absurd och omöjlig att förstå.

J E lever i dag i Riga. Han saknar nu helt religiösa intressen. Han betecknar Sverigetiden som en episod i sitt liv, en episod som han minns väl, men samtidigt en episod av begränsad betydelse. Något papper med plus och minustecken kan han inte erinra sig.

Janis M uppgav den 25 november 1945 för en svensk undersökare att han var av lettisk nationalitet, att han kommit till Sverige den 8 maj 1945 och att han ej önskade lämna landet. Han hade från den 24 november 1944 "arbetat vid ett SS-straffläger i Danzig". Han uppgav ej namnet på detta läger; eventuellt kan det ha varit koncentrationslägret Stutthof, som ligger inte långt från Danzig. Han uppgav sig ha flytt därifrån "iklädd tysk arbetslägeruniform". Han flydde tillsammans med en grupp letter, det kan ha varit den stora grupp som lämnade Danzig med de två lettiska flodångarna. Han kunde enbart legitimera sig med hjälp av ett lettiskt skolkort, alla andra dokument hade tyskarna tagit. Detta är Janis M:s levnadshistoria i sin helhet, som den framgår av tillgängliga källor. Han utlämnades. Frågor: vad "arbetade" han med där? Vad avses med "tysk arbetslägeruniform"? Hade han tillverkat denna historia, eller var den sann? Hur såg han ut? Var han gift? Tillhörde han SS-trupperna, tillhörde han dödskalleförbanden, eller var han tvångskommenderad bevakningspersonal? Han överlevde, bor i dag i ett mindre samhälle i Lettland. Vad var han för en människa? Hur upplevde han interneringen, utlämningen? Hur upplevde han oss?

Den lettiske soldaten S B var född 1924 och alltså tjugoett år denna höst. Han var ungefär 175 centimeter lång, hade ett smalt ansikte, glasögon med tunna bågar, och han kom till Sverige från Kurland via Gotland. I Sverige hade han lettiska vänner, han skrev till dem, de skrev, hela korrespondensen finns kvar.

Han kom från en välsituerad familj, och som de flesta i denna socialgrupp gick han i Riga Stadsgymnasium, en av de bästa skolorna i Riga. Eleverna från arbetarkretsar var ytterst fåtaliga, och engelska legationen hörde till dem som kontinuerligt försåg skolan med stipendier och donationer. I januari 1941, efter det att ryssarna övertagit Lettland, blir S B för första gången synlig. Under en lektion gör han ett bejublat framträdande och uppläser inför klassen den sovjetiska nationalsången "med för kommunisterna mycket nedsättande text". Någon rapporterade vad som hänt, och han blev omedelbart relegerad.

Den sommaren kom tyskarna, och hösten 1941 kunde han återvända till Riga Stadsgymnasium.

Samma höst organiserade en av skolans lärare, magister Julijs Bracs, "en mycket nationellt sinnad lärare", en ungdomsgrupp som under hans ledning skulle registrera, sortera och analysera de av NKVD efterlämnade papper som återfunnits i NKVD:s högkvarter i Riga. Bracs ungdomsgrupp arbetade två till tre gånger i veckan i NKVD-huset, sorterade papper och försökte hitta intressant och nyttigt material. Varje arbetskväll avslutades arbetet med att man sjöng den lettiska sången "Ett heligt arv är detta land till vårt folk, och helgad den, som för vårt land dör".

Man sjöng stående, i en cirkel, efter arbetsdagens slut i NKVD-huset.

Vem var Julijs Bracs?

I en lettisk dokumentärbok om lettiska krigsförbrytare i exil, utgiven i Lettland, återfinns en man vid namn Julijs Bracs, en akademiker från Riga,"cand. hist." och numera politisk flykting i Västtyskland. Han betecknas där som Gestapoagent, och han organiserade i november 1943 en speciell övervakningsgrupp som skulle ange de letter som den 18 november placerade blommor vid foten av frihetsmonumentet i Riga. Han var chef för informationsavdelningen vid konst- och socialdepartementet i samarbetsregeringen. Detta allt enligt sovjetlettiska uppgifter.

Hur uppfattade den lettiske legionären S B sin lärare Julijs Bracs?

I ett brev, daterat Örebro lasarett den 5 januari 1946 och adresserat till en vän, berör han med några ord sin inställning till Bracs – förmodligen på grund av att vännen i sitt brev gjort något mindre fördelaktigt påstående om denne. "Därför har jag även", skriver S B, "en egen åsikt om J Bracs. Han behöver inte känna något ansvar över de människoliv som kanske för hans skull ha stupat i hemlandet. Han är dock min lärare, och har givit mig förstånd och mål i livet. Och om Du tror att han snarare har förstört – ja, det finns många sanningar, och enbart tiden kan utvisa den rätta om hem och hemland."

S B brevväxlade även med Bracs; den 15 december 1945 hade han nämligen fått besked om att Bracs lyckats fly till Västtyskland.

Sammanhangen är inte helt klara, och många frågor återstår. Är den Julijs Bracs som var lärare till S B och den som återfinns i denna dokumentärbok identiska? Är denna dokumentärbok tillförlitlig? Vad fick arbetet i NKVD-huset för resultat? Fann man namnlistor på kommunister? Kom man, direkt eller indirekt, att medverka till de omfattande utrensningar som 1941–1944 företogs på kommunister, judar och nationalister? En skolkamrat till S B, som var medlem i samma arbetsgrupp, uppger att man "hittat tragiska dokument från motståndsmän mot kommunismen" – alltså från 1941. Vad innehöll dokumenten? Listor på deporterade? Någonting mer? Vilka politiska värderingar hade S B fått i sitt hem? Hur upplevde han den tyska ockupationen?

S B tog tjänst i tyska armén. Under ett kort moment blir han synlig: det är sommaren 1944. Han tjänstgjorde vid signaltrupperna bakom fronten. Under en marsch genom Lettland mötte han en av kamraterna från Bracs arbetsgrupp. "Det blev inte mycket sagt. S B var vid signaltrupperna och hade kanske klarare bild av vad som hände än vi som var vid fronten." Av vad som hände?

Han kom till Sverige.

Hur upplevde han interneringens olika faser?

Det första brevet är daterat Örebro lasarett den 15 december 1945. Han har just fått besked om att hans far, hans syster och alla släktingar är välbehållna i Västtyskland. Han skriver ett kort, vitalt brev. "Jäklar! Nu vill jag inte dö!" Och han tillfogar i ett P S: "Vi härdade ut i 19 dagar. Det var, även det, en strid. Och vi darrar inte för nästa."

Nästa brev är avsänt den 5 januari 1946. Till sin vän skriver han: "Har du inte siktat för lågt? Det finns inte så gott om riktiga lettiska pojkar – och är det nödvändigt för dem som redan finns att binda sig vid ett främmande land?" Brevet är uppfyllt av spekulationer, han drömmer om en framtid i väst där alla hans släktingar finns, men dras samtidigt tillbaka till hemlandet, "men så fort kommer man inte dit – kanske efter tre år. Men då finns nog inte det som vi en gång lämnade, då är allt förändrat." I nästa brev, från den 16 januari, blir de filosofiska utvikningarna allt längre, och hans syftningar allt dunklare. Ibland konkretiseras dock hans resonemang. "Klart är dock, att vi hemmavid måste bygga upp och rensa upp, och det blir med säkerhet inget 'finskrivarbete' eller 'kulturliv'! Om man skall äta, blir man tvungen att plöja. Men alla skall göra det, och jag tror vi skall göra det med största nöje."

Han talar mot slutet av brevet om hur en svensk sköterska en gång hjälpt honom av med skorna: "trots allt – mest av allt har jag här känt mänsklighet och förstående omsorg." De följande två raderna är överstrukna, men är ändå tydbara. Där står: "Det är till hälften gottgjort detta vad Sverige har gjort gentemot oss – Sverige, som stoltserar med 'humanitet och mänsklighet'; men som inte ens tillåter oss att dö." Efter det överstrukna har han skrivit: "I verkligheten känner vi inga hatkänslor – enbart besvikelse och misstro. Men världen är ju sådan överallt."

Han avslutar med att säga: "Återstår självförtroende – och tro till Lettland – och verksamheten i framtiden. Vi sjunger – det är inte slut med allt."

Breven är långa, spekulativa, relativt gladlynta i tonen. I kanten står ibland små anteckningar: "Rena filosofin." Under ett av breven har han skrivit sitt namn, och under detta, som en titel: "Lett och estet".

Senare, efter Ränneslätt och efter sjukhustiden, försökte han begå självmord, men misslyckades och utlämnades småningom. Han avtjänade ett sexårigt straff, och läste efter frigivningen vidare vid universitetet i Riga. Han lever i dag i en av Lettlands mindre städer, har en akademisk examen, tjänstgör i förvaltningen. Historien om honom är där slut.

Vad var han för en människa?

7

Samtal i Sverige. Tid: juni 1967. Fragment.

– Men avgörande för regeringens moraliska ansvar för utlämningen måste ändå vara frågan: hur mycket visste de om Sovjet, om rättsprinciper, straff?

– Varför det?

– En central princip måste vara att varje människa måste göra klart för sig vilka konsekvenser hennes handlande får – och sedan handla därefter. Vad visste man om Sovjet hösten 1945?

– Man visste väl en del – i varje fall om Sovjetsystemets avigsidor.

– I så fall är utlämningen ett brott.

– Men är det inte en fråga om vilka informationskanaler man har? Vilka informationskanaler man valt att lita till?

– Man sänder ändå 146 människor till en säker död eller hur?

– Varför är du så säker på det? Varför blir du inte lika upprörd när svenska regeringen sänder franska desertörer till Frankrike, norska samarbetsmän till Norge osv.?

– Det är väl ändå självklart att den svenska regeringen borde ha tillsatt en undersökningskommission för att undersöka vilka konsekvenser utlämningen skulle få. De kunde ha tagit reda på förhållanden i ryska slavläger, straffprinciper osv. Frankrike är en demokrati, man har full insyn i allt, även i rättsapparaten. Sovjet var och är en kommunistisk diktatur. Man måste ta reda på vad man gör med människor. Det är en enkel, humanitär princip.

– Varför bara Sovjet? Varför inte en kommission för att undersöka de franska förhållandena? Eller norska? Eller engelska?

– Gärna det, sänd kommissioner överallt. Bara vi får veta vad som kommer att hända de interner vi har hand om.

– Du menar alltså att vi svenskar, som stödde tyskarna med malmleveranser och en allmän inställsamhet, som fram till 1943 gjorde enorma eftergifter för dem, som nu sedan segermakterna offrat miljoner människor för att rädda oss från koncentrationslägren, vi skulle alltså skicka ut små undersökningskommissioner i Europa för att undersöka om *de* var barbarer? Glömmer du då inte det historiska perspektivet?

– Varför i helvete kan du inte tänka efter enkla humanitära principer? Varför måste du – bara för att du råkar ha vänstersympatier – försvara en absolut omöjlig sak?

– Jag försvarar inte. Jag försöker bara vara exakt.

– För övrigt – hur var det egentligen med asylrätten?

– Den var satt ur spel.

– Ur spel?

– Situationen efter kriget var en exceptionell situation. Asylrätten var inte applicerbar i en situation med miljoner krigsfångar och miljoner soldater som ...

– Nu blir jag mer och mer förbannad ...

– Vänta lite ...

8

Efterhand tog sjukhustiden slut, hungerstrejken upphörde, de blev starkare, de återfördes till lägren.

De kom till Rinkaby och Gälltofta. De flesta av balterna kom till Gälltofta.

Lägret låg mitt på slätten. Man åkte två mil söderut från Kristianstad, och då kom man till Rinkaby, svängde sedan till vänster, passerade förbi flygfältet och barackerna och det taggtrådsinhägnade område som var Rinkabylägret, fortsatte över slätten i ytterligare en kilometer, och då var man framme. Gälltoftalägret var ett slags tvillinganläggning till Rinkabylägret, fast mindre, lättare att bevaka, och tristare.

Gälltofta samhälle var bara en liten by, en klunga hus i flygfältets ena ända. Barackerna låg i byns utkant, med fri sikt över slätten. När snön föll var slätten en ocean av vitt, så långt de kunde se fanns ingen skog, inga samhällen: mot norr sträckte sig den nordostskånska slätten till synes oändligt långt bort, i söder var horisonten avskärmad av byns hus och byns granhäckar, men i sydväst fortsatte slätten, oändlig, med en tunn smal skogsrand längst bort vid horisonten. När snön föll blev allting vitt, men den vintern låg snön aldrig kvar länge, det kom regn, snön smälte. Det kom mer regn, slätten blev en leråker med försvinnande vita ränder, en smutsgrå leråker under den jämngrå svenska himmel som välvde sig över husen och barackerna och taggtråden. Barackerna var placerade i rektangelform, tätt inpå varandra, områdets totala längd var 120 steg och bredden 40, efterhand som regnen föll blev planen mellan barackerna upplöst och dyig och smetade ner allting. Framför officersbaracken, som också användes av bevakningspersonalen, fanns en plätt belagd med kullersten, dit gick de ofta för att stampa av sig leran, och snart var den likadan. Hela lägret tycktes häftigt hoptryckt, här fanns inga ytor att röra sig på, de klagade ofta över att så många fick dela så få tvätthoar och så få toaletter. Efterhand hade de som orkade eller ville promenera skapat en stig runt taggtrådsstängslet, en tunn smal sträng som efterhand blev moddig som ett gyttjedike. De stod ofta vid stängslet och tittade ut över slätten: långt långt där borta såg de små hus, där kom glimtar av ljus när mörkret föll, fönster som var ljusa, hem i Sverige. Sedan tändes strålkastarna runt lägret och lyste på taggtråden, och mörkret omkring dem var det enda som syntes bortom strålkastarnas ljusramp.

Dit kom de, en efter en, dit samlades de baltiska legionärer som spritts till sjukhus över hela Sverige och nu kunde återsamlas. De kom i december, firade jul här, de kom i januari, de kom så sent som dagarna före utlämningen. Det blåste nästan jämt, det var efter hungerstrejken och före utlämningen, det var i det jämngrå Limbo dit de kommit efter att ha vistats i rampljuset så länge. Nu tycktes ingen minnas dem längre. Demonstrationerna var slut, kontakterna med omvärlden helt avbrutna, inga tidningsmän fick besöka dem, deras ledare hade isolerats från dem, det var den långa grå tiden mitt på skånska slätten när de inte kunde göra något och alla hade glömt dem.

Det var sju månader efter Bökeberg.

Det fanns ingenting, absolut ingenting att göra. De kunde bara vänta. *Här är långtråkigt och hemskt,* skrev han, *men jag har lärt mig att lägga patiens. Jag lägger nu patiens mest hela dagarna. Det finns ingenting att göra. Gailitis har nu kommit hit. Men han är inte som förut, han tycks vara totalt slut, nästan nedbruten. Doktorn har dock inte kommit än, då ligger han väl kvar på sjukhuset. Det sägs att han hunger strejkat en hel månad.* Han hette Olgerts Abrams och var bara sjutton år, och för honom hade tiden i Sverige haft detta enda positiva med sig: att han lärt sig lägga patiens. *Besök får vi inga,* skrev en annan av dem, *annat än någon enstaka gång en präst, men de springer här inte lika flitigt som i november då de uppstämde sina ständiga klagosånger över oss, som gråterskor. Vi hör numera på dem, men bryr oss inte om dessa ständiga klagosånger över vårt öde.* Men i andras brev talar en annan uppfattning. *Förhållandena är som vore det en Maxim Gorkij-pjäs. Det är inte sant att våra präster har gjort oss hysteriska. Det har vi blivit redan av andra skäl. Sinnesstämningen förbättrades på sjukhuset – inte därför att det ej fanns tillgång till präster, utan på grund av att man mötte människor och mänskliga förhållanden. Nu är vi tyvärr i samma situation som förut, och hysterin är ännu större än den var i slutet av november.* Men inga av dem som bevakade balterna såg dem som hysteriska: det enda intryck som efteråt fanns kvar var en molande tristess, en absolut förintande jämn hopplöshet utan dramatiska toppar och svarta avgrunder, bara en hopplöshet som var som en oändlig slätt, halvt upplöst av regn och smält snö, fylld av gyttja och utan träd eller berg: Gälltofta, vintern 1945–1946, baltiska interneringslägret, i det grå Limbo.

Jag ligger i den brits som en tysk som hängde sig lämnade efter sig, skrev han, *det känns uppmuntrande. Annars har vi gett upp hoppet nu. Alla tycks ha glömt oss. Det tjänar väl ingenting till att hungra mer, de utlämnar oss ändå. Du förstår nog knappast hur vi känner det, och jag slutar här. Lev väl.*

Den 18 januari fick UD besked om att ett ryskt fartyg, "Beloostrov", var på väg till Trelleborg; datum för utlämningen fixerades till den 23 januari. På eftermiddagen den 19 januari "blev det i välinformerade kyrkliga kretsar bekant att utlämningen skulle äga rum den 23 januari".

Eftersom isoleringen av balterna nu var fullständig, och eftersom inga präster efter den 19 januari tilläts besöka lägret, uppstod genast problemet hur man skulle underrätta balterna om utlämningsdatum.

Man ringde från Stockholm till en lettiska bosatt i Halmstad. Hon besökte lägret i Gälltofta eftermiddagen den 20 januari och lyckades förmedla budskapet. Hennes relation, som finns publicerad, inleds med skisseringar av miljön: taggtråd, starka strålkastare, vid stängslet håller "gråklädda gestalter med maskinpistoler vakt".

Hennes relation är kortfattad, men starkt känsloladdad. Hon lyckas i sin hyrda bil ta sig förbi den första avspärrningen, men stoppas senare av en häftigt upprörd lägerkommendant. "De omkringstående vakterna flinar dumt." Situationen är levande och ytterst dramatiskt skildrad. "Jag faller ned på knä i snön framför kommendanten, gråter och ber och får tillåtelse att en kort stund samtala på tyska med min 'farbror' överstelöjtnant Gailitis och 'kusinen' löjtnant Knoks."

Hon fick tala med dem. Gailitis, som nu var mycket svag och gick dåligt, fick komma fram till stängslet, stödd på två yngre legionärer. Han var mager, gråhårig, han var blek och hade febriga ögon.

De stod på varsin sida av stängslet, och hon fick tala med honom. Hon talade på lettiska och sa till honom att utlämningen nu var nära, de skulle transporteras den 23 januari. De svenska officerarna stod intill, men hindrade henne uppenbarligen inte.

Gailitis sa:

– Lilla flicka, kan verkligen ingen hjälpa oss?

Hon böjde sig fram och kysste hans kind, men svarade inte.

Han frågade igen:

– Är det ingen som kan, ingen som vill hjälpa oss?

Kommendanten, som stod intill dem, påpekade då att samtalet

måste avbrytas. Gailitis återvände till barackerna. Kvinnan överlämnade efter detta några gåvor till internerna, och kommendanten lovade att fördela dem. Det var en stor bukett tulpaner, samt hundrasextio paket cigarretter.

Historien tycktes upprepa sig: situationen var nu densamma som i Ränneslätt när hungerstrejken, på initiativ utifrån, hade organiserats och förhindrat den första utlämningen. Men situationen var inte densamma, och historien upprepade sig inte. De hade inte sina ledare, Gailitis hade spelat ut sin roll, officerarna dominerade inte längre på samma sätt, Eichfuss fanns där inte. Prästerna fanns där inte som pådrivare. Och allt skulle komma att utveckla sig lugnt: ingen strejk, begränsade självstympningar.

Gälltofta skulle många av dem minnas som botten av lidandets brunn. *Jag tänker ofta tillbaka på min första tid i Sverige,* skrev en av dem i ett brev, *tiden i Bökeberg. Det var så vackert och grönt, och kriget var slut. Jag vet inte hur det har kommit att bli så här. Det har utvecklats efterhand, och vi har blivit fösta som boskap. Här är allting hopplöst. Jag slutar här.*

Alla barackerna finns kvar, och på sommaren växer där gräs på planen mellan dem. På sommaren är slätten ett hav av gräs, rymden oändlig, luften ljum och frisk. Platsen med kullerstenarna finns kvar, britsarna, inskriptionerna, gräset som sticker upp mellan broplankorna. Stigen runt stängslet är borta, men stängslet finns kvar. På sommaren, en eftermiddag i juni, är Gälltofta vackert; i kanten av byn, under träden, intill slätten som är ett hav av gräs. I husen intill minns man inte mycket av dem. "Där gick de och vi fick aldrig komma dit." "Man såg dom bara på avstånd." Men platsen är ännu möjlig att peka ut, barackerna och stängslet, även om känslorna för länge sedan tunnats ut och försvunnit och hopplösheten och förtvivlan blivit historia, om ens det.

9

Den 7 december meddelades att regeringen överlåtit ansvaret för de internerade tyska och baltiska soldaterna till civilförsvarsstyrelsen. Militären hade alltså inte längre ansvaret för dem, och det var många, både inom regeringen och inom armén, som registrerade detta med en viss lättnad.

Rent politiskt var frågan annars avgjord, och detta ändrades ej av att riksdagen ännu en gång skulle diskutera baltutlämningen. Det skedde i remissdebatten den 17 januari, och talarnas rad var lång. Men de manövrerade utanför partifållorna, och när Per Albin Hansson i replik konstaterade att han "fört ständiga samtal med partiledarna i denna sak", då pekade han rakt på det politiska dödläge som frågan nu befann sig i. "Vi ha också diskuterat frågan i utrikesnämnden. Man har icke kunnat under dessa samtal anvisa en rimlig utväg att komma ur det läge, för vilket herr Domö nu, med reservationer, tar sitt ansvar."

Och vad hjälpte då enstaka politiska fribytares vädjanden om humanitet och nya lösningar?

Folkpartiledaren Bertil Ohlin gav med sitt enda och mycket korta inlägg i utlämningsdebatten ett representativt uttryck för den politiska låsning som inträtt. Han konstaterade:

"Som ledamot av den regering, som fattade det ifrågavarande beslutet, bär jag naturligtvis min andel av ansvaret. Jag vill emellertid uttrycka mitt beklagande av att detta beslut blev så onyanserat som fallet var. Huruvida det funnits möjligheter att under sommaren åstadkomma en modifikation av beslutet, undandrager sig mitt bedömande, men jag är benägen att anse utsikterna därtill mycket små. Jag beklagar alltså det inträffade. Intet av det jag här sagt avser att i minsta mån reducera min del av ansvaret."

"Jag är benägen att anse utsikterna därtill mycket små." Exakt där stod frågan politiskt just då, i januari 1946. I hopplöshet, i ett slags ruelsefull baksmälla, i beklaganden. Det var en vecka kvar till utlämningen.

10

De utrymde lägren i två vågor. Den första vågen kom den 23 januari, den andra den 25. Sedan var det över.

På eftermiddagen den 22 kom poliserna till Kristianstad, silande in från hela Sydsverige. De var civilklädda, de skulle förstärka bevakningspersonalen, de fick inte väcka uppseende men alla kom de till Rinkaby, och då förstod pressen vad det var fråga om, och nästa dag fanns det många små artiklar som antydde att utlämningen nu var nära förestående.

Vid 4-tiden på morgonen den 23 samlades statspolisen utanför lägerområdet, men inriktade sig uteslutande på Rinkabylägret. Nu var inbrytningen rutin, eftersom detta inte var det första läger som utrymts, och nu gick det snabbt och effektivt. 6.30 gav man signalen till anfallet med signalpistol, man klippte upp stängsel och öppnade portar, och eftersom det fanns fler poliser än interner kunde internerna tas på sängen. Det gick mycket lugnt till. De fick skriva ett brev per man, de fick inta en första frukost – givetvis under hård kontroll – och sedan fick de lasta in i bussarna.

Klockan 10.00 var allting klart. Utrymningen var en teknisk fullträff, och motståndet hade varit obetydligt. Man hade evakuerat 128 tyskar och 23 balter från Rinkabylägret, och det var nu tomt.

Bussarna lämnade Rinkaby 10.15, de körde över Kristianstad. Där hämtade man Kessels och Cikste som stoppades in i bussarna, samt Eichfuss, som placerades i en bil tillsammans med två svenska poliser. Man körde sedan mot Trelleborg.

Enligt planerna skulle det ryska fartyget "Beloostrov" finnas i Malmö hamn denna morgon. Men de sista dagarna hade det blåst upp en hård ostlig vind, vinden låg tvärs för hamninloppet och där fanns dessutom farliga strömmar. Den 20 januari registrerades vindstyrka 7 enligt Beauforts vindskala, den 21 5, den 22 5, den 23 också 5; det var omöjligt att gå in. Vinden pendlade mellan ost och sydost. Vissa vindstötar noterades på upp till 16 meter per sekund: det var omöjligt att ta in fartyget i hamnen, man fick i sista stund förändra planerna. Fartyget dirigerades till Trelleborg.

Bussarna sändes först till Malmö, sedan till Falsterbohus. Där övernattade man. Det blåste hela natten, man åt sen middag, allting var mycket lugnt. När morgonen kom var det sol, klockan 7 noterade man –1,2 grader Celsius, vindstyrka 3 enligt Beauforts vindskala, klockan 9.15 gled "Beloostrov" in genom Trelleborgs hamninlopp och ilastningen kunde börja.

Eichfuss, som tillbringat natten på en polisstation i Malmö, anlände per bil vid 12-tiden och tilläts att hålla en informell presskonferens innan han gick ombord på båten. Han satt i baksätet på bilen och talade snabbt och med låg röst till korrespondenterna. Han gjorde först en liten självbiografisk översikt, förklarade att han var full av förtröstan, att han tog Gud med sig till Sovjetunionen, samt att han ej ville klandra det svenska folket. "Ty jag är väl medveten om att det är politiska förhållanden som gjort att regeringen inte kunnat handla annorlunda. Nu är inget att göra åt saken. Alla är vi ju människor, och nu kan jag bara hoppas på det bästa. Men den värsta tiden jag upplevt i Sverige är de 46 dagar jag suttit isolerad i Kristianstad."

Sedan sade han det som skulle chockera så många svenskar att de efteråt tycktes vilja glömma bort hans ord.

– Själv har jag hela tiden velat återvända till Sovjetunionen, och jag gör det fullt frivilligt. Jag förstår bara inte varför de svenska myndigheterna hindrat mig från att lämna Sverige redan med de tidigare transporterna.

Han yttrade sedan några ord om de "många små Führertyper" han stött på bland svenskarna, men han talade nu mycket lågt och snabbt, och eftersom han satt i baksätet på bilen, och journalisterna trängdes i dörröppningen, och det var svårt att få tillräckligt tyst, så visste ingen riktigt exakt vad Eichfuss sagt under presskonferensens sista minut. Poliskonstapeln vid hans sida avbröt sedan presskonferensen och Eichfuss steg ut ur bilen, han hade famnen full av blommor och hade en snygg pälsmössa på huvudet, han log hela tiden mot pressmän och kameror och polismän, han tog adjö av de polismän som följt honom, han log hela tiden, han gick genom spärren och registrerades, och alla såg de på honom.

Sedan gick han långsamt över kajen, fortfarande med blommorna i famnen, gick uppför trappan, stod ett ögonblick stilla uppe på däcket, vände sig om och sade med hög röst "Tack, Sverige!" till dem som stod där nere på kajen. Sedan försvann han, och de såg honom inte mer. Utrymningens första fas var avslutad.

Klockan var 14.15. Klar sol, frisk men inte hård vind, pendlande mellan 2 och 3 enligt Beauforts vindskala. Små fläckar av snö på kajen. Temperaturen klockan 13.00: + 1,4 grader Celsius.

Hur betedde de sig? Några av journalisterna noterade "en frapperande stor förtröstan". Några beskrev "deras allvarliga men lugna ansikten". Fysisk status? De gick alla själva, utan hjälp. Alla? Var de utmärglade? De viktuppgifter som lämnades från sjukhusen tydde på att de baltiska internerna i stort återvunnit det mesta av den vikt de förlorat under hungerstrejken.

Hur kände de sig? Vad kände de själva?

"Jo, från själva utlämningen minns jag bara den där trappan, den som ledde upp till fartyget. De sa till mig att gå upp där, och där stod de ryska bevakningsmännen, och jag minns hur hjärtat klappade medan jag gick uppför trappan, jag trodde jag skulle svimma, vi hade ju tänkt på det här ögonblicket så länge och nu var det där. Herregud, jag minns hur hjärtat bultade. Det slog och slog och slog. Hela trappan, och fartyget verkade så stort ... och jag minns bara hur hjärtat slog."

Porträtt av bevakningsman 1: poliskonstapel E H. Poliskonstapel E H hade tjänstgjort vid utrymningen av lägren i Backamo, Grunnebo, Rinkaby, Hässleholm och Gälltofta. Av dessa var utrymningen av tysklägren i Backamo och Grunnebo de klart mest otillfredsställande, ur teknisk synpunkt, eftersom man illa utnyttjat överraskningsmomentet. Resultatet blev att antalet självstympare hann bli mycket stort. Utrymningarna i Rinkaby och Gälltofta var dock mycket välplanerade, effektiva, och lugna.

Hade han något personligt förhållande till dem han utlämnade? Efter att han tjänstgjort som transportbevakning under utrymningen av tysklägret i Grunnebo återvände han samma natt till Backamo. 28 tyskar hade där återfunnits i små jordkulor, nedgrävda i marken. De skulle nu sändas till Trelleborg i ilfart, för att om möjligt hinna med den första transporten. Det måste ha varit omkring den 1 december 1945, tyskarna hade lockats fram genom högtalaruppmaningar, hundar hade använts för att nosa upp dem, nu körde bussen snabbt mot söder för att de inte skulle missa avtransporten. Var E H rädd för dem? Antalet poliser i bussen var alltför lågt, en väl organiserad rymningskupp skulle ha stora chanser att lyckas, ja, han var rädd. Till en äldre kamrat sade han: "Nu jävlar, om dom börjar bråka så skjuter jag." Kamraten avrådde honom bestämt. "Ge fan i det", sa han. "Fråga mig åtminstone först." Vilken erfarenhet hade E H? Han hade varit polis i fyra år. Stämningen i bussen var mycket komprimerad.

Bredvid E H satt en ung tysk menig i arton-tjugoårsåldern.

Det var mörkt ute, man kunde inte se mycket, pojken bredvid honom satt hela tiden lugnt och tittade ut genom fönstret. Vid midnatt svalde en av internerna en tesked, han blev våldsamt illamående och började kräkas, någon började skrika högt och hysteriskt och bussen stannade. I bussen fanns sex svenska poliser och 18 tyska interner. Man vände och körde in till Kungsbacka, lämnade mannen med teskeden i magen på ett sjukhus och fortsatte. Detta var omedelbart efter den blodiga fredag när de första utrymningarna hade företagits, allt kunde hända, man körde mot Trelleborg. Fram mot morgonsidan blev stämningen lugnare, många sov. Pojken bredvid E H hade nu tagit upp en tysk-svensk parlör, han försökte inleda ett samtal. Han sade sig vara från Hamburg, son till en slaktare, hans mor fanns i Kalmar, han ville komma till henne. E H, vars far var lantarbetare, gjorde då några försök att inleda samtal. Tysken förklarade att han inte var lycklig. Han önskade inte komma till Sovjetunionen. EH deltog, allt eftersom timmarna gick, med allt större intresse i samtalet. Han förklarade för tysken att han förstod dennes känslor. Klockan 9 på morgonen nådde de Trelleborg. E H såg på kajen i Trelleborg hur modern till den tyske soldat han talat med mötte sin son och gav honom blommor. E H säger sig sedan minnas vissa moment med en oerhörd tydlighet: hur den unge tysken överräckte blommorna till honom, hur han gick uppför trapporna, steg för steg, hur han försvann uppför trapporna, hur han själv stod där på kajen med blommorna, hur pojkens ben steg uppför trapporna och försvann.

I övrigt säger han sig inte tro att bevakningspersonalen kom de utlämnade nära på ett mer personligt sätt. Episoden med den tyske pojken från Hamburg betecknade för honom själv snarast ett undantag.

Under en tillfällig paus i bevakningstjänsten vid lägren återgår E H till sin vanliga polistjänst i Uppsala. Han kommenderas då att tjänstgöra som bevakning vid en demonstration utanför universitetet. Demonstrationen gäller baltfrågan. Hur reagerar han? "Man tänkte väl ingenting särskilt. Man var väl inte så insatt och orienterad i det politiska spelet att man kunde reagera." Hur uppfattade han uppdragen att utrymma interneringslägren? "Det var ett uppdrag som ingen ville ha, men man var ju tvungen." Hans minnen av demonstrationen? "Det var kallt. Jag stod och frös."

Den 23 januari deltog E H i utrymningen av Rinkabylägret. Det gick utan svårighet. Den 25 januari utrymde man Gälltoftalägret. Där fanns majoriteten av balterna. Det hela gick smidigt. En lettisk löjtnant vid namn Plume stack en dolk i magen och blödde svårt, men fördes genast till lasarettet i Kristianstad, där han opererades och räddades till livet. Överstelöjtnant Gailitis drabbades av ett häftigt illamående, och man trodde att han svalt gift, men efter magpumpning kunde han dock utlämnas med de övriga. I övrigt skedde inga intermezzon vid utrymningen av Gälltoftalägret.

Det andra perspektivet.

Han var bara sexton år när han kom till det tyska luftvärnet i Lettland, han var lägrets yngste, och samma morgon utlämningen ägde rum, den 25 januari, skrev han ett brev. *Jag har inte mer än ett par minuter på mig här i detta svenska koncentrationsläger*, skrev han. *Det måste vara svårt för dig att föreställa dig hur det är här nu. Allting är så löjligt, på något sätt. Här kommer dessa beklagansvärda svenska poliser inrusande, sätter en papperslapp under näsan på oss, kommenderar oss att klä på oss: de försöker tydligen skrämma oss. Det är så löjligt. Hinner inte mer. Vi åker nu. Hälsningar.*

Brevet är undertecknat Alexander Austrums, "Krigsverbritare".

Porträtt av bevakningsman 2: svenske polismannen J. Intervju i juli 1967, fältanalys.

Om utrymningen av Gälltofta. Från utrymningen av Gälltofta minns J inte så mycket. Internerna visade alla en utmärkt självbehärskning. Allt var utmärkt organiserat, det var ingen av dem som klagade. De fick påsar att ha sina prylar i. Dessutom fick de rikligt med torrskaffning. J betecknar utrymningen som en organisatorisk framgång.

Ett detaljproblem löses: om organisationen av teknisk rast. Teknisk rast togs vid två tillfällen. Dels vid färden från Gälltofta till Falsterbohus, där man tvingades övernatta, dels vid färden från Falsterbohus till Trelleborg. Teknisk rast innebar att internerna fick gå ut ur bussen och pissa. Förfarandet var då detta. Bussen stannade, två polismän gick ut. Internerna tilläts sedan att två och två lämna bussen, dock så att aldrig mer än två interner samtidigt var ute. Internerna övervakades noga, och tilläts inte gå ner från vägen. De flesta stod alltså på vägen och pissade mot dikeskanten. Inga rymningsförsök inträffade under de tekniska rasterna.

En organisatorisk flaskhals. Ett olyckligt inslag i utrymningen var att det uppstod en viss väntetid i Trelleborg. Många bussar anlände nämligen samtidigt, och man tvingades vänta på varandra. Det måste betecknas som ett olyckligt men dock inget allvarligt felgrepp. J:s buss hörde till en av de sista i denna kö. Internerna satt, om J minns rätt, på långbänkar längs bussens sidor. När urlastningen började bad balterna en bön. Sedan reste de sig, och då inträffade den olyckan att en lettisk löjtnant försökte, och också lyckades, begå självmord. Det är möjligt att denna incident kunnat undvikas med kortare väntetider, men J vill på intet sätt lasta organisationsledningen för detta dröjsmål. Internen stack sig med en kniv. Då bar de ut honom ur bussen. J satt långt bak i bussen och såg alltså inte närmare hur det hela gick till. När J sedan kom fram var det för sent. Internen blödde mycket. Höll man för på utsidan rann det genom munnen.

Om uppfattningar. Det var ju delade meningar om den där utlämningen förstås. Olika uppfattningar. Vi polismän som kom sedan militären inte klarat av uppgiften hade nog ingen särskild uppfattning. När vi kom till Rinkaby och Gälltofta pratade vi med många av den gamla bevakningspersonalen, men de verkade överdriva det hela. Det var ganska lugnt, men vi förstärkte stängslet runt lägren. Flera av dem som bevakat förut hade nog sin särskilda uppfattning av utlämningen. Och de internerade själva, ja bland dem fanns det verkligen många som hade sin särskilda uppfattning.

Om Vabulis självmord. J blev bestört förstås.

Den lettiske soldaten Valentin Silamikelis stack klockan 12.15 sina händer genom bussens rutor och skar sig svårt i handlederna: allt hände på kajen i Trelleborg. Han bars av svenska poliser vilt skrikande till en förbandsplats, där man konstaterade att hans skador inte var allvarliga och att han kunde utlämnas med de övriga. Efter en halvtimma kunde han bäras ombord på båten, liggande på en bår. När han kommit upp på däcket började han skrika vilt, slet sig loss från bevakarna och var ytterst nära att lyckas kasta sig över relingen tillbaka på kajen. Man lyckades dock övermanna honom. Han fördes ner till de övriga, fortfarande vilt skrikande. Händelsen gjorde på de närvarande svenskarna ett ytterst pinsamt intryck.

En närvarande svensk inspektör rapporterade dock att Silamikelis en halvtimma senare föreföll helt lugn. Han hade då suttit på sin brits och gjort ett mycket balanserat intryck.

Detta var den ena av två pinsamma incidenter. Den andra inträffade klockan 13.34. Då stack den lettiske löjtnanten Peteris Vabulis en kniv i halsen, och dog genast. I övrigt förlöpte också den andra fasen av ilastningen lugnt.

Vabulis hade åkt i buss nr 5. Man hade börjat färden från Gälltofta klockan 9.00, och hade anlänt till Trelleborg klockan 12.20. Klockan 13.30 kördes buss nr 5 fram till urlastningsporten. I bussen hade medföljt 12 interner, 9 polismän samt förare och reservförare. Befälhavaren på bussen, överkonstapel Hultsten, hade icke hos internerna märkt någon särskild oro, även om de hade verkat något deprimerade. Då buss nr 5 kört fram för urlastning hade Hultsten stått vid sidan av främre vänstra dörren. Omedelbart efter det att bussen stannat hade Hultsten hört rop efter sjukvårdare och ambulans inifrån bussen, och då han rusade dit hade han fått se att en av internerna längre bak i bussen hade skurit sig i halsen. Mannen hade då fortfarande varit vid sans.

Vid ilastningen på morgonen i Gälltofta hade kroppsvisitation av internerna icke företagits, och någon sådan var inte heller beordrad. Hultsten ansåg det vid polisförhöret oförklarligt hur Vabulis hade lyckats smuggla med sig en dolk, och han ansåg att ingen av de i bussen tjänstgörande polismännen kunde klandras för det inträffade.

Allt finns beskrivet i polisprotokollet, allt.

Poliskonstapeln Sven Gustav Ivan Alneborg hade suttit snett emot Vabulis, och då bussen stannade i Trelleborg hade samtliga i bussen rest sig för att stiga ut. I samma ögonblick hade Alneborg sett hur det blödde ymnigt ur halsen på Vabulis, som då rest sig något och stått lutad mot bussväggen. Det hade verkat som om Vabulis försökt pressa något mot bröstet, men det var omöjligt att se vilket föremål Vabulis hade i handen. Alneborg hade emellertid genast kastat sig över Vabulis och pressat ned honom mot bänken, varefter han lyckats få tag i den dolk som Vabulis hållit i handen.

Alneborg hade vid tillfället fått sin uniformskappa och sina uniformsbyxor starkt nedblodade.

Vabulis dåd kom för alla helt överraskande, inga tecken hade tytt på att han var desperat. Strax innan kolonnen hade passerat Malmö på vägen till Trelleborg hade en intern som suttit intill Vabulis tagit fram sin portmonnä, varur han tagit något föremål. Då det verkat som om internen försökt dölja något hade en av polismännen fattat internens hand och därvid fått se att han i handen försökte dölja ett rakblad, inlindat i papper. Polismannen hade lagt beslag på rakbladet. Internen hade därefter förefallit något orolig. Vabulis hade däremot hela tiden verkat helt apatisk och suttit tyst och grubblande.

Alla fakta av vikt finns i polisprotokollet. Eller saknas något?

Vid undersökningen å den döde befanns att denne hade ett cirka 5 centimeter långt, mycket djupt skärsår å halsens vänstra sida. Vabulis hade omedelbart intill kroppen under underkläderna anbragt en livrem, vid vilken fanns en dolkslida. Dolkslidan var omlindad med en näsduk, sannolikt för att förhindra skavning mot huden. Härav torde framgå, framhöll transportläkaren, att Vabulis, som sannolikt haft dolken förvarad i slidan, förberett sitt självmord.

Bland den dödes tillhörigheter påträffades ett ifyllt ansökningsformulär till Statens Handelskommission, varur framgick att hans hustru nu var boende i Lübeck. Själv hade han internerats den 8 maj 1945, interneringsplats Bulltofta, Malmö.

Det finns bara en bild tagen vid detta tillfälle: den 25 januari klockan 13.35 på Trelleborgs kaj.

Bilden är av mycket dålig kvalitet. Vabulis ligger på kajen just utanför bussens främre dörr. En polisman står böjd över honom. Man ser den skadade eller kanske redan döde från sidan, hopsjunken och framåtböjd, medan en sjukvårdare, med ryggen mot kameran och kraftigt hukad, tycks göra ett försök att stoppa blodflödet med en duk eller en trasa eller bara genom att pressa armen mot det öppna såret. På marken, täckt av ett snölager som endast fläckvis döljer det mörka underlaget, har en blodsamling bildats, med uppskattningsvis 40 centimeters diameter. I bakgrunden syns nedre delen av några av betraktarna, en av dem klädd i ridstövlar. Till höger begränsas synfältet av den kamoufleringsmålade bussens ena sida.

Bara en av de tre männen i bildens centrum vänder framsidan mot kameran. Det är en polisman. Han står hukad, halvt på språng, i ett slags tafatt stödjande rörelse, på väg att föra sin högra arm mot den sammansjunkne döde eller döendes huvud eller hals. Polismannens huvud är dock till hälften nedböjt, och i detta det enda fotografiska vittnesmål som finns från denna incident är hans ansikte bara en diffus vit fläck. Denna vita fläck är det enda mänskliga ansiktsdrag som finns på bilden.

11

Vem var Peteris Vabulis? Vad var han för en människa? Varför dödade han sig själv?

Kriminalpolisen i Trelleborg omhändertog hans tillhörigheter och registrerade dem. Det var 1 st. resväska med diverse personliga tillhörigheter, däribland kontant kr. 3: 31 i svenska mynt, 1 st. pappkartong, innehållande huvudsakligen livsmedelsvaror, samt 1 st. lettiskt pass, TT nr 011518.

Det som fanns kvar av Peteris Vabulis ägodelar fördes till ett magasin och förvarades där i många år, tills hans son en dag tog hand om det. Bland föremålen ingick bl. a. en blodig uniform, där blodet dock nu var mycket gammalt och hade stelnat och blivit svart: uniformen brändes. Där fanns en kompass med en vit snodd, längd 11 centimeter. En ficklampa av tysk armémodell, med rött och grönt skjutbart filter. En hopvikt karta över Lettland, utan anteckningar. En almanacka med fickdagbok, där de första fyra sidorna upptas av adresser till en rad svenska myndigheter och hjälporganisationer. I övrigt är boken utan anteckningar. I almanackan har han satt en liten kråka med blyerts för den 21 november 1945.

Allt finns kvar. Föremålen utsäger ingenting, och besvarar inga frågor om Peteris Vabulis. En klocka med svart boett: den går inte. Några tomma kuvert. Damm. Ett tomt påskägg som, förmodligen av misstag, kommit att hamna bland hans tillhörigheter.

I samma låda ligger dock ett fotoalbum.

Den första bilden är från Riga. Peteris Vabulis står i bildens mitt och håller en liten pojke i handen. Båda ler mot kameran. Pojken kan vara tre eller fyra år, det är vinter, man ser snö. Vabulis har uniform. På nästa bild är han civil, det är sommar, han skjuter en barnvagn. Den lilla pojken är på nästa bild helt ensam: han står mitt på en tom vägbana och rynkar förbryllat på pannan: det är skarp sol och i bildens vänstra hörn ser man en skugga av en människa. Text under kortet: Imants, Riga 1942. Sedan porträtt av Peteris Vabulis. En sommarbild från Riga – figurer på ganska långt håll, ansikten omöjliga att urskilja.

Så plötsligt: Rännesslätt. Man har ställt upp den lettiska officersgruppen till fotografering, i bakgrunden syns en vägg, alla skrattar mot kameran, det är uppenbarligen på sommaren. De är fortfarande iklädda sina tyska uniformer. Kortet har tydligen placerats på ett kronologiskt felaktigt ställe, eftersom nästa sida är fylld med bilder daterade 1943. Där finns en bild med hela familjen, pojken är klädd i vinterkläder, där finns snö, bilden är överexponerad. Kvalitén på korten är nu mycket dålig, där finns flera bilder av Vabulis och hans hustru, men oskarpa. De skrattar båda mot kameran.

Sedan Rännesslätt igen. Det är ett alldeles meningslöst kort med många uniformsklädda män i planlös vandring om varandra. Ett kryss för ett diffust ansikte i en samtalande grupp, en pil och två bokstäver: "P. V." Himlen är mulen, man ser baracker och en del av stängslet. Nästa sida upptas av två porträtt av Vabulis och ett stort kort av den lille pojken. Och så plötsligt, på nästa sida, kommer bilden från bårhuset. Peteris Vabulis ligger i en kista, locket är avtaget, han har blommor på magen. Bilden gör ett fridfullt intryck. Över den högra kinden löper dock ett ärr, och höger öra tycks en gång ha blivit deformerat av något slags skada – men skadan är läkt, man urskiljer den bara med yttersta svårighet.

Under detta kort sitter ett par bilder av en helt annorlunda karaktär. De föreställer två små barn, en pojke i sjuårsåldern och en mindra flicka, de omfamnar varandra och skrattar. Text: "Lübeck sommaren 1945". På de följande sidorna återfinns en rad bilder som tydligen alla härstammar från Tyskland och är tagna efter kriget. Man ser badande barn vid havet, halvt nedsjunkna fartygsvrak som bakgrunder till soliga utflyktsbilder. Text: "Travemünde 1947".

Bilderna föreställande Peteris Vabulis har nu helt upphört. Man ser, gång på gång, bilder av de två barnen. Bakgrunderna är i allmänhet barackväggar, gator, ett anonymt köksliknande utrymme, släta väggar, en kaserngård, en rad baracker. Pojken måste nu vara tio år. Han ler oftast pliktskyldigt mot kameran. Hans underläpp är framskjuten på ett karaktäristiskt sätt, om man bläddrar tillbaka till bilden från bårhuset upptäcker man att den döde (som ju ses halvt från sidan) har samma karaktäristiska profil.

Fler bilder av barn. Ännu 1949 består bakgrunden mest av barackväggar, det är i Lübeck. Sedan flera bilder av den lilla flickan, sedan de två i sommarmiljö. Text: "Värmland". Sedan "Västerås". Albumet avslutas med ett tiotal tomma sidor.

Till detta kommer ett antal brev som Peteris Vabulis skrev hösten och vintern 1945–1946. De är adresserade till vänner som befann sig i Sverige. Pikturen är tydlig, upprättstående, breven är skrivna på lettiska.

Det första av dem är daterat den 9 januari 1945, alltså skrivet före Sverigetiden, och hör egentligen inte samman med de övriga. Det har dock sitt intresse: det är ställt till hustrun. Han befinner sig i närheten av den ryska fronten, ett stycke bakom själva stridslinjen, och han uttrycker sig mycket vagt, med hänsyn till censuren. En positionsbestämning är omöjlig att göra, men han befinner sig uppenbarligen i den östra delen av Lettland. Den större delen av brevet upptas av en kåserande beskrivning av en tursam jakt som inbringade sprit och cigarretter, och tonen är allmänt optimistisk.

Mot slutet av brevet talar han dock om det sista mötet med familjen. Han hade mött dem i Tyskland, dit familjen evakuerats för att undvika att hamna i ryssarnas händer (platsen var Grevesmühlen i Mecklenburg). Han hade fått träffa dem i december 1944, strax före jul, och när han tog avsked av dem hade pojken, som då var sju år gammal, gråtit häftigt och i avskedsögonblicket varit mycket upprörd men samtidigt skamsen för att han gråtit, han hade vänt sig bort och inte velat visa sina tårar, och om detta skrev fadern eftersom han mindes det väl.

Det andra brevet kommer från Ränneslätt, är skrivet till en vän som då befann sig i Sverige och är daterat den 12.8 1945. Han beskriver där de omständigheter under vilka han kom till Sverige.

"Jag lever under underliga omständigheter, därför måste det här brevet bli ganska kort. Den 8.5 lämnade jag Lettland under väldigt egendomliga omständigheter, men om detta kanske du redan läst i tidningarna. Eftersom jag är en svuren lettisk officer kom jag hit till Sverige på en Pegas – ett flygplan. Den 26 mars hade jag nämligen blivit ganska svårt sårad i huvudet och i armen: det var vid Jaunpils. Jag trodde jag redan hörde till de döda, men jag lyckades komma med i ett plan som såg ut som en skrotlåda: men det hade i alla fall vingar, och ett rött kors på sidan. Bensinen flödade ut ur alla springor, men lådan höll, även om det inte var utan besvär. Det tog 2,5 timme, sedan var vi framme i detta gästvänliga land. Nu är jag nästan frisk, men mitt utseende har förändrats av träffen. Men det är inte så förändrat att mina gamla vänner inte skulle känna igen mig.

Livet här på Ränneslätt är väldigt bra, trots att vi saknar vår frihet. Men vi slipper brottas med sysslolösheten, eftersom vi är flera letter här. Det är bara synd att vi inte kan bli av med tyskarna, som finns i mängder här. De vill fortfarande inte glömma, att först skapades världen, sedan bara de själva, sedan ingenting, sedan vi andra. Det värsta är dock, att de under lägertiden vill trycka ner oss, vilket vi inte tillåter. Dessutom är det väldigt obehagligt att de svenska myndigheterna sätter likhetstecken mellan oss och tyskarna. Och därför kan det hända, att vi samtidigt skickas tillbaka med dem till Das Vaterland, trots att vi inte har något gemensamt med Tyskland och deras krigsmål. Men ändå hoppas vi att det med tiden skall ordnas för oss på ett förmånligt sätt. Även om vi kommer i engelsmännens händer blir allting bra, eftersom det inte finns några krigsförbrytare bland oss."

Nästa brev är skrivet en månad senare, daterat Ränneslätt den 8.9 1945. Det är ställt till en studiekamrat, och nu rör han för första gången vid politiska frågor.

"Kanske får vi fira årsdagen av vår studentförening i ett fritt Lettland! Det är sant, min vän, alla tecken tyder på att denna vår önskan inte är någon utopi. Det känner vi här i lägret, även om vi inte fått lov att kasta vapenrocken. Vi ser fortfarande ut genom taggtrådsstängslet, men det är vi ju vana vid från fronten. Och vi är även beredda att slåss i svenska eller engelska uniformer, om de så vill, för att upprätta ordning och skapa en total fred i världen. Men just nu är vi nog alla en smula trötta på uniformer och krig, och skulle gärna gå över till ett civilt liv – vilket arbete som helst som säkrar vår existens, ett arbete för att inte gratis behöva äta de gästfria svenskarnas bröd. Efter allt man gått igenom under fäderneslandets sista dagar vill jag gärna bli kvitt dessa minnen i någon svensk skog eller svensk bondgård, där jag själv kan tjäna mitt bröd. Här i lägret är det svårt att bli kvitt dessa smärtsamma minnen. Det var på sätt och vis en ödets nyck att jag, den dag jag blev sårad, träffade vännen Freibergs. Då var fienden oerhört överlägsen, anföll oavbrutet, veckor i sträck. Våra krafter var för svaga, vi var trötta och hade lidit svåra förluster, vi fick slåss flera dar i sträck utan vila eller mat.

Om fru och barn vet jag inget. Jag är rädd att de inte blivit varnade i tid om engelsmännens avsikter att lämna det av dem ockuperade området till ryssarna. De skulle inte ha behövt gå långt för att vara på den säkra sidan – men även detta kan vara svårt om man har två små barn."

Efter detta brev följer ett större antal mycket korta brev, alla skrivna före hungerstrejkens början. De är avsända till vänner i Sverige, behandlar uteslutande frågor om tvättpulver, pengar, matkuponger, kaffekuponger, mot slutet också möjligheter att sända matpaket till

Tyskland. Det sista av dessa korta brev är daterat den 12.11 1945, tio dagar före hungerstrejkens början.

Mellan breven ett urklipp från en tidning: det är en annons, man vet varken tidningens namn eller det datum annonsen varit införd. Den lyder i sin helhet:

"Till Enija i Lübeck. Gott 1946!

Den 14.12 fick jag Dina första brev. Jag har skrivit till er. Det vore bättre att komma närmare Moritz. Är glad att ni lever. Var inte oroliga för mig, när jag kan kommer jag till er. Håll ut! Peteris."

Hade han ännu hopp? Trodde han sig bli fri?

I januari lyckades han smuggla ut en lapp till några vänner. Där stod: "Om ni kan så skaffa mig en kostym, en överrock och en mössa (59). Säg att jag åker till Grintals. Vänta på meddelande från mig. Tack för allt! Peteris."

Hade han planerat att fly?

Det sista brev han skrev är daterat Gälltoftalägret den 17.1 1946, och det återges här i sin helhet. Det är skrivet en vecka före hans självmord.

"Tack för Ert brev som jag fick i går. Jag hoppas att vår brevväxling inte orsakat Er alltför mycket besvär. Ordspråket säger ju: Tala om vilka dina vänner är, och jag ska säga dig vem du är. Men vi har ju inte ens träffat varandra, och just nu står det klart att vi nog inte kommer att göra det heller, för min väg är redan utstakad dit varifrån ytterst få återvänder. Varken jag eller någon annan av oss kan acceptera den, och de som stakat ut vägen har sörjt för att ingen möjlighet finns att lämna denna väg. Personligen är jag lugn, men arg på mig själv att jag i somras inte försökte fly till skogs för att sedan försvinna över havet. Jag har ju umgåtts med skogen under mina studier, och navigera kan jag. Trots min ringa ålder har jag upplevt mycket, både i Lettland och under resor genom många främmande länder i Europa. Jag har sett länder där slaveri råder och länder som till de förstnämnda länderna levererar slavar helt öppet. Eftersom detta sker i vårt århundrade är det inte svårt att dö, ty om dylika saker får fortsätta att hända måste jordens undergång vara nära. Jag tycker synd om min fru och mina barn som på ett så bryskt sätt skall förlora sin försörjare, just nu när hoppet och utsikterna om en återförening var som störst. Men var och en måste bära sitt öde, och själv kan man inte ändra på det.

Som jag skrev i tidigare brev är jag glad att min familj har det bra hos engelsmännen, åtminstone vad maten beträffar. Trots att jag inte längre tror på ett utbyte av brev vill jag sluta här. Jag önskar Er och Er familj god hälsa, och en lycklig återresa till vårt kära fädernesland. Gud välsigne Lettland. Eder P. V."

Tonen är lugn men bitter, det finns ingen antydan till hysteri i detta brev skrivet veckan före självmordet. I ett odaterat brevfragment, publicerat i en minnesartikel inför femårsdagen av utlämningen och tillskrivet Vabulis, ger han dock uttryck för helt andra stämningar. Han säger att "vi dömda till döden" inte önskar det svenska folket något ont, men att det hade varit bättre att ge legionärerna cyankalium än blommor och cigarretter. "Jag har dragit ett streck över mitt förflutna, framtiden står mig klar och den blir kort. Det är bara synd att jag inte kan uppleva hur mördarna skall försöka att försvara sig när järnridån en gång faller. Må Gud skänka många, många landsmän tillfälle att uppleva detta. Jag håller ut till slutet! Gud välsigne Lettland."

Några andra och klarare vittnesmål om motiven för självmordet finns inte. Om Vabulis uppförande den sista tiden i Gälltoftalägret finns sålunda inga uttalanden, om man undantar transportläkaren Åke Johanssons konstaterande att han "tidigare i interneringslägret iakttagit Vabulis, som verkat något orolig, men icke så deprimerad, att han ansett sig hava särskild anledning misstänka någon desperat handling från Vabulis sida".

Vabulis självmord kom alltså helt överraskande, och möjligheterna att bilda sig en uppfattning om honom som människa är små.

Vad var det som dödade honom?

I december 1944 såg Emilija-Elena Vabulis och hennes två barn sin make och far för sista gången: han stannade hos dem en vecka, han föreföll under hela tiden glad och optimistisk, han återvände till Kurlandfickan och till fronten, och detta var det sista de såg av honom.

Våren 1945 flydde hon, i etapper, allt längre västerut med barnen. I maj 1945 kom de till Lübeck och blev placerade i ett av de stora flyktinglägren. Där slog de sig ner och hade det ganska bra, de hade mat och en barack att bo i, de visste inte vad som hänt med honom som de tagit avsked från i en liten östtysk by, men de hade gott hopp. I baracken var varje familj avskärmad från den andra med hjälp av grå filtar, uppspända som väggar. Där kokade de sin mat på små spritkök, de fick hjälp, de hade det bra. De överlevde.

I september fick de veta att Peteris Vabulis fanns i säkerhet i ett svenskt läger.

I november kom nyheten att en utlämning hotade honom: de fick veta nyheten genom en lettisk tidning, och man satte genast i gång en namninsamling. Man sände en vädjan till den svenska regeringen, och både Emilija-Elena Vabulis och hennes äldste pojke skrev under, men de var egentligen inte rädda, eftersom de inte kunde tro att utlämningen till sist skulle bli av. De fick också brev från honom, de sände ett matpaket till honom, men han skrev tillbaka och berättade att det inte precis var mat han behövde. Detta var vintern 1945–1946 i Tyskland, den första och mest fruktansvärda av fredsvintrarna. Tyskland var ett svältande kaos, men de som satt i lägren hade det ändå ganska bra, tyckte de.

De hörde ganska litet från honom, förbindelserna var usla. I slutet av januari fick de så veta att han var död.

De minns den dagen mycket väl, alla tre, hustrun och de två barnen. Det var en av de sista dagarna i januari, de satt i baracken som vanligt, ute var det trist och så kom det en lettisk exiltidning från Sverige. Den förste som började läsa i den var en kvinna som bodde på andra sidan deras ena filtvägg. Hon läste grundligt och gick sedan bort till en av de andra, och efterhand blev det alldeles tyst i baracken. Då först förstod Emilija-Elena Vabulis att något hade hänt.

Och hon tog tidningen och läste själv.

Det var så hon fick veta det: inte genom något telefonsamtal och inte genom någon ambassad eller någon officiell kanal, utan genom tidningen där allting stod. Där stod att svenskarna till sist ändå hade utlämnat balterna, alla legionärerna hade förts till den svenska staden Trelleborg, dit en rysk båt hade kommit. Dit hade legionärerna förts i bussar, till den svenska staden Trelleborg, och de hade förts ombord på den ryska båten, och på kajen hade den lettiske löjtnanten Peteris Vabulis ryckt fram en kniv och stuckit den i halsen. Han hade förblött mycket snabbt, och ingenting kunde rädda honom.

Så var det: så minns hon hur hon fick meddelandet. Hon stod mitt i den stora baracken med sina små grå filtavdelningar en dag i januari 1946 och läste att hennes man hade begått självmord. Runt omkring stod de andra och tittade på henne. Och där stod också hennes flicka som var tre år och hennes pojke som var sju och ett halvt år. Och hon läste, och då hon förstått vad hon läst började hon skrika.

Barnen var små, flickan för liten för att förstå någonting. Pojken kunde förstå, men ändå inte förstå. Han mindes fadern från julbesöket året innan. Då var pappa stor och stark, och nu hade han dödat sig själv genom att skära halsen av sig: det var absurt och omöjligt att förstå. Men han minns ännu sin mor den gången: hur hon stod där med tidningen i handen på golvet i baracken i Lübeck, Tyskland, januari 1946, och hur hon oavbrutet skrek och skrek och aldrig ville upphöra att skrika.

Ett par veckor tidigare hade de, alla tre, fått inresetillstånd till Sverige. Petris Vabulis själv hade ordnat formaliteterna medan han satt i lägret på Ränneslätt och låg på sjukhus, och nu kunde hon alltså åka till Sverige, om hon ville. Men hon ville inte. Efter den dagen i januari, när hon läst om mannens död på kajen i Trelleborg, föreföll det henne underligt att tänka sig att hon skulle resa till Sverige. Fanns det inte risk att de skulle utlämna också henne och barnen till ryssarna? Var det ändå inte tryggare här i lägret? Och kanske fanns där också ett slags stolthet. "Jag tänkte, att till det mördarlandet åker jag aldrig, aldrig – jag kunde inte tänka mig det."

Och så blev de kvar i Lübeck.

Men det fanns många flyktingläger i Lübeck och Tyskland, och många flyktingar, och nästan alla sökte de visum till västeuropeiska länder, och några fick. Först kom engelsmännen och tog gräddan av de arbetsföra – männen i tjugo–trettioårsåldern. Sedan kom kanadensarna och plockade åt sig en del av de produktiva flyktingarna. Sedan kom Australien och släppte in familjer med minst två arbetsföra medlemmar. De bästa, de friskaste och de mest vitala försvann först. De gamla blev självfallet kvar, dem ville ingen ha. De sjuka blev kvar, änkor med småbarn blev kvar, alla som inte omedelbart var nyttiga.

Emilija-Elena Vabulis och hennes två barn blev kvar.

Det blev 1947, 1948, åren gick, lägren minskade i omfång och de fick det bättre och bättre, men detta var ändå ingen miljö för små barn – och vart skulle hon nu ta vägen? De led ingen nöd, det blev 1949, var detta det liv de tänkt sig?

I januari 1950 hade de levat där i nästan exakt fem år, då sökte hon på nytt inresetillstånd till Sverige. Ingen visste vem hon var, det gick trögare nu, men det gick. Hon fick inresetillstånd, och hon reste. De steg i land i Hälsingborg, de kom till Värmland. Det var vackert, tyckte de. Samma år gifte hon om sig med en man från samma flyktingläger, nu var allting över, men hon kunde aldrig glömma det som hänt, och det är kanske också att begära för mycket. "Vi har det bra. Jag känner inget hat längre." Men hennes beskrivning är full av reservationer, och när hon talar om det som skedde brister hennes ansikte sönder på nytt och hon gråter igen, halvt skamset, men ändå ohjälpligt fångad av en förtvivlan som aldrig helt kunnat förvandlas till minne och historia.

Och de kom till Västerås. De bor där nu. De sista två åren har ingen enda ropat "Jävla utlänning!" efter dem. Många tror att de är greker – Vabulis låter grekiskt. De bor bra. De har i dag inte mycket att tillägga: jo, kanske det att hon aldrig fick änkepension från svenska staten. Hon säger det med ett slags stolthet.

Sonen gick i skola i Sverige och blev ingenjör. Innan han kom hit hade han känt ett stort och blint hat mot svenskarna som dödat hans far, men det försvann när han såg svenskarna: de var för många, för olika, begreppet "svenskar" blev för abstrakt och diffust. Då överförde han sitt hat till den regering som utlämnat hans far, men också detta sjönk långsamt undan. Nu vill han helst inte tänka på den här historien. Jag är svensk, säger han. Han är gift med en svensk flicka. De har två barn. De bor i Skultuna, den äldste pojken är nu fem år, han vet ingenting om det som skett, han finns i förlängningen av en mycket lång och egendomlig historia.

Han heter Peter Vabulis.

Vad var det som dödade Peteris Vabulis?

Denna sommar 1967 talade undersökaren under samma vecka med Ernst Wigforss och sonen till den man som begått självmord på kajen i Trelleborg. Han skulle länge minnas samtalet med den förre: den långa eftermiddagen i Vejbystrand, promenaden genom strandskogen, denne vänlige, alldeles kristallklare politiske pensionär som han beundrade mer än kanske någon annan svensk politiker: det fanns goda, självklara och tungt vägande skäl för utlämningen, det var ingen tvekan om detta. Ernst Wigforss hade på många sätt varit en av de drivande bakom själva utlämningen – inte av ondskefullhet, av eftergivenhet eller av politisk opportunism eller dogmatism, utan helt enkelt därför att hans värderingar och utgångspunkter och intellekt sa honom att detta var det riktiga att göra. Och fyra dagar senare hade han mött de andra, de som blev utlämningens indirekta offer, och i skärningspunkten mellan två självklara betraktelsesätt som tycktes kollidera, i skärningspunkten mellan politiken och människan, där fanns en smärtfull insikt att lösningen och svaret aldrig kunde bli helt rätt, helt anständigt.

Vad var det som dödade Peteris Vabulis? Där han låg på den snöfläckiga kajen i Trelleborg mitt i solljuset tycktes han nästan visuellt tydligt illustrera hur en situation drivit en människa framför sig mot den obönhörliga undergången: hur de alla hade samlats bakom denna människa, ropat att han var förlorad, visat att han haft bara ett val, drivit honom framåt, mot stupet, skrivit spelets regler och väntat sig att han skulle spela huvudrollen, och sedan bara haft att vänta på spelets dramatiska kulmen. Exakt vilka faktorer hade spelat med? På vilket sätt var Peteris Vabulis själv skyldig? Var det möjligt att tjugo år efteråt fastställa exakt vad som skapat situationen, vem i hopen som ropat högst?

Allting var säkert möjligt, bara inte möjligt just nu. Och ett faktum var till sist det enda bestående: att mannen på kajen var död. Att han drevs mot stupet och hoppade.

Det som fanns kvar: 1 st. resväska med diverse personliga tillhörigheter, däribland kontant kr. 3:31 i svenska mynt, 1 st. pappkartong, innehållande huvudsakligen livsmedelsvaror, samt 1 st. lettiskt pass, TT nr 011518. Själv ligger han begraven på Adolf Fredriks kyrkogård i Stockholm.

12

Sverige, oktober 1967. Från Kristianstad åkte han söderut till Rinkaby, vek av till vänster den lilla blindtarmen till Gälltofta, fortsatte en timma senare söderut. Allting var som förut, bara något vackrare. Träden var röda, fälten oändliga, han passerade Yngsjö och träsken på höger hand, och på eftermiddagen var han i Trelleborg. Han åkte genast ner till kajen, parkerade bilen och ställde sig och såg ut över hamninloppet. Här hade båten legat, han stod exakt på den plats där trappan hade byggts upp, var det överhuvudtaget någon mening med dessa patetiska försök att inom sig själv bygga upp rekonstruktioner av känslor och skeenden? Han hade ätit gott i Kristianstad, han mådde bra, vattnet var lugnt och skymningen föll långsamt: i en av de första skildringar han läst om själva utlämningsproceduren hade balterna framställts som utmärglade skelett som vacklade fram över landgången, och han hade retat sig länge på detta eftersom det borde finnas möjligheter att *exakt* beskriva proceduren: inte med målande metaforer, utan med vikttabeller, statistik över förändringar i kroppsvikten, fakta. Han hade aldrig fått tag på alla dessa fakta, inte tillräckligt många, men även om så skett, skulle han ändå inte ha missat något? Vattnet i hamnbassängen var lugnt och oljigt, ljusen hade börjat tändas, han försökte stå där och känna historiens vingslag eller så, men naturligtvis kände han ingenting, och eftersom han besökt läger efter läger, plats efter plats, sjukhus efter sjukhus och aldrig känt någonting någonstans, utom just *avståndet*, så blev han inte förvånad. Han gjorde en skiss över hamnområdet, ritade in fartygets plats, såg på skissen en stund och slängde den genast. Denna meningslösa exakthet. Han letade sig ut på piren, stod längst där ute och såg ut över havet i riktning mot Bornholm. Han stod där länge och såg hur skymningen föll och det blev mörkt, och han gick tillbaka och glodde på hamnbassängen igen och den sa honom inte ett dugg. Den kvällen åkte han direkt till Eksjö, torget var tomt, och när han passerade ryttarstatyn på väg till stadshotellet började det sakta att regna: små snabba ljusblink genom mörkret. På morgonen fortsatte han hemåt. Detta var och måste vara den sista resan till lägerplatserna, för varje gång hade han passerat dem allt snabbare, som mellanstationer på väg till viktigare möten, med en pliktskyldighet som egentligen bara var otålighet. Han kom hem sent på kvällen, han gick direkt till kylskåpet, men han hade ingenting hemma, så det återstod bara att sova. Hur långt hade han hunnit? Hur långt var det kvar?

Den veckan skrev han brev.

– Käre ordförande Mao, skrev han, ni skriver i er bok att "en undersökning kan liknas vid havandeskapets långa månader, och lösningen av ett problem vid födslodagen. Att undersöka ett problem är i sanning att lösa det." Ni skriver också att "då man intar en sådan inställning söker man sanningen ur fakta. Fakta är alla ting som existerar objektivt, med sanning avses de inbördes förhållandena dem emellan, det vill säga de lagar som styr dem, och att söka betyder att studera. Och för att göra det får vi inte stödja oss på subjektiva föreställningar, inte på tillfällig entusiasm, inte på livlösa böcker utan på objektivt existerande fakta." Ni skriver att "slutsatser nås alltid efter och inte före en undersökning". Jag har läst era uttalanden, och de fyller mig med bekymmer.

Som ni väl vet, skrev han, arbetar jag på en roman om baltutlämningen 1945–1946. Mitt problem är inte att jag har svårt att finna fakta, eller att jag har svårt att beskriva de inbördes förhållanden som finns mellan de fakta jag finner. *Jag har däremot svårt att inte stödja mig på subjektiva föreställningar* – jag har svårt att välja mellan de fakta jag finner, svårt att göra prioriteringar, svårt att döma mellan kolliderande fakta. Och där, ordförande Mao, ligger min första fråga. Jag tycker mig ha funnit hur denna egendomliga politiska affär i många år använts och utnyttjats och – jag tvekar inte att använda ordet – exploaterats på ett alltför subjektivt sätt, utan att någon brytt sig om att ta reda på vad som egentligen hände, och utan att redovisa sina egna utgångspunkter, politiska och ideologiska. Man har, skulle ni säga, stött sig på subjektiva föreställningar utan att redovisa dem. Men hur är det då med mig?

Ordförande Mao, skrev han, *problemet för mig är att jag beskriver en viss politisk situation mitt uppe i en annan politisk situation* – och de båda situationerna skymmer varandra, och färgar av sig på varandra. I dag flyter reaktionens flod allt häftigare, bombmattor läggs, frihetsrörelser utrotas, folk utrotas, den socialism som vi båda drömmer om utsätts för allt vanvettigare angrepp, allt medan förslavade folk trycks allt längre ned i gyttjan. Det tycks som vore varje försök att splittra eller uppluckra eller ifrågasätta den socialistiska fronten ett förräderi, och det tycks finnas tusen mer angelägna problem än denna egendomliga utlämning. Så är vår verklighet *nu*. Och *då?* Hur var den 1945? Efter kriget, under Stalin, efter det heta och före det kalla kriget? Flyter inte situationerna felaktigt samman, som hägringar, mot min vilja?

Jag skriver eftersom jag behöver råd. Ordförande Mao, vad svarar ni? Jag hyser respekt för er, ni ger intryck av att vara en sorgsen men klok människa, en melankolisk men saklig man med ett stänk av humor som man sällan finner hos politiker. Om det är sant att politik för nutidsmänniskan innebär ett sökande efter fadersgestalter, då måste jag deklarera att om valet stod mellan er och Tage Erlander, då skulle jag välja er. Ni säger: det är ett alltför lätt val. Jag säger: det är dock ett val.

Är det nödvändigt att beskriva denna egendomliga affär? Det tycks mig ofta som om det jag gör vore oviktigt. Och ändå fortsätter jag.

Men aldrig kan jag undfly mina utgångspunkter: den politiska situationen i dag, mina värderingar i dag. Måste jag beklaga detta – eller räcker det med att redovisa dem? Räcker det att säga: misstro mig, reducera mig, arbeta vidare? Jag bär sedan år tillbaka på det undersökningens foster ni talat om, men födelsen uppskjuts ständigt, jag sväller, jag blir tung, jag binds av fakta, hypoteser, idéer, motsättningar, men mitt barn vägrar födas med mindre jag erkänner att det inte bara är frukten av objektiva fakta, utan också av mig, av min situation.

Käre Mao, skrev han, jag skriver detta brev också av andra skäl (och jag är just nu mycket trött, och allting tycks mig meningslöst). De senaste årens politiska händelser har påverkat mig på ett otäckt sätt. Talar jag om politik hamnar jag förr eller senare i ett tillstånd av desperat cynism, som om dumheten och hyckleriet de senaste åren nått sådana höjder att bara reträtten ut ur politiken återstod. Jag är rädd för min cynism, för min motvilja, eftersom den tycks mig farlig och lättsinnig. I förra veckan såg jag en film som säkert även ni sett, den heter "Elvira Madigan". Det var en vacker film som gjorde mig djupt rörd. Felet med filmen är inte att den antyder att eskapismen är möjlig, utan att den är moraliskt möjlig. Jag hyser den djupaste sympati för de två älskande, för deras livshållning, för deras flykt. Jag tvivlar inte på att eskapismen är lockande i en tid som vår, uppfylld av växande hyckleri och växande ofrihet. Men eskapismen kan aldrig bli moraliskt möjlig, aldrig. Och dock – och detta är mitt problem – dock drömmer jag ofta om en tillvaro och ett liv där man insett att eskapismen är ett brott och någonting omöjligt och föraktligt, och ändå väljer den. Och väljer den utan skuldkänslor, i en alldeles klar, genomskådande och iskall eufori.

Ordförande Mao – förstår ni mig? Förstår ni den situation som allt detta växer fram ur? Jag tvivlar. Det är en känsla som är möjlig bara i ett samhälle som mitt och vårt, ett samhälle som talat så länge om frihet, rätt och moral, och som samtidigt agerat på ett så annorlunda sätt, att ett brott under öppet visir framstår som uthärdligare än denna jämnstrukna förljugenhet.

Ni har själv talat mycket klokt om förhållandet mellan konst och politik. "Vad vi kräver är enhet mellan politik och konst, enhet mellan form och innehåll, det revolutionära politiska innehållets förening med högsta möjliga fulländning av den konstnärliga formen." Det tycks mig som om ni avvisade en utompolitisk litteratur – är det så? Men då måste ni förstå mig. Jag lever i ett annat land. Politiken görs levande först när den blir *tydlig*, den växer fram i skärningspunkter, kollisioner, konfrontationer. Ni lever själv i en skärningspunkt, i en politiskt dramatiserad situation. Men här lever jag ett liv till synes utanför skärningspunkterna, med lojaliteter som ständigt riskerar att förvandlas till abstraktioner. Vilka lojaliteter är meningsfulla, och vilka är meningslösa? Visst är Sovjetunionen vårt socialistiska hemland, på ett lätt avlägset och stiliserat sätt. Men den stat jag i dag betraktar, Sovjet i dag, tycks mig mer som ett petrifierat borgerlighetens hemland, fyllt av en livlös byråkrati som förvandlat revolutionen till ett Establishment. Den förstenade revolutionen – hur skulle jag kunna känna lojalitet? Ni har rätt i att Sovjetunionen systematiskt tycks förråda befrielserörelserna i världens fattiga länder – men vilka lojaliteter har jag att välja mellan? Verkligheten i Sovjetlettland i dag, eller den verklighet små reaktionära exilgrupper målar upp? Väljer jag att bortse från alla lojaliteter, att bara vara exakt, då är det inte ett fritt val, utan en akt av desperation, eftersom exaktheten är det enda som återstår.

Ordförande Mao, skrev han, ni måste förstå min situation. Visserligen slår storkapitalismen sina klor i oss, och gör det allt hårdare, men vi har vant oss vid smärtan, eller vant oss vid att tiga om den.

Och i det lugna och avdramatiserade Limbo som är vårt land drömmer jag ändå hemliga och förbjudna drömmar om en avpolitiserad konst.

Jag tror inte den är möjlig, skrev han, men jag drömmer, jag vill tro, jag tror, jag tror.

Ordförande Mao, skrev han, jag tänker ofta på er, med vänskap, skepsis och oro. I era skrifter söker jag efter hjälp att lösa min uppgift. "Vi måste alla lära oss den fullkomliga osjälviskhetens anda", skriver ni. Ni anser säkert att de baltiska legionärerna borde ha återvänt frivilligt till sitt land, för att ta sitt straff eller bygga upp det som bränts ner. Men om de riskerat döden? "Trots att döden drabbar alla människor lika, kan den vara tyngre än Tai-berget eller lättare än en fjäder." Är det så? "Att dö för folket väger tyngre än Tai-berget, men att arbeta för fascisterna och dö för exploatörerna och förtryckarna väger lättare än ett fjun."

Finns det olika dödar? Finns det politiska mord som kan accepteras mer än andra? Ni säger att jag nu befinner mig för långt från utgångspunkten, men ni måste förstå att det är vid frågeställningar som denna som hela denna undersökning börjar – och slutar. Är det möjligt att acceptera ett dödande som görs av vettiga ideologiska skäl? För mig som svensk, med min patenterade humanism och med mina färdiggjorda åsikter, känns detta omöjligt och stötande, medan ni bara ler åt min naivitet. Kan man gradera avlivningar, så att det meningslösa mordet på en jude, ett mord bottnande i grumligt rastänkande, är värre än det ideologiska mordet på en kulak?

Till sist har jag lärt mig att säga: ja, det finns en gradskillnad. Det kanske är en självklarhet, men vagt har jag känslan av att ha passerat ett vägskäl, att ha avskurit mig från en del av en tradition. En del av mitt liv.

Ändå måste jag bekänna: de råd ni ger i era skrifter passar illa till den situation jag arbetar på att undersöka. Jag vill ju också förstå dessa legionärer, förstå deras situation, den mekanism som finns i denna situation – men deras förtvivlan tycks inte överförbar, inte möjlig att beskriva. De vägrar ändå att låta sig avspisas. Detta år, sommaren och hösten 1967, har en ung människa (som jag knappast känner) skrivit till mig. Vissa perioder skriver han nästan varje dag – långa, fruktansvärda brev, eftersom han tror sig känna att han är på väg att bli sinnessjuk. Han skriver eftersom han behöver en människa att skriva till. Breven är fruktansvärda. Han talar om ångesten som en gam som klänger sig fast. Han talar om en värld som kluvits. Jag svarar honom inte, eftersom jag inte orkar med honom. Han far ut i fruktansvärda anklagelser, mot sig själv och andra. Ibland kommer små lappar, som svar på min tystnad. "Man kan inte leva i skilda världar", skriver han. "Man måste ta ansvar." Jag säger mig själv att jag är feg eller grym, eftersom jag inte svarar, men jag orkar inte med hans problem. Jag skriver och säger att nu får han sluta, eller söka läkare. Nästa morgon ligger där ett brev igen.

Ordförande Mao, han vägrar att låta sig avspisas. Är hans problem politiskt? Jag tänker: jag kan alltid utnyttja min likgiltighet i en novell, men upptäcker genast att motivet dels är utnyttjat, dels att jag inte plågas av min likgiltighet, eftersom jag kan förklara den rationellt. Det skulle då vara meningslöst att kokettera med den: i vårt land, ordförande Mao, ställs vi inför problem som detta, eftersom det är svårt att hitta slagkraftiga samvetsnöder. Vad ska jag då göra med honom? Är han offer för en alienation? Han vägrar att låta sig avspisas – vad gör vi med honom? Vad gör jag med alla de andra jag arbetar med – de som inte låter sig avspisas fastän jag tycker illa om dem? I maj 1945 anlände 2 000 tyskar till Kalmar, och den ansvarige befälhavaren på platsen, överste Björkman, lovade denna kontingent att få stanna i Sverige, och lovade att de inte skulle bli utlämnade. Han hade ingen befogenhet att säga detta, men han handlade i god tro, han bestraffades senare för tjänstefel, och de 2 000 tyskarna utlämnades till ryssarna. Hur bedömer man detta? Ordförande Mao, jag delar er motvilja mot överstar i kapitalistiska arméer. Jag delar er motvilja mot tyska fascister. Men löftet hade ändå getts, om än i strid mot gällande direktiv. Vad gör jag med denne överste Björkman och hans problem?

Och de andra – de som jag tycker illa om, men som inte låter sig avspisas. Vad gör jag med dem? Jag talar med en svensk präst som aktivt deltagit i arbetet att stoppa utlämningen, han talar länge och med känsla om hur upprörande denna utlämning var. Här fanns, säger han, människor som i en situation av absolut utsatthet och förtvivlan valt att bara lägga sig ner och dö, att inte ta del – och så tvingar de svenska myndigheterna dem att överleva, ibland genom tvångsmatning, är inte detta ett djupare våldförande än nästan allting annat? Han har sakligt fel på nästan alla punkter, de strejkade inte för att dö utan för att påverka myndigheterna, och tvångsmatning tillgreps aldrig, men detta är på något sätt perifert. Jag förstår inte heller den logik som tillåter honom att först intala legionärerna vilket fruktansvärt öde som väntar dem och sedan gråta över deras förtvivlan. Men han är ändå alldeles uppriktig, utan falskhet. I december 1945 arbetade han hårt för att skaffa fosterhem till de legionärer som var minderåriga, det var ett femtiotal, och man lyckades skaffa fosterhem till dem alla. Men fosterhemmen behövde aldrig användas. Och när han talar om fosterhemmen börjar han plötsligt att gråta, men fortsätter hela tiden att tala och röka pipa, och efteråt tycks han vara generad för sina tårar och jag vet inte vad jag ska ta mig till med honom. Intervjun tar en timma och fyrtio minuter, och efteråt går jag ut genom dörren och tänker "förbannade reaktionär", men samtidigt känner jag en egendomlig upprördhet som inte vill släppa, den sitter kvar flera timmar, och jag vet inte riktigt varifrån den kommer. Vad gör jag med honom och hans förbannade fosterhem och hans förbannade tårar?

Med sådana människor talar jag ständigt: de har på ett eller annat sätt rört vid utlämningen, tangerat den från sidan, tagit åt sig fragment av den. De flesta av dem har politiska utgångspunkter som inte är mina, vi betraktar varandra misstänksamt som genom ett galler, som vore vi djur i en zoologisk trädgård som behövde skyddas för varandra, oförmögna att förstå varandras startpunkter och värderingar. Ordförande Mao, jag känner säkert fler reaktionärer än ni, och jag kan berätta att de är ett underligt släkte. De sitter där i sina salonger och talar om sin moraliska avsky inför utlämningen och inför de vidriga vänstermänniskor som effektuerade den och inför kommunismen, de saknar oftast kunskaper om vad de talar om, men dröjer gärna vid "okunniga gaphalsar" som befolkar demonstrationstågen. Men ibland kan också dessa reaktionärer anta besynnerligt mänskliga drag. En av dem hjälpte mig mycket, fast jag aldrig fick träffa honom personligen. Han hade tjänstgjort vid ett av interneringslägren, han led nu av skelettkräfta i långt framskridet stadium och låg på sjukhus, morfinet hjälpte inte längre och han hade fruktansvärda plågor, men han hjälpte mig. Han gick mödosamt igenom sitt material, samlade det, kommenterade det, och han gjorde det eftersom han ännu, rakt genom smärtorna, lyckats bevara en sista rest av den upprördhet inför utlämningen han en gång känt. Vad gör jag med honom? Vad gör jag med honom? Faller jag offer för min känslosamhet, eller hans? Han dog en vecka senare, om han var felinformerad fick jag aldrig tillfälle att korrigera honom – och ville jag egentligen göra det?

"Fakta är alla ting som existerar objektivt", säger ni. Men här sitter jag på min subjektiva pottkant, och då och nu förblandas, som hägringar. Att ta ställning till denna utlämning innebär på något sätt också att ta ställning till en rad andra politiska frågor, så känns det: som en positionsbestämning. Vad anser jag vara värdefullt? Friheten? Jag lever i en tid när yttrandefriheten beskärs allt hårdare, snart är det bara författarna som får göra sina ofarliga krumsprång, om ens det – är yttrandefriheten den kompasskurs jag styr efter? Ordförande Mao, ni ler igen, jag förstår er. I denna tid av åsiktsdirigering i öst och väst tycks det mig som om denna frihet ändå vore något överskattad, som om moralens kartor mest ritades för att tillfredsställa de intellektuella och deras önskemål. Friheten definieras som yttrandefrihet, eftersom det är viktigt att vi får våra böcker och artiklar tryckta. Blir en författare kastad i fängelse töms indignationens bägare i botten: yttrandefriheten är i fara. Att leva är däremot inte särskilt nödvändigt, döden inte upprörande. Sexhundra döda av svält, eller en censurerad författare – vi vet var vår indignation bör sättas in. Den ekonomiska moralen har sällan förefallit opinionsbildarna särskilt intressant, eftersom de sysslar med moral och inte ekonomi. Beskrivningen av en rätt moral upprättas av dem som har till yrke att beskriva. Då blir rätten att beskriva identisk med moralen. Att folk dör under tiden, av svält eller tortyr, det är ju mest en ekonomisk fråga, bara.

Ordförande Mao, ni säger att jag är förvirrad, talar om ovidkommande saker, att jag bör hålla mig till min utlämning. Men ser ni inte att jag håller mig där? Här står jag, det barn jag är havande med föds aldrig och undersökningen lämnar inga svar, och här finns jag. Här. Ni har rätt i att vi är bedragna och förda bakom ljuset. Men vilket ljus? Visst har vi för länge sedan förlorat förtroendet för våra tidningar och politiker och opinionsbildande organ, eftersom de så länge ljugit för oss att vi inte längre litar på *något* de säger, inte ens när de av en slump råkar tala sanning. Men vad återstår oss? Det är ändå inom detta samhälle vi lever. Måste vi skriva en ny historia? Punkt för punkt? Det tycks mig mödosamt, men är möjligen en utväg.

Jag slutar här, skrev han, medan min borgerliga förvirring ännu är hjälplös och inte hunnit bli löjlig. De sista årens händelser tycks ha förkortat min emotionella uthållighet: allt oftare känner jag hur kort mitt ursinne är, hur allting snabbt väller upp och gör mig levande och aktiv, en alldeles glasklar maktlös vrede som varar i några minuter och sedan rinner bort och försvinner, som allting rinner bort och försvinner. Jag är rädd att upprördhetens utmattningsgräns inte finns långt borta för oss alla, och bakom den finns bara cynismen. Den sitter stilla och tittar på, den betraktar, den är orörlig. Alltså fortsätter jag min undersökning. Jag skriver detta brev i oktober 1967. Jag har ställt många frågor, och det finns inga svar till dem. Detta är allt jag kan rapportera just nu. Jag slutar här.

13

Klockan 18.15 på kvällen den 25 januari 1946 lämnade "Beloostrov" Trelleborgs hamn. Inskeppningen av internerna var klar redan vid 15-tiden, de sista som togs ombord var tyskarna från Fridhemslägret; bland dem befann sig också några av balterna. Det hade varit en vacker dag, med klar sol och frisk vind, och när fartyget lade ut från kajen var den nästan tom, eftersom större delen av bevakningspersonalen hade återvänt till sina förläggningar.

"Beloostrov" gjordes loss, svängde tungt, vände inne i hamnbassängen, gled långsamt ut mellan inloppets två armar och försvann. Skymningen hade börjat komma, det låg en lätt dimma över vattnet, och efter bara en halvtimma var fartyget helt försvunnet. Alla internerna befann sig under däck. Ingen vinkade. Utlämningen var till sist helt avslutad.

De sista bilderna från lägren är tagna efter utlämningen. Några av poliserna sändes nämligen tillbaka för vissa efterarbeten. En polis tog några bilder. På en av dem står fyra svenska poliser uppställda med några lägerbaracker som bakgrund: det är Gälltoftalägret. I bakgrunden taggtråd och spanska ryttare, bakom den dubbla spärren syns barackerna med sina nästan helt platta tak. Det är en välbekant syn. De fyra polismännen på bilden vänder dock sina ryggar mot barackerna och skrattar rakt mot kameran. De håller armarna om halsen på varandra. Det är klar sol, skuggorna faller snett och skarpt, ett sprött snötäcke syns på marken. Alla fyra männen skrattar mot kameran, det måste vara en vacker dag. Bilden är samtidigt rofull och avspänd. I bakgrunden syns inga människor, ingen rörelse, inget liv.

På kortets baksida står: "Efter utrymn."

IV. HEMKOMSTEN

"Personer, som åren närmast efter återsändandet av de baltiska internerna lyckades fly från Lettland, ha berättat, att åtskilliga av de återsända blivit hängda utanför Riga, ja, t. o. m. att skolbarn utkommenderats för att som varning se de hängda. En tysk från Beloostrov, som på grund av sjukdom återsänts till Östtyskland och därifrån flytt till Västtyskland, har 1947 vittnat om, hur flera balter avrättats som landsförrädare; själv har han varit åsyna vittne till hur några arkebuserats vid en massgrav."
Birger Nerman: *"Balticum skall leva"* (1956)

1

De hörde de svaga vibrationerna, ljudet av röster, den svaga rullningen när "Béloostrov" svängde, den hårdare stampningen utanför hamninloppet, och genom ventilerna kunde de se den svenska kusten försvinna i skymningen. Efter en halvtimma hörde de hur en högtalare började spela dragspelsmusik. De såg på varandra med sneda leenden, men dragspelsmusiken fortsatte envetet, ända till sena kvällen. Högtalaren var dålig och de satt där på sina britsar och lyssnade. Vid 19-tiden kom den första inspektionen.

Det var en rysk officer, som talade flytande lettiska. Han gick från rum till rum och höll ett litet tal. Det var mycket kort, det gick ut på att de nu borde känna sig trygga och inte behövde vara rädda, inget ont skulle hända dem. Ingen svarade honom, talet tog ungefär en minut, sedan vände han på klacken och gick ut. De började samtala med låga röster. Vad skulle hända dem? De var alla ense om att det lilla tal de lyssnat till inte bevisade någonting, inte i någon riktning.

En kvart senare kom en grupp ryska soldater. De tog hand om alla dokument, förde upp dem på långa listor, samlade in värdeföremål och försvann igen. Sjöhävningen var nu ganska stark, fartyget rullade hårt och det skulle uppenbarligen bli en svår natt. "Många blev sjösjuka, men själv sov jag länge och hårt, det var som om jag gått igenom något mycket svårt och nu var mycket utmattad och behövde sova."

På morgonsidan vaknade de av en häftig stöt: flera av dem kastades ur sängarna, och ett ögonblick tycktes paniken vara nära. De hade uppenbarligen stött på ett isflak. De låg länge stilla i mörkret och lyssnade på ljuden och kommandoorden. Men motorerna dunkade snart igen, sjöhävningen minskade, de kunde sova.

Vakterna såg de inte mycket av. Fortfarande kunde allting hända.

När morgonen kom tilläts de gå upp på däck i små grupper för att röka. Vädret var fortfarande vackert, havet blygrått och sjöhävningen mycket lugnare än förut. De fortsatte att tala om sin framtid, satt i små viskande grupper under däck. Mat hade man med sig från Sverige, och den hade bara delvis blivit beslagtagen. Det fanns ingenting annat att göra än att vänta. De försökte räkna ut kursen – först trodde man att skeppet gick till Leningrad, men sedan blev det uppenbart att kursen var östligare. Den andra natten kom, havet var nu lugnt, tidigt på morgonen kom en av letterna, som varit uppe på däck, ner och berättade att han sett en kust. Det var land, och han trodde det var Lettland han sett.

Två timmar senare gick de in i Liepajas hamn. Legionärerna hade kommit hem. De var i Lettland.

Det var den 27 januari 1946, de var tillbaka. De fick order att stanna under däck, och först på eftermiddagen började debarkeringen. De blev till att börja med kallade upp på däck, där räknades de in och kontrollerades, sedan fördes de iland och en ny kontroll tog vid. Balterna hölls hela tiden avskilda från tyskarna.

Hamnen var full av folk, mest soldater och vaktmanskap, och legionärerna såg genast att de väckte stort uppseende. Vädret var fortfarande vackert, de var iklädda sina svenska grå uniformer och sina svenska vita pälsmössor, och många samlades kring dem. De stod nu på lettisk jord, iklädda sina svenska uniformer. Vid 17-tiden var registreringen klar och de beordrades att gå. "Beloostrov" låg vid kajen, hon var vit men såg mindre ut här än i Trelleborg. Vakterna hade kulsprutepistoler, gruppen formerades på två led och man kommenderade avmarsch. "Vi drevs som boskap genom Liepaja." Hur upplevde de återkomsten? "Vi blev urlastade, och sedan gick vi till lägret." Förekom brutalitet? "Man gav order, och vi lydde." Hur kände ni er? "Som boskap." Varför?

Lägret låg i anslutning till en sockerfabrik.

I lägret fanns redan ett par tusen tyska soldater, men några baracker hade utrymts, och balterna behövde inte uppblandas med tyskarna. De fördes in på ett slags förgård, därefter in i en barack där de avlusades, klipptes och badades, och fördes till sist till sin förläggning.

Där ställdes de upp, och en NKVD-officer höll ett tal.

Han konstaterade kort att de nu var krigsfångar, men att de inte behövde vara rädda. De skulle framför allt inte tro på de skräckhistorier som fascister och kapitalister kommit med. Det som nu skulle ske var att man skulle gå igenom legionärernas handlingar. De som var krigsförbrytare skulle i vanlig ordning dömas och straffas. De som bara tvångsmobiliserats, och som inte hade gjort sig skyldiga till någon form av krigsförbrytelser, de skulle frisläppas och delta i återuppbyggnadsarbetet. Legionärerna borde f. ö. vara tacksamma att de sluppit ut ur det kapitalistiska Sverige.

Han frågade sedan om någon hade något klagomål att komma med, om de hade blivit illa behandlade, eller hade andra anmärkningar. Ingen svarade. Efter en stunds tystnad vände han och gick. Legionärerna gick in i barackerna. Det nya lägret var invigt.

Uppgifterna om förhållandena i detta läger varierar obetydligt. Man hade ännu med sig det mesta av maten från Sverige, och man fick tydligen behålla åtminstone delar av den för privat bruk. Maten bestod i övrigt av 670 gram bröd samt en soppa kokt på mjöl som serverades tre gånger dagligen. I barackerna hade tre britsar placerats ovanför varandra, och trängseln var svår, åtminstone i den tyska delen av lägret. Balterna hade något bättre utrymme. Tyskarna tvingades också arbeta utanför lägret, medan de baltiska legionärerna var helt befriade från arbete eller tjänstgjorde som handräckning inom lägret.

Efter några dagar började den första undersökningen. Förhörspatrullen bestod bara av två man: en lett som kom från Riga och en civil ryss som stod tyst hela tiden. De lämnade ett förhörsprotokoll till var och en av legionärerna, där fanns 49 frågor och man fick order att skriva så uttömmande svar som möjligt: om föräldrar, utbildning, upplevelser under kriget osv.

Efter det att uppgifterna ifyllts kallades de in, en efter en, för kompletteringar. Gruppens äldste officer, Ernsts Kalsons, frågade de:

– Vi förstår att unga män blev tvångsrekryterade, att andra var fascistsympatisörer, en borgerlig uppfostrans offer eller äventyrare och karriärister. Men ni, gamle man, vilken ond makt tvingade er att gå in i armén?

Denna undersökning var den enda som hölls i Liepaja.

För några av internerna vidtog dock senare mer omfattande undersökningar. Dit hörde Eichfuss, som under några veckor sysselsattes med att skriva en noggrann och utförlig levnadsbeskrivning.

Hur var attityden från vakternas sida?

Ingenting tyder på att direkt brutalitet förekom under detta första halvår. Lägerförhållandena var inte goda, men uthärdliga: i flera vittnesmål klagas över den rikliga tillgången på vägglöss. De vittnesmål som upptecknats i väst dröjer dock ofta vid förmenta eller verkliga bryskheter från vaktmannens sida. "Balterna förbjöds att arbeta – vi uträttade enbart lägersysslor, som tvätt och skalning av potatis. En gång blev vi dock förda av vaktposterna ungefär 1 km utanför lägret, och fick där riva ner en träbunker som skulle användas till uppvärmningen av våra baracker. Under marschen dit befallde oss de unga ryska vaktposterna att inte se oss om, att inte samtala, och att hålla händerna på ryggen. Dessa ryssar svor ofta åt oss, sade 'mordy zdorovyje' och 'snart ska vi göra upp med er'. Efter det att vi rivit ner bunkern, bar vi brännmaterialet ungefär 1 km på ryggen tillbaka till lägret."

Eichfuss? En tysk intern som kände honom väl blev vid denna tid ovän med Eichfuss, och tog i fortsättningen avstånd från honom. "Det är betecknande", skrev han i ett vittnesmål, "att dr Eichfuss från denna tid uteslutande umgicks med några antifascister och demokrater, som voro bolsjevikernas hantlangare, och i själva verket intet annat än förrädare och rena yrkesförbrytare".

Klyftan mellan Eichfuss och de övriga officerarna var nu definitiv, de talade aldrig mera med varandra. I maj blev de dock förflyttade tillsammans. En mindre grupp av balterna blev då överförda till ett läger i utkanten av Riga – till den gruppen hörde Eichfuss, några av de högre officerarna som Kessels och Gailitis, samt en mindre grupp meniga, bland dem alla ester.

Det nya lägret kallades av tyskarna för "Rote-Düna" och hade varit ett interneringsläger redan under tysktiden. Där tillbringade de sommaren. I augusti blev alla esterna, utom en som flytt, och en del av de lettiska officerarna frigivna. De ställdes upp på gården utanför barackerna, fick sina papper, en efter en, och frigavs. För esternas del var detta slutet på den långa interneringstiden – de var fria för gott och skulle aldrig mera bli arresterade.

För några av de övriga är historien mer komplicerad.

De övriga?

Den del av de baltiska legionärerna som förts till Riga var relativt liten – de flesta blev kvar i Liepaja. Men de skulle också komma att förflyttas. I början av juni (några uppgifter anger slutet av maj) förflyttades majoriteten av de legionärer som kommit från Sverige (de var nu ungefär 110 man, de flesta letter) till ett nytt läger. Det låg i Jelgava, drygt sex mil sydost om Riga.

I Jelgava var vilan slut, de fick börja arbeta. Där fanns en tegelfabrik, varje man fick order att tillverka ett visst antal tegel per dag, annars skulle matransonerna skäras ner. Det var inte litet man skulle göra, det blev en hård och slitsam sommar, och de av legionärerna som ännu inte hämtat sig helt efter hungerstrejken slet hårt. Maten var fortfarande dålig, men det tjänade inte mycket till att klaga, så de höll tyst. Numera fick de också ta emot besök, och för första gången på flera år fick de möta sina släktingar. Dessa fick komma ut till lägret från Riga, och medan sommaren rann undan stod kvinnorna där bakom taggtråden, i sina svarta hucklen och med sina små dukpaket i handen, och de kunde tala med varandra, och snart visste också legionärerna att Lettland inte var ett land som flöt av mjölk och honung. Detta var den andra fredssommaren, vintern hade varit svår och tung för civilbefolkningen, och var fångarnas mat dålig var de civilas inte mycket bättre. Det kändes lättare när de fick veta det.

Förläggningen? Trång. Ohyra? Ja, ohyra. Hur kände de sig?

Hur kände de sig?

"Det var en sådan förvandling sedan vi kommit ombord på båten i Trelleborg – innan dess denna förtvivlan, vi ville bara dö, allting var så hopplöst, vi sjönk djupare och djupare ner i kärret. Men sedan vi utlämnats – då var det som om varenda en av oss klamrat sig fast vid livet med alla krafter. Här gällde det att överleva, till varje pris, hur jävligt livet än var. Nu var det ingen som tänkte på självmord, bara på att överleva. Jag minns sommaren på tegelbruket i Jelgava – hur vi jobbade och slet, och hur vi *ville* leva, till varje pris, till varje pris. Egentligen var ju förhållandena mycket sämre här än i Sverige. Men det var som om... det fanns en annan livsvilja liksom. Det gällde bara att överleva. Förstår du?"

Den sista veckan i augusti kom så det överraskande slutet. Legionärerna ställdes upp på planen, och en rysk officer höll ett kort tal. Han förklarade att undersökningarna nu var klara, att de skulle befrias och kunde gå vart de ville. De skulle omedelbart anmäla sig på expeditionen, i bokstavsordning.

Bara tre blev kvar i lägret: Recis, Peteris Ziemelis, och en soldat vid namn Balodis.

Så fick de då gå, en efter en, ut ur lägret och ut i friheten. De hade suttit internerade i nästan exakt 16 månader, och lägrens namn bildade knutpunkter i den långa kedja av händelser som fört dem framför sig, som om de varit hjälplösa partiklar i en ström. Havdhem. Bökeberg. Rinkaby. Ränneslätt. Gälltofta. Liepaja. Riga. Jelgava. De var nu fria till slut, de hade återvänt till ett land som var svårt krigshärjat, utbränt, söndersprängt, ett land som enligt de flestas uppfattning nu var ockuperat av ryska trupper, levde i ofrihet eller, enligt den andra synen, äntligen hade återförts till den ryska modersfamnen.

Det som låg framför dem var ingen semester, men de var ändå fria.

I augusti 1946 var den f. d. lettiske korpralen i den 15 lettiska SS-legionen S E tjugofyra år. Han hade studerat men var inte färdig, hans släktingar befann sig i väst, han var f. d. legionär, vilket inte var någon statussymbol i Sovjetlettland, han hade inga pengar, inget yrke och inget arbete, han hade ingenting. Han var visserligen fri, och han skulle uppenbarligen inte, som de sagt till honom, bli avrättad. Men detta var också allt. Han kom ut på landsvägen mellan Jelgava och Riga, han var fortfarande inte säker på att detta inte var en bluff, men det förnuftigaste han kunde göra var att ta sig in till Riga. Han ställde sig vid vägkanten och hoppades på lift. Det var sol, varm sensommar, han var hemma igen, han var fri, han borde ha känt starka känslor i någon riktning, men dem kan han i varje fall inte erinra sig i dag.

Det kom till sist en lastbil. Den stannade, och han fick åka. Det tog två timmar in till Riga, och så hade legionären kommit hem till sist.

Var det sant? Frigavs de verkligen i augusti 1946?

Inte alla, men de flesta. Och de som inte frigavs nåddes till sist av meddelandet att de andra nu var fria. Vincas Lengvelis, partisanjägaren som nu satt i lägret i Riga, och som sju år senare skulle berätta om sina upplevelser i en lång redogörelse nedtecknad i Västtyskland, hörde också genom sina kamrater vad som hänt gruppen i Jelgava. "Jonas Jancys berättade att ryssarna hade tagit ifrån våra vänner och soldater deras dokument, och sedan släppt dem fria."

Så säger alla tillgängliga dokument, brev, uppteckningar, vittnesmål, så säger alla de som i dag lever och kan berätta om vad som hände: i augusti 1946 blev åtminstone 90 % av alla de baltiska legionärerna som utlämnats av svenskarna frisläppta, och fick återvända till sina hem.

Var det slut där? Var det så enkelt?

Nej, det var inte slut där. Det var inte så enkelt. Det mesta av historien om legionärernas hemkomst återstod ännu att berätta. Men så långt kan allt fastställas med stor säkerhet: i augusti 1946 blev nästan alla de utlämnade frigivna.

2

I början av juli 1967 besökte han Lettland för första gången: ett kort besök, några dagar i klart, ljust högsommarväder. I september samma år återvände han för andra gången, nu på ett längre besök.

Han reste för att tala med de utlämnade, och han talade med dem.

Han reste inte helt oförberedd, och han hade fått många varningar, talat med många, fått många brev, blivit väl preparerad. I breven skrev de ofta att tanken att uppsöka legionärerna var naiv, eller absurd. Eller också skrev de att han själv var en naiv och godtrogen människa, som trodde sig kunna avläsa sanningen i de sanningar han skulle få sig serverad. *Tanken att besöka de f. d. legionärerna i Lettland är god, men ni har agerat på ett naivt sätt. Ni har berättat för de ryska myndigheterna varför ni åker dit, och ni kan vara övertygad om att nyheten skickades vidare till Riga, så att gästen kunde hållas under uppsikt, och så att eventuella materialgivare skulle bli väl förberedda. Ja, ni är naiv, och ni saknar kännedom om förhållandena i det förslavade Lettland. Ni kommer att bli bevakad, med mikrofoner i väggarna och ständig avlyssning, ni kommer inte att få tala med legionärerna i enrum, man kommer att föra fram några väl indoktrinerade och uppskrämda människor som säger att allt är bra, att ingen blev straffad och ingen dödad, att alla blev frigivna och att allt är så bra, så bra. O, sancta simplicitas!*

Han talade med många balter i Sverige, och alla varnade de honom, och många avrådde honom att resa, och några försökte hindra honom, och ett par försökte hindra honom att få adresser, och de flesta gav honom intrycket att han var på väg in i en fälla.

Var det en fälla?

Det var uppenbart att det i frågorna kring denna utlämning, och i de vittnesmål som de utlämnade gav, fanns enorma källkritiska problem inbakade. Felkällorna var otaliga, riskerna att fakta skulle deformeras av yttre skäl likaså. Två vittnesmål fanns ju redan publicerade i väst: det var Vincas Lengvelis berättelse och G J Matisons vittnesmål. Det föreföll uppenbart att båda dessa ur strikt källkritisk synvinkel var klart otillfredsställande, de var upptecknade i väst och hade formulerats mer i pamflettens än dokumentets form. De innehöll säkert båda rader av korrekta upplysningar, men utformningen hade tyvärr blivit den antikommunistiska pamflettens, och det försvårade värderingen. Både Lengvelis och Matisons hade av de ryska myndigheterna definierats och behandlats som tyskar, frigjorts från de övriga balterna, och sedan också frigetts med tyskarna: de var alltså inte representativa fall och de hade mycket litet att säga om de övriga balternas öde. När Matisons i sin långa berättelse beskriver ett förhör, och hur han anklagas för att ha deltagit i utrensningen av både judar och fångar, då måste både anklagelsen, frågan om hans skuld, om situationens autenticitet och riktigheten i de anklagelser om brutalitet under förhöret han framför behandlas med stor varsamhet.

Exakt samma varsamhet måste iakttas inför de vittnesmål som avges i öst. Det är viktigt att exakt beskriva intervjusituationen. Vid det första besöket träffade han tre utlämnade legionärer. Två av samtalen ägde rum med tolk närvarande, och uppgifterna kan alltså ha deformerats av detta. De är således klart otillfredsställande. Det tredje ägde dock rum i avskildhet och utan tolk, i Jurmala, på Rigas badstrand, och är ur denna formella synpunkt acceptabelt.

I september talade han med sammanlagt elva utlämnade. Vid inget av dessa tillfällen var någon tolk närvarande, frånsett att han vid tre av samtalen begagnade en av de utlämnade, som under årens lopp lärt sig att tala en utmärkt svenska, som hjälp, tolk och mellanhand. Ingenting tydde dock på att denne på något sätt var att betrakta som kontrollant, eller var beredd och villig att rapportera vad hans f. d. kamrater sagt till myndigheterna.

Samtalen utspelades i några fall uppe på hans hotellrum, i två fall i hemmiljö, i övrigt i parker, under promenader, i tillfälligt uppsökta lokaler, i vestibuler och under inköpsronder. Att utifrån registrera eller kontrollera alla dessa samtal var omöjligt.

Före den första resan tog han kontakt med den ryska ambassaden i Stockholm och meddelade sin avsikt med resan. Han ansåg nämligen att varje försök att i hemlighet uppsöka de utlämnade skulle *kunna* skada dem, och den risken ville han inte ta. Före sin andra resa till Lettland hade han dock lyckats skaffa ett antal adresser från svensk-baltiskt håll. Tre av de utlämnade uppsökte han alltså på detta icke-officiella sätt, diskret, utan att någon fick reda på det. Han skuggades inte. Dessa samtal, och de uppgifter han fick där, skilde sig i princip inte från de övriga.

Var de rädda? Några var rädda, misstänksamma, tystlåtna. Några var totalt orädda. Några var reserverade. De legionärer han talade med tillhörde alla kategorier: straffade och icke straffade, Sibirienveteraner och etablerade ämbetsmän. Var de rädda för honom? Såg de honom som en risk? Hur betraktade de undersökaren? Hur förändrade detta deras svar?

Var han på väg att vandra in i en fälla?

Han var, vid undersökningens utgångsläge, som de flesta svenskar totalt och aningslöst okunnig om det baltiska problemet. I Sverige finns i dag ungefär 100 000 balter och baltättlingar, han hade knappast vetat att de existerat. Men de existerade, delvis assimilerade, delvis med rester av sin gamla kultur kvar, med egna tidningar och förlag och skolor och en alldeles egen politisk struktur, och med inre politiska motsättningar som inte skiljer sig mycket från andra samhällens. Det var inte svårt att se att de ur det svenska samhällets synvinkel måste vara en mycket önskvärd typ av människor, eftersom de hade vitalitet och anpassningsförmåga, och eftersom assimilationsprocessen för de flesta blivit nästan konfliktfri.

Det var som att långsamt upptäcka en ny värld inom den hemvanda.

Och den politiska funktionen?

En stor majoritet, över 100 000 svenskar.

Var de ändå hemlösa? Han hade av en slump fått syn på dem,

men de hade hela tiden betraktat svenskarna. Vad tänkte de? Vilka politiska värderingar styrde dem?

Den minsta, och mest extrema, gruppen bland balterna var den lättaste att se och upptäcka. Det var den lilla, aktiva, mycket högröstade och beslutsamma högerflygeln bland balterna, den utgjorde några få procent av dem, men hade länge lyckats dominera bilden utåt. Exilpolitikern, i exilpolitikens öde land. Trots det ideologiska avståndet till dem kunde han inte undgå att betrakta dem med ett slags medkänsla: de trötta och tröstlösa kafésamtalen, som i en novell om den hemlöse på ett Pariskafé. De måste ha släktingar överallt i de västeuropeiska huvudstäderna, och inte bara där: delar av en flyktingarmé från Grekland, Spanien, Ungern, USA, Sydamerika, Balticum och hela Östeuropa. Men situationen för den baltiske exilpolitikern måste vara tröstlösare ändå: det enda, absolut enda han kunde hoppas på var ett tredje världskrig, som skulle splittra Sovjet i delar. Men var det ett rimligt hopp? Det tycktes inte bekymra dem eller påverka dem. Envist, heroiskt och med hopplös envishet fortsatte de att bedriva den politik de en gång inlett, politik i ett slags lufttomt rum: ovilliga att ompröva utgångspunkter och mål, men samtidigt med ett slags hopplös och olustig medvetenhet om att verkligheten var på väg bort ifrån dem.

Någonstans mitt i denna egendomliga värld i världen levde baltutlämningen som ett svagt klappande hjärta, ett eko från en labilare, mer dramatisk och för dem mer hoppfull tid. Själva vägrade de att se att världen förändrats, själva hade de antikommunismen som enda starkt levande tro. Var de betydelselösa? *"Det har varit till ovärderlig nytta för den fria världen, att flera hundra tusen balter lyckats ta sig ut till Västerlandet. Ingen känner bättre än Ni, balter, kommunismens sanna väsen, och Ni har därför i hög grad bidragit till att skänka världen en rätt avsky för denna."* Citat från ett tal av Birger Nerman från 1954. Och visst pekar citatet på något viktigt och centralt: den roll som den antikommunistiska förkunnelsen spelar framför allt för den exilbaltiska högern.

Var det svårt att förstå? Egentligen inte, eftersom balterna ju nästan bara upplevt den sida av Sovjet och revolutionens historia som har egendomliga och förbryllande likheter med imperialismens. Men var det alltid med nationalistiska utgångspunkter man kritiserade Sovjet? Han hade talat med tillräckligt många socialdemokratiska balter för att veta att det fanns ett alternativ. Men var inte kritiken alltför ofta ett angrepp från ultrakonservativa, ibland halvfascistiska utgångspunkter?

Några tycktes ha stannat, fixerats, mumifierats. Världen förändrades, kommunismen förändrades, fascismen återföddes, revolutionsrörelser föddes och undertrycktes, frihetsrörelser växte fram, maktblocken omstrukturerades. Några ägnade sig fortfarande åt att ge världen en "rätt avsky" för kommunismen, utan att inse att kommunismen inte längre var identisk med Sovjetunionen.

Problemen måste vara oerhörda, eftersom alla moraliska förtecken hade bytts. Djävulen tycktes inte längre bara bo i Moskva, det fanns en liten fan i Washington också. Fanns det ingen korrelation med dagens världsbild? *Junikommitténs frihetsmarsch mot Sovjet och kommunismen samlade över 1 700 deltagare. Främst bland plakatbärarna gick en ensam kvinna med plakatet "Frihet åt Balticum". Majoriteten av deltagarna i fackeltåget var människor i 30–40-årsåldern, de flesta balter eller flyktingar från de av Sovjet ockuperade länderna bakom järnridån.* Dagens Nyheter i november 1967.

Var det inte en tvetydig situation?

Måste de inte uppfatta detta som paradoxalt: att de, som en gång sett en stormakt lägga under sig deras land, och sedan ägnat sitt liv åt att bekämpa denna stormakt, att de nu envetet stödde en annan stormakt som var i färd med att krossa ett litet lands självständighet?

Om vikten av att nedfrysa kontakter. Lettisk-svensk man, tjugotre år, andra generationen, svensk medborgare. "Jag skulle gärna vilja besöka Lettland, men det går ju inte. Det finns emigranttidningar där namnen på dem som reser över publiceras, det är som att bli kallad förrädare. Och det vill man ju ändå inte vara." Varför skulle han vara förrädare?" Ja, att resa till Lettland innebär väl inte precis att erkänna regimen, men i varje fall att erkänna att man inte betraktar sig som politisk flykting." Varför det?" Men man kan väl inte samtidigt vara politisk flykting och turista i sitt gamla land." Skulle ni vilja åka tillbaka på besök?" Ja, det skulle jag." Men varför är högergrupperna så rädda för att kontakterna mellan exilbalter och balterna i hemlandet ska öka?" De är väl rädda för att kampen mot kommunismen då skulle bli svårare. Kamplinjerna bli diffusare, eller så." Är det inte riskabelt ur andra synpunkter att åka över?" Nej, det finns inte ett enda exempel på att en exilbalt blivit häktad under ett besök."

Det fanns många fällor. Vilka var han på väg in i?

– Jag har fått ert brev, skrev han, jag tror inte jag kan svara. Jag vet ju att detta med utlämningen är inflammerat, men jag tror ni har fel när ni säger att utlämningen blivit en sköld att krypa bakom." *När man lever som flykting i ett land, och det gör vi i Sverige, då uppstår förr eller senare ett tillstånd när man upplever sig som icke önskad, icke välkommen, som en parasit, en planta i fel jord. När man är främling. När man inte har rätt att vara här. Och då söker man i desperation efter ett argument, efter ett skäl att få leva här. För några av oss har utlämningen av legionärerna blivit skälet. Sverige begick en gång ett brott mot några balter, och nu har de en skyldighet mot oss. Det ger oss en moralisk rätt att få leva här. Och därför lever berättelsen om utlämningen. Den minskar vårt främlingskap.*" Jag tror ni har fel, skrev han, eftersom jag vill tro att ni har fel. Vore det så att detta svenska samhälle skapade ett sådant trauma, då vore detta en allvarligare anklagelse mot oss än nästan något annat i denna affär. Jag blev mycket upprörd när jag fick ert brev, jag har testat ert påstående på andra balter. De förnekar bestämt att utlämningen används som alibi för att få existera, de förstår inte tankegången, de förstår inte ens er känsla av främlingskap. Dessutom har ni sakligt fel. Finns det en myt om baltutlämningen, så uppehålls den inte så mycket av balterna själva. Den lever bland svenskar, den lyfts fram av oss själva, används kanske som politiskt argument, men som ett argument mellan svenskar.

Men om exilmänniskans ensamhet kan jag intet veta.

Vilka fällor? Var han okunnig?

– Jag tackar för ert brev, skrev han, jag ska försöka svara fast jag vet att jag inte kan. Vad är det som gör mig så egendomligt skamsen inför människor i exil? Varför drabbar mig deras oro som en anklagelse? Ni talade i ert brev om exilens tragik, om "detta att vara exilare", och det fanns i brevet samma egendomliga blandning av saklighet, bitter hopplöshet och trötthet som jag ofta funnit hos första generationens balter i exil, däremot aldrig hos den andra generationen. Ni säger att en människa berövad sitt språk är en halv människa, att ni förlorat kontakten med ert språks utveckling, och att detta är en mur som binder er vid främlingskapet. *"Kommer man på besök så talar man som en äldre bibelöversättning."* Men var börjar resignationen? *"Först och främst vill jag berätta en liten dyster hemlighet för er. Exilmänniskan, det okända djuret, stannar som regel i utvecklingen i samma stund hon lämnar sitt land. Hon blir inte en dag äldre än hon var när hon gav sig i väg. En del av dem tycker det är så besvärligt att de tar livet av sig. Själv är jag bara sexton år, en fyrtioårig tonåring med man och barn. Vi blir inte äldre, vi bara åldras."* Det är möjligt att detta är sant för er – men frågan för mig är hur pass representativ ni är? *"När de flydde upphörde de att leva, växa, förändras":* ni måste inse att detta inte bara är beskrivningen på en av vår samtids många mänskliga tragedier, utan också en anklagelse med uddarna riktade mot en rad håll: mot Sovjet, mot det svenska samhället – och i viss mån mot dem som flydde. Och själv sitter jag här i min hög av pusselbitar, jag försöker foga ihop dem till en bild, på något sätt hör detta samman med bilden av baltutlämningen. Men på vilket sätt? Ni beskriver klart, med bitterhet men med en distans jag måste beundra, vilka verkningar exilsituationen får. *"Vill ni veta den andra sorgesamma hemligheten? Min djupa övertygelse är att vi exilare i grund och botten är asociala. Omedvetet asociala, eller socialt omedvetna. Kanske inte så att vi går åstad och begår illgärningar, men vi struntar. Vi bryr oss inte om, tar avstånd, viker undan. Kalla det vad ni vill. Nog lyder vi lagar och allt det där. Det är en annan sorts asocialitet jag tänker på, den är egentligen farligare än aldrig så öppen brottslighet. Fast bekvämare för alla parter. Visst finns det ett ansträngt förhållande mellan exilmänniskan och hans land. Men vad ska man göra åt det?"* Ja, vad ska man göra åt det faktum att det existerar två lettiska folk? Får jag för er citera en av dem jag talade med i Lettland nyligen? Han var lett, han var nationalist, men han tyckte sig ha upplevt hur exilletternas fientlighet inför den sovjetiska regimen långsamt och paradoxalt överflyttats att gälla också dem som stannat kvar, letterna i hemlandet. Så här sa han: "Vi kan förstå att de hatar kommunismen och Sovjet. Men varför vägrar de flesta att besöka oss? Varför denna hätska propaganda mot allt vad vi gör, mot de hus vi bygger och mot vår levnadsstandard och allt annat vi gör? Det känns ibland som om de föraktade oss: de små fattiga kusinerna som blev kvar, som inte hade vett att fly. Är det sant, du som känner dem? Är det sant att de egentligen känner förakt för oss som blev kvar?" Och jag sa: nej. Det är inte sant. Och det är inte sant, inte för de flesta. Ni säger: det beror på vem ni träffar. Kanske ljög jag ändå litet för honom?

Men hur skulle jag, en svensk, kunna beskriva den mångtydiga känsla av saknad, skuld, ursinne och sorg med vilken exilletten betraktar sitt gamla land? *Skuld*, säger ni – skulden är inte vår. Är ni säker, helt säker? Finns inte i den saknad ni känner ett inslag av skuld? Och döljs inte ibland denna neurotiska skuldkänsla av ett slags – nej, inte förakt, men distans?

Pusselbitarna hade oklara former, de hopade sig framför honom: känslor i pusselbitens form, repliker, attityder. Vilka attityder och fördomar hade han själv? På båtresan i juli träffar han en äldre svensk lettiska på väg till Riga. Vad ser hon fram emot? Svårigheten för henne är att kunna föra med sig de klädesgåvor hon vill överlämna. Hon beskriver sin plan för honom: hon tar på sig några varv underkläder, samt tre klänningar, och går genom tullen. Hon blir inte stoppad, och återvänder nästa dags kväll till båten, där hon bor, med bara en klänning på sig. Hennes intryck av Lettland? I ett paket medför hon även en bunt nylonsockor, som hon ger bort. Hon besöker sina farbröder samt kusiner. Hur mottog de hennes gåvor? Det som förvånade henne mest var att tullen var så slapp. Formaliteterna tog en fruktansvärd tid, men man undersökte henne mycket slarvigt. Hon skulle ha kunnat ha klänningarna i en kappsäck i stället. Släktingarna tackade henne givetvis, även om hon var förvånad över hur pass hygglig klädesstandard de fått. Men som i Sverige var det ju inte. Det var varmt och lunsigt att gå genom tullen så tjockt klädd. Hur hade besöket varit? Hennes släktingar hade inte velat tala och berätta så mycket om förhållandena i Lettland. De var väl rädda. De vågade inte rikta verklig kritik mot regimen. Kontakten blev väl lite trevande i början, men sedan gick det ju bättre. Bekanta hon haft hade haft bättre tur – de hade verkligen fått veta en del. Besöket i Lettland var hennes första på tjugotre år. Att komma tillbaka så där är ju alltid besvärligt.

Skuggning? Bevakning? Vid 8-tiden på kvällen fick han kontakt med mannen som var gammal och var socialdemokrat och bodde i utkanten av Riga. "Var ni skuggad?" frågade den gamle. Under samtalet hämtade han fram en teburk ur skafferiet, och under teet hade han några manuskriptblad. Ett brev. "Man kan aldrig vara nog försiktig." Vilka erfarenheter hade han? "Man lärde sig mycket under Stalintiden." Hade något förändrats? "Man kan aldrig vara nog försiktig. Om ni stannade här ett år, då skulle ni *veta*. Kontrollen, misstänksamheten, brevcensuren. Ni är för ung för att förstå." Nästa dag ett samtal på en servering. En ung man, tjugofem år. "Dom som blev skrämda under Stalintiden dom kan inte andas lugnt än. Det där är en generationsfråga." Vad var sant?

När han samtalade med legionärerna tog han för vana att tillsammans med dem gå igenom de namnlistor på de utlämnade han hade med sig. De fick där pricka för vilka f. d. kamrater de visste nu levde i frihet, vilka de hade mött de sista fem åren och, framför allt, vilka de visste hade blivit dömda och straffade efter utlämningen. Ingen av dem han bad gå igenom listorna vägrade. Flera gjorde det med stort intresse, med uppenbar nyfikenhet och med detaljerade kommentarer. På detta sätt kunde efterhand ett slags syntetisk lista växa fram, en översikt över vad som hänt, inte tillförlitlig kanske, men säkert den mest tillförlitliga som hittills upprättats.

Listan är självfallet inte hundraprocentigt säker, och kan inte vara. Den uppehåller sig framför allt vid letternas öde: de 130 utlämnade letternas öde. Lettland är visserligen ett litet land, men avstånden tycks större än man anar. Kontakterna mellan land och stad är bristfälliga, rörligheten liknar inte vår rörlighet. Många – de flesta – av de f. d. legionärerna bor på landsbygden, de har begränsade kontakter med dem som bor i Riga. Det är de senare som svarar för informationerna.

Här följer en preliminär sammanfattning.

Samtliga utlämnade *letter* utom fyra tycks ha frigivits i augusti 1946. De levde alla i frihet under vintern. Med början i april 1947 blev en grupp av de utlämnade arresterade på nytt. I en serie rättegångar våren, sommaren och hösten 1947 anklagades de för att vara krigsförbrytare och dömdes till olika långa fängelsestraff samt, i ett fall, till döden.

Det kan anses någorlunda säkerställt att följande utlämnade letter dömdes. *Soldaten Jekabs Balodis. Kapten Ernsts Kessels. Underofficer Arvids Kaneps. Löjtnant G J Matisons. Löjtnant Paul Lielkajs. Överlöjtnant Jekabs Raiskums. Soldaten Arnolds Smits-Petersons. Instruktör Gustavs Vilks. Kapten Villis Ziemelis. Överstelöjtnant Karlis Gailitis. Löjtnant Olgerts Lacis. Löjtnant Oscars Recis. Löjtnant Peteris Ziemelis. Instruktör Augusts Kaneps. Soldaten Manfreds Liepins. Soldaten Evalds Liepins. Soldaten Valentin Silamikelis. Dr Elmars Eichfuss-Atvars.*

Detta blir 18 namn. De kan anses någorlunda säkerställda.

Till detta kommer en mindre grupp namn som måste betraktas som mycket osäkra. Det är 9 namn. *Alberts Celmins, Peters Apkalns, Voldemars Eltermanis, Valdis Knoks, Herberts Aunins, Janis Jekabssons, Oscars Krastins, Janis Teteris, Jekabs Zutis.* För ett par av dessa sattes frågetecken i hans lista, några har framförts från exillettiskt håll som exempel på straffade. Inga som helst säkra bevis finns för något av namnen. Det är rimligt att anta att åtminstone några av dessa aldrig har varit straffade.

Till detta kommer ytterligare två straffade legionärer. Den ene av dessa två dömdes 1954 i Riga för olaga vapeninnehav, den andre 1955 till fyra års straffarbete för förskingring – han tjänstgjorde då vid ett statligt verk. Eftersom i dessa två fall anklagelsepunkterna inte har något med utlämningen att göra, får dessa två förbli anonyma.

18 letter dömda till straffläger. Om man accepterar hela gruppen på 9 utöver detta, blir siffran 27. Den ligger förmodligen något lägre. Med en viss felmarginal uppåt kan man säga att totala antalet straffade letter understeg 30.

Vad är troligt? Vad är sant?

När han kom till Riga i september 1967 begärde han genom kontakter att få reda på varför de som dömts hade dömts. Vilka domskälen var. Man satte honom i förbindelse med en lettisk historiker, som arbetat med dokumentärmaterial från den tyska ockupationen av Lettland, och som rörde sig fritt i alla arkiv. Han var villig att hjälpa till, man kan vara *helt* säker på att han inte gjorde det utan myndigheternas vetskap och gillande. Det visade sig snart att det inte var svårt att få uppgifter om de dömda, om man kunde finna akterna. Materialet var inte samlat, det fanns så att säga ingen stor dossié med rubriken "Baltutlämningen". Ur sovjetisk synpunkt var domarna mot de utlämnade legionärerna bara en obetydlig och i sig ointressant del av de betydligt mer omfattande rättegångarna mot krigsförbrytare och samarbetsmän efter "det stora patriotiska kriget". Man fick alltså söka på en rad håll, i en rad arkiv, vilket var tidsödande. Den historiker som hjälpte honom hade också ett dagligt arbete att sköta, och fick ägna sig åt detta på middagsraster, i diverse pauser och på kvällarna.

Vissa uppgifter var dock möjliga att få fram. Många av dem var mycket intressanta.

Det är självfallet lätt att här göra invändningar. *Eftersom svensken inte talade lettiska kunde han inte själv gå igenom dokumenten.* Han fick nöja sig med de sammanfattningar som kunde presenteras. Uppgifterna var givetvis att betrakta som partsutsagor, han hade inte tillgång till de anklagades försvar, bara till domskäl och anklagelsepunkter. De dömda själva kunde alltså inte – frånsett två fall som kunde delvis kontrolleras – komma till tals. Det var också omöjligt att få en hel översikt av rättegångsmaterialet: de upplysningar han fick var punktupplysningar. Uppgifterna får betraktas i detta ljus, man kan acceptera deras sanningshalt eller betrakta dem som värdelösa.

I den mån de anförs är det med dessa självklara reservationer.

Vissa slutsatser är ändå möjliga att dra. De arresteringar som företogs 1947 gick alla efter en viss urskiljbar mall, efter en viss praxis. Det faktum att en sovjetlettisk medborgare tagit värvning eller tvångskommenderats till tjänstgöring i tyska armén var uppenbarligen inte en *formellt* tillräcklig grund för arrestering och rättegång. Grundprincipen tycks ha varit att alla de som en längre eller kortare tid tjänstgjort i ett lettiskt eller tyskt *polisförband*, att alla dessa arresterades och ställdes inför rätta. Det är möjligt att det fanns undantag från denna regel, men de fall han kunde kontrollera tydde på att just tjänstgöring i dessa polisförband ansågs speciellt graverande.

Man ser också mycket lätt att arresteringarna drabbat olika kategorier olika hårt. Den särklassigt hårdast drabbade gruppen var de *officerare* som kom direkt från Lettland till *Gotland*. Grupp Bornholm däremot, som kom från Danzigfickan och i huvudsak var att betrakta som ett reguljärt frontförband, slapp mycket lindrigare undan. Grupp Bornholm var ju dock på intet sätt ett enhetligt förband, och bland officerarna fanns en rad olika kategorier, också där.

Samtliga som dömts tycks ha dömts i individuella rättegångar, efter någon form av individuella prövningar. Om domarna var rättvisa, om anklagelsepunkterna var falska, om rättegångarna var skenrättegångar eller ej – om detta kan man diskutera. Men man kan slå fast att anklagelsepunkterna i praktiskt taget samtliga fall tycks ha gällt påstådda krigsförbrytelser som utförts under tjänstgöring i polisförband under den tyska ockupationen och bakom fronten.

Och vad mera? Vilka andra slutsatser är möjliga att dra?

Det är lätt att påstå att allt detta är upprörande naivt. Att alla de uppgifter han fick måste vara förfalskade, och att publicerandet av dem skulle vara ett grovt brott mot de utlämnade, som Sverige och svenskarna redan en gång behandlat så illa. Kanske är det så: å andra sidan har man från svensk sida i snart tjugotvå år beskyllt Sovjet för att godtyckligt, och utan rättegång, ha mördat dem alla, och gjort detta utan skymten av bevis – balansen kanske nu kunde anses återställd. Ändå tvekade han länge, länge inför valet att publicera de ryska uppgifterna eller ej. Var de korrekta? Det malde ständigt i hans huvud denna vinter, det förvandlade den bok och den undersökning som en gång varit en lust till en malande plåga. Vad var det han höll på med? En amatörmässig rättegång med de redan dömda, där han skulle avkunna ett utslag? Han? Han, nosaren, skulle han avgöra?

Nej, att exakt fastställa om de uppgifter han fick var korrekta eller ej var omöjligt. Det han kunde konstatera var att om uppgifterna var förfalskade, så var det skickliga förfalskningar. Biografierna var inte hämtade direkt ur luften, utan tog verkligen hänsyn till de anklagades faktiska biografier. I några fall kunde han kontrollera och jämföra anklagelserna med de anklagades egen version, och visst fanns det skiljaktigheter, men mera i tolkningar av fakta än i fråga om själva fakta.

Ett exempel.

Han var lettisk yrkesofficer, och när tyskarna kom tog han värvning, eftersom han ju ändå bara hade ett yrke: officerens. Hans familj flydde till väst, själv kom han till Sverige, och utlämnades senare. I augusti 1946 blev han, som de andra, frigiven, och arbetade i Riga till i juni 1947. Då blev han arresterad på nytt. Enligt arkivhandlingarna anklagades han för att år 1944 ha tjänstgjort i en polisbataljon som opererade bakom fronten i Lettland, och den skulle ha gjort sig skyldig till grymheter mot civilbefolkningen samt företagit utrensningar.

Han dömdes till femton års arbetsläger, kom till ett läger i nordvästra Sibirien, och blev fri efter åtta år. Han återvände till Riga 1955.

Var detta sant?

Vid intervjun, där ingen utomstående var närvarande och där tonen var fri och öppenhjärtig, frågade svensken honom vilka domskälen varit. "Tja", sa han och skrattade lätt, "de kunde bara anklaga mig för att ha tjänstgjort i en polisbataljon." Hade han det? "Ja, jag var kommenderad till en polisbataljon och tjänstgjorde där i fem veckor. *Bara fem veckor!* Jag var tvångskommenderad, och jag sköt inga, varken judar eller letter. Vad bataljonen gjort dessförinnan eller efteråt kan jag ju inte veta. Men själv har jag inte gjort mig skyldig till några krigsförbrytelser. Men för dessa fem veckor i polisbataljonen blev jag dömd till femton år. *Femton år!*"

Så långt detta exempel. Han gjorde ett öppet och sympatiskt intryck, han diskuterade ingående alla problem kring de utlämnades öde, han tycktes ovillig att avbryta samtalet. I *detta fall* tycks det vara så att arkivuppgifterna inte är helt hämtade ur luften. Att ta ställning i skuldfrågan är givetvis en helt annan sak. Det man kan konstatera är att *anklagelserna* vid dessa rättegångar med stor sannolikhet varit just dessa: *anklagelser* för att ha tjänstgjort i poliskommandon under ockupationstiden.

Gick han rakt in i en fälla? Blev han bedragen och duperad?

Han tycktes pendla mellan en skepsis, som till sist riktade sig mot *alla* utsagor, och en gryende motvilja mot denna skepsis som ju ibland tenderade att bli mekanisk. Men han visste att varje försök att antyda att inte *alla* de utlämnade var helgon skulle mötas av en storm av ursinne. De hade så länge använts som ett politiskt argument i Sverige att man glömt att också de utlämnade var människor, att där fanns goda och onda, svaga och starka, kloka och dumma, brottslingar och helgon. Att de var *människor*. Varför kunde man inte erkänna detta? Att det var fullt möjligt att det bland dessa 146 utlämnade balter, som en gång flytt från sitt land till oss, att det bland dem också kunde finnas en liten grupp som kunde definieras som krigsförbrytare? *Alla* de anklagade och dömda behövde inte vara det, anklagelser kunde vara falska eller överdrivna. Men *några?* Och att detta varken kastade någon skugga på de övriga utlämnade eller egentligen behövde påverka bedömningen av baltutlämningen? Om de uppgifter han fått var sanna, om de 14 legionärer han talat med talade sanning, då hade ändå över 100 utlämnade befunnits fläckfria också av de sovjetiska myndigheterna – oskyldiga offer för tvångsmobiliseringar, oskyldiga till krigsförbrytelser. Var inte detta viktigt att slå fast? Att över 100 av de utlämnade var fläckfria? Var det inte viktigt att försöka differentiera problemet, betrakta dem var och en för sig – eftersom de ju ändå var individer? Och göra detta utan moralism, och – om möjligt – utan fördomar?

Det var viktigt att betrakta de vittnesmål han fick höra med skepsis, på distans, prövande. Men han tänkte ofta: vore det inte rimligt om vi nu äntligen kunde se på dessa utlämnade, på deras öden och deras förtvivlan och deras desperation och deras misstag och deras historia, om vi kunde betrakta dem alldeles lugnt och utan moralism, utan att betrakta dem som en bunt änglar eller jävlar, bara en samling människor som är totalt olika?

Och till sist kommer så en redovisning. För trots alla förbehåll finns det ändå en historia om legionärernas hemkomst som är möjlig att berätta.

3

Cikste – han låg på Kristianstads lasarett tillsammans med Kessels och Eichfuss, han är urskiljbar på vissa bilder: en man med magert, skarpskuret ansikte och mycket mörkt hår. Han är idag chefskonstruktör vid en fabrik i Riga, han är mycket framgångsrik, han är korrekt klädd, ännu mager och med mörk hårman, talar en utmärkt och snabbt flytande tyska. Rummet är mycket varmt, en fläkt är på men värmen känns ändå oerhört tryckande. Det är lördag. Han är den första halvtimmen mycket otålig inför frågorna, på ett artigt men ironiskt sätt. Han talar snabbt, med ett slags rastlöst förakt. Föraktet tycks riktat åt många håll: mot utfrågaren, mot svenskarna, mot värmen, mot problemställningen, mot den värld han lever i. Framför allt är han otålig över att behöva diskutera frågor som är över tjugo år gamla, en tid som han aldrig nu tänker på; förfluten tid, glömda erfarenheter. Han är otålig över att han, en man med social ställning, åter måste påminnas om den tid när han med eller mot sin vilja samarbetade med statens fiender. Han kan inte längre skadas av detta, men han känner irritation. Han känner också otålighet inför frågorna, han finner dem enfaldiga, han känner irritation inför utfrågaren eftersom han ser denne som en representant för de svenskar som en gång utlämnade honom. Efter ett tag blir han, halvt mot sin vilja, intresserad, försöker bena upp det han anser ha hänt. Han talar med vetenskapsmannens benhårda ovilja att uttala sig kategoriskt om saker som han inte säkert vet, han skiljer distinkt mellan det han vet, det han har hört, det han anser troligt och det han anser otroligt. Felaktiga påståenden avfärdas med snabba irriterade handrörelser. Han tycks ytligt sett sakna rädsla, men det är möjligt att hans förakt börjar i en slags rädsla, eller en gång har börjat. Han föraktar dessutom svenskarna som utlämnade honom, trots "att de hade lovat att inte göra det". Men det är svårt att se några rester av bitterhet. Han hör till dem som har det utmärkt. Han är gift, har barn. När frågorna till sist tar slut reser han sig snabbt, skakar hand på ett nästan rutinerat sätt, och lämnar rummet med snabba steg och självsäker hållning utan att se sig om. Denna första intervju har tagit en timma och tjugo minuter och har gett mycket litet, frånsett ett allmän intryck av att han inte vill diskutera problemet. Detta är ett svenskt problem, det är inte hans problem. Han överlåter det med varm hand åt oss. Lördag eftermiddag brukar han åka ut med familjen till sitt sommarställe. Han är redan två timmar försenad.

Soldaten S P. "Vi visste egentligen ganska litet om varandra – alla gick och höll tyst. Vi kom ju från så olika håll, de som kom till Gotland – och där fanns ju de flesta av officerarna – de hade ju ofta tjänstgjort inte vid fronten, utan bakom. Om dem gick ibland vissa rykten, men vi visste ingenting. Om Lapa, till exempel, gick det en del rykten att han, ja, att han hade en del på sitt samvete. Det hade visst med judar att göra. Men ingen visste något säkert. Jag minns att det förekom en massa insinuationer och rykten i lägret."

S arbetar nu som biolog. Han tog sin examen vid Riga Universitet 1959. Förseningen i studierna berodde delvis på att han åren 1947–1953 satt i ett arbetsläger i närheten av Uralbergen.

Eftersom det är sent på kvällen är det få människor i parken. Det är september, indiansommar, fastän det är höst är det möjligt att sent inpå kvällen gå på Rigas gator i bara skjortan. Här kan de tala. Ingen stör dem.

Rubrik: samtal om uppriktighet och rädsla.

– Berätta för mig, säger svensken, vad jag får skriva och inte skriva. Säg vad ni vill ska stanna oss emellan, vad som skulle kunna skada er, och vad som kan tryckas. Jag vill ingen människas död, berätta vad jag ska tiga om. Den andre är i övre medelåldern, talar god tyska.

– Ni missförstår min situation, säger han. Allt det jag har sagt, det står jag för. Det jag berättar om mina upplevelser, det står jag för. Det är sant, eftersom jag upplevt det själv. Skriv det.

– Men kan ni inte få obehag av detta? Vad ni säger om tiden i lägret? Om rättegångar, om domar?

Den gången var han officer. Han blev dömd. Han blev fri, 1954, men kom tillbaka till Lettland först 1957.

– Under Stalins tid, säger han, skulle ni aldrig ha fått tala med mig. Ni skulle kanske ha fått för *dem*, men inte för mig. Jag skulle aldrig ha vågat, inte säga sanningen, inte tala med en främling. Vi skulle förmodligen ha varit skuggade, och samtalet skulle ... de skulle ha skadat mig. Och om ni ändå fått tala med mig, så skulle jag inte ha sagt sanningen. Jag skulle ha gett er exakt den sanning jag trott de velat ha, jag skulle ha ljugit för er och fört er bakom ljuset. Så var det på Stalins tid, det tjänar ingenting till att beskriva den tiden för er eftersom ni ändå aldrig skulle förstå. Ni skulle inte förstå denna oavbrutna rädsla som behärskade oss. Hos många av oss sitter den rädslan i ännu, den som en gång har upplevt den ... ja, det är som ett ärr. Det blev bättre under Chrustjev, och nu ... ja. Skriv det jag säger. Jag är inte rädd, inte nu längre. Jag kan berätta om tiden i lägret, det var fruktansvärt men kanske inte så fruktansvärt som många säger.

– Men ett par av dem jag talat med har varit rädda. Jag har sett det på dem. De har varit olustiga, kortfattade, reserverade. De måste ha varit rädda. Ibland ljög de för mig, det är lätt att se när människor ljuger ibland, de ljög grovt och uppenbart.

– Det är en annan sak, säger han. Ni måste förstå vår situation – hela situationen. Vi kom tillbaka till Lettland och hade tjänstgjort i tyska armén. Tyskarna var hatade av stora folkgrupper redan före kriget, och de som tyckt om tyskarna hade flytt. Tyskarna hade bränt en stor del av landet, mördat hundratusentals civila. Koncentrationslägren öppnades, och alla såg. Ryssarna var kanske inte särskilt omtyckta heller, men de mest aktiva antikommunisterna hade ju flytt till väst, och ryssarna hjälpte oss ju ändå att bygga upp landet, och ... ja, de blev ett slags arbetskamrater. Inte byråkraterna, men ryssarna själva. Men tyskarna, de var sadisterna och mördarna som skulle hatas. Och *vi* hade alltså tjänstgjort i tyska armén – där fanns en psykologisk spärr, en mur mellan de som slagits *med* tyskarna och de som tjänstgjort i partisanförband eller bara varit passiva motståndare. Visst var de flesta av oss tvångsmobiliserade. Men detta att man tjänstgjort i tyska armén, *det var inte något man talade om*. Förstår ni?

– Kanske ...

– Tänk er att ... ja, att t. ex. ha tagit värvning i tyska armén fast man var fransman. Eller norrman. Frivilligt eller ofrivilligt – det är inte trevligt att tala om det. I all synnerhet inte här.

– Är det obehagligt också för er?

– På sätt och vis ja, fast inte så mycket. Men jag kan garantera att *ingen* av legionärerna, ingen av dem ni talar med här, tycker om att gräva i den där skiten. De kan vara hur vänliga som helst, och de är

inte rädda för straff eller så. Men de tycker inte om att gräva i detta.
– Men för oss svenskar är det fortfarande ett problem ...
– Bra. Då är det ert problem. Behåll det då. I så fall är det inte längre ett baltiskt, utan ett svenskt problem. Bra. Behåll det problemet.
– Är ni rädd för mig som utlänning? Rädd att tala med mig?
– I dag?
– Ja.
– Nej.
– De exilletter som besöker Lettland säger annorlunda.
– Å, med dem är det en annan sak. I vissa kretsar här räknas det inte som god ton att ha alltför fasta förbindelser med exilmänniskorna, och det är inte *bara* vårt fel, eller regimens fel. De kommer där med sina snygga kläder och anar politruker i varje buske, och de uppför sig som spioner fast de inte är det. De förstår inte vår situation. De kommer hit och sätter sig och väntar att vi ska sätta i gång våra jeremiader. De ser det missnöje som finns, men de ser inte vår stolthet över det vi gjort som är bra. De kan ibland vara ganska påfrestande, och med dem talar man helst i enrum.
– Och med mig?
– Skriv vad ni vill.
– Är ni helt uppriktig?
– Skriv. Skriv det jag säger.

F. d. officer, snart sextio år, icke straffad. Sedan han har talat färdigt, sedan han sagt allt han måste säga, sedan han demonstrativt tittat på klockan och till sist med sin iskalla ordknapphet lyckats krympa samtalet till en döende rännil, sedan han tagit adjö och öppnat dörren, sedan han gjort allt detta brister han ut i ett brett, mycket tvetydigt leende.

– Jo, jag glömde, säger han. Jag måste väl hälsa till Sverige. Dom utlämnade oss för att få köpa kol från Polen. Jag hoppas ni har gott om kol nu. Dom köpte kolen och betalade med oss. Jag är glad att ha kunnat bidra till uppvärmningen.

Sedan går han raskt ut genom dörren. Kvar finns två kaffekoppar, en liten bunt cigarrettfimpar på ett fat, en svensk. Det är förmiddag. Samtalet varade i två timmar och måste betecknas som misslyckat.

Han var nitton år när han kom till Sverige. Han blev tjugo i Sverige. Nu är han fyrtioett år gammal. Han bor i Riga, är gift men har inga barn.

Han är grovarbetare, hans månadslön är 120 rubel, en rubel motsvarar ungefär sex svenska kronor. 8 % går till skatt, mindre ändå till hyra. Han säger sig leva hyggligt. Hans bostad är på 24 kvadratmeter, då är hall och kök inte inräknat. Eftersom det centrala och gamla Riga ännu inte moderniserats är hans lägenhet, särskilt inte efter svenska förhållanden, särskilt bra. Visst skulle han kunna flytta ut till de sovstäder som växer upp runt Riga, men han tycker inte om dem, de är moderna men opersonliga, han säger att de är fula, han älskar Rigas gamla centrum. Hans fru arbetar också, hon tjänar ungefär 100 rubel per månad. Han säger att de klarar sig gott.

Friheten? "Förr", säger han, "fanns det ingen frihet. Man vågade inte öppna käften utan att riskera att bli arresterad. Alltså öppnade ingen käften. Man lärde sig hålla käft. Nu behöver jag inte längre hålla käft, frånsett att jag inte kan ställa mig på gatan och skrika att regimen är åt helvete." Är regimen åt helvete? "Inte nu längre." Hans egen politiska attityd? "Jag är socialist." Kan han kritisera regimen? "Jag kan kritisera de missförhållanden jag ser." Gör han det? "Jag är ju inte en sån som skriver i tidningen, det kan jag inte. Men jag är inte rädd." Tycker han sig leva i en polisstat? "Nej." Tycker andra i Lettland sig leva i en polisstat? "Det där är en generationsfråga. Skilj på dem som är över och under – ja, säg fyrtio år. De som har starka minnen från 30-talet, de har svårt att finna sig till rätta. De har aldrig accepterat. De var med på den borgerliga tiden, de kan nog aldrig bli riktiga socialister." Han själv? "Jag har nog accepterat." Är han nationalist? "Javisst, jag är stolt över att vara lett. Men inte på det sättet att jag vill spränga loss Lettland från Sovjet. Det vore dumt."

Sverige?

"Sverige är ett bra land", anser han. "Jag har läst en del om Sverige sedan jag kom tillbaka till Lettland. Jag tycker om svenskarna. De är ett fredsälskande folk, och sådana behövs nu. De har lyckats hålla fred i flera hundra år, ett sådant folk beundrar jag." Men de utlämnade er? "Ja, det var ju åt helvete. Det var svagt gjort." Men ni säger ju att ni har det bra nu? "Det har inte med saken att göra. Det var svagt gjort i alla fall. Massor med människor i Lettland beundrar Sverige. Vi läser om svensktiden på 1600-talet, vi kallar den för 'den goda svensktiden'. Jag tror att de flesta letter verkligen beundrar och intresserar sig för Sverige. Är det samma intresse i Sverige för Lettland? Jasså inte. Jaha." Men ni borde väl hata svenskarna för att de utlämnade er? "Nej, nej – det har vi glömt, inte känner jag *hat:* och tänk på alla demonstrationerna för oss, alla tidningar och artiklar, det glömmer jag aldrig. Det visar väl att svenskarna är ett bra folk."

Men de utlämnade er ändå?

"Ja", säger han med ett svagt men tydligt leende, "ja. Men jag har lärt mig en sak under mitt liv: att skilja mellan ett folk och en regering. Mellan människorna och politiken."

Och de som inte blev straffade? De som kom ut i friheten en augustidag 1946, och sedan aldrig skulle sitta i ett läger mer? Hur gick det för dem?

De var ändå i majoritet. De icke straffade. Fanns det något annat straff än straffet för dem?

De upptäckte snart att de kommit till ett svårt krigshärjat land, att där fanns ett stort behov av arbetskraft, att de inte behövde gå arbetslösa. Men de skulle också upptäcka att också deras frihet hade sina begränsningar, att spåren efter Sverigetiden och efter åren som legionärer inte gick att radera ut så lätt. De upptäckte snart att de tolererades av myndigheterna, att de fick arbeta och leva i frihet, men inte så mycket mer. Universiteten var stängda för dem, all vidareutbildning var omöjlig, att avancera till självständiga chefsposter var praktiskt taget omöjligt. Arbeta fick de, de fick lön som andra, men de riktigt kvalificerade tjänsterna hölls utom räckhåll för dem. De tyckte sig vara sovjetsamhällets negrer, som fick sin frihet men samtidigt hölls inom osynliga murar. "Vi betraktades som andraklassmänniskor, inte som andra. Inte så *bra* människor som andra. Inte så goda *patrioter* som de andra. Vi fick de sämsta arbetena, inte de som betalades sämst, men arbeten som inte var socialt eftertraktade och gav prestige. *Något* sämre bostäder. *Något* längre väntetider."

Uppgifterna om detta bygger på vittnesmål av många, och kan anses mycket säkra. Denna period har en början och ett slut. Den slutade vid Stalins död: det blev en total och nästan ögonblicklig förändring. Många av de yngre av de utlämnade legionärerna började detta år att läsa vid universitetet. "En vecka efter det vi fått meddelande om Stalins död ansökte jag om inträde vid universitetet. Och nu gick det, på en gång. Då förstod jag att något hade börjat förändras."

Samtal nästa dags förmiddag: promenad längs Daugava.

– I går berättade någon för mig att han fram till 1953 hade känt sig som en andra klassens människa. Var det så?

Snabb reaktion.

– Andra klassens människa? *Jag var en tredje klassens människa, på sin höjd!* Jag var inte riktigt så *fin* som de andra!

– Hur länge varade det?

– Det var Stalins död som förändrade allt. Det var som att komma runt ett hörn och se en ny verklighet.

Rädsla? Frihet?

– Ni förstår, sa de till honom, rädslan har många sidor. Ni tror att det för oss bara finns en rädsla: att bli fängslad, att bli sänd till Sibirien. Den rädslan behövde några känna då, jag behövde inte, men några behövde. Nu behöver ingen. Men det finns andra rädslor. Rädslan för en osynlig motvilja. För att grannen ska få veta. Det finns många straff. Straff kan inte bara mätas i år, fångenskap är inte bara inspärrning i arbetsläger. Min granne förlorade hustru och barn för tyskarnas skull. Hans far satt i koncentrationsläger, men klarade sig. Jag var med i tyska armén, jag var visserligen tvångsmobiliserad, men ändå. När vi talar med varandra och vi påminns om detta, då spänns taggtråden mellan oss. Då är jag fången och straffad på nytt. Förstår ni?

– Varför berättar ni allt det här?

– Därför att tiden ändå går. Därför att allt förändras. Därför att jag vill få er att förstå vad som hände med de straffade, och med dem som aldrig fick något straff.

Det fanns andra som sa:

– Att ha suttit i ett arbetsläger är så vanligt att ingen reagerar när man säger det. De flesta letter i det här landet har anhöriga som längre eller kortare tid suttit i ett läger. Fram till 1950 kom ju deporteringarna med jämna mellanrum. Det är ovanligare att träffa någon som inte suttit där, eller inte haft släktingar där. Vi är en luttrad nation.

När han utlämnades hade han hunnit bli sjutton år, och det han minns bäst och tydligast från Sverigevistelsen är hur Vabulis stack sig med en kniv när de skulle utlämnas. Han satt i samma buss som Vabulis, mitt emot, och när han försöker demonstrera hur det gick till fylls hans ögon plötsligt av tårar och han blir tyst. Han är arbetare, han börjar sitt skift klockan 20, hans fru står i en bokhandel i det centrala Riga. Han sitter med handflatorna pressade samman mellan sina knän och ser lugnt på svensken.

"Han fick ju stanna", säger han sedan. Vem? "Vabulis." Ja, det fick han. "Bor han i Sverige?" Nej, han dog där på kajen. "Dog han?" Ja, han dog. "Det visste jag inte." Han sitter tyst en stund. "Det visste jag inte. Ja", säger han, "jag satt ju där, mitt emot honom. Ja. Jaha."

Janis Slaidins, läkaren, var den förste av dem alla som frigavs. Han blev fri redan efter en vecka, han var läkare, han behövdes. Han arbetade, han gjorde karriär. Han betecknas av många som framgångsrik, hösten 1967 disputerade han för medicine doktorsgrad. På frågor om svensktiden och händelserna före den innneburit ett hinder eller en fördröjning av karriären svarar han nekande, dock med ett stelt och undvikande uttryck: det utsäger bara att detta är en omöjlig fråga, omöjlig att besvara. Han återkommer ofta till ordet "förödmjukande". Behandlingen i Sverige var ytterst korrekt, men förödmjukande. Under den första tiden i Sverige behandlades de mycket vänligt, sedan, på senhösten och vintern, betraktades de som förbrytare. Han uppehåller sig särskilt vid de svenska läkarnas attityd, som han upplevde som föraktfull, iskall, hård, men formellt korrekt. Han anser sig ha väntat mer av kolleger.

– Allting under de sista månaderna var förödmjukande. Vi sändes till olika läger, man föste fram oss, som en skock barn, eller dårar. Vad vi än gjorde eller sa negligerade man.

Han har ett långt, asketiskt men samtidigt öppet ansikte, och gör ett intellektuellt, mycket vitalt intryck. Han är korrekt, och bitvis mycket öppen. Han återkommer ofta till ordet "förödmjukad".

Efter två timmar spårar samtalet ur. De kommer in på olika former av magsårsoperationer. Anteckningsblocket fylls efterhand av skisser. Han röker inte. Om de övrigas öden vet han inte så mycket. Han har inte så mycket kontakt med dem.

Att överstelöjtnant Gailitis skulle dömas förstod alla: alla visste ju om hans nära förbindelser med tyskarna och hans funktion på Stutthof. I straffmotiveringen finns dessutom en passus om att han varit "kommendör i en polisbataljon". Han frigavs enligt icke-officiella uppgifter 1956, men fick tillstånd att återvända till Lettland först 1961.

Han dog, i frihet, den 14 juli 1966. Om hans död cirkulerar många rykten – några påstår att han begick självmord, att ensamheten blev honom för svår och att han till sist själv valde döden.

Det är i så fall bara en liten del av sanningen. Hösten 1965 blev han inlagd på ett sjukhus i Riga. Han var sjuk, han skulle undersökas. En av de läkare som undersökte honom var Janis Slaidins. De kände båda igen varandra. Gailitis var uppenbarligen svårt sjuk, och man konstaterade snart att han hade en cancertumör med dottersvulster. Själv visste han inte om detta. Cancern var redan för långt gången, det gick inte att operera. De talades vid en kort stund, men diskuterade inte närmare de gemensamma upplevelser de haft. Han dog i juli 1966.

Rättegångarna?

Sedan han återvänt från arbetslägret, det var i mitten på 50-talet, stötte han samman med en bekant från Sverigetiden på en gata i Riga. De hade diskuterat händelserna efter kriget. Legionären – vi kan kalla honom K – hade arresterats i mars 1947, anklagats för att ha tjänstgjort i en polisbataljon som varit ansvarig för grymheter mot civilbefolkningen och begränsade utrensningar på landsbygden. Vittnen hade framträtt. "De ljög fruktansvärt, och överdrev." Efter det att bevismaterial hade framlagts hade K förklarat sig icke skyldig, eller, i de fall där materialet innehöll korn av sanning, ursäktad, eftersom han varit tvångskommenderad och handlat på order. "Men jag hade ingen chans. Det var en märklig rättegång. Domaren och tribunalen var redan på förhand övertygade om min skuld, och min egen försvarsadvokat ställer sig till sist och säger att jag uppenbarligen är skyldig. Vad kallar ni den rättegången! Vilken rättegång! Min egen försvarsadvokat!"

Augusts Dupurs, löjtnant, född 1916, frisläppt 1946, icke straffad. "1947 blev några av de utlämnade arresterade på nytt, och då blev jag en gång inkallad som vittne mot en av mina f. d. kamrater. Han var anklagad för några krigsförbrytelser, jag vet inte vad. Jag skulle berätta om hur det varit i Sverige, och det gjorde jag. Från det tillfället minns jag faktiskt ingenting särskilt. Där var en domare, och så satt där en tribunal. Det är allt jag minns. Jag vittnade, och sedan gick jag direkt hem." Föreföll rättegången vara korrekt? "Det vet jag ingenting om. Jag fördes in och vittnade om Sverigetiden, och sedan fick jag gå hem." Var rättegången offentlig? "Jo, det måste den ha varit, för i salen satt flera som jag kände igen. De satt på åskådarplatserna." Hur reagerade ni? "Det var mycket obehagligt." Varför det? "Det var mycket obehagligt, det är det enda jag minns. Jag vittnade, och sedan skyndade jag mig hem så kvickt som möjligt." Minns ni något annat? "Nej."

Om hur året i frihet uppstod. "Det konstiga var att rättegångarna inte började genast, utan först 1947. Vi levde ett halvår i frihet först." Vad berodde det på? "De hade väl fått ordning på papperen först då. Allting var ju ett sådant kaos den tiden, just efter kriget." Var det några som aldrig släpptes fria? "Ja, det var det. Jag vet fyra av oss som aldrig släpptes. Recis, Balodis, Peteris Ziemelis och så Eichfuss." Kan det ha varit fler av *letterna?* "Kanske, men inte särskilt många fler. Jag tror de där fyra var de enda som blev kvar i fångenskapen *hela* tiden." Litauerna då? "Om dem vet jag ingenting. Bland dem fanns ju flera tyskbalter. De fördes nog samman med tyskarna."

Villis Ziemelis, anklagad för att ha tjänstgjort i polisbataljon. Jekabs Raiskums, dömd för att ha tjänstgjort som officer i polisbataljon. Paul Lielkajs, anklagad för att ha tjänstgjort som officer i polisbataljon.

Vad innebar det? Varför ansågs detta speciellt graverande?

Det är än i dag svårt för en västerlänning att bedöma och ta ställning till det som hände i de baltiska staterna under andra världskriget. Där finns, å ena sidan, de klara bevisen för att deportationer österut förekom under den första ryska tiden 1940–1941. Där finns, å andra sidan, lika klara uppgifter som tyder på att en långt fruktansvärdare masslakt ägde rum under den tyska ockupationen, en jättelik massaker på judar, kommunister och civila som ännu är omöjlig att överblicka. Vissa fakta tycks dock vara betraktade som säkra också från västligt håll. Judeutrotningen i Lettland var den mest effektiva och grundliga i hela Europa: 89,5 % av de lettiska judarna likviderades. 85 000 judar likviderades de första två åren. Till hjälp fick tyskarna samarbetsvilliga letter, som organiserades i *Einsatzgruppen.* Detta förekom självfallet inte bara i Lettland – "i september 1941 svepte en litauisk grupp tillhörig Einsatzkommando 3 genom Raseinyai, Rokishkis, Sarasi, Perzai och Prienai och dödade alla judar i området – totala antalet dödade judar av kommandot var med litauisk hjälp 46 692 på bara tre månader" *(The Destruction of the European Jews)*. De av tyskarna uppsatta lettiska polisförbanden uppnådde en liknande effektivitet, de blev med tiden fruktade och hatade, och själva anklagelsen att en längre eller kortare tid ha tillhört ett polisförband som opererat bakom fronten blev efter kriget fruktansvärt drabbande. Vilka grupper i det lettiska samhället utrensades? Självfallet alla judar och kommunister, men också andra. Mellan den 1 och 31 juli 1941 dödades 24 625 judar i Bikierniskogen i Lettland, ansvariga effektuerare var tyska SS-män, lettiska poliser, tyska nazister, tyska SS-förband, lettiska samarbetsmän: i öst och väst finns många dokumentsamlingar som utslungar grava anklagelser mot lettiska samarbetsmän, vem urskiljer sanningen utan att själv studera originaldokumenten? Inom Einsatzgruppe A organiserades fem lettiska poliskompanier, som sysselsattes med utrensningar och terrorverksamhet. Framför allt under det första året av tysk ockupation var de lettiska utrensningsgrupperna mycket aktiva: de började operera redan bakom den vikande och splittrade ryska fronten under sommarmånaderna, och när tyskarna besatt Lettland fann de att de redan hade väl utbildade och villiga lettiska hantlangare att ta till sin hjälp. Ibland alltför villiga: rapport från en tysk områdesbefälhavare i Lettland, oktober 1941. "Jag är övertygad om att de ständiga avrättningarna av kommunister, som också pågår nu, gör ett mycket oförmånligt intryck på delar av befolkningen. Jag vill inte förneka att Vidzeme var relativt starkt infekterat av kommunism. Men under de första dagarna efter den tyska arméns ankomst sköts hundratals kommunister ned av medlemmar av Lettiska skyddskåren eller av lettisk polis. Tysk säkerhetspolis höll sig mer eller mindre stilla under dessa dagar. Nu kan inte sådana metoder accepteras längre." Enligt sovjetiska undersökningar avrättades under kriget 313 000 civila på lettisk mark av tyskarna. Ett tragiskt faktum, som också de stora standardverken om utrotningarna under kriget ständigt påpekar, är att lettiska samarbetsmän, milistrupper och polis tycks ha spelat en klart aktiv roll vid dessa utrensningar.

Har detta något som helst samband med de från Sverige utlämnade legionärerna?

För de flesta av dem: nej. De som kom till Ystad via Bornholm tycks för det mesta ha tillhört en annan kategori: de till fronten tvångskommenderade. Bara en mindre del av de 1947 dömda tillhörde denna "grupp Bornholm". För dem som kom direkt från Lettland till Gotland låg saken kanske något annorlunda till. De tycks också ha drabbats hårdare av arresteringarna och domarna.

Några exempel. Följande uppgifter är hämtade från sovjetiska arkiv, de bör, som redan eftertryckligt påpekats, inte tas för gott. De är dock av ett visst intresse.

Oscars Recis, löjtnant, född 1914, flydde i maj 1945 till Gotland. Om honom kunde följande uppgifter presenteras. I november 1941 anmälde han sig som frivillig till tyska SD (Sicherheitsdienst, SS säkerhetstjänst) i den lettiska staden Daugavpils. Han arbetade där med kartoteksarbete över lettiska kommunister samt lettiska tyskfientliga nationalister som var icke-kommunister. 1941 kom han till Livani, blev där ledare för en polisavdelning inom SD, anklagades vid rättegången för att själv aktivt ha deltagit i misshandel. I juni 1944 tillträdde han en tjänst som ställföreträdande chef för tukthuset i Ventspils. Under rättegången framträdde en rad vittnen som påstod att han personligen skulle ha misshandlat fångar, bl. a. med en gummibatong.

Han anklagades dock framför allt för att under tjänstgöringen i Daugavpils ha medverkat vid utrensningen av judar. Han dömdes år 1947 till arton års fängelse. 1956, alltså tre år efter Stalins död, satt han fortfarande i straffläger. Det finns från detta år en anteckning i handlingarna: han vädjade då om nåd inför en appellationsdomstol. Denna nådeansökan avslogs, med motivering att hans brott var alltför grova för att tillåta strafftidsförkortning. Samma handlingar anger dock att han frigavs den 23 januari 1958.

Peteris Ziemelis, född 1918, löjtnant, flydde till Gotland, internerades, utlämnades av svenskarna. Om honom berättar arkiven följande. I juli 1941 kom han som frivillig till den "lettiska" säkerhetspolisen. Han fick tjänstgöring i Daugavpils, en lettisk stad öster om Riga, och blev där chef för ett förhörskommando. I Daugavpils fanns då ett judiskt ghetto, det första i Lettland, och dit hade många judar i denna region förts. I november–december 1941 förintades detta ghetto. Peteris Ziemelis anklagades i rättegången för att tillsammans med tre andra namngivna män vara direkt ansvarig för morden på 33 000 judar i Daugavpils, varav 3 960 var barn. Ziemelis anklagades i samma rättegång för att personligen ha begått vissa specificerade grymheter under denna utrensning, samt för att ha tagit upp judiska kvinnor från ghettot på sitt rum och utnyttjat dem sexuellt. Han anklagades för att den 8 och 9 november 1941 tillsammans med två medhjälpare personligen ha avlivat 50 judar. Ziemelis var då chef för ett utrensningskommando och behövde annars endast undantagsvis själv verkställa avrättningarna.

Enligt dessa uppgifter skall han under hela denna tid ha tillhört ett rent *lettiskt* polisförband, självfallet underställt och dirigerat av de tyska ockupanterna. I juli 1944 kom han in vid SD. I oktober 1944 fick han som SD-officer förflyttning till Kurland, och fick där tjänst som chef för tukthuset i Ventspils: det finns alltså en viss parallellism med Oscars Recis historia, han var ju vid denna tid ställföreträdande chef för samma tukthus. I maj 1945 flydde Peteris Ziemelis till Sverige. Hans sista grad var, enligt dessa källor, SD-Untersturmführer.

Ziemelis och Recis dömdes båda i samma kriminalprocess: materialet är mycket stort, 162 vittnen hördes inför rätten, uppgifterna ovan är hämtade från den sammanfattning av processen som föredrogs när domen fälldes.

Peteris Ziemelis dömdes till döden. Han är den ende av de utlämnade som *bevisligen*, och med absolut evidens, dömts till döden. Det är möjligt att någon eller några andra dödsdomar också utfärdats, men denna är den enda som förefaller absolut säkerställd, eftersom den bekräftats av sovjetiska rättegångshandlingar.

Verkställdes dödsdomen?

Om detta lämnar handlingarna inget svar. Den lettiske historiker som överlämnade uppgifterna konstaterade bara att en dödsdom hade avkunnats och att uppgifterna efter detta tar slut. Det förefaller alltså troligt att Ziemelis avrättats.

Dock.

Vid ett samtal i september 1967 påstår sig den lettiske löjtnanten L P ha brevväxlat med Peteris Ziemelis så sent som 1964. Han skulle då ha befunnit sig i ett arbetsläger någonstans inom Sovjetunionen. Han skulle också ha berättat att han visserligen dömdes till döden men att han av nåd fick dödsstraffet omvandlat till tjugofem års fängelse, ett fängelsestraff som uppenbarligen inte var möjligt att avkorta.

Enligt denna version, som det finns visst skäl att sätta tro till, skulle alltså Ziemelis som den siste av de utlämnade legionärerna ännu avtjäna sitt straff. Hans strafftid skulle i så fall utgå 1972. Detta år skulle han friges.

Utfärdades andra dödsdomar?

Det är möjligt att Ernsts Kessels, som dog i frihet 1962 efter att ha avtjänat ett långt straff (han dog i Lettland), att han ursprungligen dömts till döden. Vissa källor från svenskt-lettiskt håll påstår detta. Det förefaller dock undersökaren mindre troligt: det troliga är i stället att han dömts till tjugo-tjugofem års straffarbete och frigetts i förväg. De uppgifter undersökaren fick, och som delvis var oklara och diffusa, tydde på detta.

Man kan också konstatera: det är inte troligt att ytterligare dödsdomar utfärdades mot letter. *Inga* dödsdomar tycks ha verkställts. När inte Peteris Ziemelis, Oscars Recis, Karlis Gailitis eller Ernsts Kessels avrättats, då är det mindre troligt att någon annan i denna utlämnade grupp har avrättats.

Kan man lita på dessa arkivuppgifter? Såg Peteris Ziemelis biografi sådan ut?

Ett judiskt ghetto fanns verkligen i Daugavpils, det förintades i november-december 1941. Så långt, eller kort, kan historien kontrolleras. Den anklagade kan inte uttala sig, och frågetecknen måste alltså kvarstå. När han kom till Gotland meddelade han registreringsmyndigheterna kort och gott att han "tjänstgjort som SS-officer i Ventspils". Denna lilla pusselbit tycks stämma. Men vid den individuella undersökning som de svenska myndigheterna företog den 25 november, efter att vädjanden om detta blivit resta i riksdagen, lämnade Peteris Ziemelis helt andra uppgifter. Där står, under hans namn: "Civilpass. Är lettisk off. Tvångsenrollerad i ryska armén. Deserterat. Ej tysk militärtjänst. Kom till Sverige i lettisk uniform."

Han hade alltså nu korrigerat sina uppgifter.

Hans kamrat Oscars Recis lämnade vid detta tillfälle följande uppgifter till de svenska myndigheterna: "Lettisk off. Tvångsenrollerad i ryska armén. Deserterat. Ej gjort tysk militärtjänst, men arbetat åt tyska militärmyndigheter som mjölnare. Flydde från Kurland till Gotland i lettisk offkappa."

Hur borde de svenska myndigheterna ha handlat?

Under vintern 1966–1967 ansökte undersökaren hos Kungl. Maj:t att få ta del av det hemligstämplade material om baltutlämningen som fanns dels i UD:s arkiv, dels på Krigsarkivet. Han gjorde upprepade framstötar, de militära myndigheterna var positiva till att lämna ut uppgifterna, men regeringen sa nej. Antalet inlagor och svarsskrivelser bildade snart en ansenlig liten bunt. Svaret blev dock nej, man motiverade detta bl. a. med att frågan rörde förhållande till främmande makt. Han kunde emellertid konstatera att denna främmande makt (Sovjetunionen) tycktes betydligt mer samarbetsvillig och öppen än de svenska myndigheterna, det tycktes som om det vore avsevärt lättare att ta sig in i hemliga ryska arkiv än i hemliga svenska. Att utifrån detta dra vittgående slutsatser om möjligheterna för en medborgare att få insyn i statens affärer är dock omöjligt. Han skrev detta i brev till en svensk minister. "Jag har *icke* fått intrycket att Sverige är en polisstat. Jag drar *icke* några förhastade slutsatser utifrån detta. Den större öppenhet Sovjet visat kan *mycket väl* vara skenbar, tillfällig, eller betingad av taktiska synpunkter. Dessa mina erfarenheter är *icke på något sätt* ett bevis för att Sovjet skulle ha ett renare samvete än Sverige."

Bland de uppgifter han begärde att få rörde några de legionärer som inte blivit utlämnade. Han begärde uppgifter om Oscars Lapa, Edvard Alksnis och Peteris Vabulis. Lapa och Vabulis hade begått självmord i Sverige. Alksnis hade stuckit en penna i ögat och bodde nu i London. Vad kunde de sovjetiska arkiven berätta om dem?

Efter två dagar fick han besked.

Om Edvard Alksnis och Peteris Vabulis finns i arkiven *ingenting* som kunde tjäna som grund för en arrestering. De hade visserligen tjänstgjort i tyska armén, men hade uppenbarligen *icke* gjort sig skyldiga till någon form av krigsförbrytelse. Deras vapensköld var blank, och om de utlämnats skulle de uppenbarligen, om allmän praxis hade följts, ha blivit frisläppta med de övriga.

När det gällde Oscars Lapa gav dock denna testfråga ett något annorlunda utslag.

De data som lämnades om honom var följande.

Oscars Lapa var född i Liepaja, han var apotekare. Under 30-talet hade Lapa varit medlem i en halvfascistisk organisation som kallades Perkonkrusts (Åskkorset). 1942 kom Oscars Lapa till SS och genomgick en SD-skola i Fürstenwald. I maj 1942 kom han till ett kommando vars ledare var Viktor Arajs. Om denne finns en utförlig och mycket tillförlitlig dokumentation, också i väst, han betecknas i de flesta undersökningar som en svår krigsförbrytare, och under hans kommando företogs mycket omfattande utrensningar i Lettland: sovjetiska källor uppger att han måste anses ansvarig för utrensningen av drygt 100 000 lettiska, litauiska, vitryska, ukrainska och polska krigsfångar.

Vilken roll Oscars Lapa spelade i detta kommando framgår på intet sätt av handlingarna. Där noteras endast att hans titel var Untersturmführer i SS och att han var chef för en grupp på tjugofem man.

I detta kommando deltog han i två år. Våren 1944 dyker han åter upp i handlingarna – han kommer då till Liepaja och tjänstgör där som SD-officer. Om denna tid finns inga rapporter. Hösten 1944 kom han till den 15 lettiska SS-divisionen, en division som till större delen bestod av tvångsmobiliserade unga lettiska pojkar som dåligt beväpnade sändes till fronten, till hälften krossades, och sedan återfördes till Tyskland för reorganisering. En liten spillra av denna division flydde våren 1945 från Danzig till Bornholm, och sedan till Sverige. Bland dem fanns Oscars Lapa.

Vad hade han gjort under de två åren i Arajs kommando? Det är meningslöst att spekulera, han dog, han ställdes aldrig inför rätta. Den lettiske historiker som gick igenom arkiven och fick en viss om än ytlig inblick i den rättspraxis som tillämpades vid denna tid, ansåg det i varje fall troligt att Lapa, om han utlämnats, skulle ha kommit att höra till dem som ställts inför rätta. Skulle han ha dömts? Vad skulle han ha anklagats för? En meningslös fråga, eftersom den rättegången aldrig hölls.

Är alla dessa arkivuppgifter sanna? Det är omöjligt att fastställa. Men de är ändå av ett stort intresse, eftersom de, frånsett om de är sanna eller förfalskade, förmodligen väl avspeglar de anklagelser som år 1947 riktades mot en grupp av de från Sverige utlämnade legionärerna. *Anklagelser* av den här typen riktades alldeles uppenbart mot dem. *Domskälen* såg just sådana ut.

Om anklagelsepunkterna är sanna eller falska kan i dag ingen utomstående avgöra.

Men uppgifterna om Lapa? Hade han tjänstgjort i ett kommando under Viktor Arajs i två år? Han ställdes ju aldrig inför rätta, han fick aldrig försvara sig, han har i dag ingen möjlighet att försvara sig. Han tog sitt liv i Sverige, inför trycket av en situation som tycktes absolut hopplös, han påstod sig den sista kvällen av sitt liv vara säker på att bli skjuten. Borde inte detta få vara detta? Kan inte de döda få vila i fred? Är inte detta att hålla rättegång med de döda?

Och av alla frågor kring utlämningen tycktes denna vara den svåraste att besvara: hur skulle undersökaren ställa sig till allt detta? Han mindes de oavbrutna varningarna från Sverige: "De kommer att ljuga för dig. De kommer att hindra dig att få veta. De kommer att proppa dig full med lögner. Tro dem inte. Tro dem inte." Nu satt han här mitt i en växande hög av dokument, upplysningar, fotografier och anteckningar, han hade ingen möjlighet att själv kontrollera sanningshalten eftersom han inte talade lettiska, skulle han publicera allt detta? Var han på väg att duperas, att föras bakom ljuset? Om det var lögner de presenterade så måste han medge att de ljugit skickligt, eftersom en rad små detaljer tycktes stämma. De hade sagt honom att Vabulis var oskyldig, men att Lapa säkert skulle ha dömts om han utlämnats – varför hade de i så fall inte ljugit om dem båda? Varför just om Lapa, om vilken så många insinuationer hörts redan i Sverige, Lapa som kanske själv hade antytt något av allt detta under ett samtal med en svensk den sista natten han levde?

Nej, det var ingen rättegång med de döda. De döda reste sig och talade själva: Per Albin Hansson och Oscars Lapa, Peteris Vabulis och Ernsts Kessels Christian Günther och Karlis Gailitis. När historien en gång hade väckts till liv reste de sig alla och började tala, de var alla anklagade och anklagare, dokumenten talade och breven talade, historien talade, och historien tycktes hålla rättegång med sig själv. De talade alla med ursinnig och förorättad röst, och de skulle aldrig upphöra med sitt ursinne eftersom denna utlämning aldrig skulle upphöra att leva genom dem. Uppgifter, dokument, arkiv, anklagelser – var det så att han förts bakom ljuset skulle historien korrigera honom. Tills vidare kunde han inskränka sig att presentera de pusselbitar han tyckte sig ha funnit, även om de var obehagliga att passa in.

Kunde något annat utläsas av domskäl och protokoll? Bl. a. detta att domarna för några av de anklagade föreföll absurt hårda i förhållande till vad de anklagats för. När anklagelserna grundades på en kortare tids tjänstgöring i ett poliskompani hade straffet blivit femton års fängelse. Mot några andra riktades långt allvarligare anklagelser, men de straff de ådömdes var inte så mycket hårdare. Avståndet mellan straffen för de små brottslingarna och de stora tycktes egendomligt kort.

Å andra sidan – ytterst få av de dömda "svenska" legionärerna tycktes ha suttit strafftiden ut. Mellan åren 1952 och 1957 frigavs de allra flesta. Alltså efter fem till tio års arbetsläger. De återvände till Lettland, en efter en.

Ge inte upp. Fortsätt. Lapa: i juni 1941 blev enligt vissa uppgifter hans båda föräldrar deporterade av ryssarna. Vad hade detta i så fall för konsekvenser för Lapas attityd till kommunister? Vilka uppgifter om sig själv lämnade han till de svenska myndigheterna? Den 25 november 1945: "Oscars Lapa. F. d. 19.6 1904. Civilpass serienr. BZ 017664, utfärdat av polismyndighet i Liepaja d. 10 jan. 1929. Adoptivson till Lapa, hans rätta fader köpman Otto Petterson från Cesvani, Lifland. Säger att apotekare ej fick inkallas, uppvisar avskrift av diplom utfärdat av Lettlands universitet i Riga att han avlagt magistergraden i farmaci." Men vad hade hänt under de två åren i Viktor Arajs kommando?

Slutaddering. Av de 130 letterna tycks ungefär 25–30, maximalt, ha blivit straffade. Men: så sent som i mars 1968 skrev en av de utlämnade, själv straffad, till honom i ett brev att "av vår grupp, alltså de utlämnade letterna, tycks ungefär 15 man ha blivit straffade, och de allra flesta av dessa hade arbetat vid polisen under ockupationstiden". Brevskrivaren hade under vintern gjort vissa privata undersökningar, och talat med flera av de utlämnade, både i Riga och i provinsen. Han hade bl. a. försökt få kontakt med både Peteris Ziemelis och Oscars Recis, men misslyckats. Det är alltså troligt att antalet straffade letter varierar mellan 15 och 30: närmare preciseringar är i dag ännu omöjliga. Av de 7 esterna blev 1 straffad. Av de 9 litauerna? Av dessa var 6 officerare, 1 läkare och 2 underbefäl, de hörde inte till Danzig-Bornholmgruppen, man måste utgå från att procenten straffade bland dessa litauer är mycket hög, eventuellt 100 %. Några blev bevisligen straffade och dömda, t. ex. Lengvelis, Langys och Jancys. Den troliga maximala siffran straffade skulle då bli 30 plus 1 plus 9, alltså 40. Den minimala 18 plus 1 plus 9, alltså 28. Det är således en god gissning att anta att ungefär 35 av de 146 utlämnade legionärerna blev straffade.

Man kan ha invändningar, men så långt kom *han* i *sin* undersökning. Ungefär 35 av 146 utlämnade blev straffade.

Ingen avrättad.

Ett av lägren låg i Vorkuta, runt en stad som hette Vorkuta, ett läger utspritt över ett stort område, omringande en stad, beläget på slätten vid foten av Uralbergen. Vissa klara dagar kunde de se bergen omringa horisonten. Där fanns stora kolfyndigheter, och två floder löpte genom området, Pechora och Vorkuta. Lägret var inte ett utan flera små, utspridda i anslutning till gruvorna, koncentrerade till industrierna. Arbetarna bodde i träbaracker, trängseln var ofta svår, de hygieniska förhållandena dåliga, hopplösheten total. Under de första åren efter kriget var maten dålig och allting blev en kamp för livet. Långsamt förbättrades villkoren, men de flesta som suttit i detta läger talar med avsky om de första åren: de var på många sätt outhärdliga. Man arbetade i tre skift, man hade åtta timmars arbetsdag, men i den räknades inte in vägen till och från arbetet. På vintern var kölden fruktansvärd, och då var det en fördel att arbeta i gruvan eftersom temperaturen där var uthärdligare. Men det var inte alla som arbetade där, och för dem som tvingades till arbete i det fria var förfrysningen ett ständigt hot. Lönerna? De var obetydliga, men man fick lön. Den pendlade i allmänhet mellan 50 och 150 rubel i månaden, och en rubel var då mindre värd.

Dit, till Vorkuta, kom några av legionärerna. En av dem, L B, skulle leva där i åtta långa år.

De första åren var de värsta, då var förhållandena mycket svåra. Under de första åren på 50-talet kom förbättringarna långsamt smygande, efter Stalins död inträffade en radikal omsvängning. För första gången kunde man då se mat kvarlämnad i matsalarna, överblivna brödstycken och halvtömda fat. Lönen blev nu också bättre.

– Hur var behandlingen i lägren?

– Man kan nog säga att vaktmanskapet i allmänhet behandlade oss hyggligt. Själv har jag aldrig blivit utsatt för någon form av misshandel, och jag har heller inte sett någon sådan. Däremot har jag hört historier om hur det var under det första året efter kriget, då tycks det ibland ha förekommit. Jag försvarar det inte, men man måste tänka på att känslorna var uppskruvade då, ryssarna hatade allt vad tyskt hette, hatade tyskar och tyska armén och dem som tjänstgjort där, jag försvarar inte misshandeln som då förekom ibland, men ryssarna hade ju fått lida mycket. Men där jag arbetade, och under de år jag var där, då var faktiskt vaktmanskapet hyggligt. Man måste ju förstå att också de levde under svåra och trista förhållanden. De levde ju inte heller i paradiset, de hade ingen anledning att jävlas, de kände sig väl snarast som våra olycksbröder.

– Är ni uppriktig nu?

– Det jag säger är sant, jag behöver inte ljuga. Vi hade turen att i vårt läger ha en hygglig kommendant. Och jag minns hur vi brukade säga, att om förhållandena plötsligt förändrades så att vi fick makten, och han var fånge, då skulle vi inte hämnas på honom. Vi skulle inte göra honom något. Han var en bra människa. Förstår ni? *Ein guter Mensch!*

– Och annars?

– Problemet för oss var varken bevakningspersonalen eller lägerledningen. Problemet var att politiska och kriminella fångar ofta blandades med varandra. Och de kriminella – ja, om dem vill jag inte ens tala. Vi avskydde dem. Men vi tvingades arbeta med dem, leva med dem. Det var det värsta.

– Och annars?

– Det gick. Vi överlevde. Vi kom tillbaka.

– Och mer?

– Jag minns inte, säger han. Det är inte det att jag inte vill minnas. Eller att jag inte törs minnas. Men det har glidit bakåt, det som hände. Vorkuta, lägren, gruvorna, matsalarna, barackerna, taggtråden, uppställningarna, slitet, kölden. Det är som en dröm. Jag vet att jag har varit där, men det är som en dröm, det är så overkligt, som om det inte hänt mig. Det gör inte ont när jag tänker tillbaka på den tiden. Det känns ingenting. Som att se genom dimma, som en dröm eller en mardröm, som glider längre och längre och längre bort.

Han blev fri år 1955. Ett par år senare återvände han till Riga.

Vad minns han? En dag såg han en hälsning från ett land som han inte glömt: Sverige. Det var smör från Sverige. Han såg det på etiketten, det var svenskt smör. Han såg på etiketten, och åt sedan upp smöret. Han säger sig inte kunna minnas att det väckte några speciella känslor visavi Sverige. Smöret var gott. Han åt upp smöret.

De levde med tyskarna, men de skulle stanna längre än de. En dag hörde man rykten om att Adenauer hade varit på besök i Moskva, han skulle ha utverkat tillstånd för frigivning. Snart blev också tyskarna frigivna, men balterna fick stanna kvar. De blev oerhört upprörda och protesterade, men det hjälpte inte. De fick stanna kvar.

Legionären och officeren P, som också har erfarenhet av arbetsläger, talar länge om detta. Han är mager, med lysande men vemodiga ögon, han rör sig med snabba rörelser, har en tand av rostfritt stål, ler ofta.

Han bor alldeles ensam i Riga.

Hans familj finns i Australien. Hustru, två barn. Han har sett sina pojkar som små, aldrig sedan dess. Han får själv inte utresetillstånd, och de vill inte besöka honom.

Han bor alldeles ensam i Riga.

– Jag skriver till familjen, säger han. Jag skriver ofta, och de skriver tillbaka. De har det nog bra i Australien. En av pojkarna gifte sig i våras. Jag kan ju inte resa dit, men varje gång jag skriver frågar jag när de ska komma. Kommer ni inte och hälsar på mig, skriver jag. Men de svarar aldrig på det. De svarar på allting annat, men inte just

på det. Jag skriver och frågar och frågar, men de säger aldrig när de tänker komma. Kan ni förstå varför?
– De kanske är rädda att åka tillbaka?
– Men de behöver inte.
– De kanske inte har råd?
– Jaha, säger han och sitter med händerna i knät och tiger förvirrad och nedslagen, nej, säger han sedan, de har nog inte råd. Det är en lång resa.
– Eller kanske det är så, säger svensken, att de anser sig vara politiska flyktingar och alltså av principiella skäl inte bör besöka hemlandet.
– Jaha, säger han. Ja. Ja man vet ju inte eftersom de aldrig svarar på just detta. Men det skulle vara roligt att se pojkarna.

Breven? Vad talar de om i breven?
– Ibland, säger han, märks det att vi har blivit så olika. Det märks på breven. Vi har ju upplevt så olika saker. Ibland tänker jag, att om alla gränser skulle upplösas och människor åter fick träffas som de ville, då kanske vi ändå inte skulle kunna leva tillsammans. Kanske har det gått så lång tid att... ibland vet jag inte om jag skulle våga.
– Våga?
Men han svarar inte.
– Hur var det att komma tillbaka till Lettland?
– Å, säger han och ler, det var bra, men det förstår nog ingen. Det var så förändrat. Man hade byggt upp så mycket. Det var som om Lettland långsamt hade börjat leva igen. Vi hade byggt upp det, och nu levde det igen, som före kriget.
– Vi?
– Ja, det var ju vi som byggt det.
– Men lägren? Hur var det i lägren?
Han sitter tyst en stund.
– Nej, säger han till sist, det skulle ni inte förstå. Det är svårt att förklara. Jag kan beskriva det, hur vi levde, vad vi åt, hur vi arbetade, vad vi gjorde på fritiden. Men ni skulle ändå aldrig förstå.

*

Om liv och förhållanden i de sovjetiska arbetslägren finns ett oändligt antal vittnesmål, de är mycket exakta och upptar detaljerade redogörelser för matportioner och bredden på sovbritsarna och stängslens höjd och arbetsuppgifterna och lägrens organisation, samtliga vittnesmål är exakta och precisa och några är färgade av hat och några av ideologiska fördomar och några av förståelse, och litteraturen om dessa läger är stor och omfattande, han läste igenom många skildringar och hörde många vittnesmål, men aldrig fann han sin oförmåga bättre fångad än i dessa ord: ni skulle ändå aldrig förstå. Och efter dem satte han punkt, och skrev ett slags sammanfattning: De dömdes 1947. De satt där i många år, de började friges i början av 50-talet, de flesta var frigivna några år senare. Den 17 september 1955 utfärdade Högsta Sovjet sin allmänna amnesti "för sovjetmedborgare som samarbetat med ockupanterna under det stora patriotiska kriget 1941– 1945". *Alla* som samarbetat med tyskarna kom inte i åtnjutande av amnestin. Men en period i arbetslägrens historia var definitivt till ända, och legionärernas straff var slut.

"Det låter kanske konstigt, men jag är faktiskt socialist nu." Är han uppriktig? "Jag har sett mycket. Jag har upplevt mycket. Det är svårt att beskriva hur man utvecklats." Förekom politisk indoktrinering i lägren? "Det förekom, men det är inte därför." Men varför?

Legionären Y talade i några satser om sin inställning till Sovjetunionen, och under dessa ögonblick utbreddes ett snett och tvetydigt leende över hans ansikte. På frågor om vilken hans politiska ståndpunkt i dag var svarade han dock undvikande, och såg på svensken med ett egendomligt uttryck i ögonen. Denne övergick då till en annan typ av frågor.

Hur många svar? Vilka svar?
　Många svar. Lika många som individer.

4

De avslutade samtalet, skakade hand och skildes. De hade suttit i parken, det var sent på kvällen, han reste sig och tog adjö och gick medan svensken satt kvar. Det åttonde samtalet, Riga i september 1967, tid två timmar och fyrtio minuter, kväll, indiansommar. Svensken satt kvar och tänkte: där går han, efter att ha låtit mig nosa på sitt liv. Han var inte rädd och var alldeles öppen, men det enda jag egentligen gjorde var att nosa, som en hund. Jag kommer och nosar och försöker känna vittringen av hans liv.

Han satt kvar på parkbänken och tänkte: lukten av hans liv kanske ligger kvar, som en vittring. Jag sitter kvar och känner efter, och när den försvunnit kan jag börja beskriva den.

Liv? Död? Dagen innan hade han gått igenom ett stort och omfattande dokumentärmaterial om Lettland under andra världskriget, om utrensningarna, om samarbetsmännen, om partisanförbanden, om nationalisterna och deras kamp mot tyskarna och om kommunisternas kamp mot tyskarna och om utrensningslägren. Det tyska materialet var det lättaste att ta sig igenom, men där fanns också annat, som var svårare. Där fanns fotografierna, och de var de svåraste. Det tycktes ha funnits ett slags absurd pornografisk aspekt på utrensningarna som gav utslag i denna oändliga rad av fotografier, tagna av tyskar och lettiska samarbetsmän, bilder av människor som beredde sig att dö. De flesta tycktes vara kvinnor, och de tvingades alltid klä av sig nakna, och sedan drevs de fram mot de uppskottade massgravarna och så sköts de. Fotografen stod intill, och bilderna blev utmärkta. De klädde av sig i små frysande hukande grupper, stod med händerna hårt och ängsligt tryckta mot brösten och stirrade uttryckslöst rakt in i kameran. De visste det inte, men de var redan partiklar av en dagsrapport: 73 utrensade, 144 utrensade, 12 avrättade. Judenfrei. Kommunistiska element. Nationalister. Opålitliga. En av bilderna var tagen på ett tiotal meters avstånd från en massgrav, där bara en del av likhögen stack upp. Längst upp, vilande utslängd på ett nästan utmanande sätt, uppburen av nedblodade kroppsdelar och kroppar och bröst och lemmar, låg en ung och fullmogen kvinna, armarna utbredda som i extas, huvudet tillbakakastat, benen lätt skilda. Varför bevarades fotografierna? Därför att detta var dödens pornografi. Ofta hade bilderna knäppts medan offren motvilligt eller apatiskt drevs framåt mot den uppskottade graven, med en ung pojke med gevär bakom sig, en civilklädd med kepsmössa: vem var han? Detta var bilder från Balticum, de var oändligt många, de tycktes aldrig ta slut, vad hade de med baltutlämningen att göra?

Vad hade de med utlämningen att göra?

Statistik. Siffror. Lägret i Salaspils, avrättningsväggen som han sett, den torra heden. Fotostatkopior över utrensningskommandonas månadsresultat. Vad blev slutfacit? 320 000 eller 410 000 eliminerade? Eller bara 128 650? Var han på väg att förblindas av detta, så att han glömde de deportationer som ryssarna gjort sommaren 1941? Vad hade hänt dessa deporterade? Hade de fått återvända, hade de dött i arbetslägren, vad hade hänt? Hur många av dessa maximalt 40 straffade utlämnade var verkligen delaktiga i de fruktansvärda krigsförbrytelser som utan tvekan skett under den tyska ockupationen av Balticum? Några? En handfull? Ett tiotal? Flera?

Det som nu återstod var hans växande förvirring och en kvardröjande vittring av liv. Det var inte vad han hade tänkt sig. Han hade börjat med att försöka besvara en enkel, okomplicerad fråga: Var det rätt att utlämna dem? Nu satt han i en park, omgiven av ljus och skuggor, och skrev i en anteckningsbok som om anteckningarna skulle kunna frälsa honom, med en tynande trafik som bleka ljud bakom grönskan. Han ville formulera ett svar, men det tycktes omöjligt att formulera svaret i ord. Kunde jag ta lukter, tänkte han, kunde jag bara smälta samman de vittringar av liv jag gått igenom: som en hund. Han hade vant sig vid att syssla med känslor formulerade i ord, inte i verklighet, men på de frågor som nu ställdes tycktes det bara komma mångtydiga vittringar till svar. Om de hade velat bedra honom om Peteris Ziemelis, varför hade de då sagt att hans dödsdom tycktes verkställd, när han i själva verket levde? Var detta ett av många tecken på att uppgifterna var autentiska? Eller hade han också här bara fått känna sanningens kvardröjande vittring, inte mer? Hjälp mig då att addera lukterna, tänkte han. Lukten av Gotlands kust en majmorgon klockan 4. Lukten av tältduk. Lukten av svensk polis. Lukten av sjukhus, lukten av ensamhet, lukten av förtvivlan. Hur luktar förtvivlan? Lukten av deras ord när de försökte formulera halvt glömda känslor. "I Gälltofta var den värsta tiden." Hur? "Ja, det var liksom den värsta tiden."

Borde de ha utlämnats? Varför fick baltutlämningen sådana konsekvenser, en sådan uppmärksamhet? Skulle han välja ett svar från vänster eller höger? *"Fascistiska och reaktionära element av skilda slag ådagalade ånyo, att deras intressemässiga och känslomässiga ovilja mot arbetarrörelsen helt dominerar deras tänkande och handlande. Hänsynen till landets intressen eftersätts. De gjorde allt för att komplicera förhållandet mellan Sverige och Sovjetunionen, vilket verkligen ändå inte är alltför gott. Sverige utlämnar utan invändningar, och utan att i praktiken förbehålla sig prövningsrätt, quislingar, krigsförbrytare, SS-män och vanliga soldater från Norge, Danmark och ett flertal andra länder. Vi vet, att stränga straff väntar dem, ofta dödsstraff, men de utlämnas. Sovjetunionen skall till varje pris sättas i särklass. Gentemot Sovjetunionen behöver inga löften hållas, ingen folkrättslig praxis följas. Sovjet, som räddade mänskligheten från nazismens herravälde, skall till varje pris utpekas som busen."* Detta var vänster, i december 1945. *"För många svenskar är vad som skedde en ständigt värkande böld. Den är av det slag som inte läks av sig själv. Den måste öppnas."* Höger. Vad svarade han själv? Kunde han undvika att svara längre?

Han skulle komma hem till Sverige, hösten 1967, och tala med många om detta. Han ansträngde sig, på det vattentätt-liberala sätt han lärt sig, att inte vara kategorisk, men kärnan i allt detta tycktes ändå bli att det inte gått så särskilt illa för de utlämnade. De var inte avrättade, de flesta hade blivit frigivna. De som dömts hade i de allra flesta fallen blivit frigivna. De hade återvänt. De bodde i Lettland. De kunde uppsökas.

Reaktionerna blev ibland egendomliga.

Några av dem han talade med blev mycket glada. De blev glada inte för att de f. d. legionärerna hade klarat sig, utan för att detta faktum skulle kunna användas som ett politiskt argument.

Några blev påtagligt nedstämda.

– De blev inte massavrättade som man trott, sa han. Inget blodbad, inga hängningar. Det förekom rättegångar. För en mindre grupp blev utlämningen en personlig tragedi, men, ja, det tycktes ha sina speciella orsaker. Men för de flesta blev livet ändå hyggligt. Inte lysande, men hyggligt.

– Jaha, sa de. Jaha.

– Men är ni inte glada? sa han. Det blev ju intet blodbad! De klarade sig ju!

– Jovisst, sa de. Om detta är sant alltså.

– Det tycks vara sant, i varje fall troligt.

– Jaha, sa de.

– Men blir ni inte lyckliga då?

– Joo, visst ... Jo då.

Ändå visste han ju att de varken uttryckte cynism eller människoförakt eller moralisk blindhet. Men de hade så länge vant sig vid att betrakta legionärerna och utlämningen som ett politiskt argument, att de hade glömt människorna. Och om deras lidande förminskades, och om deras död förminskades, så förminskades också deras politiska användbarhet. Och det var inte bra, inte alls. Ingen hade väl någonsin önskat deras död, inte på ett konkret sätt, inte ens deras vänner. Men många hade så länge föreställt sig dem som döda, att ut ur detta hade vuxit en tragedi, och allt eftersom åren gått hade tragedin nått det sublimas gräns, skulden hade blivit större och större, brottet värre och värre, allting hade blivit fruktansvärt *tydligt*. Och de hade tänkt på de 146 så länge i den tydliga, sublima tragedins form, att varje försök att förminska tragedin eller återföra den till verkligheten var en tragedi i sig själv. Eller en skändlighet.

Hur mäter man tragediers storlek?

Han noterade deras absurda besvikelse eller grämelse, men han orkade aldrig moralisera över den. Han hade själv, under undersökningens gång, ständigt varit på väg att agera och känna på exakt samma sätt. Han hade gång på gång förlorat människan ur sikte, ständigt förvandlat henne till ett politiskt argument, ständigt sökt förminska eller förstora tragedin, ständigt agerat som om han sysslat med ett abstrakt föremål. Han mindes väl undersökningens första veckor: förtjusningen över de självmord han stötte på, besvikelsen över att de inte var flera. Två döda: en liten tragedi. Fem döda: en svår tragedi. Hundra döda: en tung nationalskuld, en böld att spränga, att sätta kniven i. *Litteratur,* mycket användbar.

Vilka egenskaper konstituerar en nationalskuld?

Nu satt han här i parken. Det han sysslade med var ett politiskt problem och inte en fråga om vittringar. Nyss hade han talat med en utlämnad. Hade han lärt sig något? "Hur gammal är ni?" hade legionären frågat. Trettiotvå år. "En svensk trettiotvååring. Ja, jag var trettiofyra då, jag fyllde under tiden på Ränneslätt, jag minns det väl. Minns det tydligt."

Hur gammal? Trettiotvå. Nationalitet? Svensk. Sysselsättning? Författare. Sysselsättning? Moralist. Nationalitet och karaktär? Svensk moralist, nosare, hund, gift, ett barn. Politisk färg? Vänster. Politisk färg? Vänstersocialist. Har undersökningen förändrat din politiska ståndpunkt? Har du lärt dig något? Ja, allt. Vad då? Allt. Hur gammal är du? Trettiotvå år.

Han kände ingen skuld och ingen delaktighet, men han hade långsamt lärt sig att intressera sig för något annat än sitt eget engagemang, och eftersom detta tycktes lämna honom alldeles naken så frös han ofta. I övrigt tycktes han mest sysselsatt med att söka efter vittringar av mänskligt liv, för att se om liv var förenligt med ideologi. Det tycktes honom så, alltmer klart, alltmer obönhörligt klart, men han upphörde inte att nosa när han passerade vittringar av liv. Han kallade det för sin kvardröjande sentimentalitet.

Lukten av liv. Han passerade det oavbrutet. "Som fartyget passerar genom dimman, utan att dimman märker något." Det måste vara ett citat av Tranströmer. I vilket fall så hade detta förändrat fartyget.

Till sist gick han hem till hotellet. Midnatt, inga bilar, ännu ljum luft. Han gick runt en gigantisk staty i centrum, ett slags frihetsgudinna som höll upp tre stjärnor mot den mörka natthimlen. Dessa tre märkliga baltiska stater. Vid en taxistation stod en liten kö, de såg uttryckslöst på honom. Han gick upp på sitt rum, tog fram anteckningarna och började renskriva dem. Årtal, pilar, händelser, analyser. Dofterna hade försvunnit, frågetecknen, lusten att lägga pussel. Jag kan stanna här ett år utan att förstå mer, tänkte han mot bättre vetande, och släckte lampan. Klockan 9 nästa morgon skulle han få nästa ytliga insikt i baltaffärens mekanik. Det kändes tryggt. Han kunde sova nu.

5

När doktor Elmars Eichfuss-Atvars lämnade Sverige lämnade han ingenting efter sig, annat än ett antal brev och en myt. Myten växte och förändrades, och eftersom ingen egentligen visste vem han var skulle han för många bli den egendomligt undflyende centralfiguren i hela baltutlämningen. Myten förvandlade honom också till ett helgon. *"Leende går doktor Eichfuss-Atvars omkring bland de rättslösa. En mager, rak gestalt i kakibyxor och soldatskjorta, tjockt hår med färgen av mogna veteax, det ljusa, vårdade skägget förlänar ansiktet ett prästlikt utseende, i de oroligt flygande ögonen ett återsken av havet: enesegt tror han på möjlighet av vänskap mellan folken och håller sträng manstukt i lägret. Han tröttnar inte att åter och åter skriftligt och muntligt föra vidare meningen: "Vi kämpar för rättvisa och humanitet." Med vördnad ser ödeskamraterna upp till honom, med nyfiken förvåning de främmande. Vem är han, denne stolte, djärve, obrutne man? Ett helgon? En hysteriker? Varifrån får han i denna blytunga tröstlöshet kraft att le och skämta? Varifrån förmågan till suggestion? När han kommer in i baracken, lugnar sig de hetsade. Hans leende besvaras tacksamt, efter hans hand griper de hungrande som efter ett stycke bröd."*

Myten blev kvar, men själv försvann han. Det sista man minns av honom var detta: hur han anlände med bil med famnen full av blommor, hur han höll en snabb och informell presskonferens där på kajen i Trelleborg, hur han tog adjö av polismännen, gick genom spärren, gick uppför trappan, stannade uppe på däcket, sa "Tack Sverige!" med hög röst och försvann bakom de höga träväggarna som monterats upp på båten. Han hade pälsmössa, föreföll samlad och vital, han dominerade scenen varje sekund och han log gång på gång.

Han försvinner där ur historien.

Han dyker upp igen i lägret i Liepaja, där han omedelbart tycks ha skapat sig mycket goda kontakter med bevakningspersonalen, och där han också tycks ha behandlats som en betydelsefull person. Han umgås nu enbart med de s. k. "antifascisterna" i lägret, och har nästan ingen kontakt längre med de baltiska officerarna. Han talar i den ryska radion och gör där ett häftigt angrepp på de svenska myndigheterna.

I maj 1946 tycks han ha förflyttats till ett läger i Riga, han har fortfarande förmåner som är unika. På hösten 1946 försvinner spåren.

År 1948 dyker han upp igen. Han befinner sig då i arbetslägret Norilsk, i nordöstra Sibirien. Norilsk är en stad, en gruva, ett atomverk. Han är inte ensam: i samma region befinner sig 170 000 straffarbetare. Eichfuss dyker upp där en dag i februari 1948, han bär ett ljust rödlätt skägg, han anländer tillsammans med tjugo balter, varav dock ingen annan hörde till den grupp som utlämnats av svenskarna.

Den som såg honom där heter Joseph Marton, en ungrare som senare skulle bli frigiven och nu bor och arbetar i Västerås.

Lägret låg på en slätt, omgiven av höga bergskedjor, där fanns nästan inga träd, barackerna byggdes av internerna själva och var kanske inte dåliga, men felet var att sjuttio man låg i samma barack och den var inte stor. De låg på gigantiska långbäddar med tjugo man i varje bädd, som utkavlade på ett långt bakbord, och långbäddarna fanns i två plan, och på vintrarna när det var kallt ute tycktes hela baracken bli ett snarkande smutsigt råtthål där värmen var det enda positiva. De första åren var värst: sedan kom förbättringarna mot slutet av 40-talet, och då kunde man leva betydligt drägligare. Vintrarna var de värsta. I Norilsk var det kallt, mellan 50 och 64 grader kunde det bli, de gick från lägret varje dag upp till gruvorna och verkstäderna och fabrikerna. Man hade relativt gott om kläder och varma kläder, men när det dessutom blåste var det ingenting som hjälpte. Kläder hade de. Mat hade de också, även om de ytterst sällan var övermätta. "Men vi hade det ändå generellt sett bättre än civilbefolkningen i Sovjet under de första efterkrigsåren – jag har varit i många läger, så jag vet. Civilbefolkningen svalt, och svalt ibland ihjäl, under de åren. Men vi som satt i arbetslägren kunde ändå alltid vara säkra på att få vår dagliga ranson. Men de där utanför, de hade det svårt. Tyskarna hade ju bränt allting. Allting."

I Norilsk fanns inte bara politiska fångar, majoriteten var vanliga kriminella. I Norilsk fanns ungefär 30 % politiska fångar och 70 % kriminella. Och de kriminella dominerade lägren, de skapade sina egna hierarkier och sina egna lagar.

En rolig lägerhistoria: exempel. Kocken för varje arbetslag fick en gång per dag ut de varor han skulle använda. Bland matvarorna fanns bl. a. några kilo smör, som skulle läggas i soppan. Matfett var mycket eftertraktat, och några av de kriminella bland internerna befallde varje dag kocken att utlämna hälften av smöret till dem. Det skulle användas som betalningsmedel, mutor, bytesobjekt, eller bara som mat för dem själva. Kocken lydde. En dag blev han utbytt, en ny kock kom till, han vägrade att fortsätta handeln. Han lade smöret i soppan i stället. I köket fanns två stora järngrytor med lock på, lock som låstes varje dag eftersom inbrott och stölder ur soppgrytorna hade förekommit. Dagen efter det att den nya kocken hade vägrat ge efter för påtryckningarna kom tre man in till honom. I grytan stod kokande vatten halvmeterhögt. De tre männen tog tag i kocken och stoppade honom i grytan. De lade sedan på locket och låste. Gaslågorna under grytan brann. Man hörde några våldsamma bultningar inifrån grytan, som dock snart upphörde. Kocken dog, en ny kock blev tillsatt, han vägrade inte. Alla arbetsläger drogs med stora svårigheter att få kontroll över de kriminella och deras snabbt etablerade organisationer inom lägren. Historien om kocken vandrade runt alla lägren och betecknades som rolig och ovanlig. Den anförs här enbart för att införa ett underhållande moment i framställningen.

Till Norilsk kom Elmars Eichfuss-Atvars i februari 1948, och han skulle stanna där i många år.

De första åren skilde han sig inte mycket från mängden. Han stod som de andra i ledet vid uppställningen varje morgon, blev inräknad och kontrollerad, gick marschvägen ut till arbetsplatsen som de andra: han var en av dem, även om hans arbetsuppgift var en smula annorlunda än deras. Han fick nämligen efter en tid arbete som fältskär, vilket innebar att han fick gå med arbetslaget ut till arbetsplatsen och där stå i beredskap om mindre olycksfall skulle inträffa. Då anlade han ett första förband, gjorde en första diagnos, gjorde vad som kunde göras, sände patienten vidare till lägersjukhuset om så var nödvändigt. Däremot fick han inte tjänstgöra som läkare vid lägersjukhuset. Av sina medfångar uppfattades han heller aldrig som läkare. Hade han varit läkare skulle han omedelbart ha placerats på sjukhuset, eftersom bristen på läkare var svår vid lägren. Elmars Eichfuss-Atvars tog man inte. Han förblev sjukvårdare på platsen, stod i ledet på morgonen, gick genom lägerporten och återvände hem på kvällen, frös, svettades aldrig eftersom han aldrig behövde grovarbeta, gick hem, inräknades, sov, sov. Och så gick åren.

I lägren fanns många nationaliteter, och balterna höll sig helst för sig själva. De betecknades ofta av medfångarna som "högdragna", eftersom man gärna generaliserade om de olika nationaliteterna. Kanske fanns runt om dem ett slags distans, ett högmod, en avskildhet. Några hade ju kommit hit redan 1941, de flesta satt här för att de samarbetat med tyskarna under ockupationen, några var krigsförbrytare, några satt här för att de var alltför envetna nationalister, några för att de var socialdemokrater och ovilliga att upphöra med det. Balterna slöt sig nästan alltid samman gentemot de övriga. "De representerade ju den intellektuella gräddan inom lägret, och de visste om det och tycktes ibland utnyttja det, och vi andra tyckte nog att de var svåra att tala med." Så växte och differentierades konflikterna inom lägren, efter ras och nationalitetsgränser, efter utbildning och intelligens, och misstänksamheten var stor och ömsesidig. Någon misshandel och brutalitet från fångvaktarnas sida tycks i varje fall inte ha förekommit åren 1948–1953. Fångvaktarna var oftare sorgsna än brutala, man levde i Norilsk, Sibirien, vaktpersonal eller intern – fångvaktare eller fånge – vad var skillnaden här, nära Ishavet? De arbetade, de byggde en stad, här växte ett jättelikt atomverk upp, här växte det upp som skulle bli ett av nordöstra Sibiriens viktigaste industricentra, en stor stad: men distinktionerna mellan fånge och vaktare tycktes alltmer utsuddad, dagarna nötte ner skillnaderna. Till slut levde de bara där tillsammans medan dagarna gick.

De sista åren blev Elmars Eichfuss-Atvars allt ensammare. Den egendomligt gåtfulla utstrålning som en gång gett honom en maktposition tycktes nu bara isolera honom, förvandla honom till ett kuriosum. Han avskilde sig alltmer från de andra balterna, och de avskilde sig från honom. Den handfull vänner och förtrogna han skaffat sig omedelbart efter ankomsten till lägret drog sig, alltefter som åren gick, alltmer ifrån honom. Nu talade han nästan aldrig med någon, hade ingen vän, knappast ens någon fiende. Hans excentricitet blev alltmer accentuerad. Han började raka sitt huvud alldeles kalt, men behöll det ljusa skägget, och så gick han där med sitt rödlätta skägg och sitt kala huvud och sin gåtfulla tystnad, han gick utan huvudbonad, dag efter dag, nästan oberoende av hur kallt det blev. Han såg ut som en tibetansk munk. Vid det laget visste alla i Norilsk vem Eichfuss var. Han var mannen med skägget som gick omkring med rakat huvud och påstod sig vara läkare och som ofta log men aldrig talade med någon. När han stod i ledet med de andra var han lätt att identifiera i den grå massan. När de mötte honom hälsade de honom med tillrop. "Hej din jävla profet", sa de. "Har du läst dina böner i dag", sa de. "Munken" kallade de honom. De antog att han var högmodig eller galen, och de sa det till honom. De sa till varandra att detta aldrig kunde vara nyttigt för hans huvud. Till slut log de alla när de nämnde hans namn, med en blandning av hån och medkänsla. I Norilsk var Elmars Eichfuss-Atvars ett känt namn.

1953 försvinner spåren efter honom på nytt. Man vet att han detta år fanns kvar i lägret i Norilsk, att han levde, att han fortfarande upprätthöll sin tjänst som sjukvårdare. Den ungrare som hittills varit vittne lämnar detta år lägret. Två år senare möter samma ungrare en vän från Norilsk, samtalet kommer in på Eichfuss. Vännen säger sig tro att Eichfuss nu är död.

Han skulle ha dött en naturlig död, dock orsakad av att han gått omkring med rakat huvud och utan huvudbonad. Det måste ha skadat huvudet. Hans död skulle ha inträffat i början av 1955, och han skulle ha begravts på internernas kyrkogård i Norilsk. Historien om Elmars Eichfuss-Atvars skulle där vara slut.

Frågetecknen är många. Dog han i Norilsk? I detta läger inträffade i mars 1953 ett uppror, som kom att vara ända till augusti samma år. Det var efter Stalins död, man ville ha garantier dels för att de interna lägerförhållandena skulle omorganiseras, dels för att amnestierna skulle utsträckas att gälla större grupper. Deltog Eichfuss i detta uppror? Var han ledare eller aktiv? Hur upplevde han sitt eget liv? Var det så att Sverigetiden var den centrala perioden i hans liv, att allting före och efter detta bara var parenteser, att han egentligen bara levt för att få spela den roll han gjorde på Ränneslätt och månaderna efteråt? Hur upplevde han tiden i Norilsk? Varför avskilde han sig? Vad var han för en människa?

"Under tiden i Norilsk tyckte jag alltid att Eichfuss såg högmodig ut – som om han uträttat något betydelsefullt och var en mycket betydande man." Försökte ni aldrig fly? "Hur skulle det ha gått till? Det var 170 mil till närmaste järnvägsstation." Dog Eichfuss verkligen?

I september 1967 begärde han också att få tillgängliga uppgifter om Elmars Eichfuss-Atvars biografi och slutliga öde. Det gick snabbt, och följande uppgifter är ett sammandrag av det han fick veta. De uppgifter som anförs härstammar alltså från sovjetiska arkiv, och de reservationer som förut framförts gäller självfallet också här.

Elmars Eichfuss-Atvars var vid slutet av 30-talet officer i den lettiska armén. Efter den tysk-ryska pakten, när Lettland definierades som ryskt intresseområde, uppmanade Hitler alla balttyskar att återvända till Tyskland. Eichfuss var balttysk, lämnade Lettland och tog tjänst i den tyska krigsmakten. Han blev där så småningom överlöjtnant, en titel som torde motsvara det svenska löjtnant. Efter krigsutbrottet återfinns han som chef för en avdelning "Sondertruppe" – sammanhanget är här oklart, det är möjligt att han övergått från tjänst i Wehrmacht till SS. I vilket fall tjänstgör han som bevakningspersonal vid ett läger för ryska krigsfångar i Zjitomir, i Ukraina.

Eichfuss är där "chef för en sanitetsavdelning" – exakt vad detta innebar framgår ej av handlingarna, men det är möjligt att han här har sjukvårdande uppgifter. I rättegången anklagades han dock för att ha tillhört en avdelning som mördat civilpersoner i en liten rysk by inom samma område.

Han tilldelades järnkorset av både första och andra graden.

1942 kom han till den tyska säkerhetstjänsten, SD, och arbetar där som "Sonderführer". 1944 återkommer han till Lettland, om denna tid finns inga som helst uppgifter. Han flyr till Sverige, utlämnas, 1947 döms han till tio års arbetsläger.

Enligt samma källor blev Eichfuss frisläppt 1954.

Frågetecknen är många. Tiden fram till 1942 förefaller ytterst förvirrad, där han ömsom tycks ha tjänstgjort i den tyska armén som vanlig officer, ömsom som "Sanitätsoffizier" i ett fångläger. Anklagelsen att han skulle ha deltagit i grymheter mot civilbefolkningen i Zjitomir tycks också vara löst påhängd, även om man ju vet att de tyska förbrytelserna mot civilbefolkningen just i detta område var fruktansvärda: så sent som hösten 1967 hölls i Darmstadt en stor krigsförbrytarprocess där några av anklagelsepunkterna var de utrensningar som företagits i trakten av Zjitomir, och där rader av fruktansvärda detaljer avslöjades. Men hade också sjukvårdsofficeren Eichfuss deltagit i dessa? Hade han inte uppgifter nog i lägren? Straffet, tio år, förefaller också vara egendomligt lågt med hänsyn till de grava anklagelsepunkterna, något som även den lettiske historiker som genomgick materialet med viss förvåning anmärkte på.

Dock: jämför man ovanstående med den berättelse som Eichfuss själv gav av sitt liv för generaldirektör Axel Höjer, så kan man konstatera att de två versionerna inte är helt motstridande, utan snarast stöder varandra. Att han tjänstgjort i Zjitomir tycks i båda versionerna helt klarlagt.

En punkt är emellertid definitivt oklar: att Eichfuss skulle ha frigetts 1954. Han skulle alltså ha dött i frihet?

– Och om hans vidare öden? När dog han? Var dog han?

– Där står att han frigavs 1954, det är allt. Och så finns det en liten anteckning från 1965. Då har han tydligen livnärt sig som homeopat, och i något sammanhang råkat i slagsmål med någon. Det finns i alla fall en anteckning att han 1965 dömts till tio dagars fängelse för slagsmål.

– Han skulle alltså ha levt 1965?

– Tydligen. Det står så i papperna. Det är den sista anteckningen som finns om honom.

– Var bodde han då?

– I Tukums. Det är en liten stad fem sex mil söder om Riga.

Uppgiften var lätt att kontrollera: det finns adressbyråer för sådant i Lettland. Har man namn och födelsedatum och distrikt är det lätt att finna en person man söker, och Eichfuss fanns verkligen. Han fanns i Tukums, det fanns en adress på honom. Det var uppenbart att han verkligen levde. Men Tukums låg i en för utlänningar förbjuden zon, Lettland definieras som "gränsrepublik" och stora delar av landet är förbjudet område för utlänningar, framför allt de västra delarna. Han sökte tillstånd att resa till Tukums, ansökan vandrade in i apparaten och han fick beskedet att ärendet skulle ta en vecka att behandla. Och då skulle det vara för sent.

Nästa dag försökte han komma i kontakt med Eichfuss per telefon: han fick fram telefonnumret, och en lettisk vän ringde för hans räkning. En kvinna kom till telefonen och svarade att Eichfuss var sjuk, att han hade legat till sängs sedan i maj 1967, han hade hjärtfel och var halvt förlamad i benen, han kunde tyvärr inte resa till Riga, och hon tillade att Eichfuss säkert skulle bli ledsen över att inte få träffa svensken.

Allt verkade omöjligt. Eichfuss satt i Tukums och kunde inte komma till Riga, och själv satt svensken i Riga och fick inte tillstånd att resa de sex milen till Tukums. Han gjorde en sista desperat framstöt till inrikesministeriet, några ytterst irriterade samtal utspann sig, men det tycktes omöjligt att påskynda ärendet.

Sent på fredagens kväll kom så ett telegram från Eichfuss. Det löd: "Vem sökte mig? Jag kan komma till Riga. Bestäm tid och plats för ett sammanträffande. Dr. Elmars Eichfuss-Atvars."

Det var nu fjorton timmar kvar tills svenskens, undersökarens, nosarens plan skulle avgå. Han sände genast ett telegram tillbaka. De skulle träffas tidigt nästa morgon, plats hotellet. Eichfuss skulle ta taxi, han var välkommen.

Vad betydde allt detta? Levde han? Var han sjuk? Varför hade han telegraferat? Varför var han så angelägen om att träffa svensken?

Den dagen var hans sista dag i Riga, värmeböljan låg kvar, solen var het fast det var tidigt på morgonen. Eichfuss skulle eventuellt dyka upp, om han fanns.

Han fanns. Och så kom han till sist, denne egendomligt undflyende man som han jagat genom så många dokument och vittnesmål kom klockan halv 9 på morgonen den 9 september 1967, han var fortfarande vid liv, fast inte mycket mer. Det kom en liten späd kvinna i femtioårsåldern in till hotellet och ringde upp till svensken och bad att han skulle komma ut. När han kom ut såg han genast taxin. Den stod på planen utanför Hotell Riga, och i baksätet satt Elmars Eichfuss-Atvars, med bakre bildörren öppen och med fötterna på gatan och en käpp i handen. Han hade inget skägg, hans ljusa hår var tillbakastruket och tunt, han hade blivit mycket fetare och han hade inte många tänder kvar, men det var han, det gick inte att ta miste på. Runt omkring honom och bilen stod en liten skara människor, och plötsligt förstod svensken att det var ett slags delegation som kommit, inte en ensam man. Där stod den späda mörka lilla kvinna som tydligen bara kunde tala ryska, och som hade kallat ut honom från hotellet, det var Eichfuss hustru. Där stod en annan något äldre kvinna som antingen var en grannfru eller en svägerska till Eichfuss. Hon stirrade hela tiden på svensken med uttryckslöst ansikte, liksom chauffören, en kraftig medelålders man som uppenbarligen också stod i något slags släktskaps- eller grannskapsförhållande till Eichfuss. Och där stod, till sist, tre små barn. Det var två pojkar och en liten flicka. Den äldste pojken kan ha varit elva år, flickan var fyra eller fem. Pojkarna hade mörka kostymer, de var uppenbarligen uppklädda som för ett stadsbesök, den äldste hade blommor i händerna. Det var en bukett stora gladiolus. Eichfuss vinkade genast fram honom. Pojken steg fram mot svensken och såg allvarligt på honom och sträckte fram blommorna, och sa någonting som svensken inte förstod.

Gruppen omkring bilen log nu vänligt mot svensken.

De började tala. Eichfuss hälsade och log, han presenterade de omkringstående, de tre barnen var hans, han sade sig vara lycklig att få tala med en svensk, han hade länge varit sjuk men detta hade fått honom att tillfriskna, han ville gärna tala med den svenske journalisten. Hans ben tycktes mycket uppsvullna, han bar sandaler på fötterna, men han förklarade ivrigt att han kunde gå och att det inte var någon fara med honom.

Han måste bara få lite hjälp att gå, det var allt. De skulle ta sig in till hotellet, han behövde stöd att gå, det var allt. Han mådde utmärkt.

Och så fick de honom då på fötter och kunde börja gå. Han hade rest sig från ett sjukläger i Tukums, Lettland, där han legat i fyra månader, han hade rest sig från sängen för att träffa svensken eftersom han verkligen mer än något annat ville träffa just denne svensk, han hade tagit sig de sex milen in till Riga, och nu gick han, eller snarare släpades fram. De skred in genom den stora entrén till hotellet, hela sällskapet, och all verksamhet i närheten avstannade och alla såg på detta egendomliga sällskap. Eichfuss ansikte var alldeles vitt, han svettades våldsamt men han rörde sig långsamt framåt med ett slags ursinnig fanatisk beslutsamhet. Han hade kommit till Riga för att träffa svensken, och nu kunde ingenting, ingenting, stoppa honom: han andades med korta häftiga andetag och hans ansikte var vitt, men blicken lyste med en egendomligt hänförd glans, han skulle fram, ända fram. De rörde sig mycket sakta, på den andra sidan gick chauffören som omedelbart hade bett svensken om pengar för resan och fått det, tydligen i en orolig insikt att det här gällde att gripa tillfället i flykten. Bakom dem följde hustrun och svägerskan och de tre barnen i en lång rad. Den äldsta pojken bar nu åter på blommorna, buketten var så stor att den nästan dolde honom, han såg sig oavbrutet omkring med allvarliga men nyfikna ögon. Runt omkring det egendomliga tåget bildades snabbt en vikande halvcirkel av nyfikna människor. De fick in Eichfuss i hissen och tryckte på knappen. Nu var det inte långt kvar. De fick in honom i rummet. De satte honom i en stol. Där satt han, han levde, han log. Han vinkade på en av kvinnorna, hon bar genast fram en flaska med mörkt innehåll, det kunde vara medicin men lika gärna sprit.

Eichfuss tog flaskan i höger hand, satte den till munnen, drack bubblande upp en tredjedel av innehållet, torkade sig i pannan med en näsduk, fäste sina ljusblå, egendomligt klara, djupt liggande ögon på svensken och började tala. Han talade en flytande och utmärkt tyska, och han talade oavbrutet och utan att låta sig avbrytas i en timma och tio minuter, då han för första gången släppte in en fråga.

Han inledde med att tala om Sverigetiden, men återkom gång på gång till sin aktuella situation. Han sade sig bo i en fuktig källarvåning i Tukums, bodde i ett rum på 18 kvadratmeter, hans äldste son hade fått reumatism, han visade på pojken som log blygt och generat men som uppenbarligen tyckte allt detta var ett spännande äventyr. Han pekade på hustrun och på sina kläder: han var fattig, sa han, han levde i miserabla omständigheter, de måste leva på hustruns lön som bara var 65 rubel, de hade det svårt. De levde nära existensminimum. Själv bar han vida, säckiga byxor och en skjorta som var uppknäppt i halsen. Han talade hela tiden tydligt, väldisponerat, exakt, de små knubbiga händerna rörde sig i kraftfullt avvägda rörelser. Hans röst var lågmäld och mjuk men mycket distinkt, han såg under hela samtalet svensken stadigt i ögonen.

Han gav hela tiden rader av precisa och exakta uppgifter, men samtidigt tycktes sanningshalten i det han sa variera kraftigt. Sanningen kom och gick, som ett dimstråk som lättade och tätnade. Det gick inte att av hans röst eller ansiktsuttryck avgöra när han övergick från fabulerande till sanning. Hela tiden satt de två kvinnorna på sängen mitt emot Eichfuss och iakttog honom, lugnt och allvarligt. Barnen satt på golvet. Blommorna låg på bordet.

Kommer vi bara igenom det här, tänkte svensken under ett snabbt förbiilande ögonblick, kommer vi över detta och han överlever och allt går väl, då börjar jag tro på en Gud igen.

Tiden efter utlämningen i Trelleborg beskrev Eichfuss med snabba och något diffusa generaliseringar. Ombord på "Beloostrov" hade allting varit mycket bra. Han hade blivit tilldelad en egen officershytt (något som redan de svenska kontrollanterna hade konstaterat i Trelleborg). Resan hade gått utmärkt. Ryssarna var gentlemän. I Liepaja hade registreringsofficeren frågat om han hade någon familj, och då hade Eichfuss svarat: "Familj? Hela världen känner mig! Den är min familj!" I lägret i Riga hade han fått ett bra privat rum med egen ordonnans, men på hösten, efter det att de övriga utlämnade hade släppts eller skingrats till andra läger (han visste inte vilket, de hade bara försvunnit), hade Tjekan tagit hand om honom och placerat honom i ett vanligt fängelse i Riga, och där hade förhållandena varit mycket sämre.

Här avbryter han det kronologiska förloppet och berättar att de alla efter ankomsten till Liepaja i januari hade blivit anmodade att tala i den ryska radion om förhållandena i Sverige. Eichfuss hade dock vägrat. De hade kommit stickande med sina mikrofoner, men han hade vägrat. I elva månader hade de försökt få honom att tala, hade försökt smickra honom och övertala honom, men han hade vägrat. Han ville inte tala i radion om Sverige. Några hade talat, och de hade klarat sig från straff. Alla som vägrade blev straffade, det var de flesta, själv hade han vägrat. Efter att ha försökt övertala honom i elva månader hade de tröttnat och dragit honom inför rätta. De hade ingenting att anklaga honom för, så de var tvingade att uppfinna anklagelsepunkter (fast den egentliga orsaken var att de ville hämnas för att han inte talat i radion).

Svensken antecknade frenetiskt, han tänkte: jag kan inte säga att jag läst en utskrift av hans radiotal. Det är omöjligt, det går inte, då kan allting hända.

I rättegången, sa han, hade de anklagat honom för spioneri. Han skulle i Sverige ha bedrivit kontrarevolutionär verksamhet och där kontaktat spioner. Tjekan påstod att han var en spion. För detta blev han dömd. Han fick tio år, han kom till en stad i norra Sibirien som hette Norilsk. Där arbetade han som läkare, där var det svårt, ohyggligt svårt, ingen kan föreställa sig. Sedan blev det bättre och bättre, mot slutet av lägertiden levde han under bättre förhållanden än dem han hade i dag. 1953 sändes han till Modovien. Han blev fri 1959, under de sista åren fick han inte arbeta som läkare, utan tvingades kroppsarbeta. 1959 kom han tillbaka till Lettland.

Här skiljer sig uppenbarligen arkivuppgifterna från hans egen version. När blev han fri? Man bör dock tillägga att det var ytterst vanligt att en fånge frigavs formellt, men inte fick tillstånd att lämna den region där han befann sig. Många motsägelser tycks bottna i detta: i en situation som var en halv frihet, beskriven som fångenskap ur individens synvinkel, som frihet ur administrationens.

Man kan tillägga: hans äldste son är elva år. Han föddes alltså 1956. Det tyder möjligen på att fångenskapen mellan 1954 och 1959 inte var fullständig. Hans egna utsagor är på denna punkt oklara. "Jag var fri vissa perioder.""Ett tag bodde jag i Moskva.""Bostaden i Moskva var mycket dålig, bara 9,6 kvadratmeter."

Han återkommer ofta till vissa händelser under Sverigetiden. När det gäller de presskonferenser han höll vet han exakta data, klockslag, hur många minuter han talade, tidningarnas reaktioner på hans uttalanden. Han beskriver exakt, och med glasklar precision, utlämningen i Trelleborg, färden i bilen till hamnen, blommorna, journalisterna, hans avskedsord, reaktionen på hans avskedsord. När han talar om detta ler han, uttrycket i ögonen blir intensivare, han talar snabbare, alltmer övertygande.

Mot slutet av samtalet besvarar han också några frågor. Medan han lyssnar till dem, under de moment han själv sitter tyst, får hans ansikte ett annat uttryck: han böjer sig fram, betraktar frågaren spänt och med ett plötsligt misstroget granskande uttryck. När han hört frågan till slut lutar han sig tillbaka, plötsligt avslappad, och börjar tala igen.

Han säger sig vara marxist, men teoretisk marxist. Marx idéer har förfuskats. Lenin var dock en stor man.

– Det värsta med mig, säger han vid två tillfällen, är att jag alltid talar sanning. Jag kan inte annat, jag måste.

Nu arbetar han, i den mån han kan arbeta, som översättare. Som läkare kan han inte längre arbeta. "De tog ju från mig mina papper."

Vid två tillfällen under intervjun klargjorde intervjuaren att han ämnade skriva en bok om dessa händelser. Eichfuss nickade då ivrigt, han förstod.

I förbigående lämnade han några upplysningar som eventuellt kan vara av ett visst intresse.

– Många var rädda att utlämnas. Några hade goda skäl att vara rädda, andra hade det inte. Några var dumma. Alksnis hade inte behövt sticka pennan i ögat, han hade ingenting gjort, behövde inte vara rädd. Vabulis behövde inte heller vara rädd, han hade ingenting gjort. Men Lapa, ja han behövde vara rädd. Han hade gjort en del. Honom förstår jag. Ryssarna hade deporterat hans föräldrar eller så, jag vet inte så noga, och under kriget hade Lapa tagit hämnd. "Er hatte sich revanchiert."

Ljuger Eichfuss på denna punkt eller är detta ett indicium på att arkivuppgifterna är korrekta? Om han själv ingenting hade gjort, behövde han själv vara rädd eller ej? Hur mycket visste han om de andra? Stödde han sig på rykten eller vetskap?

Mot slutet av samtalet, som varade i knappt två timmar, var Eichfuss mycket trött. Ansiktet, som under den första timman av samtalet blivit levande, fått färg och lyster, hade åter blivit blekt, nästan blåvitt. Han svettades nu våldsamt, fastän rummet var ganska svalt, och stödde sig tungt på sin ena armbåge. Han talade nu allt snabbare och hetsigare, i ett slags telegramstil för att få med så mycket som möjligt innan samtalet tog slut. Barnen, som hela tiden suttit på golvet intill rummets ena vägg, hade tappat intresset för samtalet som de ju inte förstod ett ord av, de tittade sig mest omkring i rummet, en av dem klängde på sin mor och fick hållas. Svensken frågade gång på gång hur han kände sig, men Eichfuss avvisade alla förslag att avbryta samtalet med irriterade handrörelser. Han mådde utmärkt. Det var ingen fara med honom. "Det här samtalet har gjort mig frisk." Det var ingen fara. Han var läkare, han visste. Nu ville han tala.

Till slut blev det ändå uppenbart att de borde avbryta intervjun: planet skulle också gå om en och en halv timma. Svensken såg vädjande på hustrun, hon nickade. Och Eichfuss log till sist resignerat. Samtalet var slut.

Innan de lämnade rummet ägde en liten ceremoni rum. Den äldsta pojken kom fram på nytt och överlämnade ett litet märke till svensken. Han hade fått märket på ett pionjärläger, nu gav han det till svensken. Märket var rött och vitt och föreställde Lenin. Där fanns rysk text som han inte kunde läsa. Pojken tog ett steg bakåt och såg forskande på främlingen som långsamt satte fast märket på sin kavaj. Alla var nu tysta, Eichfuss log, svensken kände sig på ett egendomligt sätt färdig att brista i gråt men han visste inte varför, och sedan började alla tala och han klarade sig förbi sin känslosamhet eller vad det kunde ha varit.

De skulle i varje fall gå nu.

De tog Eichfuss under armarna. Hans ben verkade mer uppsvullna än någonsin, det tog fem minuter att komma till hissen och sedan tog det tre minuter innan hissen kom, till slut fick de in honom och tryckte på knappar och kom ner. I hotellvestibulen fanns det folk. De vände sig alla om och stirrade, som de gjort förra gången. Barnen följde efter, i en liten allvarlig grupp. De kom ut genom svängdörrarna, ut på planen framför hotellet där de börjat.

Klockan var nu närmare 11, solen sken, det var mycket hett. Alltsammans hade på några minuter förvandlats till en flimrande mardröm: de två tysta och allvarliga kvinnorna, de tre barnen med deras oförändrat lugna ansikten, Eichfuss med sitt blåvita droppande ansikte och sina sammanbitet häftiga andetag och sin ursinniga beslutsamhet att ta sig fram, till varje pris, sin fanatiska beslutsamhet att nå fram till svensken och tala med honom och sedan också överleva, inte falla ihop, inte dö. Vad var en trombosit? Hur svårt var hans hjärtfel? Vad innebar hans svullna ben? Svensken höll honom hela tiden med vänster arm, ett grepp kopplat runt livet och ryggen, med sin ena hand i Eichfuss. Han kände hur Eichfuss darrade häftigt i hela kroppen, handen var våt, han darrade och log hela tiden han gick, det var som en mardröm. Det var inte mitt fel, tänkte han oavbrutet, det är inte mitt fel, han ville själv komma, han sände själv telegrammet, jag kunde ju inte veta hur sjuk han var. Men ändå visste han att det var hans fel. Det var han som börjat röra vid deras liv, nosa på deras öden, dragit upp det förflutna, han var ansvarig. Det var mina frågor, min nyfikenhet, min undersökning, min bok som lockade honom hit. Det är mitt fel, bara mitt. Han höll krampaktigt fast i Eichfuss hand och tänkte: nu får jag ro det här i land. Han stöder sig på mig. Jag har letat efter honom länge och jag fann honom, det känns som om han vore Livingstone och jag äntligen sett röken från byn och sett honom komma fram mot mig. Men jag kommer att lyckas med det som varken den svenska regeringen eller den ryska lyckades med: att ta död på doktor Elmars Eichfuss-Atvars. Och det var inte det jag var ute efter.

De kom fram till taxin. Chauffören var inte där. Den äldste pojken gick runt bilen, försökte öppna dörrarna, men alla var låsta. De stod där på gatan och höll upp Eichfuss och det fanns ingenstans där de kunde placera honom, det var fruktansvärt varmt och Eichfuss var alldeles vit och chauffören var borta.

– Ingen fara, sa Eichfuss grötigt. Det är ingen fara med mig. Försök få tag på chauffören bara.

Det började nu samlas en ring med människor runt omkring" dem. Han såg hur E S kom springande över planen: han hade också suttit på Rännesätt och utlämnats, men i Sverige hade han börjat lära sig svenska, han hade fortsatt att studera svenska och hade varit svensken till enorm hjälp under tiden i Riga. Nu kom han för att ta adjö före avfärden, och han kände genast igen Eichfuss. De hälsade på varandra, växlade några ord och såg tysta på varandra. De hade legat på samma sjuksal i Ulricehamn en gång, men de hade inte setts sedan 1946. Nu fanns det inte mycket att säga.

Någon sprang för att söka efter chauffören. Detta var en totalt omöjlig och vanvettig situation: solen brann, det var hett, de svettades alla våldsamt, Eichfuss hängde mellan dem och andades tungt men log fortfarande svagt. Svensken, som nu också svettades ohyggligt, fick plötsligt en vision av att ha upplevt allt detta förut: han mindes i en snabb glimt hettan och förvirringen och ropen i Jackson för en evighet sedan, hur han stannat upp på trottoaren bredvid tåget mitt i den fruktansvärda bländande hettan och plötsligt förstått att han egentligen varit mera intresserad av sitt eget engagemang än av det som demonstrationen gällde. Det tycktes vara en evighet som gått, och mycket hade förändrats. Vad hade förändrats? Inte verkligheten, i varje fall.

Det hördes ett rop. Och så kom då till sist chauffören springande runt hörnet, han bar på en stor grön melon, han lunkade ovigt och generat fram och öppnade bagageluckan och slängde in melonen och öppnade dörrarna, och hela verkligheten tycktes andas ut. De hjälptes åt att baxa in Eichfuss i bilen. Och Eichfuss tycktes plötsligt få nya krafter, han började tala igen, halvliggande i baksätet och med en ny och totalt förbluffande vitalitet. Han sände hälsningar till Sverige och till alla svenska vänner, han hade älskat Sverige, sa han, han hälsade till de svenska journalisterna, han tackade för samtalet, han log. Den blåvita färgen i ansiktet började långsamt vika, han andades lättare, han tycktes plötsligt alldeles lugn och samlad. Barnen stuvades in, kvinnorna tog plats, och Eichfuss tystnade till sist. De skakade hand. Eichfuss log tyst och såg på svensken med sina egendomliga ljusa och klara ögon. Det uppstod plötsligt ett sällsamt moment av absolut vila, avspänning, nästan frid. Det fanns ingenting mer att säga. Samtalet var över. Och så startade chauffören motorn och dörren stängdes och de for sin väg.

Det sista han såg av Elmars Eichfuss-Atvars var hans ansikte i bilens bakruta, vänt bakåt i en nästan desperat ansträngd rörelse, med handen höjd till hälsning, en vit fläck i bilens bakruta som blev mindre och mindre och så försvann. Och han tänkte att det var märkligt hur konsten förföljde verkligheten, och verkligheten konsten: han hade en gång skrivit en roman om en magnetisör, och trott att han med detta var befriad från det irrationella. Men magnetisören hade lämnat litteraturen och tagit upp jakten på honom, och just här hade han hunnit upp honom: här, i solen och hettan, utanför hotellet, i Riga, i Lettland.

Han stod stilla på trottoaren och såg hur platsen framför hotellet långsamt avfolkades. Han kände plötsligt en våldsam, nästan outhärdlig lättnad. Det är över, tänkte han. Han dog inte framför mig. Det är över. Jag är en fantastisk svensk egoist, jag känner lättnad, det är över.

Var det en tragedi eller en tragisk fars han bevittnat? Där uppe på hotellrummet hade Eichfuss överlämnat några kort. De var tagna för något eller några år sedan, i Tukums, medan han ännu var frisk. Bilderna var idylliska och rofyllda, Eichfuss tycktes stark och ännu ung, han var på bilderna mindre fet och såg tio år yngre ut. Han lekte med barnen, han stod med flickan i famnen, han plockade blommor, han satt på en bänk tillsammans med hustrun och log mot kameran.

Bilderna gav uttryck för ett genomsnittligt borgerligt liv, sjukdomen måste ha förändrat allt. På ett papper hade han summerat något av det som var hans situation och fogat det till bilderna. Det mesta av detta hade han sagt i samtalet, men här stod dessutom diagnosen på hans sjukdomar sedan 1961, namnen på de läkare som vårdade honom, påpekandet att hans söner deltagit i pionjärläger på sommaren, att han åtnjöt samhällshjälp för bl. a. skolutgifter och annat (anteckningarna är här praktiskt taget oläsbara). I några inledande meningar skisserar han dock en mörkare situation. "Lever som i en kapitalistisk stat. Fuktig källarvåning, 18 kvadratmeter rum för 5 personer, sonen har reumatism. Är statslös – alltså vit neger."

Tragedi eller tragisk fars? Nog var detta ändå mer slutfasen i en tragedi. Frågan var bara var denna tragedi börjat. I Zjitomir? I Sverige? I Trelleborg? I Norilsk? Vilken roll hade utlämningen spelat? Det var frestande att se Eichfuss som ett representativt fall, men han hade å andra sidan mött alltför många i samhället väl etablerade utlämnade legionärer för att ha mage att påstå något sådant. De satt där i sina moderna våningar med hustru och barn och arbete, och tycktes betrakta utlämningen mer som en besvärande episod i sina liv än en livsavgörande tragedi. Nej, Eichfuss var inte representativ. Men han fanns. Fanns det en fråga så var han ett av de 146 svar som kunde lämnas. Man kunde aldrig generalisera utifrån hans öde. Men det tycktes ändå omöjligt att helt komma förbi honom.

Han försvann som en vit diffus fläck i bakrutan på en bil en het septemberdag i Riga 1967, men han skulle aldrig försvinna ur undersökningen eller ur undersökarens tankar. En halvtimma senare satt han själv i en taxi på väg till flygfältet, detta var den moderna typen av undersökningar där man lyftes ut och in i andra människors liv enligt en tidtabell. Men en del av undersökningen, och en del av hans liv, var slutförd. Dem han hade mött och talat med kunde inte längre förfölja honom med sina liv, annat än i hans tankar och drömmar, annat än genom att vägra upphöra att finnas till inom honom.

6

Många kvällar satt han och valde bland de bilder, anteckningar, pusselbitar och händelser han hade, tvekande om vad som skulle stå sist. Något måste ju ändå stå där, fastän det tycktes orimligt att antyda att bygget var färdigt, att bilden var hel: det han gav var ju bara ett utsnitt, en alternativ tolkning, ett urval. Till sist stannade han ändå inför detta.

Det var juli 1967, han skulle lämna Riga efter den första resan. Timmarna innan hade de suttit på ett kafé i närheten av hamnen. Han hade kommit med båt och skulle fara med båt. De hade suttit där i det kaotiska sorl som föddes timmen före avresan, och då hade en kvinna kommit fram till dem. Hon var kanske sextio år. Hon var tyska, hon hade följt sin man som krigsfånge till ett arbetsläger i östra Sovjet, hon hade levat där med honom och hade fått två barn med honom, och så hade han övergett henne och gift sig med en ryska. Nu var hon sedan länge ensam med barnen. Hon kom fram till bordet och slog sig ner och talade snabbt och komprimerat, vissa sammanhang var oklara men så mycket var klart att hon inte fick utresetillstånd från Sovjetunionen, men ville ha det. Hennes barn var nu vuxna och arbetade båda i Riga, men här trivdes hon inte. Hon talade ingen eller dålig lettiska, det var, kort sagt, en omöjlig och förtvivlad situation, och själv var hon en människa som en gång måste ha varit mycket vacker. Där satt hon med sitt saftglas och sin rena profil och sitt tillbakastrukna hår, vem ville hon söka kontakt med? Det fanns inte mycket att göra, de skulle gå ombord nu, vad var hon för en människa? De gick ombord, hon var inte ens en parentes i hans undersökning, möjligtvis ett kommatecken, han talade med henne i en kvart, vad hade hon för bakgrund? Kunde han uppehålla sig vid kommatecknen? Fartyget låg vid kajen nästan mitt inne i Riga, man kom in från väster, från havet, och gick uppför Daugava och till sist var man nästan inne i Rigas centrum. Där låg fartyget, där gick de ombord. Det var oerhört mycket människor där för att säga adjö, eftersom detta var en av de två båtar som varje sommar anlände med turister och släktingar från Stockholm och västvärlden. Sedan stod han uppe på däcket och såg ner på den tätnande massan av människor. Kvinnan från kaféet syntes inte till, hon var ett kommatecken som han kunde stryka ut för gott. I vilken moralisk-politisk konflikt kunde hon fogas in? I vilket mönster var hon den irrationella faktorn? För vilka kolliderande principer hade hon blivit ett offer?

Mellan tullbyggnaden och kajkanten var en stor plan. Där stod redan kanske sexhundra människor. De skulle bli flera.

Detta var den 17 juli 1967, strålande sol, ett oändligt hav av blommor, musik. De hade kommit från väst på ett kort besök och skulle vända tillbaka igen, de flesta som följt med båten var exilletter, de flesta hade nu återvänt för första gången efter kriget. Här fanns den korta, smärtsamt intima kontaktpunkten mellan de två folk som en gång varit ett folk. De hade kommit, och nu for de. Bakom sig lämnade de nästan alla sina mödrar och fäder, sina syskon och kusiner, de hade inte setts sedan krigsvintern 1944 och nu skildes de på nytt. Tjugotre års skilsmässa, några dagars möte, och så adjö igen.

Han visste hur det skulle bli, eftersom han upplevt ankomsten. De stod i tjocka led längs relingen, böjda framåt, vinkande till dem nere på kajen. Så skulle det bli. Framför honom grät de redan, besinningslöst och utan tanke på sin värdighet, grät i näsdukar och händer, de där nere vinkade och ropade: Kom tillbaka! Kom tillbaka! Kom tillbaka! På kajen stod nu kanske tusen människor, det var mitt på dagen, men det blåste lätt från floden och hettan var inte svår. De kastade blommor. Det var outhärdligt.

Han såg E där nere, han som en gång befunnit sig i ett läger på Ränneslätt men nu hörde till dem som lyckats i samhället: han stod i sin bästa mörka kostym och vinkade och log. Nej, de skulle inte gråta, det fanns ingen anledning. Men de andra? De tusen som nu stod där nere, och de hundra som vågat sig hit från Sverige? Bilden tycktes envist vidga sig, han höll en liten pusselbit i sin hand, men pusselbiten tycktes leva, förändras, påverkas.

Han såg från sidan den åttioårige jägmästare från Västerås som han talat med i baren på hitresan: han hade lämnat Lettland 1944 och hade nu till sist vågat sig hit för att en sista gång se sin syster och sin bror. En sista gång, innan han dog. Han såg honom från sidan, just när båten började glida ut: hur ansiktet på honom liksom darrade till, som om en stor osäkerhet eller svaghet rört det inifrån, hur hela ansiktet darrade och rördes och till sist föll samman i en löjligt torr snyftning.

Han stod på en stol bakom den långa raden vid relingen, redo med sin kamera att fånga åttioåringens snyftning, inväntande den, för att den skulle bli tillräckligt stor. Men han kunde till sist inte trycka av, fast han var medveten om att det var detta han gjort under hela undersökningen: stått med kameran framför sig, inväntande det moment när människan blev synlig. Han visste att han fick trycka av, att han borde göra det, men han kunde inte. Och så glömde han det, för de började sjunga där nere på kajen, en gammal lettisk sång som han inte förstod, och alla sjöng med, och till sist kom en marsch genom högtalaren, och han tänkte att i detta bisarra, sorgsna, förtalade, grymma byråkratiska och egendomliga Sovjet gick till och med marscherna i moll.

Och de grät och grät och grät, det gick inte att se på dem längre, det gick inte.

Han gick över och satte sig på andra sidan av däcket. Där var det tomt, solen sken, det var underbart varmt och skönt. Daugava gled långsamt förbi honom. Vatten, sol, reflexer. På andra sidan floden: hus, industrier, pråmar, fartyg. Människor. Det var som att välja sida: här på hans sida var det tomt och skönt, där på andra sidan av fartyget ropade de och vinkade och grät. Det skeende han försökt att skildra tycktes oupphörligt riskera att upplösas i känslor som var okontrollerbara, omöjliga att styra och förstå. Det fanns ett livsplan där människans handlingar var medvetna och resultaten av handlingarna överblickbara, och det var detta plan han hela tiden velat komma åt: ett tillstånd där människan var ansvarig för sina handlingar och till sist lärt sig att styra den verklighet som omgav henne, till sist lärt sig levandets mekanik. Men där fanns också ett annat plan, ett diffusare och gåtfullare plan som tycktes dominerat av en lidande människas ansikte: en människa utan bakgrund och historia, besegrad av verkligheten. Han hade alltid hatat uttrycket "den lidande människan", eftersom han hatade det sentimentala inom sig själv, men ibland hade han tyckt sig se den lidande människan alldeles naken, utlämnad, som ett offer, och det hade skakat honom på ett sätt han aldrig hade väntat. Utlämnad åt vad? Åt sin apati? Åt sin eftergivenhet? Åt sin ovilja att inse att hon ändå var fri och hade möjlighet att urskilja och bemästra de krafter som styrde henne? Abstraktionerna föll över honom, som slöjor, hur länge skulle ljuden från människorna nå in till honom?

Denna utlämning. Långt där bak, någonstans i centrum av historien, långt långt tillbaka fanns en startpunkt, en vridpunkt, ett moment när någon gjort ett val och lavinen hade börjat rulla. Men var? Han tyckte sig i en snabb glimt se utrikesminister Günther titta upp från sina papper, begära ordet och säga: "Ja, och så var det en sak till." Var det inte så han sagt den gången i juni 1945? *Ja, och så var det en sak till.* Var det där det börjat, eller var det tidigare? Nej, han hade använt fel bild: politiska skeenden var inga laviner. De kunde styras, påverkas. Men vad var det egentligen han var på jakt efter?

Han hade sagt sig vilja undersöka de 146 utlämnades öde, men strax intill fanns ett annat problem, ett större och mer komplicerat och lika inflammerat fastän aldrig någon talade om det: ett slags trauma som han hela tiden försökt undvika att definiera, eftersom det berörde nuläget och inte kunde placeras på håll och undersökas under lupp. *"Ni borde också behandla en fråga som är betydligt mer komplicerad än frågan om vårt ansvar för de 146:s deportation: frågan om vår kulturella samhörighet med Östersjöstaterna, vars problem vi borde vara delaktiga i istället för att vända dem ryggen med politiska förenklingar. Varför vi blockerat oss från en väsentlig del av vår omvärld."* Han hade alltid försökt förstå vilka förutsättningar och vilken infattning den långa svenska fixeringen vid baltutlämningen hade, var detta ett svar? Var den en liten del av ett svenskt eller västeuropeiskt trauma, plötsligt synligt men med outforskade förutsättningar, en del av en skuld, en yttring av det schizofrena Europas hemliga sjukdom?

Det fanns så många svar. Ett inre trauma, eller ett yttre: han hade plötsligt sett och förstått det sätt på vilket svenskarna negligerade eller förnekade eller motarbetade den baltiska kulturvärld som fanns inom Sverige, och han hade samtidigt upplevt det enorma och patetiska kontaktbehov som fanns här, i Lettland, skulder inåt, och utåt. Allting var delar av ett trauma som var diffust och laddat med skuld, och för säkerhets skull aldrig diskuterat.

Bakom sig hörde han sången, ropen, snyftningarna: det korta momentet av kontakt mellan två världar som nu upphävdes, drömmen om gemenskap som försvann. *"Ni borde också försöka inleda en diskussion om ..."* Breven hade nått honom, och skulle nå honom, som avlägsna signaler, tickandet av signaler i mörkret, hjälplösa vädjanden, hoppfulla förslag. Människornas ansikten: också politiker hade ansikten. Han mindes Undéns lilla brevlapp, skriven med liten, precis men trött handstil: *"Jag var trött igår under Ert besök och gjorde flera misslyckade formuleringar. Vad jag velat säga var att jag inte skulle ha handlat på annat sätt om jag på nytt ställts i samma läge."* Senare hade han talat med Undén i telefon om de konsekvenser utlämningen fått, men rösten tycktes då oerhört avlägsen, försvann ibland och tystnade, som bakom en mur av stor trötthet, uppgivenhet eller resignation. Var det så att Östen Undén var denna tragedis egentliga centralfigur: en människa som ärvt ett beslut som egentligen stred mot hans övertygelse, och tvingats försvara något han inte trodde på?

Det fanns så många frågor kring denna utlämning.

Nu grät de bakom honom, de ropade och grät, ropen flög som fåglar över vattnet. Han hade alltid trott att människan hade möjlighet att registrera de krafter som styrde henne, och det fick förbli den arbetshypotes som styrde hans undersökning: men när han avslutade den tycktes verkligheten ha tagit ett språng åt sidan, och andra frågor var i färd att formuleras. Frågor som alla började i problem som de kring baltutlämningen, men med andra förtecken: frågor om politikens hierarkiska struktur, om våldets roll, om opinionsorganens roll, om den vanliga människans främlingskap inför politiken. Båten svängde, bogserbåtarna arbetade långt där framme, han kunde inte se dem men han visste att de fanns. Om han ville kunde han gå fram en bit, och då skulle han se dem. Politiken var åtkomlig, den var inte förbehållen någon. Mönstret var åtkomligt, även om han själv hade misslyckats i det mesta. Han tyckte sig ibland i ögonblick av klarsyn, eller skenbar klarsyn, se hur ekonomiska och politiska system drev människor framför sig, band dem och styrde deras värderingar med tusen nästan osynliga trådar, dirigerade deras upprördhet och likgiltighet, väckte dem eller förförde dem. Förförelsens mekanik, likgiltighetens mekanik. Fångenskapens villkor, och befrielsens. Känslans mekanik. Men det rena, kristalliska mönster han drömt om, det logiska spel han jagat, det tycktes ständigt skymmas av människor och människors ansikten och av liv. Av liv.

Han satt ensam på sin sida av däcket, vänd mot solen. Han visste det inte själv, men det han nu upplevde var undersökningens sista lyckliga fas. Sommaren skulle ännu vara avspänd, arbetet lidelsefritt, han skulle ännu någon månad kunna laborera med utlämningen och de utlämnade som sysslade han med ett spel. Sedan skulle alla ansikten och röster övermanna honom, deras öden bli alltför påträngande, överblicken oklar, traumat komplicerat och diffust, hans eget liv alltför nära deras. För de levde ju, och skulle fortsätta att leva även om de var döda, och när han en vårdag 1968 skrev de sista raderna var det med en nästan desperat känsla av lättnad, som om han äntligen skulle ges chansen att andas, leva sitt liv, gå ut ur det fängelse de byggt åt honom.

Där satt han på däcket, i solen, spelet var ännu ett spel, och det skymdes bara delvis av deras ansikten. Han tänkte: jag lämnar allt bakom mig, jag tillsluter mig. Framför mig finns en vattenyta, en flod, sol, ljus, glitter, värme. Han tänkte: jag sitter kvar, jag hör inte deras rop, ser inte deras tårar. Jag sitter kvar, tar inte del, sitter här i solen. Alldeles ensam. Jag intalar mig att jag aldrig kommer att förstå. Jag kommer ändå aldrig att förstå.

EPILOG: JUNI 1990

Den här romanen kom ut den 3 september 1968. Det har gått tjugotvå år; då existerade de baltiska staterna knappt i svenskt medvetande, annat än som ett nedtryckt dåligt samvete. Nu, denna den första gryende frihetens baltiska vår, existerar de i allra högsta grad.

Jag skriver på något ställe i boken om det svåra och komplicerade i att betrakta en historisk situation mitt uppe i en annan – alltså det jag själv gjorde när jag skrev om baltutlämningen. För dem som läste den här boken de septemberdagar 1968 då den utkom måste det ha uppstått en ändå mer bisarr situation: att läsa en analys av en utlämning (1946) präglad av den tid när den skrevs (1966–1968) mitt uppe i en tredje och kanske lika avvikande situation: sensommarens och höstens dystra Pragstämning revolutionsåret 1968.

1989 var ett annat, och ytterst verkligt, revolutionsår. Och 1990 vänder upp och ner på vår världsbild på ett sätt som ingen trott vara möjligt. Det har vänt upp och ner på Estland, Lettland och Litauen också. Vi kan inte längre endast betrakta, från Gotlands kust, molnen över det för oss osynliga fastlandet i öster. De tre baltiska staterna finns där, på ett fantastiskt sätt återförenade med Norden, med vår gemensamma historia, och vår gemensamma framtid runt Östersjön.

Baltutlämningen är, skriver jag i romanen, ett svenskt dilemma.

Och så är det. Boken skrevs under den intensivaste debatten om Vietnamkriget, men försökte vara mycket provinsiell, vilket kanske var en styrka. Det här var vårt svenska problem. Och denna utlämning kommer att förbli ett svenskt problem, ett klassiskt dilemma, och en varböld, i vår svenska historia.

Inget fel i detta att problem förblir. Tar man hål på varbölder, och allt läks, uppstår kanske bara lättnad. Bättre är om insikt uppnås. Då har vi ju lärt oss något av det som hände.

Texten i denna roman trycks här exakt som den skrevs en gång.

Jag har inte velat ändra. Jag är heller inte säker på att man bör ändra, eller att det finns särskilt mycket att korrigera, annat än detaljer. Tolkningar av fakta kommer däremot alltid att skilja sig.

Till 95 procent handlar ju denna roman om ett svenskt dilemma och en svensk bakgrund, om andra världskriget som en infattning till vårt agerande, och om mekanismerna i den politiska kris som kom att heta baltutlämningen. Sedan boken kom ut har oerhört mycket skrivits, om den, om utlämningen. Inte så mycket nytt har dock tillkommit. Jag har genom årens lopp, i debatter och i artiklar, kommenterat det mesta. 1981 avlägsnades hemligstämpeln på materialet i UD:s arkiv, och jag har gått igenom det. Det innehåller inga större nyheter, utom möjligen på en punkt. Det gäller frågan vem i den svenska regeringen som var speciellt och direkt huvudansvarig för utlämningen (i den mån en enda person kan göras ansvarig för en så komplicerad process). Det var, visar UD-materialet, i långt högre grad än jag antytt i den här boken, Per Albin Hansson.

Han inte bara genomdrev det positiva svaret till Sovjet (på deras *förfrågan* om militärflyktingarnas utlämning), han dikterade också, personligen, den passus som gick Sovjet till mötes i långt större utsträckning än deras förfrågan gällt.

Utan denna passus från hans hand hade ingen av de 146 behövt bli utlämnad.

Och han drev frågan med en personlig beslutsamhet, och intensitet, som till sist avgjorde det politiska spelet. Den roll Undén och Wigforss spelade är långt mindre betydelsefull än man – och jag – trott.

En annan häftigt omdiskuterad fråga har naturligtvis varit: vad hände legionärerna efter utlämningen?

Sedan boken skrevs har jag besökt Baltikum, särskilt Lettland, många gånger. Och jag har fört många samtal. Senast i april 1990, då vi en kväll samlades, femton utlämnade legionärer och jag, för ett långt samtal. Det var en märklig och egentligen gripande kväll; jag lyssnade till nu ganska gamla män, vars liv kommit att för alltid bestämmas av denna utlämning, flera med många år i Sibirien bakom sig. Konstigt nog blev det också en kväll full av värme och (försiktig) kärlek till Sverige, och svenskarna. Men det är självklart, ingen – ingen – kunde förstå hur den svenska regeringen hade kunnat utlämna dem.

Jag kan i dag inte lägga mycket till det jag säger i boken på denna punkt: att ungefär fyrtio av de utlämnade blev dömda till Sibirien, att de andra efter övergångsperioden blev frisläppta, att, för alla, tiden i legionen blev en belastning i deras liv, karriärer, en börda att bära med sig som först det sista året helt tagits ifrån dem.

Befrielsevären 1990 hölls således i en kyrka i Riga en gudstjänst till deras minne – inte bara för dem från Sverige utlämnade, utan för alla som tvingats tjänstgöra i tyska armén.

Tiderna förändras. Och det ska vi alla vara lyckliga för.

Jag kan naturligtvis förstå varför debatten om "Hemkomsten" blivit så inflammerad.

Graden av svensk skuld, eller baltutlämningens karaktär av anklagelse, tycks för många bestämmas av offrens antal. Cyniskt uttryckt: baltutlämningens styrka som politiskt argument ökade med antalet dödsoffer. Men det helt slutgiltiga svaret, vad som hände gruppen i dess helhet, återstår ju att ges.

Jag har nått så långt jag kunnat. Jag tror i dag att min bedömning i boken är riktig: jag har ofta, under de här gångna tjugotvå åren, diskuterat frågan i Lettland, och skulle korrigera mig om jag vetat något nytt. Men jag vet inget nytt. Ett rykte de senaste åren har påstått att ytterligare fem dödsdomar fälldes. Men det har inte kunnat beläggas: och jag tvivlar därför tills vidare, efter många samtal med de utlämnade själva.

Man vet inte om dessa fem domar verkligen fällts, och över exakt vilka. Över några av de 146 utlämnade letterna, eller över tyskar utlämnade från Sverige? Och om de sedan verkställts?

Det – frågan om exakt vad som hände efter utlämningen – måste bli en uppgift för lettiska historiker, i ett fritt Lettland, med fri tillgång till alla arkiv. Detta är ingen uppgift för en svensk författare. I den framtid där denna del av andra världskrigets historia, och dess efterbörd, skrivs måste det bli en rent lettisk fråga.

Och visserligen kan det i dag vara viktigt att veta "hur det gick". Men på något sätt är detta ändå ett sidoproblem, utom för de utlämnade. Det centrala problemet i detta svenska dilemma berörs inte av "hur det gick". Då, 1945–1946, kunde vi ju nämligen inte veta att alla inte avrättades. Vår analys av de inblandades agerande måste befrias från den vetskap vi i dag har av de utlämnades öde. Vad visste vi då, och hur vägde vi då in vårt vetande – om stalinismen, om Moskvaprocesserna, om Sovjets roll som den som drog det tyngsta lasset i kampen mot fascismen, om Sovjet som rättsstat, om dess syn på sovjetmedborgare som tjänstgjort i tyska armén.

Det är inte facit som fastställer denna dom, utan situationen, som den då var. Och den svenska situationen: ett neutralt land med en inte helt hedervärd roll i kampen mot fascismen, och skuldkänslor. Att sedan den svenska folkstormen kanske bidrog till den relativt jag skriver relativt – milda behandlingen är då bara en lycklig bisak.

Det var ju inte bara Sverige som utlämnade till Sovjet denna första fredsvår.

Det har varit ganska tyst om de många fasansfulla tragedier som utspelades på andra områden i Europa, t.ex. när den engelska regeringen med Churchill och Eden som huvudansvariga – och med Åttonde armén som exekutörer – till Sovjet utlämnade 70.000 kosacker och jugoslaver som tjänstgjort i tyska armén. Och inte bara soldater; vidhängande kvinnor och barn åkte också med. Det blev en fruktansvärd slakt, med tusentals självmord. Vad som hände sedan vet ingen med säkerhet; och brittiska regeringen har lagt locket på. Många andra liknande händelser inträffade denna första fredssommar.

Men baltutlämningen var vår. Formatet var kanske, internationellt sett och om man glömmer de tusentals tyskar vi också utlämnade, litet jämfört med dessa allierade utlämningar. Men mekanismerna var likartade, och i vårt svenska fall på ett unikt sätt tydliga. Här kunde vi studera en politisk kris mekanismer: politiska, etiska, ekonomiska, mediala.

I den svenska medvetenheten har baltutlämningen slagit sprickor i bilden av Sverige som humanismens förlovade land. Därmed kom den ändå att spela en, i efterhand, positiv roll. Erfarenheten från den, och insikterna, borde i varje fall bidra till att vi håller den värsta enfalden från oss.

I hela östblocket har "Legionärerna" under dessa tjugotvå år varit en mycket förbjuden bok. Innehav av den har varit strängt förbjudet. Själv fick jag ett exemplar av den tyska utgåvan konfiskerad i tullen. I dag, i det som vi hoppas snart fria och självständiga Baltikum, kommer den nog att fortsätta att vara kontroversiell, men nu av helt andra skäl.

Också i t.ex. ett Lettland som nu blir fritt, men som ställs inför våldsamma konflikter mellan en lettisk minoritet och "ockupationsmaktens befolkning", vilken säkert inte vill ge sig av, är historien ett vapen. Använt av båda sidor. Vad som hände under frihetstiden, tiden mellan de två världskrigen, och under andra världskriget, och efter, är känsliga och kontroversiella frågor. Den baltiska historien är kontroversiell och kommer att tolkas ytterst olika. Den här boken rör vid många av de frågorna: allt från konflikterna kring demokratifrågan under 30-talet, alltså kampen mellan demokrati och fascism under frihetstiden, till judeutrotningarna under kriget (Europas effektivaste), till sovjetiska massdeportationer av letter, och så på 40- och 50-talen segrarnas intåg och kvarblivande på lettisk mark.

De av Sverige utlämnade letterna blir då ett slags emblem, över en mycket större bild. Den nya friheten innebär ju inte att motsättningarna minskar, tvärtom. Då blir också tolkningar av historien mer kontroversiella än någonsin: förståelsen för sovjetiska lidanden under kampen mot fascismen, och värderingar som växer ur detta, är då lika "olämplig" som förståelsen för den lettiska frihetskampen.

I intressekonflikter är historien ett viktigt vapen. Hur man skriver

445

historien är betydelsefullt. Liksom vilka delar av den som är lämpliga, och olämpliga.

Alltså står då texten – romanen, boken – här exakt som den skrevs en gång. Men nu i en helt ny infattning: vår nya tids Europa, med dess gamla förfärliga historia som ryggsäck på färden.

Den baltiska periferin har blivit centrum.

Skäl att tänka efter. Man får läsa denna roman och tänka själv. Det uppmanar romanen ständigt till: gör alltså det. Man kan läsa den och strida om historietolkningar, men man kan också läsa den som en roman om en utvecklingsfas, om mekanismerna i en politisk tragedi och om hur det lärde oss något.

För mig är den här boken en del av min egen utveckling, alltså av mitt liv. Jag vet att baltutlämningen, och arbetet med den, lärde mig mycket. Om detta handlar också den här romanen. Så kan man också läsa den, ett slags utvecklingsroman från 60-talets slut, om en periferi som nu blivit centrum, om en svensk och baltisk tragedi, och om oss.

Per Olov Enquist

INNEHÅLL

Förord 5
I. Sommaren 7
II. Ränneslätt 117
III. Legionärernas uttåg 271
IV. Hemkomsten 361
Epilog: juni 1990 441

Av Per Olov Enquist har tidigare utgivits:

Kristallögat 1961

Färdvägen 1963

Magnetisörens femte vinter 1964

Sextiotalskritik 1966

Hess 1966

Legionärerna 1968

Sekonden 1971

Katedralen i München 1972

Berättelser från de inställda upprorens tid 1974

Tribadernas natt 1975

Chez Nous (tills. med Anders Ehnmark) 1976

Musikanternas uttåg 1978

Mannen på trottoaren (tills. med Anders Ehnmark) 1979

Till Fedra 1980

En triptyk 1981

Doktor Mabuses nya testamente (tills. med Anders Ehnmark) 1982

Strindberg. Ett liv 1984

Nedstörtad ängel 1985

Två reportage om idrott 1986

Protagoras sats (tills. med Anders Ehnmark) 1987

I lodjurets timma 1988

Kapten Nemos bibliotek 1991

Dramatik 1992

Kartritarna 1992

Tre pjäser 1994

Hamsun 1996

Bildmakarna 1998

Livläkarens besök 1999

Lewis resa 2001

De tre grottornas berg (barnbok) 2003

Boken om Blanche och Marie 2004

Ett annat liv 2008

Den tredje grottans hemlighet 2010

Liknelseboken 2013